Cem Ulukut

Absicherung von Preis- und Wechselkursrisiken in volatilen Märkten

Am Beispiel der Halbleiterindustrie

Verlag Dr. Kovač

Hamburg
2008

VERLAG DR. KOVAČ
FACHVERLAG FÜR WISSENSCHAFTLICHE LITERATUR

Leverkusenstr. 13 · 22761 Hamburg · Tel. 040 - 39 88 80-0 · Fax 040 - 39 88 80-55

E-Mail info@verlagdrkovac.de · Internet www.verlagdrkovac.de

Bibliografische Information der Deutschen Nationalbibliothek
Die Deutsche Nationalbibliothek verzeichnet diese Publikation
in der Deutschen Nationalbibliografie;
detaillierte bibliografische Daten sind im Internet
über http://dnb.d-nb.de abrufbar.

ISSN: 1435-6872
ISBN: 978-3-8300-3755-2

Zugl.: Dissertation, Universität Augsburg, 2008

© VERLAG DR. KOVAČ in Hamburg 2008

Umschlagillustration: Cem Ulukut

Printed in Germany
Alle Rechte vorbehalten. Nachdruck, fotomechanische Wiedergabe, Aufnahme in Online-Dienste
und Internet sowie Vervielfältigung auf Datenträgern wie CD-ROM etc. nur nach schriftlicher
Zustimmung des Verlages.

Gedruckt auf holz-, chlor- und säurefreiem Papier Alster Digital. Alster Digital ist
alterungsbeständig und erfüllt die Normen für Archivbeständigkeit ANSI 3948 und ISO 9706.

Meiner Familie

Inhaltsverzeichnis

Abbildungsverzeichnis .... *xi*
Tabellenverzeichnis .... *xiii*
1. Einleitung *1*
2. Die DRAM Branche *9*
   2.1 Überblick und Einordnung der Branche **9**
   2.2 Marktbeschreibung **13**
      2.2.1 Marktsegmente 13
      2.2.2 Produktbeschreibung 16
      2.2.3 Die DRAM Produktion und ihre Kosten 22
      2.2.4 Lerneffekte und Preisentwicklung einer Generation 26
      2.2.5 Technologischer Fortschritt und Preisentwicklung über Generationen ... 31
      2.2.6 Preisvolatilität 33
      2.2.7 Wettbewerber und Konzentration 40
      2.2.8 Distribution 46
   2.3 Branchenstrukturanalyse **47**
      2.3.1 Bedrohung durch Markteintritte 48
      2.3.2 Intensität des Wettbewerbs 50
      2.3.3 Verhandlungsmacht der Lieferanten 54
      2.3.4 Verhandlungsmacht der Abnehmer 54
      2.3.5 Bedrohung durch Substitute 55
      2.3.6 Zusammenfassung 55
   2.4 Ökonomische Modellierung der Branche **57**
      2.4.1 Risiken eines DRAM Produzenten 57
      2.4.2 Vorgehensweise und Annahmen 58
      2.4.3 Modellierung des Wettbewerbs 63
      2.4.4 Ein „DRAM-Kartell"? 75
      2.4.5 Weitere Verwendung der Modellierung in der Arbeit 78
   2.5 Lerneffekte in der DRAM Branche **79**
3. Risiko und Risikomanagement *87*
   3.1 Risiko und Risikoaversion **87**
      3.1.1 Risiko: Begriff und Operationalisierung 87
      3.1.2 Entscheidungsfindung unter Risiko und Risikoaversion 89

3.2 Begründung der Risikoaversion auf Unternehmensebene 92

3.3 Risikomanagement 101

    3.3.1 Terminmärkte und Futurekontrakte 103

    3.3.2 Ein DRAM Terminmarkt? 108

    3.3.3 Funktionsweise des Hedgings 110

    3.3.4 Basisrisiko 114

4. Theoretische Analyse von Preis- und Wechselkursrisiken und Hedging 121

4.1 Hedgingtheorien in der Literatur 121

    4.1.1 Traditionelle Hedgingtheorie 122

    4.1.2 Portfoliotheoretische und (μ, σ)-Ansätze 124

    4.1.3 Erwartungsnutzenansatz und weitere Ergebnisse der Literatur 129

4.2 Analyserahmen 136

4.3 Absatzentscheidungen unter ungesicherten Risiken 139

    4.3.1 Preisrisiko 139

    4.3.2 Wechselkursrisiko 145

    4.3.3 Simultanes Preis- und Wechselkursrisiko 147

4.4 Simultane Absatz- und Hedgingentscheidungen 148

    4.4.1 Preisrisiko mit perfekter Hedgemöglichkeit 148

    4.4.2 Wechselkursrisiko mit perfekter Hedgemöglichkeit 159

    4.4.3 Simultane Risiken mit perfekten Hedgemöglichkeiten 161

4.5 Cross Hedging 169

4.6 Terminhandel im Oligopol 176

    4.6.1 Absatzentscheidung unter Preisrisiko ohne Absicherung 179

    4.6.2 Simultane Absatz- und Hedgingentscheidung 186

    4.6.3 Sequentielle Absatz- und Hedgingentscheidung 188

5. Empirische Schätzung von Hedgeraten 201

5.1 Methoden zur Schätzung von Hedgeraten 202

    5.1.1 Analyserahmen 202

    5.1.2 OLS Schätzung und Hedgeeffektivität 203

    5.1.3 Linearität der Beziehung zwischen Spot- und Terminpreis 207

    5.1.4 Autokorrelation, Stationarität und Kointegration 209

    5.1.5 Heteroskedastizität und dynamische Hedgeraten 215

    5.1.6 Dynamische Hedgeraten in der empirischen Literatur 219

5.2 Auswahl eines Cross-Hedgeinstruments 229

    5.2.1 Stationarität 230

5.2.2 Test auf Stationarität 233
5.2.3 Test auf Kointegration 243
5.2.4 Diskussion des vorgestellten Verfahrens 246

5.3 Bildung eines Hedge-Portfolios 248

Appendix zu Kapitel 5: Teststatistiken 254

6. Zusammenfassung und kritische Würdigung 257

Literaturverzeichnis 265

Abbildungsverzeichnis

Abbildung 2.1: DRAM Marktsegmente nach Umsatzanteilen 2006. 14
Abbildung 2.2: Absatz in Stückzahlen verschiedener DRAM Generationen. 18
Abbildung 2.3: Absatz in Mb verschiedener DRAM Generationen. 19
Abbildung 2.4: Absatzanteile der DRAM Typen 1995-2005. 20
Abbildung 2.5: Phasen der DRAM Produktion 24
Abbildung 2.6: Preis pro Mb in Abhängigkeit des kumulierten Outputs in Mb. 29
Abbildung 2.7: Preis pro Mb je Generation 1974-2006. 30
Abbildung 2.8: ASP pro Mb 1974-2006. 33
Abbildung 2.9: DRAM Absatz in Mb und jährliches Wachstum. 34
Abbildung 2.10: DRAM Umsatz in Mrd. $ und jährliche Änderung. 34
Abbildung 2.11: Jährliche Änderung des ASP pro Mb 35
Abbildung 2.12: Vereinfachte Darstellung der Preisvolatilität aufgrund von
 Nachfrageschwankungen 36
Abbildung 2.13: Der Schweinezyklus der DRAM Branche 39
Abbildung 2.14: Marktanteile 2001 und 2006, ... 43
Abbildung 2.15: Herfindahl-Hirschman Index der DRAM Branche 1989-2006 44
Abbildung 2.16: Das Fünf-Kräfte-Modell der DRAM Branche 56
Abbildung 2.17: Cournot-Gleichgewicht im Duopolfall 66
Abbildung 2.18: Stackelberg-Kapazitätswettbewerb (1) 68
Abbildung 2.19: Stackelberg-Kapazitätswettbewerb (2) 69
Abbildung 2.20: Strategisches Dilemma 74
Abbildung 3.1: Hedging und Insolvenzwahrscheinlichkeit 97
Abbildung 3.2: Unternehmenswert und Insolvenzwahrscheinlichkeit 98
Abbildung 3.3: Steuerersparnisse durch Hedging bei konvexer Steuerfunktion 100
Abbildung 3.4: Gewinne und Verluste einer Long-Spotposition und einer Short-
 Futuresposition 111
Abbildung 4.1: Zeitstruktur des Entscheidungsproblems eines Produzenten 137
Abbildung 4.2: Mögliche Gleichgewichte im linearen Duopol unter Preisrisiko 183
Abbildung 4.3: Hedging- und strategischer Effekt einer einseitigen Futuresposition im
 Duopol 193
Abbildung 4.4: Hedging- und strategischer Effekt beidseitiger Futurespositionen im
 Duopol 196
Abbildung 5.1: Vorgehen beim Integrationstest 237
Abbildung 5.2: Monatlicher ASP Januar 2001 bis Dezember 2006 248

Tabellenverzeichnis

Tabelle 2.1: Die größten DRAM Käufer 2003 15
Tabelle 2.2: DRAM Typen und Jahr ihrer Einführung 19
Tabelle 5.1: Schätzergebnisse des Einheitswurzeltests mit Zeittrend und Konstante für den ASP 1997-2006 240
Tabelle 5.2: Schätzergebnisse des Einheitswurzeltests nur mit Konstante für den ASP 1997-2006 241
Tabelle 5.3: Schätzergebnisse des Einheitswurzeltests ohne Trend und Konstante für den ASP 1997-2006 242
Tabelle 5.4: Schätzergebnisse des Einheitswurzeltests der Preisdifferenzen des ASP 1997-2006 242
Tabelle A.1: Kritische Werte für DF in Dickey-Fuller Tests 254
Tabelle A.2: Kritische Werte für den Trend in Dickey-Fuller-Tests 255
Tabelle A.3: Kritische Werte für die Konstante in Dickey-Fuller-Tests 255
Tabelle A.4: Kritische Werte für den Einheitswurzeltest 255

1. Einleitung

Unternehmen in volatilen Märkten sehen sich bei dem Absatz ihrer Güter oft einem Preisrisiko ausgesetzt, d.h. einer Unsicherheit über den künftigen Preis, zu dem sie ein Produkt verkaufen können. Für ein in fremden Währungsräumen tätiges Unternehmen kommt ein Wechselkursrisiko hinzu, wenn der künftige Wechselkurs, zu dem es Verkaufserlöse in ausländischer Währung in die heimische Währung umtauschen kann, unsicher ist. Kann ein Unternehmen seine Produktion und seine Kosten nicht rasch genug anpassen, übersetzen sich Preis- und Wechselkursfluktuationen in Schwankungen des Gewinns. Selbst wenn sich diese Schwankungen über die Zeit ausgleichen, können sie für ein Unternehmen mit Kosten verbunden sein. Beispielsweise kann eine ungünstige Preis- oder Wechselkursentwicklung ein Unternehmen in finanzielle Engpässe bringen, die die Durchführung an sich vorteilhafter Investitionen verhindern oder verteuern, weil dann zu ihrer Finanzierung auf teures externes Kapital zurückgegriffen werden muss. Auch können sich Vertragsverhandlungen mit Kunden, Lieferanten und Arbeitnehmern schwieriger gestalten und zu unvorteilhaften Konditionen führen. Das Unternehmen muss dann im Erwartungswert mit höheren Kosten aufgrund der Risiken rechnen. Den meisten Unternehmen kann daher eine Aversion gegen Risiken unterstellt werden, die später noch genauer begründet wird. Als Folge agieren sie häufig vorsichtiger auf einem Absatzmarkt und versuchen, sich gegen mögliche negative Entwicklungen abzusichern. Ein Unternehmen kann allerdings in einem oligopolistischen Kontext auch von einem Risiko profitieren, wenn seine Konkurrenten mit einem vorsichtigeren Verhalten auf das Risiko reagieren, so dass sich seine Wettbewerbsposition verbessert.

Eine Branche, die bekannt für eine hohe Preisvolatilität ist, ist die DRAM („Dynamic Random Access Memory") Branche. Obwohl der technologische Fortschritt langfristig zu einem Sinken des Preises für DRAM Speicherchips um durchschnittlich ca. 30% pro Jahr führt, schwankt der Preis kurz- bis mittelfristig außerordentlich stark und kann nur schlecht prognostiziert werden. Ursache sind schwer vorhersehbare Schwankungen des Angebots und der Nachfrage, auf die die Anbieter kurzfristig nicht reagieren können. Wegen der hohen Fixkosten in Milliardenhöhe für DRAM Fabriken und niedriger variabler Kosten lasten sie ihre Produktionskapazitäten praktisch immer vollständig aus. Weil die durchschnittlichen variablen Kosten äußert niedrig sind, ist die Preisuntergrenze, bis zu der der Preis fallen kann, ohne dass die Anbieter ihre Produktion drosseln, sehr niedrig. Gelegentlich fällt der Preis daher sogar unter die Durchschnittskosten, so dass die Anbieter große Verluste erzielen. In Zeiten hoher Preise erwirtschaften sie aber auch große Gewinne. Die Preisvolatilität führt zu einer hohen Volatilität der Umsätze sowie der Gewinne. Die Schwankungen der Umsätze kann die zur Aufrechterhaltung der Wettbewerbsfähigkeit notwendigen Investitionen gefährden. Weil dazu beträchtliche Mittel notwendig sind, eine externe Finanzierung jedoch nicht immer möglich oder prohibitiv teuer ist, sind die Anbieter meist auf hohe Cash Flows aus dem laufenden Geschäft angewiesen, die in Abschwungphasen der Branche unzureichend sein können. Wie eingangs erwähnt, kann daraus auf eine Risikoaversion der meisten DRAM Produzenten geschlossen werden. Eines der dramatischsten Beispiele für die hohe Preisvolatilität ist die Branchenkrise im Jahr 2001, als der Preis eines sog. 256Mb Äquivalents laut WSTS (2007) von $[1]17,19 im Januar um 78% auf $3,71 im Oktober abstürzte. Die DRAM Produzenten hatten empfindliche Umsatzeinbußen und Verluste zu tragen. Auch wenn diese Krise einen Extremfall darstellt, kommt es in der Branche immer wieder zu unvorhergesehenen Gewinneinbrüchen. Das Preisrisiko stellt eines der größten Geschäftsrisiken –wenn nicht das größte– für einen DRAM Produzenten dar. Zudem sehen sich die mehrheitlich außerhalb des Dollarraumes angesiedelten DRAM Produzenten zusätzlich einem Wechselkursrisiko ausgesetzt, da der DRAM Preis weltweit in Dollar gebildet wird und der Wechselkurs des Dollars zu den meisten Währungen flexibel sowie ebenfalls (unvorhersehbar) volatil ist.

Preis- und Wechselkursrisiken werden jedoch häufig auf Terminmärkten gehandelt, auf denen sie für einen kurz- bis mittelfristigen Zeithorizont anderen Marktteilnehmern übertragen werden können. Die Risikoposition ist dann für das einzelne Unternehmen gestaltbar. So können Unternehmen für Commodities[2] wie Erdöl, Edelmetalle, Strom und viele Devisen Terminmärkte zur (teil-

---

[1] Im Folgenden sind mit Dollar oder abgekürzt $ immer US-Dollar gemeint.

[2] Bei diesem Begriff hat sich wie bei vielen die englische Bezeichnung im deutschen Sprachgebrauch durchgesetzt. Dieser Konvention wird gefolgt, da Übersetzungen wie etwa „Massenartikel" in der Bedeutung nicht deckungsgleich sind und irreführend wären. Gleiches gilt für andere „neudeutsche" Begriffe wie Hedging etc.

1. Einleitung

weisen) kurz- und mittelfristigen Reduktion der Risiken nutzen. Das Prinzip der Risikoabsicherung mit Termingeschäften kann am einfachsten anhand des gängigen Instruments des Futurekontraktes veranschaulicht werden. In ihm wird der Verkauf einer bestimmten Menge eines bestimmten Gutes zu einem zukünftigen Zeitpunkt zu einem bereits zum Vertragsschluss festgelegten Preis vereinbart. Durch die Festschreibung des Preises kann der Käufer oder Verkäufer des Futures das Preisrisiko beseitigen, dem er bei einem Kauf oder Verkauf auf dem Gütermarkt ausgesetzt wäre. Beispielsweise befürchte ein DRAM Produzent einen Preisverfall für seine Produktion, die in einigen Wochen zum Verkauf bereit ist. Verkauft er sie bereits heute per Futures, hat er sich, wenn der Preis zwischenzeitlichen tatsächlich sinkt, den höheren Preis des Futures gesichert. Er vergibt natürlich die Chance auf unerwartet hohe Gewinne, sollte der Preis steigen statt fallen. Dies ist gewissermaßen der Preis der Absicherung nach unten. Futures gleichen Schwankungen des Preises aus –in beide Richtungen. Dadurch können Umsätze und Gewinne verstetigt werden.

Nach dem gleichen Prinzip funktioniert die Absicherung des Wechselkursrisikos. Durch den Handel von Devisenfutures wird der für den künftigen Umtausch geltende Wechselkurs bereits heute festgelegt und das damit verbundene Risiko ausgeschaltet. Beispielsweise kann sich ein im Euroraum angesiedelter DRAM Produzent den Wechselkurs, zu dem er seine in einigen Wochen in Dollar erlösten Umsätze in Euros umtauschen kann, bereits heute durch den Verkauf von Dollarfutures, z.B. US Dollar/Euro Futures an der Euronext Terminbörse sichern, um die Gefahr einer zwischenzeitlichen Aufwertung des Euro gegenüber dem Dollar und damit verbundener Gewinneinbußen zu eliminieren.

Derlei Termingeschäfte zur Reduzierung, im Idealfall zur Eliminierung von Risiken werden unter dem Begriff „Hedging" erfasst. Durch die Expansion der Märkte für Finanzderivate und die resultierende Handelbarkeit einzelwirtschaftlicher Risiken können Battermann et al. (2003, S.495) zufolge Unternehmen ihre Marktrisiken immer besser steuern. Nicht alle Commodities oder Währungen werden jedoch auf Terminmärkten gehandelt. Für DRAM Speicherchips existiert beispielsweise kein Terminmarkt. Stehen keine auf das jeweilige Risiko zugeschnittene Instrumente zur Verfügung, können hilfsweise Termingeschäfte für andere, verwandte Risiken herangezogen werden, z.B. Devisenfutures für andere Währungen oder Warenterminkontrakte für andere Güter. Für den DRAM Produzenten hieße dies etwa, einen Future für ein anderes Gut zu handeln, der das DRAM Preisrisiko so gut wie möglich abbildet. In solchen Fällen eines „Cross-Hedgings" ist die Risikoabsicherung zwar in der Regel nicht perfekt, das Risiko kann meist dennoch erheblich gesenkt werden.

Die vorliegende Arbeit verfolgt das Ziel, optimale Strategien für das kurz- und mittelfristige[3] Hedging des Preis- oder Wechselkursrisikos anhand von Futures zu identifizieren und ihr Potential für die Risikoabsicherung zu prüfen. Dabei wird noch zu klären sein, wie hoch der optimalerweise abzugebende und der selbst zu tragende Anteil der Risiken ist. Die Arbeit beschränkt sich auf die Verwendung von Futures als eines der gebräuchlichsten Hedginginstrumente.[4] Existieren Terminmärkte für das jeweilige Risiko, liegt das Entscheidungsproblem vor allem in der Festlegung des Volumens, in dem Futures ge- oder verkauft werden sollten. Soll das gesamte Risiko, z.b. die gesamte Produktion oder der gesamte Umsatz auf Termin gehandelt werden oder nur ein Teil? Im Falle des Cross-Hedging kommt zu diesem Problem die Auswahl geeigneter Futures hinzu, auf die ausgewichen werden soll. Was sind Kriterien für die Auswahl? Da der Future das Risiko in der Regel nicht exakt abbilden wird, gestaltet sich die Festlegung der optimalen Hedgeposition komplexer. In beiden Fällen ist auch von Interesse, ob die optimale Absicherungsposition nur von beobachtbaren Marktdaten wie Futurespreisen abhängt oder auch von über die Unternehmen variierenden Risikopräferenzen und Erwartungen über die risikobehaftete Größe, d.h. den Preis oder Wechselkurs.

Es ist anzunehmen, dass eine Risikoreduktion mittels Hedging das Verhalten eines Unternehmens beeinflusst. In obigem Beispiel produziert der DRAM Anbieter möglicherweise mehr, wenn er sich einen bestimmten Preis sichern kann, mit dem er kalkulieren kann, als wenn der Preis schwanken und unter den sinken kann, den er erwartet. Daher ist es neben der Identifikation optimaler Hedgingstrategien ein zweites Ziel der Arbeit, die Rückwirkung von Hedging auf das Absatzverhalten von Unternehmen darzustellen. Dazu muss in einem ersten Schritt dieses Verhalten unter Preis- und Wechselkursrisiko ohne Hedging bestimmt werden. Anschließend kann analysiert werden, inwieweit die Reduzie-

---

[3] Die Ausschaltung des langfristigen Preis- oder Wechselkursrisikos, dem z.B. die Entscheidung über Produktionskapazitäten ausgesetzt ist, wäre nur möglich, wenn der Produzent bereits bei deren Aufbau die über ihre gesamte Lebensdauer geplanten Produktionsmengen absichern würde. Dies ist wenig realistisch. Dazu kommt das später erläuterte „Roll-over" Risiko, da Terminkontrakte von typischerweise maximal sechs Monaten Laufzeit nicht die Lebensdauer der Anlagen abdecken und daher mehrere kürzere aneinander gereiht werden müssen.

[4] Mit der Absicherung anhand von Optionen beschäftigen sich z.B. Broll und Wahl (1992b, 1995, 2001), Lapan et al. (1991), Sakong et al. (1993), Lence et al. (1994), Moschini und Lapan (1995), Battermann et al. (2000), Mahul (2002), Lien und Wong (2002), Battermann et al. (2003), Chang und Wong (2003) und Wong (2003a).

1. Einleitung

rung oder sogar Eliminierung der Risiken durch Hedging einen Einfluss auf die optimale Geschäftspolitik und, als Konsequenz, auf den Wettbewerb der Unternehmen auf den Gütermärkten ausübt. Die Rückwirkung auf den Wettbewerb ist insbesondere in oligopolistischen Märkten von Interesse, in denen sich die Unternehmen in einer strategischen Interdependenz befinden, in der die eigene optimale Entscheidung, sei es hinsichtlich der Produktionsmengen oder auch des Terminhandels, von denen der Konkurrenten abhängen. Ein oligopolistischer Anbieter nutzt einen Terminhandel möglicherweise nicht nur zur Absicherung eines Risikos, sondern unter Berücksichtigung der Rückwirkung auf den Wettbewerb auch zur Verbesserung seiner Wettbewerbsposition auf dem Gütermarkt. Die optimale Futuresposition ist dann unter Berücksichtigung solcher strategischen Effekte zu bestimmen. Von den beiden grundsätzlichen Formen des oligopolistischen Wettbewerbs in Preisen oder Absatzmengen konzentriert sich diese Arbeit auf einen Mengenwettbewerb (in einem homogenen Gut).

Angesichts möglicher Rückwirkungen des Terminhandels auf den Wettbewerb stellt sich weiterhin die Frage, ob ein Unternehmen immer profitiert, wenn es selbst und seine Konkurrenten ein Risiko auf einem Terminmarkt handeln können. Die eingangs erwähnte Möglichkeit, dass ein Unternehmen von einem Risiko auch profitieren kann, legt nahe, dass dies nicht immer der Fall sein muss.

Damit existiert eine Reihe von Fragen, die zur Bestimmung der optimalen Absicherung von Risiken beantwortet werden müssen und nachfolgend nochmals aufgeführt sind:

- Wie beeinflussen Preis- und Wechselkursrisiken die optimalen Produktionsentscheidungen eines Anbieters?
- Wie können diese Risiken mit Futures abgesichert werden, wenn ein Terminmarkt für das Gut bzw. die Währung existiert?
- Wie kann ein alternativer Future ausgewählt werden und wie viel davon soll gehandelt werden, wenn kein Terminmarkt für das Gut bzw. die Währung existiert?
- Unter welchen Bedingungen hängen die Entscheidungen über die Produktion und den Terminhandel nur von beobachtbaren Marktdaten ab und nicht von den Risikoeinschätzungen und –einstellungen eines Unternehmens?
- Wie wirkt sich ein Terminhandel auf den Wettbewerb im Gütermarkt aus, speziell bei einer oligopolistischen Marktstruktur? Wann profitiert ein Unternehmen von der Möglichkeit des Terminhandels?

Die Forschung hat in den letzten 40 Jahren eine Reihe theoretischer und empirischer Ergebnisse erarbeitet, die zur Beantwortung dieser Fragen herangezogen werden können. Beitrag dieser Arbeit soll es sein, die in der wissenschaftlichen Literatur verstreuten Teile in einem kohärenten Analyserahmen einer Anwendung in der Praxis zugänglich zu machen und Handlungsempfehlungen für das Engagement eines Unternehmens auf Terminmärkten für das eigene oder andere Güter sowie für Währung zu generieren. Mit Hilfe empirischer Methoden soll die Übersetzbarkeit dieser Handlungsempfehlungen in die Praxis aufgezeigt werden. Vor diesem Hintergrund sollen sie nicht abstrakt, sondern anhand des konkreten Beispiels der DRAM Branche dargestellt werden. An ihr soll demonstriert werden, wie der Wettbewerb in einer Branche ökonomisch modelliert werden kann und wie in einem solchen Modellrahmen Antworten auf die genannten Fragen für ein konkretes Umfeld bestimmt werden können.

Die DRAM Branche erscheint aus mehreren Gründen geeignet. Wie erwähnt handelt sich um eine Branche, die sehr stark von einem Preisrisiko betroffen ist. Ein Terminmarkt wie für andere Commodities existiert für DRAM nicht. Weil er aber prinzipiell auf die beschriebene Art und Weise das Preisrisiko verringern könnte, wurde und wird seine Einführung in der Branche diskutiert. Zwar hätte ein solches Hightech-Produkt früher kaum als klassisches Commodity gegolten, das auf Termin gehandelt werden kann. Mittlerweile ist es aber als solches anzusehen. Durch Normspezifikationen standardisiert, gelten DRAM Speicherchips als (beinahe) homogenes Massenprodukt, das in sehr hohen Stückzahlen abgesetzt wird. Ob damit ein Terminhandel möglich ist, gilt es noch zu klären. Es stellt sich jedoch für einen Anbieter hier konkret die Frage, wie sich dessen Einführung auf den Wettbewerb in der Branche auswirken würde und ob er den Aufbau eines Terminmarktes unterstützen soll. Außerdem muss er ggf. entscheiden, welche Terminposition er eingehen soll. Angesichts der Tatsache, dass noch kein Terminmarkt existiert, ist für ihn ebenso von Interesse, wie er alternativ im Rahmen des Cross-Hedges auf andere Terminmärkte ausweichen kann. Zudem sind fast alle Anbieter einem Wechselkursrisiko ausgesetzt. Da die DRAM Branche von vier bis fünf großen Unternehmen beherrscht wird, muss auch die Bedeutung einer oligopolistischen Marktstruktur für die Risikopolitik eines Anbieters und die Rückwirkung auf den Wettbewerb berücksichtigt werden, um mögliche strategische Effekte zu identifizieren. Damit können alle der genannten Fragestellungen anhand der Branche illustriert werden. Die Ergebnisse sind auf andere Branchen übertragbar, die in einem ähnlichen Wettbewerbsumfeld agieren. Entscheidendes Kennzeichen dieses Umfeldes ist ein Mengenwettbewerb in einem homogenen Gut, da das Marktergebnis in der DRAM Branche im Wesentlichen durch die Wahl der Produktionskapazitäten bzw. – mengen durch die Anbieter determiniert ist. Dieses Wettbewerbsumfeld wird anhand eines stilisierten Modellrahmens erfasst, in dem nachfolgend die Auswirkungen von Preis- und Wechselkursrisiken und ihrer Reduzierung analysiert

1. Einleitung

werden können. Dazu ist es zunächst erforderlich, die Branchencharakteristika und den Wettbewerb zu beschreiben.

Der Aufbau der Arbeit ist daher wie folgt:

In Kapitel 2 werden stilisierte Fakten der DRAM Branche und die in ihr wirkende Risikofaktoren zusammengetragen. Diese bilden die Grundlage eines (industrie-)ökonomischen Modells, mit dem der Wettbewerb in der Branche beschrieben werden kann und das den Rahmen für die Analyse der Risiken und ihrer Reduzierung aufspannt.

Zur Vorbereitung dieser Analyse führt Kapitel 3 den Risikobegriff sowie die Methodik, wie das Verhalten eines Anbieters unter Risiko abgebildet werden kann, ein. Anschließend werden Argumente darlegt, warum die eingangs unterstellte Annahme einer Aversion der Unternehmen gegen Risiken speziell auch für die DRAM Produzenten plausibel ist. Schließlich werden die Futures als Hedgeinstrument und die Terminmärkte, auf denen sie gehandelt werden, sowie die grundsätzliche Funktionsweise des Hedgings beschrieben.

In Kapitel 4 wird der Einfluss von Preis- und Wechselkursrisiken und ihrer Reduktion auf die Absatzentscheidungen eines DRAM Produzenten theoretisch analysiert. Gleichzeitig wird die optimale Futuresposition abgeleitet. Zu Beginn wird der Stand der Literatur wiedergegeben. Die wichtigsten Ergebnisse werden zunächst noch ohne Berücksichtigung des oligopolistischen Wettbewerbs nachvollzogen. Erst wird das Verhalten eines Produzenten ohne Hedging bestimmt, bevor perfekte Hedgeinstrumente für das Preis- und Wechselkursrisiko eingeführt werden sowie ein Cross-Hedging durch ein nicht perfektes Hedgeinstrument betrachtet wird. Abschließend wird in Erweiterung der Literatur die strategische Interdependenz der DRAM Anbieter mit in die Analyse einbezogen.

Vor dem Hintergrund, dass das DRAM Preisrisikos (noch) durch Cross-Hedging abgesichert werden muss, beschreibt Kapitel 5, wie eine Cross-Hedgeposition in der Praxis umgesetzt werden kann. Dazu werden Methoden diskutiert, wie die optimale Futuresposition empirisch geschätzt werden kann, und eine für die praktische Anwendung geeignete identifiziert. Abschließend wird ein Verfahren erläutert, wie geeignete Futures zur Absicherung selektiert werden können. Dabei können mehrere geeignet scheinende Futures in einem Hedgeportfolio kombiniert werden können, um eine möglichst hohe Risikoreduktion zu erreichen.

Kapitel 6 fasst die gewonnen Ergebnisse zusammen und zieht ein Fazit.

2. Die DRAM Branche

Dieses Kapitel präsentiert nach einer Einordnung der DRAM Branche (2.1) zunächst die wichtigsten stilisierten Fakten (2.2), die die Situation eines DRAM Produzenten und die Umgebung, in der er operiert, als Grundlage für die spätere ökonomische Modellierung beschreiben. Eine Branchenstrukturanalyse (2.3) erlaubt, in übersichtlicher Art und Weise weitere relevante Faktoren zu identifizieren und den Wettbewerb in der Branche zu charakterisieren. Darauf aufbauend wird erläutert, wie die Branche und das Verhalten eines DRAM Produzenten in einem ökonomischen Modell abgebildet werden können (2.4), mit dessen Hilfe in den späteren Kapiteln der Einfluss des Risikos bzw. dessen Beseitigung analysiert werden kann. Abschließend wird ein Überblick über die ökonomische Literatur zur Branche (2.5) gegeben.

2.1 Überblick und Einordnung der Branche

Die DRAM Branche ist ein Teil der Halbleiterindustrie, der nach iSuppli (2007c) im Jahr 2006 mit $33,9 Mrd. 14% ihrer Umsätze ausmachte. Halbleiter, manchmal als das Öl des Informationszeitalters bezeichnet (van de Gevel (2000, S.8)), sind mikroelektronische Komponenten zur Erfassung, Verarbeitung, Speicherung und Übermittlung von Daten. Neben der Verwendung in Computern haben sie in einer Vielzahl technischer Geräte, von Fernsehern über Kraftfahrzeuge bis zu Telefonen Anwendung gefunden. Die Halbleiterindustrie entstand mit den Erfindungen des Transistors 1947 sowie des integrierten Schaltkreises 1958 und entwickelte sich zu einer der größten Fertigungsindustrien.[5] 2006 betrugen ihre Umsätze laut iSuppli (2007c) weltweit $260,2 Mrd. Seit ihrer Entstehung ist sie durch einen raschen technologischen Fortschritt gekennzeichnet, der zu immer kleineren und leistungsfähigeren Bausteinen (Chips) bei gleichzei-

---

[5] Zur Entstehung der Halbleiterindustrie siehe z.B. Flamm (1996) oder Holbrook et al. (2000).

tig rapide fallenden Preisen führt und Ergebnis hoher Investitionen in Forschung und Entwicklung (F&E) ist. Beinhaltete im Jahr 1972 ein Logikchip 2.500 und ein Speicherchip 1.000 Transistoren, waren es laut SIA (2005, S.2) 2005 1,7 Mrd. und 1 Mrd. Gleichzeitig sank der Preis für Halbleiter nach Aizcorbe et al. (2006, S.33) im Zeitraum 1975-1994 durchschnittlich um 23% pro Jahr, 1994-2001 um 47% und 2001-2004 um 28%. Dieser Preisrückgang hat zu ihrem Einsatz in einer immer größeren Zahl von Geräten geführt und sich auf Produkte übertragen, die intensiv Halbleiter nutzen, wie Computer und Telekommunikationsgeräte. Überschlägige, in Flamm (2004, S.153) berichtete Schätzungen legen nahe, dass die Verbesserung des Preis-Leistungsverhältnisses von Halbleitern eine, wenn nicht die entscheidende Quelle für die Verbesserung des Preis-Leistungsverhältnisses der Informationstechnologie (IT) war. Günstigere IT-Preise als Anreiz für Investitionen in produktiveres Kapital waren wiederum nach Jorgenson (2001) ein Schlüssel der Wiederbelebung des US-Wirtschafts- und Produktivitätswachstums in der zweiten Hälfte der 1990er.[6] Die IT Industrie hat zwar nach dem Crash im Jahr 2000 an Bedeutung verloren, liefert aber relativ zu ihrer Größe einen überproportionalen Beitrag zum Produktivitätswachstum.[7] Auch bei anderen Waren wie Kraftfahr- und Flugzeugen oder wissenschaftlichen Geräten haben Halbleiter nach Jorgenson (2001) zur Senkung der Kosten beigetragen. Als wichtiger Input haben sie zudem geholfen, in einer Reihe von Industrien die technologische Entwicklung zu beschleunigen, z.B. in der Computer-, Telekommunikations- und Unterhaltungselektronikindustrie. Weiterhin entwickeln sich im Umfeld der Halbleiterfertigung hoch qualifizierte Zulieferer aus der Chemie und dem Anlagenbau.

Nicht zuletzt aufgrund dieser Schlüsselstellung als Input und Katalysator der Entwicklung für eine Reihe zukunftsträchtiger Branchen gilt die Halbleiterin-

---

[6] Das Solow-Paradoxon schwachen Produktivitätswachstums trotz technologischen Fortschritts seit den 1970er Jahren („you can see the computer age everywhere but in the productivity statistics", Solow (1987)) scheint damit nach anfänglichen Zweifeln z.B. in Gordon (2000) laut Jorgenson (2001) gelöst zu sein.

[7] Jorgenson et al. (2005) untersuchen umfassend die Rolle der Halbleiter- und IT-Industrie für das US-Wachstum seit 1995. Flamm (2004, S. 166) nennt Gründe, warum der außergewöhnlich starke Rückgang der Halbleiterpreise und das dadurch ausgelöste Produktivitätswachstum in den späten 1990er Jahren nur temporär waren und in Zukunft wohl auf ein niedrigeres, dafür aber nachhaltiges Niveau fallen werden.

2. Die DRAM Branche

dustrie nach Irwin und Klenow (1994, S.1201) als „strategische Industrie"[8] und ist der Ruf nach staatlicher Unterstützung Gruber (1996, S.723) zufolge immer laut gewesen. Praktisch alle Länder, in denen Halbleiterproduzenten angesiedelt sind, haben nicht nur F&E im Halbleiterbereich gefördert, sondern durch Handels- und Industriepolitik z.B. in Form von Anschubfinanzierungen, Steuervorteilen oder staatlichen Kreditgarantien heimische Produzenten aufzubauen und zu unterstützen gesucht.[9] Nach Tyson (1992, S.85) war die Halbleiterindustrie nie „free of the visible hand of government intervention." Dies bestätigen in der jüngeren Vergangenheit massive Anstrengungen Taiwans in den 1990er Jahren sowie Chinas in den letzen Jahren zum Aufbau eigener Halbleiterindustrien.[10]

Dabei wird die DRAM Branche nach Irwin and Klenow (1994, S.1206) als Treiber der technologischen Entwicklung angesehen, da die Erfahrungen mit ihrer Produktion die Kosten der Produktion anderer Halbleiter senken. Halbleiterprodukte, oft einfach als integrierte Schaltkreise bezeichnet, umfassen Mikroprozessoren und –controller (die sog. Logikchips), Speicherbausteine und „Application Specific Integrated Circuits" (ASICs). Während Logikchips für die Verarbeitung von Daten zuständig sind, dienen Speicherbausteine ihrer Speiche-

---

[8] Die strategische Bedeutung wird gelegentlich auch militärisch begründet: So schätzen z.B. die USA die Bedeutung mancher Halbleiter für Rüstungsprogramme als so wichtig ein, dass Schaltungsentwürfe und Geräte zu ihrer Herstellung einer Exportkontrolle unterliegen.

[9] Howell (2003) gibt einen Überblick über Regierungsprogramme zur Unterstützung der Halbleiterindustrie.

[10] Aus ökonomischer Sicht könnten vor allem zwei Eigenschaften der Industrie staatliche Unterstützung rechtfertigen. Die erste sind die technologischen „Spillovers" auf andere Industrien. Der einzelne Produzent investiert bei positiven Externalitäten seiner F&E-Anstrengungen aus gesellschaftlicher Sicht zu wenig. Der Staat könnte ihn durch Unterstützung dazu zu bewegen versuchen, das gesellschaftlich optimale Ausmaß bereitzustellen. Die zweite Eigenschaft sind statische und dynamische Größenvorteile der Produktion, durch die sich ein Produzent Kostenvorteile sichern kann, je mehr er produziert bzw. produziert hat. Aus der Außenhandelstheorie ist bekannt, dass in Branchen mit derartigen Größenvorteilen Handels- und Industriepolitik einheimischen Produzenten einen (Kosten-)Vorteil gegenüber ausländischen Konkurrenten sichern und Renten in das Inland lenken kann (siehe z.B. Krugman (1990), Brander und Spencer (1983, 1985), Dixit und Kyle (1985), für eine Kritik solcher staatlichen Eingriffe z.B. Krugman (1994)). Ein prominentes, in Kapitel 2.5 genauer diskutiertes Beispiel ist der Aufstieg der japanischen Halbleiterproduzenten in den 1980er Jahren, bei dem Protektionismus ihnen geholfen soll, Marktanteile zu gewinnen, indem sie schneller die Lernkurve durchschreiten konnten.

rung und Abfrage und repräsentieren zusammen ungefähr ein Viertel der Umsätze der Halbleiterindustrie.[11] Die wichtigsten Speicherbausteine sind DRAM, SRAM („Static Random Access Memory"), EPROM („Erasable Programmable Read Only Memory"), EEPROM („Electrically EPROM") sowie Flash(-EEPROM) Speicher. Sie werden unterschieden in flüchtige Speicher, die die gespeicherten Daten verlieren, sobald die Stromversorgung unterbrochen wird, und nicht-flüchtige Speicher, die Daten auch ohne Stromzufuhr permanent speichern. Zu ersteren gehören die RAM Speicher, zu letzteren die ROM Speicher. Als flüchtige Speicher werden DRAM und SRAM typischerweise als temporärer Arbeitsspeicher verwendet, der Daten und Arbeitsanweisungen für den Prozessor bereitstellt, damit dieser schneller darauf zugreifen kann. DRAM wird als sehr preiswerter Speicher überall dort als Hauptspeicher eingesetzt, wo die Speicherkosten kritisch sind, z.B. in PCs (Desktops und Notebooks), Workstations und Spielekonsolen. Ein DRAM Speicherchip besteht aus einzelnen Speicherzellen mit je einem Kondensator, der die Daten speichert[12], und einem Transistor, über den der Kondensator ausgelesen oder mit neuem Inhalt beschrieben werden kann. Da sich die im Kondensator gespeicherte elektrische Ladung im Laufe der Zeit verflüchtigt, benötigt ein DRAM Chip im Gegensatz zu SRAM selbst im Ruhezustand kontinuierliche Auffrischung, so dass der Stromverbrauch relativ hoch ist. Deshalb wird der schnellere, aber teurere SRAM bei Anwendungen, bei denen der Ruhestrom gering sein soll, sowie als Pufferspeicher („Cache") eingesetzt. Die ROM Speicher dienen der permanenten Speicherung von Programm- und Betriebsabläufen z.B. im BIOS oder für Daten des Nutzers wie z.B. bei Flash Speichern, die etwa in USB-Sticks verwendet werden.

Die verschiedenen Speicher sind technisch sowie in ihrer Anwendung so unterschiedlich, dass sie, zumindest bei den vorherrschenden Preis-Leistungsverhältnissen, nicht untereinander substituiert werden und getrennte Teilmärkte konstituieren. Daher kann der DRAM Markt, nach Gartner (2006b) mit mehr als der Hälfte der Speicherumsätze der größte Speicherteilmarkt, im Prinzip ohne Berücksichtigung der anderen Speicherarten analysiert werden. Eine Einschränkung ergibt sich aus der Fähigkeit mancher DRAM Produzenten,

---

[11] Vgl. die Umsätze des Halbleitermarktes insgesamt/ des Speichermarktes für 2006 in Gartner (2006a/b).

[12] Er ist entweder geladen oder nicht und repräsentiert so einen der beiden binären Zustände (0 oder 1), mit denen Daten für digitale Verarbeitung (in Maschinensprache) repräsentiert werden. Die meisten Darstellungen sprechen von gespeicherten Informationen, die aber erst aus der Bedeutung von Daten entstehen.

2. Die DRAM Branche

die auch andere Speicher oder Halbleiter produzieren, ihre DRAM Produktionsanlagen auf die Produktion dieser anderen Chips umstellen zu können, wenn dies höhere Gewinne verspricht. Dann ist für die Bestimmung des DRAM Angebots neben dem DRAM Preis auch deren Preis zu beachten.

2.2 Marktbeschreibung

Zunächst werden Anwendungen und Arten von DRAM Speichern genauer unterschieden. Anschließend werden der Fertigungsprozess und der technologische Fortschritt bei der DRAM Produktion beschrieben, mit denen unter Einbeziehung weiterer Brancheneigenheiten die beiden wichtigsten ökonomischen Branchencharakteristika, der starke Preisverfall und die hohe Preisvolatilität, erklärt werden können. Abschließend werden die DRAM Produzenten und der Wettbewerb zwischen ihnen sowie die Distribution der DRAM Chips beleuchtet.

2.2.1 Marktsegmente

Mit fortschreitender technologischer Entwicklung finden DRAM Speicher in immer mehr Produkten und in immer höherer Ausstattung Eingang. Früher wurde DRAM nur in Desktops, Workstations, Großrechnern sowie dazugehörigen Peripheriegeräten wie Druckern verwendet. Das Internet sowie lokale Rechnernetze schufen eine neue Nachfrage von Geräten der Telekommunikationsinfrastruktur wie Routern oder Servern. Auch die Trends zur Digitalisierung von Konsumgütern und zu tragbaren Geräten wie Mobiltelefonen, Set-Top-Boxen und Spielekonsolen erzeugen zusätzliche Speichernachfrage. Die anfänglich nur auf Computer ausgelegten DRAMs werden zunehmend auch an deren Bedürfnisse angepasst, so dass mittlerweile verschiedene, applikationsspezifische DRAM Sorten angeboten werden.

Die verschiedenen Anwendungen lassen sich in Ahnlehnung an Qimonda (2006, S.73f) folgenden Marktsegmenten zuordnen:

- Computer, d.h. PCs (Desktops und Notebooks) und Workstations, die „Standard"-DRAM verwenden, der hohe Speicherkapazität mit schnellen Zugriffszeiten zu den niedrigsten Kosten aller volatilen Speicher bietet. Nachfrager in diesem Segment sind PC-Hersteller wie HP, Dell und Lenovo. Diesem Segment ist auch der Speicherverkauf für „Upgrades", wenn der DRAM Speicher nachträglich aufgerüstet wird, zuzurechnen.
- Infrastrukturanwendungen wie Server und andere Netzwerkgeräte, die wegen des hohen Datenaufkommens auf DRAM mit höherer Speicherkapazität

und Zuverlässigkeit zurückgreifen. Kunden sind Server-Produzenten wie Sun und Netzwerkausstatter wie Cisco.

- Grafische Anwendungen wie Spielekonsolen, die besonders leistungsfähigen DRAM benötigen, mobile Kommunikationsgeräte wie Mobiltelefone, die DRAM mit geringem Stromverbrauch nachfragen, sowie Unterhaltungselektronik wie DVD Player und Set-Top-Boxen, die Standard DRAM, aber auch speziellen DRAM benötigen. Typische Kunden dieses Segments sind Hersteller von Mobiltelefonen wie Motorola und Nokia oder von Videospielekonsolen wie Sony und Microsoft.

Abbildung 2.1 fasst die prozentualen Anteile der verschiedenen Nachfragegruppen an den Gesamtumsätzen mit DRAM Speichern im Jahr 2006 zusammen.

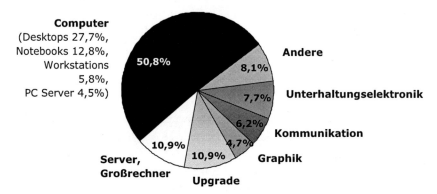

Abbildung 2.1: DRAM Marktsegmente nach Umsatzanteilen 2006. Quelle: iSuppli (2007e)

Hauptabnehmer mit ungefähr der Hälfte der gesamten DRAM Nachfrage ist nach wie vor das Computersegment. Nach einem Boom in den 1990er Jahren wird die PC Nachfrage mittlerweile jedoch mehr von Ersatz- als von Neuanschaffungen getrieben und stagniert. Da zugleich andere Märkte rascher wachsen, geht der Anteil des Computersegments zurück, nachdem er laut Gartner im Jahr 2001 noch bei 64% lag (zitiert aus Qimonda (2006, S.74)). In den Bereichen Kommunikation und Unterhaltungselektronik lässt sich dagegen ein deutlicher Anstieg verzeichnen. Insbesondere Mobiltelefone, die vor fünf Jahren praktisch gar kein DRAM verwendeten, sowie grafische Anwendungen wie Spielekonsolen und Unterhaltungselektronik werden immer bedeutendere Nachfrager. Auch wenn in den nächsten Jahren ein höheres Wachstum der DRAM Nachfrage von Servern und Computern als in den letzten Jahren erwartet wird, wachsen jene Bereiche stärker und gewinnen an Gewicht.

2. Die DRAM Branche

Wegen der abnehmenden relativen Bedeutung des PC-Segments verliert die gewohnte Daumenregel zur groben Schätzung der DRAM Nachfrage, nach der die erwartete Anzahl verkaufter PCs mit der durchschnittlichen DRAM Ausstattung eines PCs multipliziert wird, zwar zunehmend an Prognosekraft. Dennoch hängt die DRAM Branche noch immer stark von der Nachfrage der PC-Branche und damit deren „Wohl und Wehe" ab.

Die Nachfrage könnte auch nach einzelnen Regionen unterschieden werden. Im Prinzip existiert aber ein einheitlicher globaler Absatzmarkt. Aufschlussreicher ist eine Unterscheidung nach einzelnen Käufern. In nachfolgender Tabelle 2.1 sind die zehn größten DRAM Käufer 2003 aufgelistet. Die wichtigsten Kunden sind die großen PC-Hersteller, die aber auch Produkte der anderen Segmente herstellen, insbesondere Peripheriegeräte und Server. Allein die drei größten PC-Hersteller vereinen bereits mehr als ein Drittel der Nachfrage auf sich und sind mit Abstand die wichtigsten Nachfrager. Da sie sich vor allem von den großen DRAM Herstellern beliefern lassen werden, ist ihr Anteil bei diesen Herstellern noch höher (40-60%).

	Größte DRAM Käufer 2003		
	Unternehmen	Mio. US-$	Anteil an Gesamtnachfrage	Kumuliert
1	Hewlett-Packard	2.305	15%	15%
2	Dell Computer	1.899	12%	27%
3	IBM	1.266	8%	35%
4	Sun Microsystems	539	3%	39%
5	NEC	514	3%	42%
6	Fujitsu	503	3%	45%
7	Hitachi	352	2%	48%
8	Matsushita Electric (inkl. JVC)	325	2%	50%
9	Sony (inkl. 50% Ericsson JV)	316	2%	52%
10	Canon	288	2%	54%

Tabelle 2.1: Die größten DRAM Käufer 2003. Quelle: iSuppli (2007f)

Die PC-Hersteller kaufen für PCs üblicherweise DRAM Speicher im Wert von 3-8% der gesamten PC-Kosten ein und passen die Ausstattung entsprechend an: ist der Preis für DRAM hoch, statten sie die PCs mit weniger Speicher aus, ist er niedrig, mit mehr. Aufgrund des harten Wettbewerbs im PC Markt reagieren die PC-Hersteller relativ sensibel auf Änderungen des DRAM Preises. Die Flexibilität der Ausstattung mit Speicher verleiht ihnen relativ große Verhandlungsmacht gegenüber den DRAM Produzenten, die bei anderen Halbleiterprodukten in diesem Ausmaß nicht gegeben ist: die Leistung eines Prozessors können die PC-Hersteller beispielsweise nicht einfach halbieren, ohne die Attraktivität eines PCs stark zu schmälern. Für die DRAM Hersteller ist daher nicht nur die Anzahl verkaufter PCs für die Nachfrage nach DRAM von Bedeutung, sondern auch die durchschnittliche DRAM Ausstattung eines PCs. Die Speicherausstattung hängt aber auch –mehr oder weniger unabhängig vom Preis– von den Anforderungen der Hardware und gängiger Softwareprogramme ab, insbesondere weit verbreiteter „Killerapplikationen". Benötigt z.b. ein neuer Prozessor von Intel oder eine neue Version des Betriebssystems Windows wie Vista für ein reibungsloses Funktionieren mehr Speicher, werden PCs generell mit mehr DRAM bestückt. Gegeben diese an sich erhöhte Nachfrage gilt aber wieder der beschriebene Zusammenhang zum DRAM Preis.

Auch die anderen Segmente fragen umso mehr DRAM Speicherkapazität (im Weiteren vereinfachend als Menge bezeichnet) nach, je niedriger der Preis ist. Die Nachfrage kann stilisiert in einer normalen, im Preis abnehmenden Nachfragefunktion erfasst werden, deren Niveau durch Nachfrageerhöhung wie z.B. durch eine neue Windows Version angehoben wird.

2.2.2 Produktbeschreibung

Wichtigstes Kennzeichen von DRAM Chips ist die Kapazität, mit der sie Daten speichern können und die in Bits,[13] abgekürzt „b", gemessen wird. Der erste DRAM Baustein, der 1970 von Intel hergestellte „1103", verfügte über eine Speicherkapazität von 1024 Bits (1 Kb). Seit diesen Ursprüngen ist die Kapazität exponentiell angestiegen. Die Kapazität heutiger DRAM Chips wird in Mb oder Gb gemessen. Sie hat sich kontinuierlich etwa alle drei Jahre vervierfacht. Dieses sehr regelmäßige Muster wird durch das berühmte, für Halbleiter allgemein geltende Mooresche Gesetz beschrieben, benannt nach einem der Gründer von Intel.

Moore (1965) stellte bereits 1965 fest, dass sich durch den technologischen Fortschritt die Anzahl der Transistoren auf einem Chip grob jedes Jahr verdoppelt. Für DRAM verdoppeln sich dadurch die Speicherzellen auf dem Chip und damit seine Speicherkapazität. Dieses „Gesetz", bei dem es vielmehr um eine empirische Beobachtung handelt, wurde später von Moore (1975) auf eine Verdoppelung etwa alle zwei Jahre korrigiert. Aufgrund der Vervierfachung der

---

[13] Bit ist die Abkürzung für „Binary Digit", Binärzahl, und Maßeinheit für Datenmengen. Ein Bit ist die kleinste darstellbare Datenmenge, die entweder den Wert 1 oder 0 annehmen kann.

2. Die DRAM Branche

Kapazität alle drei Jahre in der DRAM Branche, laut Flamm (2004, S.155) dem „de facto barometer" für das Mooresche Gesetz, wurde es auf eine Verdoppelung alle 18 Monate angepasst. Immer wieder angezweifelt, ist es bis heute gültig. Von Wissenschaftlern wird erwartet, dass der Fortschritt in der Halbleitertechnologie noch für weitere 10-15 Jahre gemäß dem Mooreschen Gesetz voranschreitet,[14] obwohl allmählich limitierende (z.B. von Packan (1999) beschriebene) Faktoren wie Quanteneffekte die Erhöhung der Transistorenzahl erschweren. Wie beispielsweise Flamm (2004, S.166) berichtet, hat sich das Mooresche Gesetz allerdings zu einer sich selbst erfüllenden Prophezeiung entwickelt, da die Halbleiterproduzenten die Planung ihres Entwicklungsfortschritts (ihre sog. „Road Maps") an ihm ausrichten.

Die Erhöhung der Transistorenanzahl pro Chip beruht neben einer Vergrößerung der Chipfläche vor allem auf einer Verkleinerung seiner Strukturen. Ihr Schrumpfen („Shrinking") erhöht die Dichte der Chipkomponenten und führt bei nahezu konstanten Verarbeitungskosten eines Chips zu sinkenden Kosten pro Komponente,[15] die letztlich in den raschen Halbleiterpreisreduktionen resultieren und für DRAM noch genauer beschrieben werden.

Als Folge des Mooreschen Gesetzes folgt die technologische Entwicklung in der Halbleiterindustrie einem vorhersehbaren Muster und neue Chips werden in mehr oder weniger regelmäßigen Zeitintervallen entwickelt. DRAM Speicherbausteine werden nach ihrer Speicherkapazität in „Generationen" eingeteilt. Früher hat sich mit jeder neuen Generation die Kapazität vervierfacht (1Mb, 4Mb, 16Mb, 64Mb, 256Mb), so dass ungefähr alle drei Jahre eine neue Generation auf den Markt kam. Da sich die Kapazität mittlerweile von einer Generation auf die nächste verdoppelt (512Mb, 1024Mb), hat sich das Zeitintervall zwischen zwei Generationen auf 18 Monate verkürzt.[16] Die DRAM Branche ist damit durch eine schnelle Abfolge an Produktzyklen geprägt. Abbildung 2.2 zeigt den Absatz der bisherigen Generationen.

---

[14] SIA (2005, S.4f). Die physikalischen, technologischen und wirtschaftlichen Grenzen der Verkleinerung der Halbleiterkomponenten mit der heute üblichen CMOS-Technologie werden wohl gegen 2020 erreicht.

[15] In Moore (1965) sinken die Kosten noch durch eine Vergrößerung der Chipgröße, die die (damals dominierenden) Kosten der „Verpackung" des Chips senken. Erst in Moore (1975) führt die Verkleinerung der Komponenten zu fallenden (mittlerweile dominierenden) Kosten durch geringeren Siliziumverbrauch.

[16] Für die historische Entwicklung vgl. Irwin (1998, S.174) und Patterson und Hennessy (2005, Tabelle 7.3).

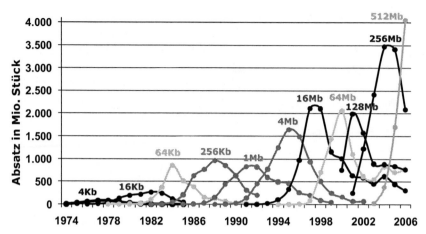

Abbildung 2.2: **Absatz in Stückzahlen verschiedener DRAM Generationen. Quelle: bis 1998 Victor und Ausubel (2002), danach WSTS (2007)**

Die Generationen weisen ähnliche, sich überlappende Lebenszyklen auf. Eine Generation kann den Absatz nur etwa zwei bis drei Jahre dominieren, bevor sie von der nächsten überholt wird. Ältere Generationen werden weiterhin für Anwendungen angeboten, bei denen die Speicherkapazität weniger kritisch ist wie z.b. Drucker. Da die Funktion eines DRAM Chips unabhängig von seiner Kapazität die gleiche ist, sind unterschiedliche Generationen in dem Sinne austauschbar, dass z.B. zwei 256Mb Chips im Prinzip die gleiche „Arbeit" wie ein 512Mb Chip verrichten. In diesem Sinne sind sie als perfekte Substitute zu betrachten.

Mit den Generationen sind nicht nur die Speicherkapazitäten, sondern auch die Absätze gestiegen, die aber wegen der unterschiedlichen Kapazität nicht unmittelbar vergleichbar sind. Misst man den Absatz in Mb als einheitlicher Größe, zeigt Abbildung 2.3 mit logarithmischer Skalierung, dass er über die Generationen hinweg sehr konstant gewachsen ist und DRAM Speicher tatsächlich wie eingangs behauptet immer stärker nachgefragt werden.

2. Die DRAM Branche

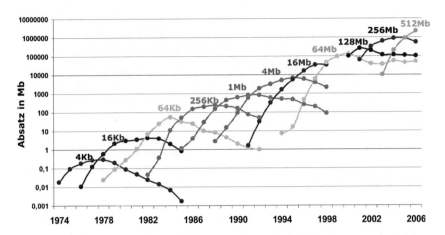

Abbildung 2.3: Absatz in Mb verschiedener DRAM Generationen. Quelle: bis 1998 Victor und Ausubel(2002), danach WSTS (2007)

Neben den Generationen werden verschiedene Bauformen, (Interface-) „Typen"[17], von DRAM Speicherchips unterschieden. Vom Typ hängt unter anderem die Geschwindigkeit (die sog. Datentransferrate[18]) ab, mit der der Chip Daten übermitteln kann. Gab es in den ersten zwei Jahrzehnten der Branche nur einen Standardtyp, hat sich dieser im Laufe der Zeit als nicht mehr ausreichend erweisen und es wurden neue Typen entwickelt. Die nachfolgende Übersicht listet die wichtigsten Typen mit dem Jahr ihrer Einführung auf.

Art	Jahr der Einführung
FPM DRAM (Fast Page Mode DRAM)	1987
EDO RAM (Extended Data output RAM)	1995
SDRAM (Synchronous DRAM)	1997
RDRAM (Rambus DRAM)	1999
DDR SDRAM (Double Data Rate Synchronous DRAM)	2000
DDR2 SDRAM	2004
DDR3 SDRAM	2007

Tabelle 2.2: DRAM Typen und Jahr ihrer Einführung. Quelle: Hardware Book (2007)

---

[17] Gelegentlich wird hierfür auch der Begriff Generation gebraucht und die Speicherkapazität als Typ bezeichnet.
[18] Diese wird entweder in Mb pro Sekunde gemessen oder anhand der Taktfrequenz (in Megahertz) des Datentransfers zwischen der CPU und dem DRAM Chip.

Der Zyklus eines Typs umfasst von seiner Serienreife bis zur vollständigen Ablösung durch den nachfolgenden Typ ca. acht Jahre. Während das Innenleben eines Chips herstellerspezifisch ist, sind die äußeren Eigenschaften eines Typs durch den Industrieverband JEDEC Solid State Technology Association (ehemals nur Joint Electron Device Engineering Council JEDEC), einem Gremium zur Standardsetzung, genormt. Dadurch sind Chips unterschiedlicher Hersteller, aber gleichen Typs austauschbar. Unterschiedliche Typen sind hingegen nicht kompatibel, da sie Daten unterschiedlich nach außen kommunizieren. Anwendungen, z.B. PC Architekturen, werden daher auf einen bestimmten Typ hin ausgelegt. Dennoch sind alle Typen einem einheitlichen Markt zuzuordnen, da Unternehmen, die DRAM Chips in ihre Produkte einbauen, relativ einfach und innerhalb kurzer Frist den Typ wechseln können. Ebenso können die DRAM Produzenten relativ schnell und mit vertretbarem Aufwand die Produktion auf einen anderen Typ umstellen. Abbildung 2.4 zeigt die Verteilung der wichtigsten Typen von 1995 bis 2005. Gegenwärtig dominiert der DDR2 Typ, der den DDR Typ verdrängt hat.

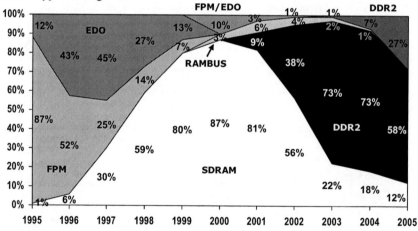

Abbildung 2.4: Absatzanteile der DRAM Typen 1995-2005. Quelle: bis 2000 Semico (2007), danach Gartner, zitiert aus Qimonda (2006, S. 70). Werte kleiner 1% sowie sonstige Typen wurden weggelassen

Jede Generation ist mit jedem Typ kombinierbar. Ein DRAM Chip wird zudem in verschiedenen Gehäusen, die der Befestigung und dem Anschluss des Chips auf einer Platine dienen,[19] Geschwindigkeiten (Zugriffszeiten, gemessen

---

[19] Dazu gehören neben einer Plastikumhüllung die äußeren Anschlüsse, meist dünne Beinchen („Thin Small Outline Package" TSOP, „Small Outline J-lead" SOJ), mit denen ein Chip auf

2. Die DRAM Branche

in Nanosekunden z.B. 266, 333, 400), „Organisationen" sowie weiteren Spezifikationen angeboten. Die Organisation (z.B. 8Mx16b) ist beschrieben durch die Anzahl der Speicherstellen (8 Mio., kurz 8M) und der Bits pro Speicherstelle (16b). Das Produkt beider (x) ergibt die Kapazität (128Mb). Durch die Kombinationsmöglichkeiten der verschiedenen Merkmale hat sich laut EBN (2003a) mittlerweile bedingt durch unterschiedliche Bedürfnisse der Nachfrager, insbesondere der Hersteller neuer Anwendungen wie Mobiltelefonen, ein breites Produktspektrum von DRAM Chips herausgebildet.[20] Bei den meisten DRAM Chips handelt sich aber um durch JEDEC genormte[21] Massenprodukte, so dass Chips verschiedener Hersteller, aber der gleichen Konfiguration austauschbar sind. Da die Qualitätsunterschiede gering sind, spricht man von ihnen als „Commodity DRAM". Die Käufer entscheiden primär nach dem Preis, bei welchem Anbieter sie kaufen. Dessen Markenname, Service und Reputation spielen nur eine untergeordnete Rolle.

Daneben bieten die DRAM Produzenten aber auch spezielle („Specialty") DRAM Produkte an, die auf die Bedürfnisse spezifischer Anwendungen zugeschnitten sind. Sie umfassen im Wesentlichen vier Kategorien: „mobilen" DRAM mit geringem Stromverbrauch für den Einsatz in mobilen Geräten, günstigen und einfachen, ebenfalls wenig Strom verbrauchenden „Cellular RAM" (sog. pseudo-SRAM) für Mobiltelefone, besonders leistungsfähigen DRAM als Bildspeicher für Graphikkarten z.B. in Spielekonsolen und „Reduced Latency" DRAM für den Einsatz in Netzwerkgeräten. Spezieller DRAM wird in kleineren Stückzahlen produziert und stellt mit nur ca. 10-15% der DRAM Produktion laut DRAMeXchange (2005) noch einen kleinen, aber stark wachsenden Bereich dar, da laut EBN (2003a) eine zunehmende Anzahl von Produkten mit immer spezieller werdenden Anforderungen DRAM nachfragt. Die folgenden Ausführungen konzentrieren sich zwar auf Commodity DRAM und erwähnen spezielle DRAMs nur am Rande, da deren Marktsegmente durch andere Gegebenheiten geprägt sind, insbesondere durch einen weniger harten Wettbewerb, der den Produzenten höhere Margen erlaubt. Für stark wachsende spezielle DRAM Segmente, die im Laufe der Zeit zu Commodity DRAM werden können, gelten die folgenden Überlegungen jedoch in ähnlicher Weise.

---

seinen Steckplatz gesteckt werden kann, oder kleine Bällchen („Ball Grid Array" BGA) als Kontaktpunkte.

[20] So umfasste z.B. das Produktspektrum von Infineon (2003a) 2003 ca. 90 DRAM Chips.
[21] Diese Normung ist der wesentliche Unterschied zu anderen Halbleiterchips wie Mikroprozessoren, die mehr proprietäre Technologien enthalten, siehe Irwin (1998, S.174).

Trotz der Vielfalt der Commodity DRAMs dominiert zu einem Zeitpunkt eine bestimmte Produktkonfiguration, das Hauptprodukt („Main Product"), das insbesondere im größten Nachfragesegment der PCs eingesetzt wird, den Absatz. Das Hauptprodukt hängt von der Architektur ab, die die PC-Hersteller gerade verwenden. Durch die breitere DRAM Produktpalette ist die Dominanz eines Hauptprodukts weniger ausgeprägt als in der Vergangenheit bzw. existieren verschiedene Hauptprodukte für die einzelnen Segmente. Aufgrund der kurzen Innovationszyklen der unterschiedlichen Merkmale wechselt es im Zeitablauf relativ rasch. Generell besitzen einzelne Produkte oft nur kurze Lebensspannen von zwei bis drei Jahren. Wie später genauer erläutert wird, unterscheiden sich die Absätze und Gewinnmargen der verschiedenen DRAM Produkte. Daher wird es für einen Anbieter immer wichtiger, zum richtigen Zeitpunkt den richtigen „Produktmix" anzubieten. Trotz einer kurzen Diskussion dieses Problems liegt der Fokus der folgenden Analysen auf den Hauptprodukten.

Bisher wurden nur einzelne DRAM Chips betrachtet. Für die Anwendung als Arbeitsspeicher in Computern oder Peripheriegeräten werden mehrere Chips auf Speichermodulen zusammengefasst, die für den Endkunden die gebräuchliche Form von DRAM Speicher darstellen. Die Herstellung dieser Module wird von den DRAM Produzenten, aber auch spezialisierten Modulherstellern betrieben. Während die Speicherkapazität eines einzelnen Chips in Bits (b) gemessen wird, misst man die von Modulen in Byte, abgekürzt „B", bzw. in MB oder GB. Ein Byte besteht aus acht Bit, so dass ein Modul aus z.B. acht 512Mb Chips eine Kapazität von 512MB besitzt. Die Module werden aber hier als solche nicht näher betrachtet.

2.2.3 Die DRAM Produktion und ihre Kosten

Nach der Klassifikation der DRAM Chips beschreibt dieser Abschnitt ihre Herstellung. Die Wertschöpfungskette umfasst mehrere Stufen, die sich vereinfacht in Entwicklung, Produktion und Vertrieb aufteilen lassen. Die großen DRAM Produzenten vereinen als integrierte Hersteller („Integrated Device Manufacturer" IDM) große Teile der ersten beiden Stufen unter einem Dach. Lediglich Teile des Vertriebs werden an Distributoren abgegeben. Sie lassen ihre Chips aber auch von Auftragsfirmen, sog. „Foundries", in ihrem Namen fertigen, die dazu mitunter die Fertigungstechnologie entwickeln. Manch kleinere DRAM Produzenten lassen ihre Chips sogar extern bei darauf spezialisierten Unternehmen, sog. Designhäusern, entwickeln und konzentrieren sich auch in der Produktion nur auf wenige Schritte. Die Produktionstechnologie lizenzieren sie von

2. Die DRAM Branche

den großen IDMs. Im Weiteren wird die Produktion genauer betrachtet, während die Entwicklung für die Analyse nicht von Belang ist.[22]

DRAM Chips werden in Losen gefertigt, indem in wiederholter Abfolge für mehrere hundert identische Bausteine Muster der elektrischen Schaltkreise von photographischen Masken photolithographisch in mehreren Schichten auf eine Siliziumscheibe, den sog. Wafer, übertragen werden und die Form der Schaltkreise aus dem Wafer geätzt wird.[23] Anschließend werden die Schaltkreise über Leitungsbahnen verbunden. Der Produktionsprozess muss hinsichtlich etlicher physikalischer Determinanten wie z.b. Temperatur und Erschütterungen sehr präzise sein und in einer äußerst reinen Umgebung, in sog. Reinräumen, stattfinden, da bereits kleine Staubpartikel auf der Oberfläche des Wafers die Leiterbahnen unterbrechen und den Chip wertlos machen können. Der Wafer selbst muss frei von Unregelmäßigkeiten sein. Da es jedoch unmöglich ist, das Silizium völlig makellos zu verarbeiten, gibt es immer fehlerhafte Schaltkreise. Jeder Schaltkreis auf dem Wafer wird getestet und die unbrauchbaren markiert.[24]

---

[22] Für Einzelheiten vgl. Turley (2002, Kapitel 3). Interessant ist hier lediglich ihre zunehmende Auslagerung. So wurde in der Chipentwicklung aufgrund eines im Vergleich zur Produktion schwachen Produktivitätswachstum („Design Productivity Gap") in den letzten beiden Jahrzehnten verstärkt rationalisiert durch Verlagerung in Länder mit geringen Arbeitskosten sowie durch Automatisierung mittels Software für das „Computer Aided Design" (CAD). Durch solche computerbasierten Verfahren kann das Wissen um viele Prozesse in standardisierter Form eingekauft werden, was trotz der hohen Kosten dieser Systeme zur Gründung der Designhäuser führte.

[23] Zu Beginn der DRAM Produktion wurden die Kondensatoren und Transistoren in einer Ebene auf der Oberfläche des Chips platziert. Mit immer kleineren Chiparchitekturen wurde diese Anordnung dreidimensional. Dabei haben sich zwei unterschiedliche Ansätze etabliert, die von verschiedenen Produzenten genutzt werden: Im „Trench"-Verfahren wird der Kondensator in Vertiefungen gebettet, die in die Siliziumoberfläche geätzt werden. Im „Stack"-Verfahren wird der Kondensator auf die Oberfläche obenauf gepackt. Laut Gartner wurden ca. 27% der Bits in 2005 mit dem Trench-, der Rest mit dem Stack-Verfahren gefertigt, zitiert nach Qimonda (2006, S. 71). Es ist noch unklar, ob eines der Verfahren mit immer kleineren Chipgrößen an seine Grenzen geraten wird, so dass die jeweiligen Produzenten auf das andere wechseln müssten. Dies wäre mit temporären Wettbewerbsnachteilen verbunden, da die beiden Verfahren unterschiedliche Produktionsprozesse und Fertigkeiten erfordern.

[24] Dieser Absatz ist an Gruber (1996, S.726) angelehnt. Ähnliche Beschreibungen des Produktionsprozesses finden sich in Baldwin und Krugman (1988, S.174f), Dick (1991, S.137) oder Irwin und Klenow (1994, S.1203).

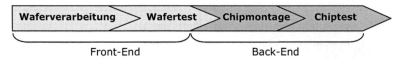

Abbildung 2.5: Phasen der DRAM Produktion

Nach diesem ersten Produktionsabschnitt, der „Front End" Fertigung (vgl. Abbildung 2.5), wird der Wafer in der „Back End" Fertigung in Stücke geschnitten und die einzelnen Rohchips („Dies") werden in ein Gehäuse montiert. Sie werden auf einem Trägerrahmen befestigt, erhalten Anschlüsse und werden in Plastik verschlossen, so dass sie ihr bekanntes Aussehen annehmen. Die fertigen Chips werden nochmals getestet und nach ihrer Geschwindigkeit sortiert. Zwar wird versucht, möglichst viele schnelle Chips zu produzieren, einige sind jedoch langsamer. Ca. 10% der Chips funktionieren, weisen aber nicht die Qualität der normalen Produktion auf und sind sog. „Non-Conforming Parts" (NC-Parts). Die Waferverarbeitung dauert ca. zwei Monate. Bis die einzelnen Chips fertig hergestellt sind und an den Kunden verkauft werden, vergehen nochmals einige Wochen. Die Verarbeitung des Wafers ist nach Gruber (1996, S.726) der kritischste und kostenintensivste Produktionsschritt, da das Siliziummaterial, das qualitativ äußerst hochwertig sein muss, den teuersten Werkstoff der Chipfertigung darstellt. Ein 200mm Wafer kostete z.b. um das Jahr 2001 etwa \$3.100. Daraus können bei einer damaligen Chipgröße von 50mm^2 ca. 465 gute Chips gefertigt werden, so dass die Materialkosten je Chip ca. \$6,7 bei Gesamtfertigungskosten von \$10,4 betrugen.[25] Die „Back End" Kosten sind dagegen relativ gering.

Für die gesamten Kosten eines Chips sind zusätzlich die hohen Kapitalkosten für die Produktionsstätten, die sog. „Fabs" zu berücksichtigen. Die Kosten der Errichtung und Ausstattung einer Fab mit einer Kapazität von typischerweise 50.000 Waferstarts pro Monat (dem gebräuchlichen Maß für Kapazität) auf dem Stand der Technik betragen gegenwärtig (2007) ca. \$2,5-3 Mrd.[26] Fabs mit geringerer Kapazität sind aufgrund des hohen Durchsatzes der Produktionsanlagen nicht sinnvoll. Es dauert ungefähr zwei Jahre vom Zeitpunkt der Entschei-

---

[25] Die Turley (2002, S.106) entnommenen Zahlen für Halbleiterchips allgemein sind leider nicht genauer datiert.

[26] Beispielsweise kostet eine gemeinsame DRAM Fab von Elpida und PowerChip mit einer Kapazität von 50.000 Waferstarts pro Monat nach Angaben von Solid State Technology (2006a) zwischen \$2,5 und \$3,1 Mrd., eine von Qimonda geplante Fab mit 60.000 Waferstarts pro Monat nach Solid State Technology (2007) \$2,7 Mrd.

2. Die DRAM Branche

dung bis zur Fertigstellung einer Anlage bzw. bis diese mit voller Auslastung betrieben werden kann. Da die Produktionsprozesse immer feiner werden, müssen die Anlagen immer höheren Standards genügen, so dass die Kosten steigen. Für Halbleiterfabriken allgemein sind sie nach Angaben von IC Knowledge (2001a) exponentiell von ca. $6 Mio. im Jahr 1970 auf mittlerweile über $2 Mrd. gewachsen. Zwischen 1970 und 2000 war das Wachstum der Kapitalkosten höher als das der Umsätze, so dass ihr Anteil an den Umsätzen nach Turley (2002, S.115) von 17% im Jahr 1980 auf 22% im Jahr 2000 gestiegen ist. Aufgrund der raschen technologischen Entwicklung der Produktionstechnik, insbesondere der photolitographischen Anlagen, verlieren die Fabs schnell an Wert. Die Anlagen sind bereits nach drei bis fünf Jahren technisch überholt und müssen erneuert werden. Wegen dieser schnellen Wertminderung werden sie zügig abgeschrieben mit der Folge hoher Kapitalkosten. Eine Besonderheit der Produktionsanlagen ist ihre vielseitige Verwendbarkeit. So können einige DRAM Produzenten, die auch andere Speicher fertigen, ihre Produktionskapazitäten mit geringen Investitionen und in kurzer Zeit auf ähnliche Speicherchips umrüsten, wenn sie sich davon höhere Gewinne versprechen, wie beispielsweise in den letzten zwei bis drei Jahren laut BusinessWeek (2006) auf (NAND-)Flash Speichern, die z.B. für MP3 Spieler stark nachgefragt werden.

Einen ebenfalls gewichtigen Kostenblock bilden Investitionen in die Erforschung und Entwicklung neuer Produktionstechnologien und Produkte. Sie haben sich in der Zeit, in der sich die Speicherkapazität mit jeder neuen Generation vervierfachte, grob von einer Generation auf die nächste verdoppelt und betrugen für die 1Gb Generation $1,5 Mrd.[27] Schließlich sind noch Personal- sowie andere Verwaltungskosten eines Produzenten zu berücksichtigen. Während die Kosten für die Produktionsanlagen für alle Anbieter gleich sind, können sich über die Personalkosten Standortvorteile für Länder mit geringen Arbeitskosten ergeben.

Für eine ökonomische Diskussion ist eine Aufteilung der Kosten in fixe und variable Bestandteile von Interesse. Ausschlaggebend dafür ist die Länge des betrachten Zeitraums und welche Kostenelemente über diesen Zeitraum als fix oder variabel anzusehen sind. Kurzfristig, definiert als eine Zeitspanne kürzer als die Länge eines Produktionszyklus von sechs bis acht Wochen, sind alle Kosten fix, da der Output nicht beeinflusst werden kann. Er kann so kurzfristig

---

[27] Für die 1Mb Generation $30 Mio., für 4Mb $80 Mio., für 16Mb $150 Mio. für 64Mb $300 Mio. und für 26Mb $800 Mio. Laut koreanischem Halbleiterindustrieverband, zitiert nach Shin und Jang (2005, S.38).

weder gesteigert werden noch ist eine Senkung möglich, da eine Drosselung erst die neu anlaufende Produktion betrifft, nicht aber die bereits angelaufene. Von größerem Interesse ist der hier als mittelfristig bezeichnete Zeitraum zwischen acht Wochen und zwei Jahren, in dem der Output innerhalb der gegebenen Produktionskapazitäten frei gewählt werden kann und der daher den Entscheidungshorizont eines Produzenten über seine Produktionsmenge darstellt. In diesem Zeitraum entsprechen die Fertigungskosten variablen, die Kapitalkosten, F&E Investitionen sowie Personal- und Verwaltungskosten Fixkosten. Laut Aussagen von Branchenvertretern entsprechen Kapitalkosten ganz grob knapp 30% der Gesamtkosten, F&E Kosten etwa 20%, Personalkosten ca. 10% und andere Gemeinkosten etwas über 15%. Die verbleibenden ca. 25% sind variable Kosten, größtenteils Materialkosten. Die im Vergleich zu den variablen Kosten sehr hohen Fixkosten führen zu einer starken Fixkostendegression. Beispielsweise senkt für Halbleiter im Allgemeinen eine Erhöhung der Produktionsmenge von 10.000 Wafern je Monat auf die üblichen 50.000 die Kosten je Wafer laut IC Knowledge um 20% (vgl. Turley (2002, Abb. 5.13, S.104)). Ein Anbieter wird daher bestrebt sein, seine Fabs nahe ihrer Kapazitätsgrenze auszulasten. Die Auslastung liegt typischerweise über 90%. Langfristig, in Zeiträumen länger als zwei Jahren, sind alle Faktoren, auch die Kapazität der Produktionsstätten, variabel. Ein Anbieter kann zusätzliche Kapazitäten errichten. In dieser Perspektive existieren keine Fixkosten, auch die Kapital-, F&E-, Personal- und sonstigen Kosten, umgelegt auf die damit produzierbaren Chips, sind den variablen Kosten zuzurechnen.

Weiterhin sind für eine ökonomische Analyse die mittel- und langfristigen Grenzkosten zu bestimmen (kurzfristig kann der Output nicht gesteigert werden). Vereinfachend kann ihr mittelfristiger Verlauf, d.h. für gegebene Produktionskapazitäten, bis zur Kapazitätsgrenze als konstant unterstellt werden. Ein weiterer Chip kann zu etwa gleich bleibenden (v.a. Material-) Kosten produziert werden. Dabei wird jedoch die Veränderung der Grenzkosten im Zeitablauf ignoriert, die die nächsten beiden Abschnitte betrachten. Langfristig, bei variabler Kapazität, liegen die Grenzkosten um einen Anteil für die mittelfristigen Fixkosten darüber.

2.2.4 Lerneffekte und Preisentwicklung einer Generation

Aufgrund der Komplexität des Produktionsprozesses ist ein besonderes Charakteristikum, das hinsichtlich der Produktionskosten zu berücksichtigen ist, „Learning by Doing" (Lerneffekte) über den Lebenszyklus einer DRAM Generation. Lerneffekte sind Produktivitätssteigerungen, da Arbeiter und Angestellte von ihren Erfahrungen lernen und Produktionsprozesse verbessern, so dass die

2. Die DRAM Branche

Abläufe durch verringerte Laufzeiten, Arbeitskosten und Materialaufwand effizienter werden. Oder wie Fudenberg und Tirole (1983, S.522) das Phänomen knapp beschreiben: „Practice makes perfect". Als Konsequenz sinken die Produktions(stück)kosten. In der DRAM Produktion, in der bereits kleinste Fehler zu funktionsuntüchtigen Chips führen, äußern sich Lerneffekte nach Irwin und Klenow (1994, S.1203) vor allem in der Abnahme der Ausschussproduktion.[28] Zu Beginn der Produktion eines neuen Chips ist ein großer Anteil des Outputs fehlerhaft oder entspricht nicht den Qualitätsstandards und muss aussortiert werden. Die Ausbeute („Yield Rate"), gemessen als Anteil der brauchbaren Chips an der Gesamtanzahl, ist sehr gering. Sie steigt an, wenn die Produktionsprozesse durch die Erfahrungen mit der Produktion immer feiner abgestimmt werden können. In der ausgereiften Phase der Produktion, nach ca. 6 Monaten, liegt sie typischerweise zwischen 85% und 95%. Da sich der Verbrauch des Siliziummaterials reduziert, nehmen die Kosten pro gutem Chip deutlich ab.[29] Die Lerneffekte sind zu Beginn des Lebenszyklus stärker, so dass die Kosten rasch fallen. In späteren Phasen, wenn die Produktionsabläufe weitgehend optimiert sind, nehmen sie ab.

Lerneffekte können in zwei Ausprägungen auftreten. Ein Unternehmen kann schlichtweg dadurch lernen, dass es eine beliebige Menge in einem Zeitraum produziert; die Lerneffekte hängen dann von der seit der Aufnahme der Produktion verstrichenen Zeit ab (vgl. z.B. Lieberman (1984)). Lerneffekte können andererseits davon abhängen, wie viel ein Unternehmen produziert. Typischerweise ist letzteres der Fall und die Erfahrung wird durch den kumulierten Output gemessen.[30] Die aktuelle Produktion erhöht dann die von einem Unternehmen angehäufte Erfahrung. Historisch sind in vielen Branchen die Produktionskosten bei einer Verdoppelung des kumulierten Outputs um 20% bis 30% gesunken.[31] Auch in der DRAM Branche wird die Erfahrung eines Anbieters bei der Produk-

---

[28] Hatch und Mowery (1998) beschreiben den Lernprozess und seine Determinanten in der Halbleiterfertigung.

[29] Siehe z.B. Dick (1991, S.137), Gruber (1996, S.726) oder Zulehner (2003, S.1531).

[30] Hingegen verwendet beispielsweise Arrow (1962) kumulierte Investitionen.

[31] Das klassische Beispiel ist der Flugzeugbau, den Wright (1936) in seiner Pionierarbeit zu Lerneffekten sowie Alchian (1963) untersuchen. Wrights (1936) Befund, dass die direkten Arbeitskosten bei jeder Verdoppelung des kumulierten Outputs um 20% fallen, wurde für eine Reihe von Industrien bekräftigt (Hatch und Mowery (1998, S.1462) geben Beispiele an), wobei auch andere als nur Arbeitskosten fallen. Lerneffekte und ihre Wirkungen auf den Wettbewerb wurden insbesondere durch die Boston Consulting Group und ihre Matrix populär.

tion eines bestimmten Speicherbausteins Dick (1991, S.134) zufolge am besten durch den kumulierten Output erfasst.

Die inverse Beziehung zwischen dem kumulierten Output und den Stückkosten wird durch die Lernkurve abgebildet. Aus ihrer Steigung errechnet sich die Lernrate, die die prozentuale Verringerung der Stückkosten bei einer Verdoppelung des kumulierten Outputs angibt. Empirische Schätzungen in der DRAM Branche, die in Abschnitt 2.5 genauer beschrieben werden, veranschlagen sie mit 20% bis 30% in einer ähnlichen Größenordnung wie in anderen Branchen. Der Unterschied zu anderen Branchen besteht darin, dass die DRAM Branche ihren kumulierten Output in der Regel schneller verdoppelt. Nach Schätzungen von Dick (1991, S.151f) und Siebert (2002, S.20) scheinen die Lerneffekte zudem tatsächlich wie oben unterstellt zu Beginn des Lebenszyklus größer zu sein. Weil das erworbene Wissen Kimura (1988, S.50) zufolge prozessspezifisch ist, geht ein großer Teil davon verloren, wenn ein neuer Produktionsprozess eingeführt wird, so dass sich das Lernen nur auf die Produktion einer bestimmten Generation und nicht für DRAM allgemein bezieht. Diese Schlussfolgerung legt zumindest das Ergebnis von Irwin und Klenow (1994, S.1215ff), Nye (1996, S.389) und Siebert (2002, S.19) nahe, dass Erfahrungstransfers über verschiedene Generationen hinweg kaum eine Rolle spielen. Mit der Einführung einer neuen Generation beginnt der Lernprozess daher von neuem, so dass ihn die Produzenten immer wieder durchlaufen müssen.

Die oben als konstant unterstellten Grenzkosten verlaufen unter Berücksichtigung dieser Lerneffekte einer zusätzlichen Einheit eigentlich fallend. Kapitel 2.5 wird darlegen, warum zur Vereinfachung dennoch mit konstanten Grenzkosten argumentiert werden kann.

Sofern die Lerneffekte auf komplexen Feinabstimmungen der Fertigung beruhen, kann sich ein Produzent sein gewonnenes Wissen nach Gruber (1994a, S.2) größtenteils sichern, ohne dass es sich die Konkurrenten beispielsweise durch die Untersuchung der Speicherbausteine aneignen können. Zum Teil ist es sogar innerhalb eines Unternehmens schwierig, Erfahrungen von einem Produktionsstandort zu einem anderen zu übertragen. Über Wechsel qualifizierten Personals, Veröffentlichungen in Fachjournalen oder Produktions- und F&E- Joint Ventures verbreiten sich jedoch Baldwin und Krugman (1988, S.176) zufolge die grundlegenden Produktionstechniken, die den Stand der Technik darstellen. Z.B. können Details des Chipdesigns nicht verheimlicht werden, da die Konkurrenten sie studieren können. Dies führt zu den den Lerneffekten verwandten „Spillovers". Unternehmen lernen nicht nur durch ihre eigenen Erfahrungen, sondern auch von denen ihrer Konkurrenten. Die Kosten hängen nicht nur von

2. Die DRAM Branche

dem eigenen kumulierten Output (Lerneffekte), sondern auch von dem der Konkurrenten (Spillovers) ab. Die empirische Evidenz zu Spillovers von Irwin und Klenow (1994), über die ebenfalls in Abschnitt 2.5 detaillierter berichtet wird, ist allerdings gemischt. Fest steht, dass die Lerneffekte aus einer zusätzlichen eigenen Outputeinheit größer sind als die Spillovers aus einer zusätzlichen Outputeinheit der Konkurrenten. Insgesamt überwiegen jedoch Spillovers die Lerneffekte, da der kumulierte Output der Konkurrenten viel größer ist.

Als Ergebnis der Lerneffekte und Spillovers sinken die Kosten der Produktion einer Generation und in Folge ihr Preis mit dem kumulierten Output. Abbildung 2.6 stellt (in logarithmischer Skalierung) die Entwicklung des durchschnittlichen Preises, im Weiteren der Branchenkonvention folgend ASP für „Average Selling Price", pro Mb dem kumulierten Output über alle Generationen in Mb (zur Vergleichbarkeit der Outputs) gegenüber und vermittelt einen Eindruck des Zusammenhangs. Allerdings sinkt der Preis im Zeitablauf auch aufgrund anderer, nachfolgend beschriebener Faktoren, die sich ebenfalls in der Grafik niederschlagen.

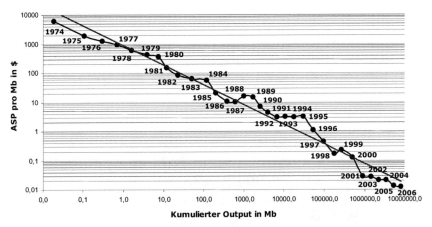

Abbildung 2.6: Preis pro Mb in Abhängigkeit des kumulierten Outputs in Mb. Quelle: bis 1998 Victor und Ausubel (2002), danach WSTS (2007)

Für die einzelnen Generationen ergibt sich im Zeitablauf ein Preispfad, wie ihn Abbildung 2.7 für alle bisherigen DRAM Generationen wiedergibt.

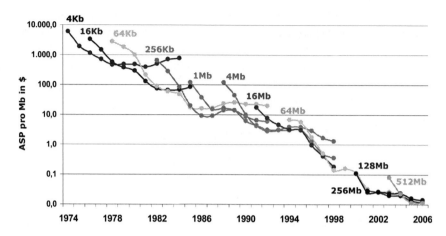

Abbildung 2.7: Preis pro Mb je Generation 1974-2006. Quelle: bis 1998 Victor und Ausubel (2002), danach Gartner (2007a)

Die Generationen weisen ein ähnliches Muster der Preisreduktion auf. Ist der Preis zu Beginn des Lebenszyklus einer Generation noch relativ hoch, fällt er nach Aufnahme der Massenproduktion durch mehrere Hersteller in zwei bis drei Jahren auf das Niveau der vorigen Generation. Dabei spielen neben Lerneffekten und Spillovers auch die Größenvorteile der Massenfertigung eine Rolle. Sobald das neue Produkt pro Bit billiger als das bisherige Hauptprodukt ist, löst es dieses als Hauptprodukt ab. Der Preisverfall flacht ab, wenn die Lerneffekte weitgehend ausgeschöpft sind. Gegen Ende des Lebenszyklus wird das Produkt zum Auslaufmodell und die meisten Unternehmen geben die Produktion zugunsten des Nachfolgers auf. Der Wettbewerb sowie die Größenvorteile in der Fertigung lassen nach. Schließlich läuft die Produktion aus und die Unternehmen wechseln auf die nächste Generation.

Der hohe Preis bei der Einführung einer neuen Generation stellt indes nicht nur die hohen Kosten bei Beginn der Produktion dar, sondern auch einen Preisaufschlag, den die –weniger preissensitiven– Hersteller von „High-End"-Geräten für den jeweils neuesten und leistungsfähigsten Speicher zu zahlen bereit sind. Daher können von den ersten Unternehmen im Markt in der frühen Phase eines neuen Produkts „Pioniergewinne" abgeschöpft werden.

2.2.5 Technologischer Fortschritt und Preisentwicklung über Generationen

Lerneffekte sind ein wesentlicher Grund für den Preisrückgang innerhalb einer Generation.[32] Abbildung 2.7 zeigt darüber hinaus einen Preisverfall über die Generationen hinweg. Ursache dafür ist der technologische Fortschritt, vor allem die beständige Verkleinerung des Abstands der Schaltkreise auf einem Chip. Die minimale Strukturbreite bezeichnet den kleinsten, über gängige lithographische Verfahren realisierbaren Abstand und beträgt in der DRAM (Massen-)Produktion gegenwärtig 90 nm. Ihre Verringerung („Shrink") ermöglicht es, auf der gleichen Siliziumfläche mehr Speicherzellen zu platzieren, wodurch nicht nur Chips mit höherer Speicherkapazität produziert werden können. Gleichzeitig sinken der Siliziumverbrauch und die (Grenz-)Kosten pro Bit. Da die „Back End" Kosten vernachlässigt werden können und die Fertigungskosten von den Materialkosten dominiert werden, ist dieses Schrumpfen sowohl Treiber des Mooreschen Gesetzes[33] als auch der DRAM Preisentwicklung. In den vergangenen Jahrzehnten wurde üblicherweise alle drei Jahre eine neue Produktionstechnologie mit neuen photolithographischen Apparaten und Produktionsanlagen eingeführt. Dadurch schrumpfte die minimale Strukturbreite laut Flamm (2004, S.157) typischerweise um 30% und in Folge die Chipfläche pro Speicherzelle um 50%. Die Wechsel auf neue Technologien mit kleineren Strukturbreiten planen die Anbieter in „Shrink Roadmaps". Die Speicherfläche nimmt aber nur ca. 58-65% der Chipfläche ein. Durch ein effizienteres Design der übrigen Elemente können ebenfalls (kleinere) Kosteneinsparungen erzielt werden. Eine weitere Quelle für Kostensenkungen ist die Verwendung größerer Wafer, bei denen weniger Verschnitt anfällt.[34] Die Umstellung auf größere Wafer ist aber relativ selten[35] und ein langwieriger Prozess mit einer eigenen Lernkurve, bis zufrieden stellende Ausbeuten erreicht werden.

Die Auswirkungen dieser Entwicklungen auf die Fertigungskosten können anhand einer Darstellung nach Flamm (2004, S.156ff) bestimmt werden. Die

---

[32] Gruber (1992, S.885, 1996, S.723) führt den Preisrückgang vollständig auf Lerneffekte zurück. Damit vernachlässigt er die im Folgenden diskutierten preisreduzierenden Effekte.

[33] Moore (1965) dachte zunächst nur an eine höhere Speicherkapazität durch größere Chips, vgl. Fußnote 15.

[34] Vgl. Shin und Jang (2005, S.39) für Samsungs Produktivitätsgewinne der Umstellung von 150mm Wafer auf 200mm Anfang der 1990er Jahre sowie in den letzten Jahren auf 300mm.

[35] Der Standarddurchmesser eines Wafers in der Halbleiterfertigung lag 1970 bei 50mm, 1980 bei 100mm, 1990 bei 150mm und 1995 bei 200mm, vgl. Qimonda (2006, S.72).

Kosten in US-Dollar je Chipkomponente (hier als Speicherzelle verstanden) betragen danach

$$\$/\text{Komponente} = \frac{\$W}{y \cdot \text{Chip}/A} \quad (2.1)$$

mit den durchschnittlichen Verarbeitungskosten W eines Wafers und der Ausbeute y guter Chips pro Siliziumfläche A. Um den langfristigen Kostentrend abzubilden, kann die Ausbeute als konstant unterstellt werden und als Durchschnitt über die Generationen interpretiert werden. Die Waferverarbeitungskosten pro gutem Chip können ebenfalls als etwa konstant angenommen werden. Zwar sind sie in der Vergangenheit leicht gestiegen, die Wafergröße und die Ausbeuten aber ebenfalls, so dass die Verarbeitungskosten bezogen auf gute Chips ungefähr gleich geblieben sind. Das Mooresche Gesetz betrifft streng genommen zunächst nur den Nenner mit einer Vervierfachung der Anzahl an Komponenten pro Chip alle drei Jahre. Mit der ebenfalls alle drei Jahre erreichten Verkleinerung der Chipfläche pro Komponente um 50% würde sich die Siliziumfläche eines Chips der neuesten Generation dann nicht vervierfachen, sondern nur verdoppeln. Tatsächlich hat sich historisch die Chipgröße durch Verbesserungen des Chipdesigns um weniger erhöht, als die Verkleinerung der Strukturbreite alleine nahe legt, nur etwa um den Faktor 1,4.[36] Die Chipgröße ist also ca. 30% kleiner als allein durch kleinere Strukturbreiten prognostiziert, so dass die Anzahl an Chips pro Fläche, Chip/A, nur mit dem Faktor 0,7 wächst. Die Formel zeigt dann, dass alle drei Jahre die Kosten pro Komponente 35% des Ausgangsniveaus betragen bzw. um 65% fallen, was einer jährlichen Reduktion um ca. 30% entspricht. Dieser Zusammenhang scheint auch heute noch gültig. Wenn auch ihn nicht exakt abbildend, erlaubte beispielsweise die Verkleinerung der Strukturbreite von 0,14 μm auf 0,11 μm in der Massenfertigung von 256Mb Chips (d.h. bei gleich bleibender Kapazität) im Jahr 2001 Infineon (2003b) die Produktion von mehr als doppelt so vielen Chips je Wafer und dadurch 30% Kosteneinsparungen pro Chip.

Der technologische Fortschritt führt demnach zu sinkenden Grenzkosten. Folgt der Preis pro Bit ungefähr den Kosten, sollte er jährlich um ca. 30% fallen. Diese Rate stimmt mit dem von Flamm (2004, S.159f) für den Zeitraum 1974-1995 berechneten Durchschnitt überein. Die prozentuale Preisreduktion wird in

---

[36] Durch „Shrinks" werden zwar Chips derselben Speicherkapazität immer kleiner, aber beim Übergang zu einer neuen Generation mit höherer Speicherkapazität kann die Chipfläche größer werden.

einer logarithmischen Darstellung des ASP pro Mb wie in Abbildung 2.8 deutlich, in der die Steigung der Trendgeraden der durchschnittlichen Wachstumsrate entspricht. Bei den hier verwendeten Daten beträgt die durchschnittliche Preisreduktion über den Zeitraum 1974-2006 29%.

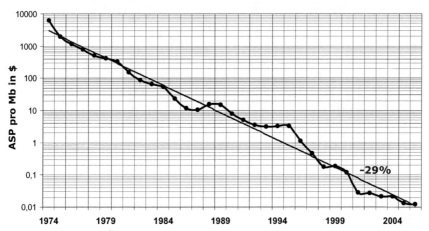

Abbildung 2.8: ASP pro Mb 1974-2006. Quelle: bis 1998 Victor und Ausubel (2002), danach WSTS (2007)

In Abbildung 2.8 wird aber auch deutlich, dass der Preis trotz seines langfristig sinkenden Trends kurz- bis mittelfristig mitunter erheblich von ihm abweicht. Die Ursachen für diese Preisschwankungen werden im nächsten Abschnitt genauer untersucht.

2.2.6 Preisvolatilität

Aufgrund des sinkenden Preises, aber auch des steigenden Bedarfs bestehender und neuer Anwendungen nach DRAM wächst die nachgefragte Bitmenge, wie bereits in Abbildung 2.3 pro Generation deutlich wurde. Abbildung 2.9 gibt den Gesamtabsatz in Mb in logarithmischer Skalierung sowie sein jährliches Wachstum von durchschnittlich 79% wieder. Meist werden die Absätze nicht in Mb, sondern in Äquivalenten angegeben. Um die Absatzzahlen von Chips unterschiedlicher Speicherkapazität vergleichen zu können, werden sie auf eine einheitliche Basis normiert. Derzeit wird in 256Mb Äquivalenten gerechnet. Im Jahr 2006 wurden laut iSuppli (zitiert aus CIO (2007)) 11,4 Mrd. 256Mb Äquivalente abgesetzt. Auch die Preise werden oft nicht pro Mb, sondern pro Äquivalent genannt.

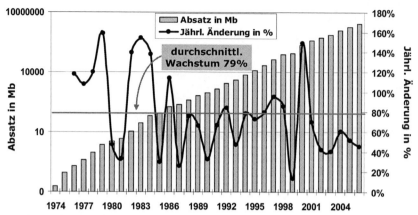

Abbildung 2.9: DRAM Absatz in Mb und jährliches Wachstum. Quelle: bis 1998 Victor und Ausubel (2002), danach WSTS (2007)

Da das Wachstum des Mb-Absatzes durchschnittlich größer ist als der Rückgang des Preises pro Mb, wachsen auch die Umsätze in Abbildung 2.10, im Durchschnitt um 30% p.a.

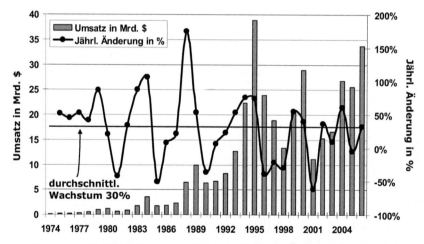

Abbildung 2.10: DRAM Umsatz in Mrd. $ und jährliche Änderung. Quelle: bis 1998 Victor und Ausubel (2002), danach 1999 WSTS (2007)

Das langfristig positive Umsatzwachstum ist jedoch kurz- bis mittelfristig sehr unbeständig, zeitweilig sogar negativ. Zu erkennen ist aber auch, dass es zyklisch ist. Die Branche ist einem Konjunkturzyklus mit je ca. zwei bis drei Aufschwung- und Abschwungjahren unterworfen. Die Umsatzschwankungen

2. Die DRAM Branche

übertragen sich auf die Gewinne der Produzenten, da die von den Fixkosten dominierten Kosten mittelfristig nahezu konstant bleiben. Obwohl die Absatzentwicklung ebenfalls schwankend verläuft, sind vor allem Preisschwankungen Ursache der Umsatzvolatilität, da die Wachstumsraten des Outputs immer positiv waren und Ursache der Umsatzrückgänge daher Preiseinbrüche sein müssen. Bereits in Abbildung 2.8 ist sichtbar, dass der Preis trotz der langfristigen Reduktion mittelfristig von diesem Trend abweicht. Die in Abbildung 2.11 wiedergegebenen jährlichen Änderungsraten des ASP pro Mb sind wie die des Umsatzes weit um ihren Durchschnitt von -29% verteilt. Für den absoluten ASP (über alle Generationen) ergibt sich fast das gleiche Bild, nur die Höhe der Änderungen ist eine andere und die durchschnittliche Preisänderung beträgt 2,7% p.a. (der absolute ASP wächst, da die Speicherkapazität schneller steigt als der Preis pro Mb fällt).

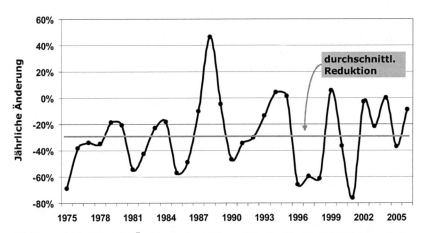

Abbildung 2.11: Jährliche Änderung des ASP pro Mb. Quelle: bis 1998 Victor und Ausubel (2002), danach WSTS (2007)

Die Volatilität des Preises und in Folge der Umsätze sowie Gewinne entsteht durch das Aufeinandertreffen der Inflexibilität des Angebots eines Produzenten, für den kurz- bis mittelfristig seine Kapazität gegeben ist und nur langfristig verändert werden kann, und häufiger Schwankungen der Nachfrage oder des Gesamtangebots. Wie der nächste Abschnitt zeigen wird, ist die Branche oligopolistisch strukturiert. Ein einzelner Anbieter baut daher die Kapazität x_0 auf, bei der der von ihm erwartete Grenzerlös den langfristigen Grenzkosten als Summe der mittelfristigen Grenzkosten c und der als konstant unterstellten Kapitalkosten (sowie der anderen umgelegten mittelfristigen Fixkosten) r entspricht, wie Abbildung 2.12 für eine lineare Nachfrage illustriert (strategische

Effekte des Kapazitätsaufbaus seien hier noch ausgeblendet). Die mittelfristigen Grenzkosten c seien der Einfachheit halber der Durchschnitt der durch den technologischen Fortschritt sinkenden Grenzkosten. Um dessen Einfluss auf die Kapazität und Produktionsmengen ignorieren zu können, werden sie in Waferstarts gemessen, so dass die Mengen (letztlich Anzahl an Chips) bzw. der ASP (pro Chip) nicht in bzw. pro Mb betrachtet werden.

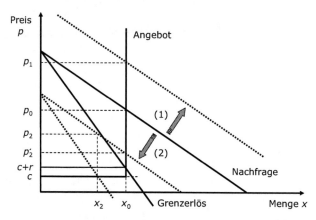

Abbildung 2.12: vereinfachte Darstellung der Preisvolatilität aufgrund von Nachfrageschwankungen

Bietet der Anbieter die Menge x_0 zu dem Preis p_0 an, kann er kurz- und mittelfristig nicht durch eine Anpassung seines Angebots auf eine Erhöhung der Nachfrage (1) bzw. auf eine Senkung des Angebots der Konkurrenten, die seine Residualnachfrage erhöht, reagieren, da der Aufbau zusätzlicher Kapazität zwei Jahre dauern würde. Als Folge steigt der Preis um den vollen Nachfrageanstieg auf p_1. Entsprechend steigen der Umsatz und mit gleich bleibenden Kosten der Gewinn um den zusätzlichen Deckungsbeitrag $(p_1 - p_0) \cdot x_0$. Sinkt die Nachfrage (bzw. steigt das Angebot der Konkurrenten) so weit unter das erwartete Niveau (2), dass die mittelfristig gewinnmaximale Menge x_2 (neuer Grenzerlös gleich c) kleiner als die aufgebaute Kapazität ist, kann der Anbieter mittelfristig mit einer Drosselung seiner Produktion reagieren, die auf p_2 führt. Bis diese wirksam wird, sinkt der Preis kurzfristig auf p'_2. Dazu muss der Nachfragerückgang aber groß genug sein, da ein vergleichsweise geringer Rückgang die mittelfristig optimale Menge noch nicht unter x_0 senkt. In letzterem Fall gilt sowohl kurz- als auch mittelfristig der umgekehrte Effekt auf Preis, Umsatz und Gewinn wie bei der Nachfrageerhöhung. Eine Drosselung der Produktion ist daher relativ selten. Im Allgemeinen fahren die Anbieter ihre Anlagen unter Vollauslastung und nehmen wie z.B. der Anbieter Qimonda (2006, S.99) keine Anpassungen bei Nachfrage-

2. Die DRAM Branche

änderungen vor. Nur bei einem großen Nachfrageeinbruch wird die Produktion gesenkt. Ein solcher hat beispielsweise im Krisenjahr 2001 vorgelegen, mit der Folge, dass der ASP laut WSTS (2007) von $5,26 im Januar auf $1,65 im Oktober abstürzte und im dritten und vierten Quartal in der gesamten Halbleiterindustrie, für die die Nachfrage zurückging, eine Unterauslastung der Kapazitäten um 30-40% (vgl. Turley (2002, Abb. 5.12, S. 102)) zu beobachten war.

Kurz- bis mittelfristig kann der Preis unter die Durchschnittskosten fallen und zu Verlusten der Anbieter führen. Da die durchschnittlichen variablen Kosten, die bei konstanten Grenzkosten mit diesen identisch sind, gering sind (insgesamt sind nur ca. 25% der Gesamtkosten variable Kosten), ist die Preisuntergrenze, bis zu der der Preis fallen kann, sehr niedrig. Die mögliche Schwankungsbreite des Preises ist daher sehr weit, wie der Preissturz 2001 illustriert.

In der Branche spricht man –ökonomisch nicht ganz korrekt– in Situationen, in denen wie bei (1) bei einer größeren Kapazität die Absatzmenge größer als x_0 wäre, von einem Unterangebot und von einem Überangebot, wenn die nachgefragte Menge wie bei (2) kleiner als die Kapazität ist, z.B. x_2. Die erwähnten Änderungen des Angebots der Konkurrenten ergeben sich beispielsweise aus den Kostensenkungen oder durch neue Fabs, die wegen ihrer Mindestgröße und hohen Auslastung einen spürbaren Effekt auf das Gesamtangebot haben.

Offen blieb aber bisher, warum es zu Schwankungen der Nachfrage oder des Angebots kommt, die von den Produzenten nicht antizipiert und durch rechzeitige Anpassungen ihrer Kapazität aufgefangen werden. Obige Analyse stellt nur eine Momentaufnahme dar. Langfristig kommt es im Zeitablauf zu den Kostensenkungen und Outputerhöhungen durch den technologischen Fortschritt, wächst die Nachfrage und weiten die Produzenten in Reaktion darauf ihre Kapazitäten aus. Ein Produzent, der über eine Kapazitätserweiterung entscheiden will, muss wegen der Vorlaufzeit von bis zu zwei Jahren den künftigen Preis und dazu alle diese Faktoren abschätzen. Selbst die Produktionsplanung muss wegen des mehrwöchigen Produktionsprozesses und der Lieferzeiten, die sich zusammen auf drei bis vier Monate addieren, auf der Grundlage mittelfristiger Preisprognosen erstellt werden. Kurz- und mittelfristig ergeben sich aber kaum vorhersehbare Abweichungen der Faktoren von ihren langfristigen Trends.

So kann bei der Umstellung auf neue Produkte oder Produktionstechnologien (z.B. bei Shrinks) aufgrund der Komplexität des Produktionsprozesses die Ausbeute über einen längeren Zeitraum gering sein und der Output nicht der vollen Kapazität entsprechen. Die Prognose des Outputs wird erschwert durch die technologische Weiterentwicklung. Diese verläuft zwar gemäß dem Mooreschen Gesetz, kurzfristig ist es trotzdem unsicher, wann genau ein neues Produkt marktreif oder eine neue Technologie einsatzbereit für die Massenproduktion ist. Für einen Produzent ist daher schon sein eigener künftiger Output unsicher. Dies gilt umso mehr für den künftigen Output der Konkurrenten. Er kann in Bit prinzipiell als Summe der Einzelkapazitäten in Wafern pro Zeitintervall (z.B. pro Monat) jeweils multipliziert mit den Bits pro Wafer und der Ausbeute errechnet werden. Über die Kapazitäten und ihre Auslastung berichten ex post Marktforschungsinstitute. Über die Pläne der Konkurrenten zum Aufbau neuer oder zur Stilllegung alter Fabs kann jedoch, sofern sie nicht bekannt sind, nur gemutmaßt werden. Ebenfalls zu berücksichtigen ist die Möglichkeit einiger Anbieter, Kapazitäten auf andere Halbleiter umzuwidmen. Schließlich können Marktein- und -austritte und ihre Kapazitätswirkung nicht (frühzeitig genug) antizipiert werden. Für die künftigen Bits pro Wafer ist die „Shrink Roadmap" der Konkurrenten abzuschätzen. Während die künftigen Produkte der Konkurrenten und der Zeitpunkt ihrer Einführung durch die gemeinsame Standardsetzung im JEDEC ungefähr bekannt sind, gilt dies nicht für die Produktionstechnologien. Schließlich ist zur Quantifizierung der Ausbeute eine Erwartung über die Lernfortschritte der Konkurrenten insbesondere bei neuen Produkten zu bilden. Für die Lern- und Entwicklungsfortschritte gilt die gleiche Unsicherheit wie für den Anbieter selbst.

Daneben gibt es externe Angebotsschocks wie etwa Naturkatastrophen. Die DRAM Branche ist aufgrund der Sensibilität des Produktionsprozesses besonders anfällig für äußere Störungen. So führte beispielsweise 1999 ein Erdbeben in Taiwan, wo zum damaligen Zeitpunkt 28 DRAM Fabs angesiedelt waren, nach Papadakis (2006, S.26) zu einer temporären Verfünffachung des Spotpreises für Speicherchips und zu einem Anstieg des Kontraktpreises um 25% (die Preisbegriffe werden später erläutert).

Die künftige Nachfrage kann wie in Kapitel 2.2.1 beschrieben grob über den erwarteten PC Absatz und die durchschnittliche DRAM Ausstattung eines PC geschätzt werden. Der PC Markt, der in hohem Maße von Ersatz- und Erweiterungsinvestitionen getrieben ist, ist jedoch konjunkturabhängig bzw. läuft der Konjunktur voraus, was auch für die meisten anderen DRAM Marktsegmente gilt.[37] Außerdem ändert sich die Speicherausstattung eines PCs durch die Anforderungen neuer „Killerapplikationen". Zwar ist der erhöhte Speicherbedarf z.B. einer neuen Windows Version relativ frühzeitig absehbar, nicht aber, wann sie

---

[37] Auf einer stärker aggregierten Ebene zeigen z.B. Hobijn et al. (2003) eine relativ gute Korrelation eines Index für den US Hightech Sektor und des US Wirtschaftswachstums auf. Der Index kann als Frühindikator dienen.

2. Die DRAM Branche

auf den Markt kommt und wie erfolgreich sie sein wird. Zudem gibt es immer wieder überraschende Nachfrageschocks. In den frühen 1990er Jahren schuf beispielsweise der Boom des PC Marktes nach einer weltweiten Konjunkturschwäche eine ungeahnte Nachfrage nach DRAM, ebenso wie der Internetboom Ende der 1990er Jahre. Dazwischen dämpfte die asiatische Finanzkrise 1998 die DRAM Nachfrage, wie später der weltweite konjunkturelle Rückgang 2001.

Verschärft wird das Problem unvorhergesehener Nachfrageänderungen durch die kurzen Lebenszyklen der einzelnen Produkte, die schnell an Wert verlieren. Eine Lagerhaltung zur Abfederung von Nachfragefluktuationen ist daher teuer.

Letztlich müssen die Entscheidungen über Kapazitäten und Produktionsmengen unter hoher Unsicherheit getroffen werden. Speziell ein Überangebot durch einen zu großen Aufbau von Kapazitäten im Verhältnis zum Nachfragewachstum entsteht jedoch selbst dann, wenn dieses korrekt prognostiziert würde. Ursache ist ein „Schweinezyklus", d.h. ein prozyklisches Investitionsverhalten der Produzenten. Aufgrund der hohen Investitionen sind die Produzenten zur Finanzierung neuer Fabs meist auf Cash Flows aus dem laufenden Geschäft angewiesen. Daher investieren sie, wenn z.B. aufgrund einer starken Nachfrage und eines hohen Preises die Einnahmen hoch sind und weiterhin ein großer Bedarf prognostiziert wird. Neue Fabs lassen das Angebot aber spürbar wachsen. Der simultane Ausbau der Kapazitäten durch mehrere Produzenten führt dann, wenn diese Kapazitäten nach zwei Jahren wirksam werden, ohne entsprechendes Nachfragewachstum zu einem Preisverfall, erst recht, wenn die Nachfrage zwischenzeitlich gesunken oder schwächer als erwartet gewachsen sein sollte. Mit niedrigeren Einnahmen sind die Unternehmen aber nicht mehr willens oder in der Lage, einen weiteren Ausbau ihrer Kapazitäten zu finanzieren bzw. reduzieren ihr Kapazitätswachstum, so dass mit wachsender Nachfrage der Preis wieder steigt und der in Abbildung 2.13 veranschaulichte Zyklus von neuem beginnt.

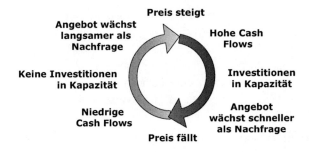

Abbildung 2.13: Der Schweinezyklus der DRAM Branche

So lag beispielsweise im Jahr 2000 der Branchenumsatz auf einem Fünfjahreshoch. Da ein weiterhin anhaltendes Wachstum erwartet wurde, z.B. von Gartner (2000) auf $76 Mrd. im Jahr 2002, investierten die Anbieter in neue Kapazitäten. Tatsächlich hatte der Branchenumsatz 2000 nach Gartner (2001) mit $31,5 Mrd. seinen vorläufigen Höchststand erreicht. Danach kam es aufgrund des weltweiten Konjunktureinbruchs zu einem Nachfragerückgang, der zusammen mit den aufgebauten Kapazitäten zu dem geschilderten Preissturz führte. Der Markt schrumpfte 2001 laut Gartner (2002) auf $11,8 Mrd. und fast alle Hersteller erlitten hohe Verluste. Aktuell führten die hohen Branchenumsätze der letzten drei Jahre dazu, dass 2007 laut iSuppli (2007b) sieben neue DRAM Fabs die Produktion aufnehmen. Da der Zyklus von der Branchenkonjunktur abhängt, kann er selbst nicht exakt prognostiziert werden. Ein Anbieter, der ihn durch antizyklische Investitionen durchbrechen wollte, wäre in Abschwungphasen auf eine andere Finanzierung als durch Cash Flows angewiesen. Bei schlechten Geschäftsergebnissen ist es schwer, Anteilseigner und Finanziers von solch hohen Investitionen zu überzeugen.

Aufgrund all dieser Faktoren ist der zukünftige Preis schlecht abzuschätzen und als unsichere Größe zu behandeln. Selbst wenn einzelne der genannten Faktoren identifiziert werden, sind derartige Effekte schwer zu quantifizieren und in eine Preisprognose zu übersetzen. Meist können nur Preistrends bzw. Wendepunkte der Preisentwicklung erkannt werden.

Zusammen mit dem prozyklischen Investitionsverhalten der Anbieter kommt es daher immer wieder zu Über- und Unterkapazitäten, die kurzfristig nicht abgebaut werden können. Die bisherige Diskussion war noch dahingehend vereinfacht, dass nur der durchschnittliche Preis über alle Produkte betrachtet wurde. Gerade für die Schwankungen der Gewinne müsste eigentlich der Preis jedes einzelnen Produktes prognostiziert werden.

2.2.7 Wettbewerber und Konzentration

Die Volatilität der Branche hat Auswirkungen auf ihre Zusammensetzung. Seit Intel als erster Anbieter 1970 DRAM Chips produzierte, sind viele Unternehmen, angelockt durch die hohen Gewinne in Aufschwungphasen, in den Markt eingetreten. Die meisten haben ihn aber aufgrund der hohen, mit großen Verlusten in Abschwungphasen einhergehenden Volatilität wieder verlassen. Selbst Intel trat 1985 aus, um sich auf die weniger volatilen und profitableren Mikroprozessoren zu konzentrieren.

Die Branche hat daher in ihrer Geschichte viele Veränderungen erlebt. In der Anfangszeit in den frühen 1970ern dominierten insbesondere mit Intel US-

2. Die DRAM Branche

amerikanische Unternehmen. Gegen Ende des Jahrzehnts nutzten neue Anbieter die Branche wegen des relativ einfachen Aufbaus von DRAM Chips im Vergleich zu anderen Halbleitern zum Einstieg in die Halbleiterindustrie. Besonders japanische Unternehmen traten mit massiven Investitionen, unterstützt durch staatliche F&E-Förderung in Form des „Very Large Scale Integration" Programms von 1976-1979, in den Markt ein und etablierten sich als Hauptkonkurrenz der US-Hersteller (Irwin (1998, S.178) nennt Gründe für ihren Erfolg). Da sie Irwin (1998, S.179) zufolge einen deutlich größeren Anteil ihrer Umsätze in neue Kapazitäten investierten, ging der Marktanteil der US-Anbieter immer weiter zurück. Besaßen sie Ende der 1970er noch Marktanteile zwischen 60% und 70% (vgl. Yunogami (2006, Abb. 6, S.95)), löste Japan die USA Anfang der 1980er Jahre als größten DRAM Produzenten ab. Mitte der 1980er erreichte die japanische Vorherrschaft mit knapp 80% Marktanteil ihren Höhepunkt. Beginnend im Jahr 1984 führten eine schwere Branchenrezession, in der die DRAM Verkäufe nach Irwin (1998, S.181) um 60% einbrachen, und ein harter Preiswettbewerb zu Marktaustritten fast aller US-Hersteller, die sich wie Intel auf andere Halbleiter konzentrierten oder ganz aufgaben. Die japanischen Produzenten blieben im Markt und exportierten Flamm (1996, S.162ff) zufolge zu äußert niedrigen Preisen. Die US-Konkurrenten sahen darin eine Form von Dumping als Verkauf unter Produktionskosten.[38] Zugleich wurden Vorwürfe laut, Japan schotte seinen Markt gegen Importe ab.[39] Aufgrund ähnlicher Entwicklungen in anderen Halbleitersparten forderten US-Halbleiterhersteller Anti-Dumping Maßnahmen gegen Japan, die zu dem Halbleiterhandelsabkommen („Semiconductor Trade Agreement") der USA und Japan von 1986 führten, in dem die japanischen Produzenten Mindestpreise anerkannten und sich Japan zu höheren Importen verpflichtete.[40]

Allerdings erlaubten die niedrigeren japanischen Exporte südkoreanischen Herstellern, mit günstigen, älteren „Low End" Produkten Marktanteile zu ero-

---

[38] Im Gegensatz zum traditionellen Dumpingbegriff –billigerer Verkauf im Ausland als im Inland– waren die Preise in den USA etwas höher als in Japan. Diese führte zu der Neudefinition von Dumping in den US Handelsgesetzen auch als Verkauf unter Produktionskosten, van de Gevel (2000, S.43).

[39] Für Argumente für und gegen diese Vorwürfe siehe Irwin (1998, S.184ff) und Flamm (1996, S.159ff).

[40] Siehe auch Abschnitt 2.5. Zu den weiteren Ereignissen nach Abschluss des Abkommens siehe z.B. van de Gevel (2000, S.46ff) und Irwin (1998) oder für einen umfassenden Diskussion des Abkommens Flamm (1996).

bern, während die japanischen Produzenten ihre Technologieführerschaft verteidigten (vgl. im Folgenden Jung (2005, S.52)). Da letztere bis in die frühen 1990er Jahre mit kartellähnlichen Praktiken die Preise hoch zu halten versuchten,[41] konnte die neue südkoreanische Konkurrenz mit niedrigeren Preisen ihre Marktanteile ausbauen, Anfang der 1990er Jahre auch in höheren Segmenten. Indem sie einen größeren Anteil ihrer Umsätze in Kapazitäten und F&E reinvestierten, konnten sie die japanischen Produzenten ein- und Mitte der 1990er Jahre schließlich überholen. Mit Samsung stellen sie seit 1992 den Marktführer und mit Hynix einen weiteren der vier größten Produzenten. Mit den finanziellen Ressourcen der südkoreanischen Chaebols (Konglomerate) im Rücken konnten sie nicht nur Abschwungphasen des Marktes überstehen, sondern auch Versuche der japanischen Hersteller, sie mit aggressiven Preisen aus den Markt zu drängen. Dies läutete den Niedergang der japanischen Produzenten ein.[42] Der einzige größere japanische Anbieter, Elpida, der 1999 aus einer Fusion von NEC und Hitachi hervorging, die in den 1990er Jahren zusammen noch ungefähr 30% Marktanteile hielten, hatte in den letzten Jahren nur einstellige Marktanteile und konnte erst in jüngster Vergangenheit wieder zulegen. Mit Micron konnte sich aber ein US-Unternehmen und mit Qimonda[43] ein europäisches (deutsches) am Markt behaupten.

Parallel zum Aufstieg der südkoreanischen Produzenten hat sich Taiwan mit staatlicher Unterstützung als wichtigster Standort der Auftragsfertigung für Halbleiter in Foundries entwickelt.[44] In der DRAM Branche ist die taiwanesische Produktion, die sich nach Jung (2005, S.50) eher auf speziellere Halbleiterchips konzentriert, zwar gering, doch konnten sich auch hier einige Anbieter etablieren (Nanya, Winbond, Mosel Vitelic, ProMOS, Etron). In den letzten Jahren versucht China, ebenfalls mit staatlicher Unterstützung, eine eigene Ferti-

---

[41] Irwin (1998, S.194f) ist vorsichtiger mit dem Vorwurf der Kartellierung, hält sie aber ebenso für möglich.

[42] Nach Yunogami (2006) passten sie ihr Angebot nicht an die Verlagerung der Nachfrage von hoch qualitativen DRAM Chips für Mainframe Computer auf günstigen Massen-DRAM für PCs an und waren daher zu teuer.

[43] Qimonda ist die 2006 abgespaltene DRAM Sparte von Infineon, das selbst 1999 als Spinoff aus der Halbleitersparte von Siemens hervorgegangen ist.

[44] Mit TSMC und UMC sind die weltweite größte und zweitgrößte Foundry in Taiwan beheimatet. 2006 wurden laut Gartner 87% der Foundry-Umsätze, die ungefähr ein Viertel des gesamten Halbleitermarktes abdecken, in Taiwan erwirtschaftet, zitiert aus Solid State Technology (2006b).

2. Die DRAM Branche

gungsindustrie aufzubauen. Das historische Muster der Wanderung des Schwerpunkts der DRAM Produktion in unterschiedliche Regionen zeigt, dass zumindest die Fertigung jeweils in Länder verlagert wurde, die (neben staatlicher Unterstützung) niedrige Löhne und Steuern bei ausreichender Qualifikation der Arbeitskräfte aufweisen. So ist es wenig überraschend, dass mittlerweile selbst die südkoreanische Spitzenposition laut iSuppli (2007d) durch die taiwanesische und chinesische Konkurrenz als gefährdet gilt. Allerdings betrifft dies aufgrund deren Auftragsfertigung vorerst nicht die südkoreanische Markenführerschaft.

Der ständige Wandel der Branche zeigt sich auch an den letzten fünf Jahren. Zu Beginn des neuen Jahrtausends wurden DRAM Speicher weltweit von ca. einem Dutzend nennenswerter Anbieter produziert, von denen einige mehr oder weniger reine Speicherhersteller (z.B. Hynix) sind, während bei anderen die DRAM Sparte Teil eines größeren Konzerns (z.B. Samsung) ist. Der Markt wurde von den vier großen Anbietern Samsung, Micron, Infineon und Hynix beherrscht, die gemeinsam Marktanteile zwischen 75-80% kontrollierten. Wegen der starken Dominanz Samsungs mit Marktanteilen um 30% spricht man von diesem Quartett als „1 tiger and 3 cats" (Shin und Jang (2005, S.3)). Die Marktanteile der zehn größten Produzenten verteilten sich beispielsweise in den Jahren 2001 und 2006 wie folgt:

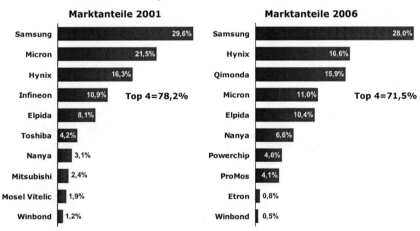

Abbildung 2.14: Marktanteile 2001 und 2006, Quelle: iSuppli, 2001 in EETimes (2003), 2006 iSuppli (2007a)

Im Jahr 2006 lassen sich deutliche Gewichtsverlagerungen erkennen. Besonders Elpida, das 2002 auf 4% Marktanteil abgestürzt war, konnte 2005 und 2006 deutlich Marktanteile hinzugewinnen, weil Samsung und Hynix in dieser Zeit Kapazitäten für das stark wachsende Geschäft mit Flash Speichern nutzten.

Dagegen halbierte sich der Marktanteil Microns, das sich nach iSuppli (2007a) ebenfalls auf Flash und andere Geschäftsbereiche konzentrierte.

Trotz der deutlichen Veränderung einzelner Marktanteile wurde der DRAM Markt immer von vier bis sechs großen Anbietern beherrscht, die über 70%, manchmal sogar über 80% der Marktanteile auf sich vereinen konnten. Aussagekräftiger als die Summe der Marktanteile der größten Anbieter zur Beurteilung der Konzentration in einem Markt ist der Herfindahl-Hirschman Index (HHI), der als Summe der quadrierten Marktanteile aller Unternehmen definiert ist und von Wettbewerbsbehörden zur Konzentrationsmessung eingesetzt wird. Er berücksichtigt nicht nur alle Unternehmen in einem Markt, sondern gibt auch Aufschluss über die Verteilung der Marktanteile, da größere Unternehmen durch die Quadrierung ihrer Marktanteile ein größeres Gewicht erhalten als kleinere. Da der HHI sehr kleine Werte annehmen kann, wird er zur besseren Handhabung z.B. von den europäischen und US-Behörden mit dem Faktor 10.000 multipliziert. Nach den Horizontal Merger Guidelines (1992, überarbeitete Fassung 1997) und der Europäischen Kommission (2007) gelten Märkte mit einem HHI kleiner als 1.000 als „unkonzentriert", zwischen 1.000 und 1.800 als „mäßig konzentriert" und über 1.800 als „hoch konzentriert". Nachfolgend findet sich der HHI für die Jahre 1989 bis 2006.

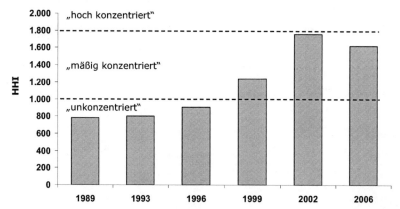

Abbildung 2.15: Herfindahl-Hirschman Index der DRAM Branche 1989-2006, Quelle: Gartner (2007b)

Ende der 1980er Jahre war die Branche durch eine relativ große Zahl kleine Spieler gekennzeichnet. Nur zwei Hersteller hatten Marktanteile über 10% und sieben zwischen 4% und 10%. Der HHI blieb unter 1.000, was der Konzentration einer Branche mit 10 gleich großen Anbietern entspricht. Erst Mitte der 1990er Jahre stieg er leicht an, mit vier Anbietern mit Marktanteilen über 10%.

2. Die DRAM Branche

Selbst das Größte hatte aber weniger als 20%. Ab 1999 stieg die Konzentration durch eine Reihe von Übernahmen stark an. Der HHI durchbrach die 1.000er Schwelle, ab der die Branche als „mäßig konzentriert" gilt. Zwischenzeitlich lag der HHI sogar nahe der Schwelle, ab der die Branche als hoch konzentriert gelten würde.

Die DRAM Branche kann damit als oligopolistische Branche charakterisiert werden, die von einigen wenigen Unternehmen dominiert wird. Ursache dafür sind die hohen Kosten für die Fabs und für F&E, die einerseits zu Größenvorteilen führen und andererseits nur in einem konzentrierten Markt wieder verdient werden können. Sie erklären auch die zunehmende Konzentration, da sie schneller gestiegen sind als die Umsätze. Der Kostenanstieg ist Ursache für einen weiteren Trend, der von einem Konzentrationsmaß wie dem HHI nicht erfasst wird. Die Anbieter kooperieren zunehmend in der F&E oder Produktion, um die steigenden Kosten sowie das Risiko zu teilen. Eine besondere Form der Kooperation stellen sog. „Technology-for-Wafer-Deals" dar, in denen einer der technologieführenden Hersteller (z.B. Qimonda) einem kleinen, in der Entwicklung hinterher hinkenden Unternehmen (z.B. Winbond oder Nanya) gegen Anteile an deren Output die Technologie zur Verfügung stellt. Die Weitergabe der Technologie erfolgt aber auch durch normale Lizenzvereinbarungen. Da das technologische Know-how in der Branche sehr konzentriert ist, wären viele Anbieter ohne Lizenzierung nicht in der Lage, Speicherchips herzustellen. Qimonda (2006, S.77) schätzt, dass vier der neun größten Anbieter die Technologie größtenteils von den anderen Anbieter lizenzieren.

Unter ähnlichen Aspekten wie die Kooperationen ist die Entstehung der Foundry Industrie zu sehen. Die Fertigung der (selbst entworfenen) Chips in Auftragsfirmen ermöglicht es den auslagernden Produzenten, neben möglichen Standortvorteilen die Größenvorteile der Produktion über den Auftragsproduzenten ausnutzen zu können, ohne selbst eine später eventuell unterausgelastete Fab mit einer mindestoptimalen Betriebsgröße aufbauen zu müssen. Der Foundry Produzent kann über mehrere Aufträge eine Auslastung der Produktionsanlagen erreichen und in Zeiten schwacher DRAM Nachfrage die Kapazität zur Fertigung anderer Halbleiter zur Verfügung stellen. Dies erleichtert die Amortisation der steigenden Kapitalkosten.

In der Halbleiterindustrie ist allgemein die Tendenz einer vertikalen Disintegration zu beobachten. Die großen Markenhersteller lagern nicht nur immer mehr Fertigung aus („Fab-lite"-Strategie) und konzentrieren sich mehr und mehr auf die Entwicklung und Vermarktung der Chips. Darüber hinaus sind sog. fabriklose Designhäuser entstanden, die sich allein auf die Entwicklung von Chips spezialisieren und nicht selbst produzieren. Ob das klassische Modell eines integrierten Herstellers, der DRAM Chips entwirft, die Fertigungstechnologie entwickelt, fertigt und vermarktet, in Zukunft noch das vorherrschende Geschäftsmodell in der Branche sein wird, ist derzeit offen. Die Foundries und fabriklosen Designhäuser wachsen momentan jedenfalls schneller als der Gesamtmarkt. Ein Beispiel für die gegenteilige Entwicklung stellen die vertikal integrierten japanischen und südkoreanischen Elektronikkonzerne dar, für die die Auftragsfertigung nach wie vor nur eine geringe Rolle spielt.

2.2.8 Distribution

Die DRAM Hersteller verkaufen ihre Produktion über vier Kanäle: die Mehrzahl geht direkt an Hersteller, die DRAM Speicher in ihre Geräte einbauen („Original Equipment Manufacturers" OEMs), oder an Modulhersteller (z.b. Kingston, Legacy). Ein kleinerer Teil wird an Distributoren verkauft (z.b. A Force, Avnet), die teilweise Tochterunternehmen sind, z.B. Crucial von Micron und Memory Store von Samsung. Schließlich geht ein Teil an Zweitmarken, die DRAM von geringerer Qualität (z.b. NC-Parts) zu niedrigeren Preisen verkaufen, um die Erstmarke vor Reputationsverlusten zu schützen. Die letzten drei Kanäle verkaufen DRAM dann ebenfalls an die OEMs, aber auch an Einzelhändler (z.B. Media Markt, Saturn) zum Verkauf an den Endkunden sowie an den grauen Markt, auf dem kleine PC-Hersteller ohne Markennamen bedient werden.

Die Verkäufe an die großen OEMs, die den Großteil der Nachfrage repräsentieren, werden überwiegend über Lieferrahmenverträge zu „Kontraktpreisen" abgeschlossen, die etwa alle zwei Wochen neu verhandelt werden (für speziellen DRAM werden die Preise manchmal für ein Jahr vereinbart). Die großen Vertragskunden haben nicht nur wegen der Flexibilität insbesondere der PC-Hersteller erhebliche Verhandlungsmacht. Sie verteilen ihre Einkäufe zudem über mehrere Anbieter. Dabei entscheidet sich ein OEM aufgrund der mit steigender Lieferantenzahl zunehmenden Transaktionskosten der Beschaffung für einen begrenzten Pool von vier bis sechs DRAM Produzenten, die sich dafür durch den Nachweis bestimmter Qualitätsstandards qualifizieren müssen. Da fast alle Anbieter eine Erhöhung ihres Marktanteils anstreben, kann ein OEM sie bei Preisverhandlungen gegeneinander ausspielen. Einkäufe können durch die Kurzfristigkeit der Verträge leicht zu dem Anbieter gelenkt werden, der den besten Preis bietet. Um nicht zu abhängig von einem Anbieter zu sein, vergeben die großen OEMs nicht mehr als 30-35% ihrer Nachfrage an einen Anbieter. Ein Teil wird kleinen Anbietern zugesprochen, um den Wettbewerb zu intensivieren.

2. Die DRAM Branche 47

Die übrigen Nachfrager (laut DRAMeXchange (2005) ungefähr ein Viertel der Absätze) werden über den Spotmarkt bedient, auf dem der Preis täglich neu bestimmt wird. Der „Spotpreis" ist volatiler als der Kontraktpreis. Ist die Nachfrage groß, werden die Vertragskunden als erstes bedient, so dass sich auf dem Spotmarkt das Angebot verknappt und der Spotpreis in die Höhe getrieben wird. Ähnlich wird ein „Überangebot" zuerst auf dem Spotmarkt angeboten und senkt dort den Preis. Der Kontraktpreis folgt mit einer gewissen Verzögerung. Trotzdem passt auch er sich durch die Kurzfristigkeit der Verträge relativ schnell an Änderungen des Angebots oder der Nachfrage an. Die Spotmarktpreise können beispielsweise auf den Webseiten des in Taiwan beheimateten Marktforschungsinstituts „DRAMeXchange" eingesehen werden. Die dort gebildeten Preise besitzen nach Aussage von Branchenexperten eine hohe Signalkraft für den übrigen Spotmarkt und die Kontraktpreise. Letztere liegen typischerweise leicht über den Spotpreisen aufgrund eines Aufschlags für die höhere Qualität, Sicherheit, den Service und die technische Unterstützung der Kontraktkunden.

2.3 Branchenstrukturanalyse

Der vorangegangene Abschnitt gab einen ersten Überblick über wesentliche Branchencharakteristika. Die sich daraus für den Wettbewerb ergebenden Konsequenzen und weitere relevante Branchenbesonderheiten werden anhand der Branchenstrukturanalyse nach Porter (1988) beschrieben. Deren Ziel ist die Identifizierung attraktiver Branchen mit hohem Gewinnpotential und einer attraktiven Position eines Unternehmens darin. Porter fasst die strukturellen Einflüsse auf die Rentabilität einer Branche in fünf Wettbewerbskräften zusammen: der Bedrohung durch den Markteintritt neuer Konkurrenten, der Intensität des Wettbewerbs zwischen den bereits etablierten Unternehmen, der Verhandlungsmacht der Lieferanten sowie der Abnehmer und der Bedrohung durch Substitute. Branchen sind umso attraktiver, je schwächer diese Wettbewerbskräfte sind und umso höhere Gewinne sich daher erzielen lassen. Dieses Fünf-Kräfte-Modell dient hier lediglich als strukturierendes Schema, mit dem der Wettbewerb in der DRAM Branche und die Situation eines Anbieters systematisch beschrieben werden kann, ohne Ableitung einer Wettbewerbsstrategie für einen einzelnen Produzenten.

2.3.1 Bedrohung durch Markteintritte

Eintritte neuer Anbieter drücken mit ihren zusätzlichen Kapazitäten die Preise und Gewinne für alle Anbieter. Wie die wiederholten Eintritte neuer Anbieter in der Branchenhistorie und ihr Aufstieg zeigen, ist die Bedrohung durch sie relativ groß. Die beiden wesentlichen Eintrittsbarrieren des Kapitalbedarfs und der technologischen Hürden sind offensichtlich nicht prohibitiv hoch. Dies hat etwas mit der Stellung der DRAM Branche innerhalb der Halbleiterindustrie sowie den Reaktionen der etablierten Anbieter zu tun.

Trotz der hohen Kosten von $2,5-3 Mrd. für eine Fab, die mit 10-13% des durchschnittlichen Branchenumsatzes von $23,6 Mrd. p.a. in den letzten fünf Jahren eine erhebliche Investition darstellen, nehmen Neueintreter die DRAM Produktion wegen des einfachen, hoch standardisierten Designs von DRAM Chips im Vergleich mit anderen Halbleiterchips auf, um so in die Halbleiterproduktion einzusteigen. Oft erhalten sie Unterstützung ihrer Regierung, da von dem Aufbau einer heimischen Halbleiterindustrie positive Externalitäten in Form von F&E Spillovers auf andere mikroelektronische Branchen erwartet werden. So können Anfangsverluste überbrückt werden und die Gewinnerzielung (in der DRAM Produktion) steht zumindest anfangs nicht im Vordergrund. Manche Anbieter treten später wieder aus, um mit ihren Produktionsanlagen und dem erworbenen Wissen andere Halbleiter zu produzieren wie z.b. jüngst im Jahr 2006 Mosel Vitelic RFID Chips und Solarzellen. Der Aufbau einer Fab ist mit ausreichendem Kapital relativ einfach möglich, da die Anlagen und Rohstoffe von Zulieferern bezogen werden können. Die eigentlichen Hürden sind die Produktionstechnologie für den Betrieb der Anlagen sowie die Kosten der Produktentwicklung.

Letztere kann ein Neueintreter zu Beginn gering halten, wenn er sich auf bereits eingeführte DRAM Chips konzentriert. Wählt er die Massenprodukte des Commodity DRAM Bereichs, entfällt zudem eine kostspielige Produktdifferenzierung. Er muss sich dann aber mit den niedrigen Verdienstmöglichkeiten in diesen Segmenten begnügen.

Ist der Neueintreter in einem Land mit relativ niedrigen Faktorkosten angesiedelt und kann günstig anbieten, kann er sich den eingesessenen Produzenten als Foundry andienen. Da dann die Produkte des Auftraggebers gefertigt werden, entfallen solange die Kosten der Produktentwicklung sowie der Erschließung von Vertriebswegen und der Markenbildung.

Doch nicht nur durch Auftragsfertigung erleichtern die etablierten Produzenten den Einstieg. Auch die entscheidende technologische Hürde senken sie, indem sie dem Neueintreter gegen Lizenzgebühren oder in „Technology-for-

2. Die DRAM Branche

Wafer-Deals" die Fertigungstechnologie bereitstellen. Dieses Wissen würde eine echte Eintrittsbarriere darstellen, da die meisten Anbieter ohne Zugang dazu nicht (ohne aufwendige Entwicklung) zur Produktion im Stande wären. Lasten sie ohne eigenen F&E Ausgaben eine Fab ausreichender Größe aus, sehen sich Neueintreter auch keinem gravierenden Größennachteil durch ihre geringere Produktion ausgesetzt. Sie müssen dann „nur" die Lernkurve der Produktion möglichst rasch durchschreiten, wobei auch hier die kooperierenden etablierten Anbieter oft mit „Best Practices" helfen.

Dieses Verhalten der etablierten Anbieter senkt die Barrieren effektiv nur noch auf die Kapitalerfordernisse und begünstigt den Eintritt neuer Konkurrenten. Zugleich zeigt es Neueintretern, dass sie nicht mit Vergeltungsschlägen zu rechnen haben, die sie möglicherweise von einem Eintritt abhalten würden. Erklären lässt sich dieses kollektiv irrational anmutende Verhalten aus den individuellen Anreizen des einzelnen Anbieters. Um in dem wachsenden Markt und bei Kapazitätserhöhungen der Konkurrenten seinen Marktanteil zu verteidigen, muss er seine Kapazitäten erhöhen. Gleichzeitig möchte er das Risiko vermeiden, in Abschwungphasen Überkapazitäten aufgebaut zu haben, sowie die niedrigen Faktorkosten des neuen Anbieters nutzen, um wettbewerbsfähig zu bleiben. Dass die Kooperationspartner potentielle zukünftige Konkurrenten sind, bleibt in diesem kurzfristigen Kalkül außen vor.

Verzichtet der Neueintreter auf eine Kooperation, hat er selbst bei einer ausreichend großen Fab Größennachteile vor allem durch die dann sehr hohen F&E Ausgaben sowie Vermarktungskosten hinzunehmen. Auch die Lernkurve der Produktion muss er alleine meistern. Allerdings kann er aufgrund der Spillovers zumindest teilweise von den Erfahrungen der etablierten Unternehmen profitieren, die noch dazu auf eine DRAM Generation begrenzt sind und daher keinen dauerhaften Nachteil des Neueintreters zementieren.

Nach dem Eintritt sind die Hürden zum Gewinn von Marktanteilen nicht sehr hoch. Ein Markenname und Kundenloyalität spielen kaum eine Rolle, sobald ein Anbieter in der Lage ist, sich als Zulieferer bei den OEMs zu qualifizieren. Diese teilen bereitwillig auch kleinen Anbietern einen Teil ihrer Nachfrage zu, um den Wettbewerb zu intensivieren. Umstellungskosten bei Wechsel des Anbieters existieren dabei aufgrund der Standardisierung praktisch nicht. Wie die Branchenhistorie zeigt, besitzen die etablierten Hersteller aufgrund der kontinuierlichen Weiterentwicklung der Produkte und Prozesse keine nachhaltigen Vorteile.

2.3.2 Intensität des Wettbewerbs

Zu den Determinanten eines intensiven Wettbewerbs gehören nach Porter (1988, S. 42ff) unter anderem eine niedrige Konzentration, fehlende Produktdifferenzierung, niedrige Umstellungskosten, hohe Fix- und Lagerkosten, langsames Branchenwachstum, große Kapazitätserweiterungen, hohe Einsätze und hohe Austrittsbarrieren. Die meisten, wenn auch nicht alle dieser Faktoren sprechen für eine hohe Intensität des Wettbewerbs in der DRAM Branche.

Aufgrund des Commodity-Charakters von DRAM existiert kaum Potential zur Differenzierung. Ein Markenname als solcher ist irrelevant. Qualität und Service spielen nur eine untergeordnete Rolle. Die DRAM Käufer haben praktisch keine Wechselkosten und können ihre Nachfrage leicht zu demjenigen Anbieter lenken, der den niedrigsten Preis bietet. Der Wettbewerb findet daher primär über den Preis statt. Die ihn determinierende angebotene Menge ist durch die Kapazitäten beschränkt. Wie gezeigt wurde, führt die Inflexibilität des Angebots zu starken Preisreaktionen bei Nachfrageänderungen. Ein Nachfragerückgang kann zu verlustreichen Preiskriegen der Anbieter führen, die in der Branchengeschichte wiederholt zum Austritt von Anbietern geführt haben, die ihre Kosten nicht mehr decken konnten.

Würden sich die Fixkosten nur auf die Kapitalkosten für eine Fab beziehen, wären die Größenvorteile auf die Kapazität der Fab beschränkt. Die hohen F&E-Kosten führen aber zu Größenvorteilen über den Gesamtabsatz eines Produzenten. Daher möchte jeder Anbieter seinen Marktanteil erhöhen. Nur Samsung hat mit 30-35% Marktanteilen die Grenze erreicht, die die DRAM Käufer setzen, um nicht in eine zu große Abhängigkeit zu einem Anbieter zu geraten.[45,46] Gleichzeitig ist ihnen aber auch eine gewisse Mindestgröße wichtig. Ihre eigene Produktion wächst oft um 50-60% oder mehr, für die sie die Inputbelieferung sichern wollen. Nur ein großer Anbieter, der genügend Cash Flows erwirtschaftet, um im gleichen Tempo expandieren zu können, erwirbt das Vertrauen der

---

[45] Wobei Samsung scharf auf Marktanteilsverluste reagiert. Im ersten Quartal 2007 war sein Marktanteil mit 26% auf ein Siebenjahrestief gefallen, nur 2,7% mehr als der des zweitgrößten Anbieters Hynix. Samsung weitet nun trotz des starken Flash-Marktwachstums seine DRAM Produktion wieder aus, vgl. EETimes (2007).

[46] Wenn die Durchschnittskosten bei dieser Größe weiterhin durch Fixkostendegression sinken, so scheinen die daraus möglichen Preisvorteile für die Kunden aufgewogen zu werden durch die zunehmende Monopolisierung.

2. Die DRAM Branche

Kunden für große Aufträge (vgl. Electronics Weekly (2003a)).[47] Ein weiteres Kriterium ist ein breites Produktportfolio, das die Nachfrage des Kunden möglichst umfassend abdeckt und das nur ein großer Anbieter vorhalten kann.

Neben diesen statischen Größenvorteilen existieren innerhalb einer Generation oder einer Produktionstechnologie dynamische Größenvorteilen in Form der Lernkurveneffekte. Wie Abschnitt 2.5 darlegen wird, geben sie dem Anbieter den Anreiz, in der frühen Phase des Lebenszyklus den Absatz zu steigern, um rasch von den Kostensenkungen zu profitieren. Sie sind daher zu Beginn eines Lebenszyklus ein weiterer Grund für den Kampf um Marktanteile.

Der erbitterte Kampf um Marktanteile wird nicht durch das durchschnittlich hohe Marktwachstum entschärft. Normalerweise sollte es den Wettbewerb abmildern, da es die Umsätze aller Anbieter erhöht. Dem steht jedoch entgegen, dass die Fixkosten für Kapazitäten und F&E schneller wachsen. Daher ist nicht nur das absolute Wachstum entscheidend, sondern auch der relative Zugewinn an den Branchenumsätzen, den sich ein Anbieter sichert.

Denn ausreichend hohe Rückflüsse zur Finanzierung neuer Kapazitäten und der F&E sind wie beschrieben entscheidend für die künftige Wettbewerbsfähigkeit eines Produzenten. Nur wer durch Kapazitätserweiterungen und Produktivitätsfortschritte bei dem hohen Bit-Wachstum von durchschnittlich 66% in den letzten zehn Jahren sowie dem rasanten Preisverfall von durchschnittlich 30% p.a. mithalten kann, kann seinen Marktanteil zumindest konstant halten. Außerdem muss ein Anbieter über ausreichend Mittel verfügen, um in Branchenkrisen die hohen Verluste überbrücken zu können. Zudem befinden sich die Anbieter auch in einem Wettbewerb um die Einführung neuer Produkte, insbesondere neuer Generationen. Wer als erster ein neues Produkt einführt, kann dabei die Pioniergewinne abschöpfen, während für die späteren Anbieter nur mehr das Massengeschäft mit niedrigen Margen bleibt. Höhere Margen erleichtern wiederum die Finanzierung neuer Investitionen.

Dabei stellt sich die Frage, warum ein Anbieter überhaupt in dem Commodity DRAM Geschäft tätig sein soll, da die Margen bei speziellem DRAM höher sind. Spezieller DRAM wird häufig auf die Bedürfnisse des Kunden hin entwickelt und ist weniger austauschbar. Die Kunden sind weniger preissensitiv. Einen bestimmten Typ speziellen DRAMs stellen meist nur wenige Anbieter her,

---

[47] Trotz seiner Größe hatte bspw. Hynix in den Zeiten einer finanziellen Krise 2002 wegen der Unsicherheit über die Überlebensfähigkeit des Unternehmens wichtige Marktanteile bei den Kontraktkunden verloren.

so dass der Wettbewerb weniger intensiv ist. Die Anbieter können über einen höheren Preis eine höhere Marge abschöpfen. Die Marktsegmente für speziellen DRAM sind aber noch zu klein, um allein die Auslastung und Finanzierung der Fabs sicherzustellen. Nur mit den Rückflüssen aus dem Massengeschäft kann ein Anbieter Kapazitäten aufbauen und F&E betreiben, mit denen er dann auch speziellen DRAM anbieten kann –ein weiterer Grund für den Drang nach Größe. Zudem erwerben die Anbieter im Massengeschäft das Vertrauen der Kunden. Weil spezieller DRAM nicht nur höhere Margen verspricht, sondern zugleich der Preis weniger volatil ist, diversifizieren die DRAM Produzenten begierig in die wachsenden Marktsegmente für speziellen DRAM. Wegen der Rückwirkung der Gewinne auf die Finanz- und damit Innovationskraft wird der richtige Produktmix aber auch für das Commodity DRAM Geschäft ein immer wichtigerer Faktor. So konnte beispielsweise Samsung nach Shin und Jang (2005, S.22f) mit einem deutlich niedrigeren Anteil an Commodity Chips als die Konkurrenten (z.B. 2002 nur 70% gegenüber mehr als 90% bei den Wettbewerbern) in den Jahren 1996 bis 2003 um 10-30% höhere Preise erzielen. Ähnlich muss die Fähigkeit einiger Anbieter eingestuft werden, Produktionskapazitäten von DRAM auf andere Chips umstellen zu können. Beispielsweise sackte im zweiten Quartal 2005 der DRAM Preis ab. Reine DRAM Produzenten wie (damals noch) Micron, Infineon oder Elpida mussten hohe Verluste hinnehmen, während Samsung und Hynix, die auf die höher bepreisten NAND Flash Speicher umschwenkten, laut Wall Street Journal (2005) Gewinne verbuchen konnten.

Die Anbieter kooperieren zwar in Joint Ventures bei der Produktion und F&E. Diese punktuelle Zusammenarbeit verringert jedoch grundsätzlich nicht den Wettbewerb auf dem Absatzmarkt. Zwar kann es zur Kollusion kommen, wie der Prozess des US-Justizministeriums (DOJ) wegen Preisabsprachen im Zeitraum von 1999 bis 2002 gegen Samsung, Hynix, Infineon und Micron mit Strafen von insgesamt $646 Mio zeigt. Wie Abschnitt 2.5.4 genauer darlegen wird, ist eine solche Zusammenarbeit aber bestenfalls temporär und nur auf die Preise begrenzt, führt aber nicht zu einer Reduktion der letztlich entscheidenden Kapazitäten.

Zusätzlich angeheizt wird der Wettbewerb durch die „strategische" Bedeutung der DRAM Branche als Grundpfeiler der Halbleiterfertigung. Die meisten Produzenten erhalten staatliche Unterstützungen oder Hilfe in Krisenzeiten. Beispielsweise war Hynix im Krisenjahr 2001 nahe dem Bankrott. Nur durch Staatsbeihilfen der südkoreanische Regierung und ein von ihr organisiertes Nothilfeprogramm der kreditgebenden Banken konnte der mit $4 Mrd. hoch verschuldete Konzern überleben.

2. Die DRAM Branche

Neben dem Staat greifen weitere externe Akteure in den Markt ein, insbesondere Intel als führender Prozessorhersteller. Intel investiert allgemein in Hersteller von Produkten, die es als Komplemente für seine Prozessoren benötigt, um den Wettbewerb in diesen Märkten zu intensivieren. So hat Intel auch des Öfteren in einen DRAM Produzenten investiert, laut EBN (2003) 1999 jeweils $100 Mio. in Samsung und Infineon sowie 2003 $450 Mio. in Micron und $100 Mio. in Elpida. Indem Intel das Angebot dieser Produzenten fördert, hält es die DRAM Preise niedrig und fördert die Nachfrage nach seinen neuesten Prozessoren, auf die es dem Economist (2003) zufolge beste Margen verdient. Aus ähnlichen Überlegungen heraus unterstützen PC-Hersteller wie Dell nach Electronics Weekly (2003b) in Krisenzeiten kleinere Anbieter wie Nanya mit großen Lieferaufträgen.

Beide Formen der Unterstützung verschärfen den Wettbewerb auch, indem sie eine Marktbereinigung verhindern. Der Konzentrationsprozess in der Branche aufgrund der überproportional steigenden Fixkosten bedeutet entweder das Schrumpfen einiger Anbieter oder den Austritt eines Anbieters in Krisenzeiten. So wurde z.B. nach der Krise 2001 angesichts der hohen Verluste fast aller Anbieter und der gestiegenen Kapitalanforderungen eine weitere Konsolidierung der Branche erwartet (vgl. z.B. JAGNotes (2003)). Die erwirtschafteten Cash Flows der meisten Anbieter schienen ohne weitere externe Finanzierung nicht für die notwendigen Investitionen ausreichend. Mit dem erwarteten Ausscheiden Hynix deutete sich eine Marktstruktur mit den drei großen Samsung, Infineon und Micron, mit jeweils um die 30% Marktanteil an. Kleinere Unternehmensgrößen schienen nicht ausreichend, um die notwendigen Investitionen tätigen zu können. So galt etwa der Marktanteil Nanyas von 8% im Jahr 2002 als „probably not a viable size to remain independent" (Electronics Weekly (2003b)), ebenso der 11% Anteil Elpidas. Die Rettung Hynix, die Investitionen Intels in Elpida sowie ein $2 Mrd. Liefervertrag zwischen Dell und Nanya verhinderten jedoch eine Konsolidierung. Hinzu kommt der Eintritt neuer chinesischer Produzenten. „And that means consolidation in DRAM will not happen this decade" schließt Electronics Weekly (2003b).

Als letztes Strukturmerkmal werden die Austrittsbarrieren betrachtet. Angesichts der hohen Fixkosten könnten Anbieter trotz Verluste im Markt bleiben, wenn die Liquidationserlöse gering sind. Dies ist aber nur zutreffend, sofern es sich um DRAM spezifische Investitionen handelt, was vor allem die F&E für DRAM Produkte betrifft. Die Anlagen und das erworbene Wissen um die Fertigung können zumindest teilweise zur Produktion anderer Halbleiterchips genutzt werden. Zudem entwertet der technologische Fortschritt Investitionen in Anlagen und in F&E rasch. Letztlich sind die meisten DRAM Produzenten über kurz oder lang wieder aus dem Markt ausgetreten, um andere profitablere Halbleiterprodukte herzustellen.

Insgesamt stellt die Intensität des Wettbewerbs die stärkste der fünf Wettbewerbskräfte dar. Trotz der Konzentration ist der Wettbewerb in der Branche relativ intensiv.

2.3.3 Verhandlungsmacht der Lieferanten

Für die DRAM Produzenten sind zwei Zulieferindustrien von Bedeutung: die Anbieter der für die Produktion benötigten Anlagen sowie die Rohstofflieferanten.

Allein die zehn größten Anbieter von Halbleiterproduktionsanlagen erzielten nach Turley (2002, S.101) vor der Branchenkrise 2001 mit $29.3 Mrd. höhere Umsätze als die gesamte DRAM Branche, womit sie auf deren Nachfrage nicht übermäßig angewiesen sind. Trotz der großen Anzahl der Anbieter ist es aufgrund der Komplexität der Anlagen eher schwierig für einen DRAM Produzenten, den Anbieter kurzfristig zu wechseln (vgl. z.B. Qimonda (2006, S.105)). All dies deutet auf eine gute Verhandlungsbasis der Anlagenhersteller hin. Dennoch verfügen sie nach Aussagen von Branchenexperten über keine herausragende Verhandlungsmacht, da der Wettbewerb zwischen ihnen ausreichend hoch ist.

Die Rohstofflieferanten der Halbleiterindustrie setzten nach Turley (2002, S.105) mit $16 Mrd. im Jahr 2000 nur etwa halb so viel um wie die Anlagenhersteller. Der wichtigste Rohstoff mit einem Anteil von 47% an den Ausgaben sind die Siliziumwafer, deren wichtigste Anbieter Shin-Etsu, SMI-MSIL, MEMC und Wacker sind (Turley (2002, S.107)). Sie bieten z.B. laut Qimonda (2006, S.105) zu Wettbewerbspreisen an und von außergewöhnlichen Lieferunterbrechungen abgesehen ist die Rohstoffbeschaffung unproblematisch. Wegen der Homogenität der Wafer kann der Anbieter zudem relativ einfach gewechselt werden. Daher geht auch von ihnen kein großer Verhandlungsdruck auf.

2.3.4 Verhandlungsmacht der Abnehmer

Die großen PC-Hersteller, die auch für andere Produkte DRAM nachfragen, machen einen großen Anteil der Nachfrage aus. Sie verfügen zugleich über Flexibilität bei der DRAM Ausstattung eines PCs, mit der sie Druck auf die Anbieter ausüben können. Da DRAM für PCs hoch standardisiert ist, haben sie keine Umstellungskosten, wenn sie zwischen ihren qualifizierten Zulieferern wechseln. Auch ein bisher nicht qualifizierter Anbieter kann zu vertretbaren Kosten die

2. Die DRAM Branche

Qualifikation erhalten. Außerdem ist aufgrund der Standardisierung der Preis Hauptentscheidungskriterium. Da die PC-Hersteller selbst in einem harten Wettbewerb stehen und die DRAM Ausstattung eines PCs immerhin 3-8% der Gesamtkosten eines PCs ausmacht, sind sie relativ preissensitiv. Die Preise sind sehr transparent, z.b. über die erwähnte Webseite von DRAMeXchange. Zwar geht der Anteil der DRAMs für PCs am Gesamtabsatz immer weiter zurück und die meisten Anbieter diversifizieren in speziellen DRAM, der zum Teil von anderen Kunden gekauft wird. Dennoch ist insgesamt eine relativ hohe Verhandlungsmacht der Abnehmer zu konstatieren. Lediglich eine Rückwärtsintegration der Kunden ist eher unwahrscheinlich, obwohl einige der Abnehmer früher selbst DRAM produziert haben, da aufgrund der schnellen technologischen Weiterentwicklung ihr Wissen um die DRAM Fertigung entwertet ist und die Investitionen zur (Wieder-)Aufnahme der Produktion zu hoch sind, als dass sie sich nur für eine günstigere Beschaffung lohnen würden.

2.3.5 Bedrohung durch Substitute

Substitute begrenzen den Preis, den die DRAM Produzenten verlangen können. Gegenwärtig sind DRAM Chips die einzige Art von Speicherprodukten auf dem Markt, die ihre Funktion zu einem derart niedrigen Preis (pro Mb) erfüllen. Als Substitute kämen nur SRAM Speicher in Frage, die zwar leistungsfähiger, aber weitaus teurer sind und daher nur für besondere Zwecke eingesetzt werden. Alternative Speichertechnologien wie z.B. „Magnetoresistive RAM" (MRAM) oder „Phase Change RAM" (PRAM) sind zwar vielversprechend, erreichen jedoch laut Computing (2007) bisher keinen kommerziellen Durchbruch. In der Zukunft ist es denkbar, dass solche Speicher DRAM ablösen könnten. Derzeit ist jedoch keine ernsthafte Bedrohung zu erkennen. Als Bedrohung für ein einzelnes DRAM Produkt eines Hersteller ist vielmehr die nachfolgende Generation zu betrachten, die von einem Konkurrenten möglicherweise schneller auf den Markt gebracht wird.

2.3.6 Zusammenfassung

Die fünf Kräfte sind in Abbildung 2.16 nochmals im Überblick dargestellt. Die Regierungen und Komplementäranbieter sind als zusätzliche Akteure berücksichtigt. Insbesondere die Bedrohung durch Neueintreter, die oft nicht mit dem Motiv der unmittelbaren Gewinnerzielung eintreten, deuten auf ein eher unattraktives Wettbewerbsumfeld. Ausreichend Wettbewerb lässt normalerweise erwarten, dass die Kapitalrendite in einer Branche auf den Durchschnitt am Kapitalmarkt zuzüglich eines Risikozuschlags sinkt. Die DRAM Branche ist zwar konzentriert, die zusätzlichen Akteure und Neueintritte sorgen aber möglicherweise dafür, dass dennoch keine supranormalen Renditen erzielt werden. Außerdem resultieren der Commodity-Charakter von DRAM und die Verhandlungsmacht der Abnehmer in einem intensiven Wettbewerb. Fast alle Anbieter kämpfen zudem um eine Erhöhung ihrer Marktanteile.

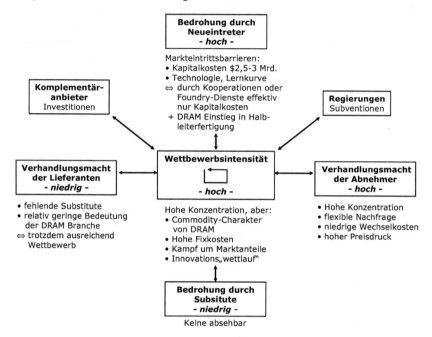

Abbildung 2.16: Das Fünf-Kräfte-Modell der DRAM Branche, in Anlehnung an Porter (1988, S.26)

Die Branchenstrukturanalyse ist zwar nützlich, um systematisch Einflussfaktoren auf den Wettbewerb in der DRAM Branche zu erfassen, weist aber drei gravierende Schwächen auf. Zum einen wird ein statisches Bild einer Branche gezeichnet. Ständige Innovationen wie in der DRAM Branche, die die Bedingungen des Wettbewerbs ändern können, bleiben außen vor. Bei der Beurteilung der Profitabilität wird zum anderen die Rolle der Branche über- und die des einzelnen Unternehmens unterschätzt. Auch zwischen den Unternehmen in derselben Branche kann es große Unterschiede in der Profitabilität geben. Da das Modell nur als Schema zur Beschreibung der Branche verwendet wird, ist der zweite Kritikpunkt an dieser Stelle weniger von Bedeutung. Schließlich betrachtet die Analyse den Wettbewerber primär als Bedrohung, statt Kooperationsmög-

2. Die DRAM Branche

lichkeiten zum gemeinsamen Vorteil zu identifizieren. Bei der Diskussion um die Wettbewerbsintensität wurde die Kooperation aber kurz gestreift.

2.4 Ökonomische Modellierung der Branche

Im Folgenden wird eine industrieökonomische Modellierung der DRAM Branche vorgeschlagen, die die für den weiteren Verlauf der Arbeit wichtigsten stilisierten Fakten abbilden und erklären kann. Damit wird ein Rahmen geschaffen, in dem später (in Kapitel 4) die Auswirkungen des Preis- und Wechselkursrisiko bzw. deren Beseitigung analysiert werden können. Zunächst werden kurz die Risiken allgemein diskutiert und welche der stilisierten Fakten in welcher Form in dem Modell abgebildet werden, bevor das Modell selbst vorgestellt wird.

2.4.1 Risiken eines DRAM Produzenten

Im Mittelpunkt dieser Arbeit stehen das Preis- und Wechselkursrisiko eines Anbieters. Das Preisrisiko entsteht, weil zum Zeitpunkt der Produktions- oder Kapazitätsentscheidung der künftige Verkaufspreis unbekannt ist. Die Ursachen dafür wurden in Abschnitt 2.2.6 erläutert. Bis auf Micron sind alle Produzenten außerhalb des Dollarraumes ansässig. Sie sind zusätzlich einem Wechselkursrisiko ausgesetzt, da der DRAM Preis in Dollar gebildet wird, ihr Gewinn aber in der heimischen Währung gemessen wird. Der Wechselkurs des Dollars gegenüber anderen Währungen kann schwanken, so dass der in heimische Währung umgetauschte Umsatz größer oder kleiner als der zum Zeitpunkt der Kapazitäts- oder Produktionsplanung erwartete sein kann. Das Ausmaß des Wechselkursrisikos hängt von der Nettodollarposition des Anbieters ab. Werden einige seiner Kosten ebenfalls in Dollar abgerechnet, weil er Inputs aus dem Dollarraum bezieht, gleichen sie einen entsprechenden Teil der Umsätze aus, allerdings nur, wenn sie in etwa zum gleichen Zeitpunkt gezahlt werden, zu dem die Umsätze erlöst werden.[48] Die Nettodollarposition hängt von der unternehmensspezifischen Verteilung der Kosten eines Anbieters über die Währungsräume ab. Hier wird unterstellt, alle Kosten fallen in inländischer Währung an, so dass die Nettodollarposition den Umsätzen entspricht. Diese Annahme kann als Extremfall

---

[48] Umgekehrt wären zusätzliche Wechselkursrisiken zu berücksichtigen, wenn Kosten in einer dritten Währung anfallen, z.B. weil ein europäischer Produzent Produktionsstätten in Asien besitzt.

betrachtet werden. Je größer der zeitlich relevante Kostenanteil eines Produzenten in Dollar, umso kleiner ist die Nettodollarposition, die dem Wechselkursrisiko ausgesetzt ist. Weil die Kosten von den langfristig gebundenen Kapitalkosten dominiert sind, dürfte ihr Einfluss auf die Nettodollarposition aber klein sein.

Aus der Branchenbeschreibung und –strukturanalyse können weitere Gewinnrisiken eines Anbieters abgeleitet werden, beispielsweise operationale Risiken der Produktion oder Risiken im Zusammenhang mit Prozessinnovationen. Wenn sich z.b. ein Shrink verzögert oder fehlschlägt, kann ein Anbieter nicht bei der durchschnittlichen Kostenreduktion (pro Bit) von 30% p.a. mithalten. Temporär muss er Verluste hinnehmen und langfristig wird er aus dem Markt gedrängt wie die japanischen Produzenten Ende der 1990er Jahre, deren Produkte im Vergleich zur südkoreanischen Konkurrenz zu teuer waren. Derartige Output- und Kostenrisiken werden im Weiteren vernachlässigt. Die Kosten und der Output werden als deterministisch unterstellt. Anders als das Preis- und Wechselkursrisiko können sie zur Absicherung nicht über Terminmärkte gehandelt werden. Größtenteils handelt es sich um Risiken, deren Ausmaß von unternehmerischen Entscheidungen z.b. über F&E-Projekte bestimmt wird. Sie können aufgrund von Moral Hazard Problemen in der Regel nicht an andere Akteure abgegeben werden. Nur Schadensfälle mit geringen Moral Hazard Problemen können beispielsweise versichert werden, wenn sie mit einer statistisch kalkulierbaren Wahrscheinlichkeit auftreten. Das Preis- und Wechselkursrisiko kann ein Anbieter hingegen praktisch nicht beeinflussen. Da kein Moral Hazard Problem vorliegt, können sie prinzipiell gehandelt werden.

Bevor die Preis- und Wechselkursrisiken in Kapitel 4 in die Analyse mit einbezogen werden, wird in diesem Kapitel noch angenommen, sowohl der Preis als auch der Wechselkurs unterliegen keiner Unsicherheit, sondern können perfekt prognostiziert werden. Auf diese Weise soll zunächst grundsätzlich der Wettbewerb in der DRAM Branche, noch unabhängig von einem Risiko oder dessen Reduktion, abgebildet und erklärt werden.

2.4.2 Vorgehensweise und Annahmen

Da die später zu untersuchenden Preis- und Wechselkursrisiken auf den Verkaufserlös (in heimischer Währung) wirken, konzentriert sich die Analyse auf den Wettbewerb der Anbieter auf dem Absatzmarkt und blendet andere der beschriebenen Wettbewerbsparameter wie Investition in F&E aus. Folgende der in der Branchenbeschreibung und –strukturanalyse präsentierten stilisierten Fakten werden dabei übernommen bzw. erklärt:

2. Die DRAM Branche

- Commodity DRAM als homogenes Gut ohne (enge) Substitute
- Weiterentwicklung der Generationen mit neuen Produktionsanlagen
- Oligopolistische Marktstruktur mit unterschiedlich großen Anbietern
- Preiswettbewerb mit vorgeschaltetem Mengen- und Kapazitätswettbewerb
- Keine Marktmacht der Lieferanten
- Konstante Grenzkosten ohne Berücksichtigung des technologischen Fortschritts und der Lerneffekte; staatliche Subventionen oder Investitionen von Komplementäranbietern
- Keine wesentlichen Markteintrittsbarrieren außer Investitionen in Kapazität und F&E

Nicht übernommen werden dagegen unter anderem die folgenden stilisierten Fakten:

- Breites Produktspektrum, spezieller DRAM
- Marktmacht der Kunden
- Technologischer Fortschritt und Lerneffekte

Im Folgenden wird beschrieben, in welcher Form die stilisierten Fakten übernommen werden bzw. warum einige nicht übernommenen werden.

Im Mittelpunkt der Analyse steht der Commodity DRAM Speicher, der als homogenes Gut ohne (enge) Substitute charakterisiert wurde. Unter Vernachlässigung relativ unbedeutender Qualitäts- oder Reputationsunterschiede machen die Käufer ihre Kaufentscheidung allein von dem für alle transparenten Preis abhängig. Betrachtet werden keine einzelnen Produkte, sondern der Gesamtabsatz eines Anbieters und der ASP über alle Produkte. Alle Unterscheidungsmerkmale wie Typ, Geschwindigkeit etc. werden ignoriert bis auf die Generation, die als wichtigstes Merkmal stellvertretend die Weiterentwicklung der DRAM Chips repräsentieren soll. Obwohl sich die verschiedenen Generationen überlappen, wird angesichts der Dominanz jeweils einer Generation zur Vereinfachung angenommen, der Absatz bestünde jeweils nur aus einer von disjunkt aufeinander folgenden Generationen. Zur Produktion dieser Generation müssen die Anbieter neue Fertigungskapazitäten aufbauen, die nur zu deren Produktion dienen. Dabei kann ein Anbieter seine Kapazitäten umso eher aufbauen, je früher er eine neue Generation entwickelt hat. Unter Vernachlässigung der frühen Phase mit Pioniergewinnen für die ersten Anbieter wird dann der Wettbewerb im Massenmarkt über den Zyklus dieser Generation betrachtet, dessen Länge hier dem langfristigen Zeithorizont entspricht. Er unterteilt sich in mehrere mittelfristige Perioden (z.B. Quartale), für die die Anbieter jeweils ihre Produktionsmengen innerhalb der gegebenen Kapazitäten festlegen. Nach dem Auslaufen der Generation findet ein ähnlicher Wettbewerb für die nächste Generation statt, für die die Anbieter wieder neue Kapazitäten aufbauen müssen, während die alten nicht mehr beachtet werden. Es wird demnach vernachlässigt, dass die Anbieter tatsächlich ihre bestehenden Kapazitäten nur ausbauen und weiterhin alte Produkte herstellen. Diese Darstellung des Wettbewerbs lässt sich dadurch rechtfertigen, dass sich ein Vorsprung eines Anbieters aufgrund des raschen technologischen Fortschritts und der geringen generationsübergreifenden Lerneffekte nicht automatisch auf die nachfolgenden Generationen überträgt und festschreibt.

Mit der aggregierten Betrachtung aller Produkte wird implizit unterstellt, der Wettbewerb funktioniere für alle Produkte ähnlich. Für Commodity DRAM, insbesondere die dominierenden Hauptprodukte, trifft dies sicherlich zu, nicht jedoch für die speziellen DRAM Produkte. Bei ihnen liegt ein Wettbewerb in differenzierten Gütern vor, wobei nicht alle Anbieter alle speziellen DRAM Produkte produzieren. Das hier aufgestellte Modell dient letztlich der Analyse der Risikoabsicherung auf Terminmärkten. Spezielle DRAM Produkte eignen sich nicht für einen Terminhandel. Auch ist ihr Preis weniger volatil und sind die mit ihnen erzielten Umsätze nicht so groß, als dass die Absicherung ihres Preisrisikos z.B. anhand eines Cross-Hedges für einen Anbieter im Vordergrund stünde. Daher werden sie hier vernachlässigt.

Weiterhin wurde die Branche als oligopolistische Branche charakterisiert, die in jüngster Zeit von vier bis fünf großen Anbietern beherrscht wird. Diese Anbieter besitzen Marktmacht, befinden sich aber in einer strategischen Interdependenz: Die Gewinne eines Anbieters hängen nicht nur von seinen eigenen Entscheidungen, sondern auch von denen der Konkurrenten ab. Die Anbieter sind sich dieser wechselseitigen Beziehung bewusst und des Bewusstseins der Konkurrenten darüber. Daneben gibt es noch einige kleine Anbieter mit einem vernachlässigbaren Einfluss auf den Preis, die als Wettbewerbsrand modelliert werden könnten. Ihre Einbeziehung verspricht aber keinen zusätzlichen Erkenntnisgewinn. Sie beschränken zwar die Marktmacht der großen Anbieter. Aufgrund der fehlenden Markteintrittsbarrieren bis auf die Kapital- und F&E-Kosten sind aber ohnehin im „normalen" Oligopol Eintritte zu erwarten, die die Gewinne der Anbieter senken. Die Analyse konzentriert sich nur auf die großen Produzenten, die mehr als drei Viertel der Marktumsätze abdecken und die im Folgenden gemeint sind, wenn von Produzenten oder Anbietern die Rede ist.

Bei diesen großen Produzenten lassen sich trotz ähnlicher Technologien und Kosten zum Teil deutliche, zu erklärende Größenunterschiede feststellen. Ein Anbieter mag temporär Kostenvorteile besitzen, wenn er früher auf eine neue Produktionstechnologie umstellt, die aber von den Konkurrenten aufgeholt wer-

2. Die DRAM Branche

den können oder beim Übergang zur nächsten Technologie wieder verloren gehen können. Anbieter, die einen kontinuierlichen Rückstand aufweisen, scheiden letztlich aus dem Markt aus. Daher werden in späteren Kapiteln identische Kosten (in Dollar) unterstellt. Hier werden zur Darstellung der Auswirkungen möglicher Kostenunterschiede noch unterschiedliche Grenzkosten c zugelassen,[49] die ohne Lerneffekte und technischen Fortschritt bis zur Kapazitätsgrenze konstant sind. Die Fixkosten F können in Dollar über die Anbieter als gleich unterstellt werden, in heimischer Währung lauten sie F_i.[50] Kein Anbieter verfügt über eine besondere Nachfragemacht auf den Beschaffungsmärkten, wie umgekehrt die Lieferanten über keine Marktmacht verfügen. Die Kosten C_i in Abhängigkeit von der Produktionsmenge x_i des Anbieters i in dessen heimischer Währung lauten dann:

$$C_i(x_i) = c_i \cdot x_i + F_i \qquad (2.2)$$

Sie gelten mittelfristig nur bis zur Kapazitätsgrenze, die die Produktionsmenge nicht überschreiten kann.[51] In der langen Frist existieren keine Fixkosten, stattdessen beinhalten die Grenzkosten einen –vorläufig als konstant unterstellten– Anteil r für die Kosten der Kapazität und F&E sowie die anderen mittelfristigen Fixkosten. Die langfristigen Grenzkosten können durch die meist mengenunabhängig gestalteten staatlichen Subventionen oder Investitionen von Komplementäranbietern für einige Anbieter gesenkt werden. Damit die mit einer gegebenen Kapazität produzierbare Menge unabhängig von der aktuellen Produktionstechnologie (und damit dem technischen Fortschritt) ist, wird sie (wie in Abschnitt 2.2.6) in Waferstarts bzw. letztlich der mit ihnen produzierbaren Anzahl an Chips angegeben. Die Grenzkosten beziehen sich daher auf einen Chip, nicht einen Mb Speicherkapazität.

---

[49] Die Kosten sind aber so ähnlich, dass Limit-Strategien ausgeschlossen bleiben.

[50] Bei konstanten Grenzkosten und homogenen Gütern ist zu fragen, warum aufgrund der Fixkostendegression nicht ein einziger Anbieter die Branche dominiert. Zum einen deutet die von den Kunden vorgegebene Maximalgröße eines Anbieters von 30-35% Marktanteil darauf hin, dass die Fixkostendegression bei dieser Größe keinen großen Preisvorteil mehr generiert (vgl. Fußnote 45). Zum anderen können ab einer gewissen Größe steigende Grenzkosten unterstellt werden. Zur Vereinfachung wird von durchgängig konstanten Grenzkosten ausgegangen.

[51] Mögliche Verbundvorteile der Produktion anderer Halbleiter werden ignoriert. Sie betreffen nur wenige Anbieter und sind sie vermutlich gering, da die von der Art des Chips unabhängige Fixkostendegression dominiert.

Diese Kostenfunktion ignoriert zum einen die Lerneffekte und Spillovers. Deren Auswirkungen analysiert Abschnitt 2.5 separat. Dort wird sich zeigen, dass sie den Wettbewerb nicht so stark beeinflussen, als dass mit ihrer Vernachlässigung ein allzu großer Fehler gemacht würde. Problematischer erscheint die Vernachlässigung des technischen Fortschritts. Die Grenzkosten c können als die durchschnittlichen Grenzkosten in mittlerer Frist gemessen werden. Ihre langfristige Senkung könnte im Durchschnitt durch einen eigenen Parameter integriert werden, aber auch wie eine Senkung von r behandelt werden. Die hier durchgeführte Analyse ist, um sie möglichst einfach zu halten, eine statische, ohne Berücksichtigung der kontinuierlichen Veränderungen. In der mittleren Frist, die dem für die spätere Analyse der Risikoabsicherung relevanten Zeitraum entspricht, können dynamische Effekte vernachlässigt und die Rahmenbedingungen als konstant angenommen werden können. Für die langfristige Kapazitätsentscheidung wird die durchschnittliche mittelfristige Periode betrachtet. Damit geht einher, dass als Zielfunktion eines Unternehmens die Maximierung des jeweiligen Periodengewinns (bzw. später des Erwartungsnutzens dieses Gewinns) unterstellt wird.

Ähnliches gilt für die mittelfristige (inverse) DRAM Nachfrage. Sie wird stilisiert durch die Funktion $p(X)$ erfasst, die den ASP angibt, zu dem der aggregierte Output X aller Anbieter abgesetzt wird, und fallend verläuft ($p'(X)<0$). Dabei wird nicht weiter zwischen Spot- und Kontraktpreis unterschieden. Der Spot- und Kontraktmarkt werden zu einem einheitlichen Absatzmarkt zusammengefasst, weil die Unterschiede zwischen den Preisen vernachlässigbar klein und sachlich begründet sind (vgl. S.47). Die Nachfrage wächst eigentlich im Zeitablauf, was aus den gleichen Gründen wie der technische Fortschritt vernachlässigt wird. Sie kann als durchschnittliche Nachfrage interpretiert werden. Ebenso vernachlässigt wird die Marktmacht, die die großen OEMs in den (Kontrakt-)Preisverhandlungen möglicherweise ausüben. Dies erscheint als sehr grobe Vereinfachung. Allerdings repräsentieren selbst die zehn größten Abnehmer nur etwas mehr als die Hälfte der Nachfrage, wodurch ihr Einfluss begrenzt ist. Die Daumenregel einer DRAM Ausstattung eines PCs in Höhe von 3-8% der PC Kosten legt Sprünge der Nachfragefunktion an den Enden dieses Intervalls nahe. Aufgrund der Nachfrage der anderen Segmente dürfte die Nachfrage dennoch stetig sein und lediglich ihre Steigung an diesen Punkten ändern. In diesem Kapitel wird noch unterstellt, die Nachfragefunktion sei deterministisch und bekannt. Gleiches gilt für den Wechselkurs e, definiert als Preis eines Dollars in inländischer Währung. Um nicht mehrere Wechselkurse berücksichtigen zu müssen, wird unterstellt, alle Anbieter sind im gleichen Währungsraum ansässig.

2. Die DRAM Branche   63

Bezüglich der Nachfrage und den Kosten kann unterstellt werden, dass sie allen Anbietern gleichermaßen bekannt („Common Knowledge") sind. Jeder Anbieter kauft von Marktforschungsinstituten wie Gartner oder iSuppli entsprechende Schätzungen zu. Die Kosten der Konkurrenten schätzen die Anbieter zudem über Reverse Engeneering Analysen.

Schließlich hat sich gezeigt, dass die Anbieter bei dem Absatz ihrer DRAM Chips in einem Preiswettbewerb stehen, z.b. bei den Kontraktpreisverhandlungen. Der Preis hängt aber von den einige Wochen zuvor beschlossenen Produktionsmengen ab, die wiederum der Kapazitätsrestriktion unterliegen, über die die Anbieter langfristig entscheiden. Bezüglich der Entscheidungen über den Preis und die Produktionsmengen (z.B. für das nächste Quartal) kann davon ausgegangen werden, dass die Anbieter sie jeweils simultan und daher in Unkenntnis der Entscheidung der Konkurrenten treffen. Für die Kapazitäten gilt dies nicht. Vorläufig sei Simultanität des Kapazitätsaufbaus angenommen. Im Folgenden wird die Modellierung dieses dann dreistufigen Wettbewerbs analysiert. Einmal aufgebaute Kapazitäten sind anschließend allen Anbietern bekannt.

2.4.3 Modellierung des Wettbewerbs

Die Anbieter entscheiden auf einer ersten Stufe über die Produktionskapazität, auf einer zweiten über die damit ausgebrachten Produktionsmengen und auf einer dritten über den Verkaufspreis. Als Gleichgewichtskonzept wird Seltens (1975) teilspielperfektes Nash-Gleichgewicht herangezogen. Im Gleichgewicht kann sich kein Anbieter durch einseitiges Abweichen von der Kapazität, Menge oder des Preises verbessern und die Mengen- bzw. Preisentscheidungen sind jeweils Nash-Gleichgewichte für alle möglichen Kapazitäts- bzw. Mengenentscheidungen. Die teilspielperfekte Lösung wird durch Rückwärtsinduktion ermittelt.

Für die letzten beiden Stufen des je simultanen Mengen- und anschließenden Preiswettbewerbs haben Kreps und Scheinkman (1983) gezeigt, dass sie äquivalent zu einer Stufe mit Cournot-Mengenwettbewerb sind.[52] Die Anbieter produzieren in Antizipation der Preiswirkung die gleiche Menge, die sie in einem direkten Mengenwettbewerb festlegen würden. Unterstellt wird den Anbietern da-

---

[52] Kreps und Scheinkman (1983) betrachten einen Kapazitäts- und anschließenden Preiswettbewerb. Ihre Kapazitätsentscheidung entspricht hier der Mengenentscheidung. Tirole (1989, Kapitel 8) zeigt, dass analog ein sequentieller Mengen- und anschließender Preiswettbewerb einem Stackelberg-Mengenwettbewerb entspricht.

bei Cournot-Verhalten, d.h. jeder Anbieter betrachtet die Menge der Konkurrenten als gegeben. Die Reaktionserwartung $(dX_{-i}/dx_i)^{erw}$ des Anbieters i mit der aggregierten Menge X_{-i} der Konkurrenten ist gleich null. Ohne Absprache der Anbieter ist ein derartiges Verhalten plausibel. Die Mengenentscheidung eines Anbieters kann die der Konkurrenten nicht verändern, da diese mangels Beobachtbarkeit nicht darauf reagieren können. Abschnitt 2.4.4 wird als gegenteilige Annahme die Möglichkeit eines kollusiven Verhaltens der Anbieter diskutieren ($(dX_{-i}/dx_i)^{erw} > 0$), aber Gründe darlegen, warum es nicht dauerhaft zu erwarten ist. Als dritte Möglichkeit könnte die Reaktionserwartung bei einem besonders intensiven Wettbewerb auch negative Werte annehmen (für $(dX_{-i}/dx_i)^{erw} = -1$ ist ein Anbieter Preisnehmer).[53] Die hier unterstellte Cournot-Annahme wird später noch diskutiert.

Auf der zusammengefassten letzten Stufe maximiert Anbieter i seinen Gewinn $\pi_i(x_i)$ aus der Differenz des zum Wechselkurs e in inländische Währung umgetauschten Umsatzes und seinen in (2.2) definierten Kosten $C_i(x_i)$ über seine Produktionsmenge x_i unter der Nebenbedingung der Kapazitätsrestriktion $x_i \leq K_i$:

$$\max_{x_i} \pi_i(x_i) = e \cdot p(X) \cdot x_i - C_i(x_i) \quad \text{s.t.} \quad x_i \leq K_i \qquad (2.3)$$

Die gewinnmaximale Menge x_i^C folgt aus der Bedingung erster Ordnung für $x_i \leq K_i$

$$\frac{\partial \pi_i(x_i)}{\partial x_i} = e \cdot (p(X) + p'(X) \cdot x_i) - C_i'(x_i) \stackrel{!}{=} 0 \qquad (2.4)$$

Für $x_i > K_i$ ist $x_i^C = K_i$. Für $x_i \leq K_i$ lautet die Bedingung zweiter Ordnung mit $C_i''(x_i) = 0$

$$\frac{\partial^2 \pi_i}{\partial (x_i)^2} = 2p'(X) + x_i \cdot p''(X) \stackrel{!}{<} 0 \qquad (2.5)$$

Um später den Einfluss der Kapazitätsentscheidung auf der ersten Stufe einfach darstellen zu können, sei zunächst die optimale Mengenentscheidung der Anbieter betrachtet, wenn unbegrenzt Kapazität vorhanden wäre. Dann bildet sich das Cournot-Nash-Gleichgewicht heraus, das der Mengen-Tupel ist, in dem

---

[53] Reaktionserwartungen wurden von Bowley (1924) in die Literatur eingeführt. Ihre Verwendung wird kritisiert, weil in einem statischen Spiel (erwartete) Reaktionen der Spieler aufeinander kein sinnvolles Konzept darstellen. Mit ihnen können aber unterschiedliche Grade der Wettbewerbsintensität von perfekter Kollusion bis zur Preisnehmerschaft wie bei vollkommener Konkurrenz abgebildet werden, vgl. Shapiro (1989, S.354ff).

2. Die DRAM Branche

die Bedingungen erster Ordnung (2.4) für alle Anbieter erfüllt sind. Um die Existenz und Eindeutigkeit des Gleichgewichts zu gewährleisten, fordert die Stabilitätsbedingung nach Hahn (1962) neben der Bedingung zweiter Ordnung

$$\frac{\partial^2 \pi_i}{\partial x_i \partial X_{-i}} = p'(X) + x_i \cdot p''(X) < 0 \quad \forall i \tag{2.6}$$

Sie ist erfüllt, wenn die Nachfrage nicht „zu konvex" ist. Für die weitere Analyse wird der Nachfrage diese Eigenschaft unterstellt. Mit ihr ist auch die Bedingung zweiter Ordnung erfüllt. Aufgrund der Stabilitätsbedingung fällt der Grenzerlös bei einem Anstieg des Outputs der Konkurrenten. Da die Grenzkosten konstant sind, ist die gewinnmaximale Menge kleiner. Genauer gilt für die Veränderung der Absatzmenge bei einer Änderung der Menge der Konkurrenten nach impliziter Differentiation von (2.4), dass sie wegen

$$\frac{\partial x_i}{\partial X_{-i}} = -\frac{p'(X) + x_i \cdot p''(X)}{2p'(X) + x_i \cdot p''(X)} > -1 \tag{2.7}$$

kleiner ist als die sie auslösende Mengenänderung.

Die Bedingungen erster Ordnung definieren implizit Reaktionsfunktionen $R_i(X_{-i})$, die zu jeder gegebenen Menge X_{-i} die gewinnmaximale Menge des Anbieters i angeben. Es wird sich als nützlich erweisen, sie zur Illustration graphisch für den Duopolfall ($i=1,2$) zu veranschaulichen. Ihre Steigung im (x_1, x_2)-Raum ergibt sich jeweils durch implizites Differenzieren von (2.4) mit

$$\left.\frac{\partial x_2}{\partial x_1}\right|_{x_1 = R_1} = -\frac{2 \cdot p'(X) + x_1 \cdot p''(X)}{p'(X) + x_1 \cdot p''(X)} < 0, \quad \left.\frac{\partial x_2}{\partial x_1}\right|_{x_2 = R_2} = -\frac{p'(X) + x_2 \cdot p''(X)}{2 \cdot p'(X) + x_2 \cdot p''(X)} < 0 \tag{2.8}$$

Die Vorzeichen folgen aus der Bedingung zweiter Ordnung und der Stabilitätsbedingung. Letztere sichert zudem, dass die Reaktionsfunktion von Anbieter 1 steiler verläuft als die von 2. Abbildung 2.17 gibt die Reaktionsfunktionen für eine lineare Nachfragefunktion (und die gegebenen konstanten Grenzkosten) sowie das Cournot-Gleichgewicht **C** wieder. Ebenfalls eingezeichnet sind die Isogewinnkurven der Cournot-Gewinne ($\bar{\pi}_i^C$). Sie erreichen jeweils im Schnittpunkt mit der eigenen Reaktionsfunktion ihr Maximum, da der Gewinn dort zu gegebener Menge der anderen Unternehmen maximiert wird, und symbolisieren aufgrund der Stabilitätsbedingung umso höhere Gewinne, je tiefer bzw. weiter links sie liegen.

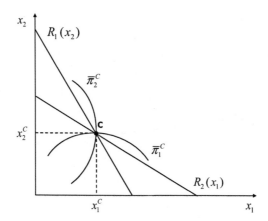

Abbildung 2.17: Cournot-Gleichgewicht im Duopolfall

Unterstellt wurde jedoch, dass ausreichend Kapazität zur Produktion der Cournot-Menge vorhanden ist. Tatsächlich ist der Aufbau von Kapazität auf der ersten Stufe mit Kosten verbunden. Zu den Grenzkosten von c treten für alle Anbieter identische konstante Kosten r für den Aufbau der Kapazität zur Produktion einer Outputeinheit hinzu. Sie entsprechen den auf die mittelfristigen Perioden umgelegten Kosten für Kapazität sowie F&E (als Voraussetzung für eine konkurrenzfähige Produktion). Die langfristige (l) Kostenfunktion lautet

$$C_i^l(x_i) = (c_i + r) \cdot x_i \qquad (2.9)$$

Zur Vereinfachung wird angenommen, die Anbieter könnten die Kapazitäten stetig wählen, obwohl eigentlich (sinnvollerweise) nur Fabs der mindestoptimalen Betriebsgröße hinzugefügt werden können. Ein Anbieter maximiert wie in (2.3) seinen Gewinn über die Produktionsmenge (für die langfristig eine gleich große Kapazität bereitgestellt werden muss), nur ohne die Kapazitätsrestriktion und mit der langfristigen Kostenfunktion. Die Bedingung erster Ordnung hat die gleiche Form wie (2.4), nur dass die Grenzkosten $c_i + r$ statt c betragen, und definiert implizit die langfristige Reaktionsfunktion $R_i^l(X_{-i})$ (die Bedingung zweiter Ordnung, die Stabilitätsbedingung und die Steigung der Reaktionsfunktion bleiben wegen $C_i^{\prime\prime l}(x_i) = 0$ unverändert). Wegen des fallenden Grenzerlöses ist die optimale Menge aufgrund der Kapitalkosten r zu gegebener Menge der Konkurrenten langfristig immer kleiner als kurzfristig. Implizites Differenzieren der Bedingung erster Ordnung liefert

$$\frac{\partial x_i}{\partial r} = -\frac{-1}{2p'(X) + x_i \cdot p''(X)} < 0 \qquad (2.10)$$

2. Die DRAM Branche

Die Kapitalkosten führen zu einer kleineren Kapazität eines Anbieters. In der graphischen Veranschaulichung für den Duopolfall verschieben sich die Reaktionsfunktionen der Anbieter gegenüber der mittelfristigen Betrachtung um den gleichen Betrag parallel nach innen, so dass der Punkt **C** bei kleineren Mengen liegt (zeichnet man Isogewinnkurven ein, beziehen sie sich nun auf den langfristigen Gewinn).

Für die mittelfristig optimale Menge bedeutet dies, dass im Gleichgewicht die Kapazitätsrestriktion greift. Die Anbieter lasten ihre Anlagen voll aus und produzieren so viel wie möglich. Wie bereits in Abbildung 2.12 in Abschnitt 2.2.6 verdeutlicht wurde, baut ein Anbieter aufgrund der Kapitalkosten eine geringere Kapazität auf, als mittelfristig optimal wäre. Graphisch verlaufen die mittelfristigen Reaktionskurven nur bis zur Kapazitätsgrenze gemäß dem durch (2.4) implizit definierten fallenden Verlauf. Danach entspricht die optimale Reaktion der aufgebauten Kapazität.

Bisher wurde von einem simultanen Kapazitätsaufbau ausgegangen. Die Anbieter errichten ihre Kapazitäten aber nacheinander. Baut ein Anbieter seine Kapazität vor den Konkurrenten, die über ihre Kapazitäten vorläufig weiterhin simultan entscheiden sollen, auf, kann er eine Stackelberg-Führerschaft einnehmen. Er maximiert seinen langfristigen Gewinn in Antizipation der Reaktionen der Konkurrenten auf die von ihm aufgebaute Kapazität:

$$\max_{x_i} \pi_i(x_i) = e \cdot p(x_i + \sum_{j \neq i} R_j^l(x_i)) \cdot x_i - C_i^l(x_i) \qquad (2.11)$$

$$\frac{\partial \pi_i(x_i)}{\partial x_i} = e \cdot \left(p(x_i + \sum_{j \neq i} R_j^l(x_i)) + p'(x_i + \sum_{j \neq i} R_j^l(x_i)) \cdot \left(1 + \sum_{j \neq i} \frac{\partial R_j^l(x_i)}{\partial x_i} \right) \cdot x_i \right) - C_i'^l(x_i) \stackrel{!}{=} 0 \, (2.12)$$

Wegen $p'(X) < 0$ und $\partial R_j^l(x_i)/\partial x_i < 0$ ist sein Grenzerlös höher und er baut eine größere Kapazität auf. Der Aufbau einer größeren Kapazität stellt eine glaubwürdige Festlegung auf höhere Produktionsmengen dar, da die Kapitalkosten (zumindest teilweise) versunken sind, sobald sie getätigt sind. Die Folger reagieren mit einem geringeren Kapazitätsaufbau. Da der Rückgang nach (2.7) geringer ist als die Ausweitung durch den Führer, steigt die Gesamtkapazität und der Preis sinkt. Während für den Führer ein „First-Mover-Advantage" mit Marktanteilsgewinnen existiert, müssen die Folger Gewinn- und Marktanteilseinbußen hinnehmen.

Abbildung 2.18 veranschaulicht den Kapazitätsaufbau für den Duopolfall. $R_1(x_2)$ und $R_2(x_1)$ sind die mittelfristigen Reaktionsfunktionen. Ohne Kapazitätsbeschränkung würde sich das Cournot-Gleichgewicht C_0 bilden. Unter Berücksichtigung der Kapazitätskosten liegen die langfristigen Reaktionskurven $R_1^l(x_2)$ und $R_2^l(x_1)$ weiter innen und das Gleichgewicht bei simultanem Kapazitätsaufbau im Punkt **C** (die Isogewinnlinien beziehen sich auf den langfristigen Gewinn). Die mittelfristigen Reaktionskurven knicken jeweils bei x_i^C senkrecht zur eigenen Achse ab, da dann die Kapazitätsgrenze erreicht ist, und schneiden sich gerade in **C**. Baut Anbieter 1 seine Kapazität vor Anbieter 2 auf, wählt er die Kapazität x_1^S, mit der er seine tiefstmögliche Isogewinnlinie erreicht, die die gegnerische Reaktionsfunktion gerade noch berührt. Anbieter 2 reagiert mit dem Aufbau der Kapazität x_2^S. Die mittelfristigen Reaktionskurven knicken dann jeweils bei diesen Mengen ab, so dass sich das Gleichgewicht **S** ergibt.[54]

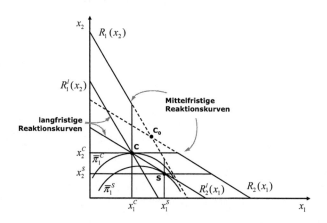

Abbildung 2.18: Stackelberg-Kapazitätswettbewerb (1)

Allerdings kann die nach (2.12) für den Stackelberg-Führer gewinnmaximale Kapazität so groß sein, dass sie im mittelfristigen Mengenwettbewerb nicht vollständig ausgelastet wird. In Abbildung 2.19 baut Anbieter 1 die Kapazität x_1^{S1} und Anbieter 2 x_2^S auf. In dem Gleichgewicht der daraus folgenden mittelfristigen Reaktionskurven wird Anbieter 1 jedoch nur die Menge x_1^{S2} produzieren. Sein Gewinn wird sogar noch höher sein als im Stackelberg-Punkt: Die nicht eingezeichnete Isogewinnlinie durch S_2 liegt unter der von S_1. Diese Konstellation ergibt sich immer dann, wenn der Stackelberg-Punkt S_1 über der mittelfristigen Reaktionsfunktion $R_1(x_2)$ liegt. Dies ist tendenziell dann der Fall, wenn die lang- und mittelfristigen Reaktionsfunktionen nicht weit auseinander liegen, die

---

[54] Dieses Ergebnis findet sich als Spezialfall in Ware (1984), bei dem ein Anbieter vor einem anderen einen Teil der versunkenen Kosten tätigen kann; hier muss er alle tätigen. Ware (1984) erweitert die einfachere Struktur von Spence (1977) und Dixit (1979), in der nur ein Anbieter vor dem Mengenwettbewerb durch Vorziehen von versunkenen Kosten die für den Mengenwettbewerb relevanten Grenzkosten senken kann.

Kapitalkosten also nicht sehr hoch sind. Der Aufbau unausgelasteter Kapazitäten dient der Abschreckung des Aufbaus höherer (vollständig ausgelasteter) Kapazitäten durch den Stackelberg-Folger.

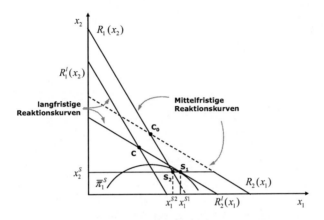

Abbildung 2.19: Stackelberg-Kapazitätswettbewerb (2)

Ein Beispiel soll illustrieren, dass dieses Ergebnis kein Artefakt der graphischen Analyse ist. Sei für den Duopolfall die Nachfrage gegeben durch $p(X) = a - x_1 - x_2$ mit $a > c + r$, wobei c die identischen Grenzkosten beider Anbieter seien und $e = 1$ gelte. Für den mittelfristigen Mengenwettbewerb folgen aus (2.4) die Reaktionsfunktionen

$$R_i(x_j) = \begin{cases} 0{,}5 \cdot (a - c - x_j) & \text{für } x_i \leq K_i \\ K_i & \text{für } x_i > K_i \end{cases} \quad (2.13)$$

Lege auf der ersten Stufe Anbieter 1 seine Kapazität vor Anbieter 2 fest. Die langfristige Reaktionsfunktion von Anbieter 2 folgt aus (2.4) unter Verwendung von $C_i^l(x_i)$ aus (2.9) mit

$$R_2^l(x_j) = 0{,}5 \cdot (a - c - r - x_1) \quad (2.14)$$

Die Kapazität von Anbieter 1 unter Berücksichtigung dieser Reaktion ergibt sich nach (2.11) mit:

$$x_1^{S1} = 0{,}5 \cdot (a - c - r) \quad (2.15)$$

Anbieter 2 reagiert mit der Kapazität

$$x_2^S = 0{,}25 \cdot (a - c - r) \quad (2.16)$$

Zu zeigen ist, dass die kurzfristig optimale Menge von Anbieter 1 gegeben x_2^S kleiner sein kann als die aufgebaute Kapazität x_1^{S1}:

$$R_1(x_2^S) = x_1^{S2} = 0{,}5 \cdot (a - c - x_2^S) = \frac{3(a-c)+r}{8} < 0{,}5 \cdot (a-c-r) = x_1^{S1} \qquad (2.17)$$

Dies ist genau dann der Fall, wenn $r < (a-c)/5$ gilt. Der langfristige Gewinn von Anbieter 1 bei x_1^S wäre

$$\pi_1^{S1} = (a-c-r)^2 / 8 \qquad (2.18)$$

Bei x_1^{S2} ist der Gewinn

$$\pi_1^{S2} = \frac{3(a-c)-7r}{8} \frac{3(a-c)+r}{8} \qquad (2.19)$$

π_1^{S2} ist größer als π_1^{S1} wenn gilt

$$\frac{3(a-c)-7r}{8} \frac{3(a-c)+r}{8} > \frac{(a-c-r)^2}{8} \Leftrightarrow (a-c-r)^2 > 16r^2 \Leftrightarrow r < (a-c)/5 \qquad (2.20)$$

Die Bedingung ist die gleiche wie für das Vorliegen dieser Konstellation. Nur bei vergleichsweise kleinen Kapitalkosten r kommt es zu unterausgelasteten Kapazitäten. In der DRAM Branche sind sie offensichtlich höher (allein die Kosten für Kapazität und F&E sind mit 50% der mittelfristigen Gesamtkosten doppelt so hoch wie die variablen Kosten). Jedenfalls ist kein Aufbau (planmäßig) unausgelasteter Kapazitäten zu beobachten.[55]

Auch der Kapazitätsaufbau der Produzenten nach dem Stackelberg-Führer kann als sequentielle Kette beschrieben werden, in der jeder Produzent die bereits errichteten Kapazitäten als gegeben betrachtet und die Reaktionen der Anbieter, die noch keine Kapazität errichtet haben, in seinem Kalkül mit aufnimmt (unter Berücksichtigung ihrer anschließenden „kleineren" Stackelberg-Führerschaft). Die Gesamtkapazität ist höher als bei simultanem Kapazitätsaufbau, der Preis und die Gewinne insgesamt sind niedriger. Dies mag eine Erklärung für den trotz der Konzentration relativ intensiven Wettbewerb sein sowie für die Größenunterschiede zwischen den Anbieter. Je früher ein Anbieter eine neue Generation entwickelt, umso aggressiver kann er mit dem Aufbau hoher Kapazitäten in den Markt für diese Generation eintreten und einen umso höheren Marktanteil kann er sich sichern. Der Aufstieg der japanischen und später

---

[55] Nach Bulow et al. (1985b) kann unter Umständen der Aufbau unausgelasteter Kapazitäten auch Markteintritte von Konkurrenten abwehren, wenn die Mengen nicht durchgängig strategische Substitute darstellen (die Reaktionsfunktionen nicht nur fallen). Die Überkapazitäten stellen dann eine glaubwürdige Drohung dar, durch eine höhere Menge den Preis so weit zu drücken, dass ein Eintritt unprofitabel ist. In der DRAM Branche ist, wie in (2.6) angenommen, davon auszugehen, dass die Mengen immer strategische Substitute sind. Dann lohnen sich (teure) unausgelastete Kapazitäten nicht.

2. Die DRAM Branche

der südkoreanischen Anbieter illustriert, dass diese jeweils überdurchschnittlich viel in Kapazitäten, aber eben auch in F&E investierten. Shin und Jang (2005) beschreiben detailliert, wie Samsung während seines Aufstiegs zum Branchenführer in der technologischen Entwicklung führend waren. Die Ergebnisse hier implizieren, dass kausal der –möglicherweise auf überdurchschnittlich hohen F&E-Investitionen beruhende– technologische Vorsprung überdurchschnittlich hohe Investitionen in Kapazität zur Folge hat.

In der Realität sind im Modell nicht berücksichtigte Kapital- und organisatorische Restriktionen einiger Anbieter zu beachten. Beispielsweise kann eine („große" oder „kleinere") Stackelberg-Führerschaft die Errichtung einer Fab mit einer sehr viel größeren als der „normalen" Größe implizieren. Deren Finanzierung, Betrieb oder der Vertrieb größerer Produktionsmengen kann einen kleineren Anbieter, der sich noch im Wachstum befindet und entsprechende Kapazitäten aufbaut, finanziell und organisatorisch überfordern. Höhere bzw. steigende Kosten der Finanzierung, des Aufbaus einer Produktions- oder auch Vertriebssystems gerade für junge, noch kleine Anbieter, die ihr Wachstum hemmen, könnten durch höhere bzw. steigende langfristige Grenzkosten in die Analyse integriert werden.

Allgemein ist die Kapazität eines Anbieters umso kleiner, je größer seine Grenzkosten sind. Da die Konkurrenten mit einer höheren Kapazität reagieren, ist auch sein Marktanteil umso kleiner. Umgekehrt ist der Marktanteil umso höher, je geringer die Grenzkosten eines Anbieters sind, z.B. weil er durch neue Produktionstechnologien seine Grenzkosten schneller als die Konkurrenten senken kann. Dies lässt sich beispielhaft an Bedingung (2.12) des Führers im einfachen Stackelberg-Fall zeigen, die in der komplexeren sequentiellen Struktur für ihn oder die „kleineren" Stackelberg-Führer strukturell ähnlich ist. Aus ihr kann eine ähnliche Beziehung zwischen dem relativen Preisaufschlag auf die Grenzkosten (Lerner-Index) des Stackelberg-Führers und dem Verhältnis seines Marktanteils $s_i = x_i / X$ zur Preiselastizität $\varepsilon_{X,p}$ abgeleitet werden, wie sie im Cournot-Fall häufig verwendet wird:

$$\frac{e \cdot p(X) - C_i''(x_i)}{e \cdot p(X)} = -\frac{s_i}{\varepsilon_{X,p}} \cdot \left(1 + \sum_{j \neq i} \frac{\partial R_j^l(x_i)}{\partial x_i}\right) \qquad (2.21)$$

Ebenso ist sichtbar, dass der Preisaufschlag umso geringer ist, je elastischer die Nachfrage ist. Aufgrund der Flexibilität der DRAM Nachfrager ist die Nachfrage relativ elastisch. Weil sie hohen Preisen durch eine Reduzierung der DRAM Ausstattung beggnen, können die DRAM Anbieter nur relativ geringe Aufschläge verlangen.

Bei konstanten Grenzkosten entsprechen diese den variablen Durchschnittskosten. Werden wie hier die langfristigen Grenzkosten herangezogen, entspricht der Preisaufschlag dem Stückgewinn. Die Anbieter können aber nur dann dauerhaft Gewinne erzielen, wenn Markteintrittsbarrieren die Eintritte neuer Anbieter verhindern. Wie sich gezeigt hat, sind die Kapitalkosten die einzige wesentliche Eintrittsbarriere. Daher ist der Eintritt neuer Anbieter zu erwarten, bis ein Eintritt nicht mehr profitabel ist. Die etablierten Anbieter können noch Gewinne erzielen, solange sie sich bei neuen Generationen einen technologischen Vorsprung gegenüber den Neueintretern sichern können. Die DRAM Produktion als (nicht zwingend selbstständig profitabler) Eintritt in die Halbleiterbranche, staatliche Unterstützungen und die Investitionen der Komplementäranbieter können diese Gewinne weiter senken. Nachfrageschwankungen führen dann zu Schwankungen des Gewinns, die ihn phasenweise auch unter null drücken können. Dies mag erklären, warum in den letzten Jahren nur Samsung als Marktführer kontinuierlich Gewinne erzielen konnte. Längerfristig ist bei Verlusten aber angesichts fehlender signifikanter Austrittsbarrieren mit Marktaustritten zu rechnen –wenn sie nicht durch Dritte verhindert werden–, die zu einer Konsolidierung der Branche führen.

Abschließend soll die Rolle staatlicher Subventionen und der Investitionen der Komplementäranbieter beleuchtet werden. In der Regel werden Investitionen in F&E unterstützt, was in dem Modell in einfacher Weise durch einen frühzeitigeren Aufbau der Kapazität und das Erreichen einer attraktiveren Wettbewerbsposition abgebildet werden kann,[56] oder direkt Investitionen in Kapazität, was die langfristigen Grenzkosten senkt. Die Wirkung niedrigerer langfristiger Grenzkosten soll für spätere Vergleichszwecke detailliert aufgezeigt werden, der Einfachheit halber für den simultanen Kapazitätsaufbau. Die Ankündigung einer Regierung, einen heimischen Anbieter zu subventionieren, bzw. der Investition durch einen Komplementäranbieter sei glaubhaft, da ihre Wirkung bei dem tatsächlich sequentiellen Kapazitätsaufbau beobachtbar ist. Eine ähnliche Situation wurde von Brander und Spencer (1985) sowie Eaton und Grossmann (1986) im Zusammenhang mit strategischer Handelspolitik analysiert. Mit der Subvention s_i oder durch Investitionen der Komplementäranbieter um s_i verbilligte Finanzierungskosten pro Einheit Kapazität lautet die langfristige Gewinnfunktion eines Anbieters

---

[56] Für eine einfache explizite Modellierung vgl. z.B. den Ansatz von Spencer und Brander (1983).

2. Die DRAM Branche

$$\max_{x_i} \pi_i(x_i) = e \cdot p(X) \cdot x_i - C_i^l(x_i) + s_i \cdot x_i \qquad (2.22)$$

und die Bedingung erster Ordnung

$$\frac{\partial \pi_i(x_i)}{\partial x_i} = e \cdot (p(X) + p'(X) \cdot x_i) - c - r + s_i \stackrel{!}{=} 0 \qquad (2.23)$$

Die Subvention senkt die langfristigen Grenzkosten und erhöht die Kapazität, die ein Anbieter zu gegebener Kapazität der Konkurrenten aufbaut. Wenn nur Anbieter i von seiner Regierung unterstützt wird, ist seine Kapazität in dem neuen Gleichgewicht ceteris paribus höher und die der Konkurrenten niedriger. Implizites Differenzieren der Bedingung erster Ordnung liefert für den Einfluss von s_i auf die Menge eines Anbieters gerade den umgekehrten Effekt wie die Kapitalkosten r in (2.10). Für einen Konkurrenten j ergibt implizites Differenzieren seiner Bedingung erster Ordnung

$$\frac{\partial x_j}{\partial s_i} = -\frac{p'(X) \cdot x_i}{p'(X) + x_j \cdot p''(X)} < 0 \qquad (2.24)$$

Weil die Reaktion der Konkurrenten insgesamt schwächer ausfällt, sind die insgesamt aufbauten Kapazitäten größer und der Preis niedriger. In diesem Sinne führen Subventionen bzw. Investitionen zu einem intensiveren Wettbewerb und begründen für die Komplementäranbieter, warum derartige Investitionen für sie vorteilhaft sein können.

In dem Reaktionskurvenschaubild für den Duopolfall verschiebt sich die Reaktionskurve des subventionierten Anbieters nach außen. Durch geeignete Wahl von s_i kann eine Regierung wie in Abbildung 2.20 ihren heimischen Anbieter (1) in die Position des Stackelberg-Führers (S_1) bringen[57] („als-ob"-Stackelberg-Führerschaft) und höhere Gewinne in das Inland lenken. Die Isogewinnlinien beziehen sich zur Illustration auf den Gewinn ohne die Subvention.

---

[57] Dies ist für sie genau dann optimal (wohlfahrtsmaximierend), wenn keine DRAM Chips im Inland abgesetzt werden, so dass sich keine Veränderung der Konsumentenrente ergibt. Vgl. Brander und Spencer (1985, S.88).

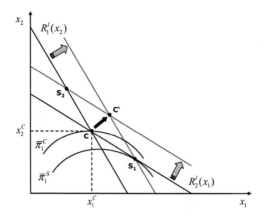

Abbildung 2.20: Strategisches Dilemma

Aufgrund dieser Wirkung hat jede Regierung unter der Annahme, es gebe in jedem Land nur einen Anbieter, einen Anreiz, den heimischen Anbieter zu unterstützen.[58] In Abbildung 2.20 verschiebt sich auch $R_2^I(x_1)$ nach außen, so dass bei alleiniger Subvention die Stackelberg-Position von Anbieter 2 (S_2) erreichbar wäre. Als Folge ergibt sich das neue Gleichgewicht C', in dem beide Anbieter höhere Absatzmengen ausbringen, wodurch der Preis und ihre Gewinne gegenüber dem ursprünglichen Gleichgewicht sinken. In allgemeiner Form resultiert das Cournot-Nash-Gleichgewicht aus den Bedingungen erster Ordnung (2.23) aller Anbieter. Solange die Subventionen nicht stark asymmetrisch sind, kann kein Anbieter profitieren. Es resultiert eine kollektive Dilemmasituation. Jeder Regierung wäre der gemeinsame Verzicht auf die Subvention lieber, aber keine kann sich eine einseitige Aufgabe leisten, da sonst ein anderes Land die Gewinne abschöpfen kann.[59]

Für den sequentiellen Kapazitätsaufbau, wie er oben beschrieben wurde, ergibt sich eigentlich keine Notwendigkeit einer die Grenzkosten senkende Subvention mehr (eher für F&E), weil ein Anbieter ohnehin eine (ggf. „kleine") Stackelberg-Position einnehmen kann, es sei denn, seine Grenzkosten steigen

---

[58] Sind mehrere Produzenten in einem Land angesiedelt, kann nach Eaton und Grossmann (1986, S.396f) eine Reduzierung der Subvention oder gar eine Besteuerung für die Regierung optimal sein, um die konkurrierenden Anbieter in Richtung des kollusiven (gemeinsam gewinnmaximalen) Outputs zu drängen.

[59] Subventionen werden aber auch mit positiven Externalitäten der DRAM Produktion begründet, s. Fußnote 10.

vorher zu schnell. Dies ist wie argumentiert vor allem für kleine bzw. junge Anbieter plausibel. Genau diese Anbieter werden (in dieser Phase) am ehesten unterstützt.

Im Falle der Subvention greift der Staat in die oligopolistische Interaktion ein. Die Anbieter können auch selbst versuchen, durch strategische Züge zu ihren Gunsten Einfluss auf den Wettbewerb zu nehmen. Strategische Züge sind nach Schelling (1960, S.160) Maßnahmen, mit denen ein Anbieter die Entscheidungen seiner Konkurrenten in einer für ihn selbst vorteilhaften Weise beeinflussen kann, indem er ein glaubwürdiges Signal über sein eigenes künftiges Verhalten gibt, das ihre Erwartungen über sein Handeln (hier konkret seine spätere Ausbringungsmenge) verändert. Ein strategischer Zug soll hier analog zur Subvention einen Anbieter glaubhaft auf höhere Absatzmengen verpflichten und dadurch den Gewinn steigern. Ein relevantes Beispiel, das in der industrieökonomischen Literatur von Fershtman (1985), Fershtman und Judd (1987) und Sklivas (1987) untersucht wurde, ist die Entlohnung des Managements. Umfasst diese neben gewinn- auch umsatzorientierte Gehaltskomponenten, hat das Management einen Anreiz, bei gegebener Absatzmenge der Konkurrenten höhere Absatzmengen auszubringen. Weil aber jeder Anbieter einen Anreiz zum Einsatz derartiger Instrumente hat, resultiert letztlich nur ein aggressiverer Wettbewerb mit höheren Mengen und geringeren Gewinnen für alle. Derartige Situationen werden im Weiteren analog zum kollektiven Dilemma der subventionierenden Regierungen als „strategisches Dilemma" bezeichnet.

Hinter dem mittelfristigen Mengenwettbewerb steht jedoch die Annahme des Cournot-Verhaltens, das eine Kooperation der Anbieter ausschließt. Auch für den sequentiellen Kapazitätswettbewerb wird abgesehen von der Antizipation der Reaktionen der Konkurrenten unabhängiges Handeln der Anbieter unterstellt. Wie erwähnt ließen sich auch andere Reaktionsvermutungen annehmen. Immerhin wurde von Preisabsprachen der Anbieter zwischen 1999 und 2002 berichtet. Der nächste Abschnitt untersucht die Möglichkeit eines „DRAM Kartells".

2.4.4 Ein „DRAM-Kartell"?

Durch eine Absprache ihrer Mengen oder gar Kapazitäten könnten die Anbieter ihre Gewinne über diejenigen in dem bisher dargestellten Wettbewerb steigern. Bei seiner Gewinnmaximierung kalkuliert der einzelne Anbieter nur den preissenkenden Effekt einer Ausweitung seiner Menge auf den eigenen Gewinn mit ein, nicht aber auf die Gewinne der anderen $N-1$ Anbieter. Maximieren die Produzenten ihren gemeinschaftlichen Gewinn, berücksichtigt jeder Anbieter diesen negativen externen Effekt. Dies zeigt sich beispielsweise für die Kapazitätsentscheidung, der Einfachheit halber bei simultanem Aufbau, bei gemeinschaftlicher Gewinnmaximierung in dem dritten Term der entsprechenden Bedingung erster Ordnung:

$$\frac{\partial \left(\sum_{n=1}^{N} \pi_n(x_n) \right)}{\partial x_i} = e \cdot \left(p(X) + p'(X) \cdot x_i + p'(X) \cdot \sum_{j \neq i} x_j \right) - C_i''(x_i) \overset{!}{=} 0 \qquad (2.25)$$

Bei koordinierten Entscheidungen resultieren daher geringere Mengen, ein höherer Preis und höhere Gewinne.[60] In ähnlicher Weise können die Anbieter in dem mittelfristigen Mengenwettbewerb ihren gemeinsamen Gewinn steigern, wenn sie ihre Kapazitäten nicht voll auslasten. Obige Bedingung erster Ordnung zeigt jedoch das Problem auf, warum solchen Kartellabsprachen[61] von einer inhärenten Instabilität bedroht sind. Auflösen nach der individuellen Gewinnmaximierungsbedingung

$$\frac{\partial \pi_i(x_i)}{\partial x_i} = e \cdot (p(X) + p'(X) \cdot x_i) - C_i''(x_i) = -e \cdot p'(X) \cdot \sum_{j \neq i} x_j > 0 \qquad (2.26)$$

lässt erkennen, dass im gemeinsamen Gewinnmaximum eine Ausweitung der Menge für den einzelnen Anbieter gewinnsteigernd wäre. Weichen die Anbieter von der Kartellvereinbarung ab, bricht das Kartell zusammen bzw. kommt erst gar nicht zustande, es sei denn, die Anbieter könnten die Vereinbarung in rechtlich bindenden Verträgen mit ausreichend hohen Sanktionen bei Nichteinhaltung festschreiben. Derartige Verträge sind in den bedeutenden Industrienationen jedoch verboten.

Die bisherige, statische Analyse ignoriert jedoch, dass die Anbieter immer wieder über ihre Mengen oder Kapazitäten entscheiden müssen und darüber, ob sie sich an eine kollusive Vereinbarung halten. Ein Abweichen kann durch die anderen Anbieter in der Folge „bestraft" werden. Diskontieren die Anbieter ihre zukünftigen Gewinne nicht zu stark, lohnt sich ein kurzfristiger Gewinnvorteil durch Abweichen nicht mehr, wenn zukünftig nur noch niedrigere Gewinne statt

---

[60] Die exakte Verteilung des Gewinns auf die einzelnen Anbieter hängt von ihrem Verhandlungsgeschick ab und wäre spieltheoretisch anhand eines Verhandlungsspiels zu analysieren.

[61] Streng genommen ist zu unterscheiden zwischen einem auf förmlichen Vereinbarungen beruhenden Kartell und stillschweigender Verständigung der Anbieter. Dieser Unterschied wird erst weiter unten aufgegriffen.

2. Die DRAM Branche

der höheren Kollusionsgewinne erzielt werden.[62] Eine Absprache kann dann ohne vertragliche Festlegung zustande kommen. Problematisch kann dabei sein, dass ein Abweichen nicht immer zweifelsfrei beobachtet werden kann. So kann beispielsweise fraglich sein, ob ein (leichter) Preisverfall auf höhere Mengen eines „Abweichlers" oder auf einen Nachfragerückgang zurückzuführen ist. Die Transparenz bezüglich der von jedem Spieler abgesetzten Mengen ist daher ein wesentlicher Faktor für die Kartellstabilität. Darüber hinaus ist eine Absprache (z.B. nach Church und Ware (2000, S.318ff)) umso leichter,

- je weniger Anbieter beteiligt sind, die sich koordinieren und die gegenseitige Einhaltung der Absprache überwachen müssen,
- je ähnlicher sie sich in ihren Kosten und Produkten sind, weil die Kartellvereinbarung dann leichter zu definieren ist,
- je höher die Markteintrittsbarrieren, die die Kartellvereinbarung unterlaufende Neueintreter fernhalten
- und je weniger Substitutionsmöglichkeiten durch andere Produkte existieren.

In der DRAM Branche sprechen die geringe Anzahl von vier bis fünf großen Anbietern, die hohe Markttransparenz, die Homogenität von Commodity DRAM, ähnliche Kosten der Anbieter sowie fehlende Substitute für die Möglichkeit temporär begrenzter Preisabsprachen, die sich in reduzierte Absatzmengen übersetzen. Unterausgelastete Kapazitäten steigern zwar den Anreiz abzuweichen, vor allem aber auch die Bestrafungsmöglichkeiten der anderen Anbieter und tragen so nach Shapiro (1989, S.365) zur Stabilität einer Vereinbarung bei.[63] Eine dauerhaft stabile Kollusion erscheint jedoch aus folgenden Gründen unwahrscheinlich:

- Bei einem Nachfragerückgang und unterausgelasteten Kapazitäten steigt (mittelfristig) der Anreiz abzuweichen und die Produktion zu steigern, um einen möglichst hohen Deckungsbeitrag für die hohen Fixkosten zu erzielen.
- Langfristig würde eine Mengenreduktion einen verlangsamten Kapazitätsaufbau bedeuten. Die meisten Anbieter streben jedoch eine Erhöhung ihres

---

[62] Dies gilt zunächst nur, wenn die Anbieter unendlich oft über ihre Mengen entscheiden. Kollusion ist aber auch bei –realitätsnäher– endlich oft wiederholten Entscheidungen möglich, vgl. Holler und Illing (2005, S.159ff).

[63] Nach Davidson und Deneckere (1990) können die Anbieter dazu sogar absichtlich Überkapazitäten aufbauen, wenn die Kapitalkosten nicht zu hoch sind; in der DRAM Branche dürften sie zu hoch sein.

Marktanteils an, so dass der Anreiz abzuweichen bei den Kapazitäten höher ist als bei den Produktionsmengen. Zudem muss ein Anbieter, der vor anderen seine Kapazität aufbaut und sich an die Vereinbarung hält, fürchten, dass die anderen abweichen und er seines Vorteils, den er eigentlich aus dem früheren Kapazitätsaufbau hätte, beraubt wird. Auch ist der Einsatz, der auf dem Spiel steht, aufgrund der hohen Investitionsvolumina höher. Selbst ein einmaliger Wettbewerbsnachteil durch geringere Kapazitäten kann einen Anbieter teuer zu stehen kommen und seine Investitionskraft für die Zukunft schwächen. Das gegenseitige Vertrauen der Anbieter dürfte daher bei Kapazitätsbeschränkungen geringer sein.

- Die kleinen, bisher ignorierten Anbieter können langfristig die Kapazitätsreduktionen der großen und ihren preiserhöhenden Effekt durch eigene Kapazitätserweiterungen konterkarieren. Weil sie auf diese Weise ihren Marktanteil steigern könnten, erscheint es unwahrscheinlich, dass sie sich an dem Kartell beteiligen. Zudem würden durch die höheren Gewinne –noch stärker als dies ohnehin der Fall ist– Neueintreter angelockt. Beide würden die großen Anbieter Marktanteile mit allen damit verbundenen Folgen kosten, so wie die in den frühen 1990er Jahren möglicherweise kartellierenden japanischen Produzenten Marktanteile an die südkoreanischen Hersteller verloren (vgl. S.42).
- Die hohe Dynamik in der Branche führt innerhalb weniger Jahre zum Auf- und Abstieg verschiedener Anbieter, die die Bildung einer langfristigen Koalition erschwert.
- Aufgrund des raschen technologischen Fortschritts und des unsicheren Erfolgs der F&E- Investitionen sowie des hohen Umsatzrisikos dürfte der Diskontfaktor relativ niedrig sein.

Daher ist allenfalls mit einer temporären Kollusion ohne Kapazitätswirkung zu rechnen. Auch wenn die Cournot-Annahme einer empirischen Überprüfung möglicherweise nicht exakt standhält, erscheint es vor diesem Hintergrund sinnvoll, sie als einfache Annäherung an das tatsächliche Verhalten der Anbieter zu verwenden.

2.4.5 Weitere Verwendung der Modellierung in der Arbeit

In der Analyse der Risiken und ihrer Absicherung in Kapitel 4 wird das Augenmerk auf dem mittelfristigen Mengenwettbewerb liegen, d.h. auf der zusammengefassten Stufe des kurzfristigen Preiswettbewerbs und der vorangehenden Outputentscheidung. Nachdem aufgezeigt wurde, wie dieser Wettbewerb von der langfristigen Kapazitätsentscheidung abhängt, wird er der Einfachheit

2. Die DRAM Branche   79

halber ohne Berücksichtigung der Kapazitätsrestriktion untersucht, d.h. als normales Cournot-Oligopol. Für festgestellte Veränderungen des Wettbewerbs bzw. seines Gleichgewichts wäre nach dem vorgeführten Verfahren zu prüfen, inwieweit dadurch die langfristige Kapazitätsentscheidung beeinflusst wird und wie dies auf die Kapazitätsrestriktion und damit das Gleichgewicht des mittelfristigen Mengenwettbewerbs rückwirkt.

2.5 Lerneffekte in der DRAM Branche

In Abschnitt 2.4.1 wurde behauptet, Lerneffekte und Spillovers (mit dem eigenen kumulierten Output oder dem der Konkurrenten sinkende Stückkosten) hätten keinen starken Einfluss auf den Wettbewerb und könnten daher vernachlässigt werden. Zum Abschluss dieses Kapitel soll die Gültigkeit dieser Aussage überprüft werden. Dazu wird die empirische Evidenz über Lerneffekte und Spillovers in der DRAM Branche und ihre in der theoretischen Literatur erarbeiteten Auswirkungen auf den Wettbewerb dargestellt. Die empirischen Arbeiten bilden zugleich den Schwerpunkt der ökonomischen Literatur zur DRAM Branche.

Die DRAM Branche ist durch eine rasche Abfolge von Produkt- und Technologiezyklen gekennzeichnet, so dass Phänomene, die sich in anderen Branchen über längere Zeiträume hinziehen, schneller beobachtet werden können. Ökonomische Arbeiten nutzen diese Eigenschaft vor allem zur empirischen Schätzung von Lernraten für einzelne DRAM Generationen und Spillovers.[64] Das Lernen spielt wegen der häufigen Prozessinnovationen eine größere Rolle als in vielen anderen Industrien. In der Halbleiterfertigung basieren viele der mehr als hundert Arbeitsschritte nach Hatch und Mowery (1998, S.1462) „on art and know-how rather than science". Weil nicht alle Schritte wissenschaftlich exakt verstanden sind, muss viel experimentiert werden.[65]. Da ein Teil des von einem Anbieter erworbenen Wissens in die Branche diffundiert, können auch Spillovers untersucht werden.

---

[64] Daneben studieren evolutorische Ökonomen anhand der DRAM Branche Zusammenhänge zwischen Innovationen oder Lerneffekten und der Marktstruktur, vgl. z.B. Gruber (1994a, 2000). Dieser Strang der Literatur wird nicht näher vorgestellt, da er für die Beschreibung des Wettbewerbs in der Branche nicht relevant ist.

[65] Hatch und Mowery (1998, S.1462) betrachten einzelne Determinanten des Lernprozesses.

Einige der empirischen Arbeiten sind durch eine rege Debatte um strategische Handelspolitik und Antidumpingmaßnahmen Mitte der 1980er Jahre motiviert. Es wird weithin angenommen,[66] dass eine Abschottung des japanischen Marktes den Import von US Halbleitern trotz der Abschaffung formaler Barrieren 1975 auf einem niedrigeren Niveau hielt und es so den japanische Produzenten angesichts einer US-Konkurrenz mit geringeren Kosten ermöglichte, die Lernkurve soweit zu durchlaufen, dass sie konkurrenzfähig wurden. Diese Vermutung initiierte die Pionierarbeit zu Lerneffekten in einem empirischen Modell der DRAM Branche von Baldwin und Krugman (1988).[67] Wie in der Branchenhistorie beschrieben, wurden 1985 dann Dumpingvorwürfe gegen japanische Produzenten laut, die unter dem „fairen" Marktpreis bzw. den Produktionskosten verkaufen würden, um die US-Hersteller aus dem Markt zu drängen. Die Vorwürfe wurden in einer Untersuchung des US Wirtschafts- und Handelsministeriums 1986 für den 64Kb und 256Kb Chip bestätigt. Ökonomischen Arbeiten wie die von Dick (1991, S.134), Flamm (1993, S.50) oder Irwin (1998, S.189) wenden jedoch ein, dass sie unter Berücksichtigung von Lerneffekten nicht zwangsweise gelten müssen, weil es dann auch ohne jegliche Verdrängungsabsicht rational für einen Anbieter sein kann, zeitweise sogar unter Grenzkosten anzubieten. Zur Überprüfung dieses Arguments wird zunächst die empirische Evidenz zu Lerneffekten in der DRAM Branche vorgestellt.

Die meisten Arbeiten finden (statistisch) signifikante Lernraten zwischen 20 bis 30%.[68] Da laut Gruber (1996, S.726) die notwendigen Daten auf Unternehmensebene selten verfügbar sind, werden auf Branchenebene folgende Lernraten berichtet:

- Von Dick (1991, 141f) 19% für die 1Kb und 7% für die 4Kb Generation
- Von Flamm (1993, S.66ff) 36% für die 1Mb Generation, in Flamm (1996, S.337) 29%

---

[66] Vgl. z.B. Gruber (1994a, S.5), Irwin und Klenow (1994, S.1201) und van de Gevel (2000, S.38).

[67] In ihrer Simulationsstudie bestätigen sie den Vorwurf. Für eine Kritik des Modells vgl. Flamm (1992, S.300ff).

[68] In der Regel wird (aus einer Regression der logarithmierten Preise auf die logarithmierte kumulierte Menge) die Lernelastizität b geschätzt, die die Verringerung der Grenzkosten bei einer Erhöhung des kumulierten Outputs misst. Die Lernrate s, die die prozentuale Kostenreduktion bei einer Verdoppelung des kumulierten Outputs angibt, ergibt sich gemäß der Beziehung $s = 1 - 2^b$. Vgl. z.B. Gruber (1994a, S.42, 1994b, S.841, 1996, S.727f), Flamm (1996, S.337), Irwin und Klenow (1994, S.1208), Siebert (2002, S.18) und Zulehner (2003, S.1531).

2. Die DRAM Branche

- Von Irwin und Klenow (1994, S.1212) 16-24% (durchschnittlich 20%) für die 4Kb bis 16Mb Generationen. Irwin und Klenow (1994, S.1215f) schätzen auch Lernraten aus unternehmensspezifischen statt aggregierten Daten, kommen aber zu ähnlichen Ergebnissen.
- Von Zulehner (2003, S.5 und S.26) 18-26% und auf Unternehmensebene 6-24% für die 16Kb bis 4Mb Generationen

Dick (1991, S.151f)[69] und Siebert (2002, S.20) finden zudem Evidenz für die Vermutung, dass die Lerneffekte zu Beginn eines Lebenszyklus größer sind als gegen Ende.

Es existieren jedoch einige methodische Probleme bei der Schätzung der Lernraten. Weil Kostendaten meist nicht verfügbar sind, werden in der Regel Preise als Näherungsvariable verwendet. Nach Lieberman (1984, S.215) sind zuverlässige Schätzungen der Lernrate aus Preisen möglich, wenn die Preis-Kosten-Marge 1. konstant ist oder 2. Änderungen im Vergleich zu Kostenänderungen klein sind oder 3. für Änderungen in der Schätzung kontrolliert wird. Bedingung 1. und 2. treffen hier nicht zu, da die Margen über den Lebenszyklen beträchtlich schwanken. Laut Gruber (1996, S.728) sind sie zu Beginn und gegen Ende groß und in der Mitte klein.[70] Ohne eine entsprechende Korrektur scheint die Verwendung von Preisdaten nach Nye (1996, S.384) nicht ohne weiteres gerechtfertigt. So werden die Lerneffekte beispielsweise überschätzt, wenn die Margen zu Beginn höher sind. Nye (1996), der statt Preisen unternehmensspezifische Kostendaten verwendet, kann keine Evidenz für starke Lerneffekte finden. Allerdings beschreibt Nye (1996, S.386) selbst einige Probleme mit seinen Daten. Angesichts seines Resultats, dass auch statische Größenvorteile keine große Rolle spielen, sind Zweifel an den Ergebnissen angebracht. Gruber (1992, S.888) argumentiert, dass für die Schwankungen der Margen durch die Absatzmengen kontrolliert wird, da diese zu Beginn und gegen Ende des Le-

---

[69] Die vom US-Wirtschaftsministerium im Zuge der Dumpingvorwürfe 1986 berechneten Dumpingmargen (umgekehrte Preis-Kosten-Margen) japanischer Produzenten waren laut Dick kleiner für im Lebenszyklus weiter fortgeschrittene Produkte und Produzenten mit höheren kumulierten Outputs. Dies deutet auf eine fallende Lernkurve hin, weil der Anreiz für einen Preis unter Kosten dann jeweils kleiner ist (siehe unten).

[70] Nach Irwin und Klenow (1994, S.1209) fallen sie nach der Einführung einer Generation mit abnehmender Marktkonzentration, nach Dick (1991, S.140f) steigen sie aufgrund der unten beschriebenen Anreize, bei Lerneffekten den Preis zu Beginn niedriger zu setzen. Grubers Annahme scheint in Verbindung mit der Preisentwicklung einer Generation in Abbildung 2.7 am plausibelsten.

benszyklus klein und in der Mitte groß sind, so dass die dritte der genannten Bedingung erfüllt ist und Preisdaten verwendet werden können.

Gruber (1996, S.729) und Siebert (2002, S.19) weisen auf ein weiteres Problem hin, das entsteht, wenn Kostensenkungen mit steigender kumulierter Outputmenge nur Lerneffekten zugeordnet werden. Statische Größenvorteile müssten in Form des aktuellen Outputs ebenfalls berücksichtigt werden. Wenn diese als konstant unterstellt werden, tatsächlich aber mit steigendem Output abnehmen, werden die Lerneffekte unterschätzt, da ihnen dann zu wenig von der Kostenabnahme zugeordnet wird. Siebert findet abnehmende statische Größenvorteile, womit er erklärt, warum obige Ergebnisse deutlich unter der von ihm geschätzten Lernrate von 51% liegen. Im Gegensatz dazu finden Brist und Wilson (1997) steigende Größenvorteile. Gruber (1992, S.889, 1996, S.728f) kann über mehrere Generationen hinweg keinen Einfluss des kumulierten Outputs, sondern nur des aktuellen ausmachen und argumentiert, die Lerneffekte würden aufgrund der Marktgröße und den im Vergleich zu anderen Halbleitern vergleichsweise langen Lebenszyklen von statischen Größenvorteilen dominiert. Die DRAM Produzenten müssten noch länger konkurrieren, nachdem die Lerneffekte schon ausgeschöpft sind.[71] Die Kosten hängen bei Gruber aber auch von dem –nicht weiter kommentierten– Alter einer Generation ab, was die Möglichkeit nahe legt, dass die Lerneffekte in dieser Schätzvariablen verborgen sind, da Alter und kumulierter Output hoch korreliert sind.

Insgesamt scheint das Ergebnis einer Lernrate in der Größenordnung von 20-30% ein robustes zu sein und wird der weiteren Argumentation zugrunde gelegt. Die empirische Evidenz bezüglich der Spillovers ist dagegen eher gemischt:

- Irwin und Klenow (1994, S.1215ff) finden Spillovers zwischen den Anbietern. Ein Anbieter lernt jedoch von einer zusätzlich Einheit des eigenen kumulierten Outputs durchschnittlich mehr als dreimal so viel wie von einer der Konkurrenten. Weil aber der kumulierte Output der Konkurrenten mehr als dreimal so groß wie der eines jeden Anbieters ist, überwiegt der absolute Effekt der Spillovers die eigenen Lerneffekte eines Anbieters. Dagegen finden Irwin und Klenow (1994, S.1222) nur sehr schwache Hinweise auf

---

[71] Bei anderen Halbleitern mit kleinerer Marktgröße (langsameres Lernen) und kürzeren Lebenszyklen (sobald die Lernkurve durchschritten ist, kommt bereits eine neue Generation) wie z.B. EPROMs spielten Lerneffekte eine größere Rolle. Dort würden die Kostenvorsprünge durch Lernen nach Gruber (1996, S.733) eine wirksamere Eintrittsbarriere bilden und zur Persistenz der Führerschaft durch ein Unternehmen (Intel) führen.

2. Die DRAM Branche

Spillovers zwischen Generationen. Lernerfolge übersetzen sich demnach nicht in anhaltende Vorteile für nachfolgende Generationen.[72]
- Zulehner (2003, S.1551f) findet ebenfalls Spillover-Effekte zwischen den Anbietern in der Größenordnung 5-22%, die kleiner als die Lerneffekte sind.
- Nye (1996, S.389) und Siebert (2002, S.19) können keine bedeutenden Spillovers ausmachen, weder zwischen den Anbietern noch über Generationen hinweg. Es gelten aber die gleichen Einschränkungen für ihre Ergebnisse wie oben.

Auch wenn die Evidenz für Spillovers uneindeutig ist, treten auf jeden Fall Lerneffekte innerhalb einer Generation auf. Die Stückkosten sinken mit zunehmender Erfahrung eines Anbieters. Da der aktuelle Output den Charakter einer Investition in künftige Kostensenkungen hat, hat ein Anbieter nach Spence (1981, S.49) den Anreiz, in der frühen Phase des Lebenszyklus mehr zu produzieren. Er setzt den Grenzerlös nicht den kurzfristigen (statischen) Grenzkosten gleich, sondern den niedrigeren dynamischen Grenzkosten, die die künftige Kostenreduktion durch eine zusätzliche aktuelle Outputeinheit berücksichtigen.[73] Für diese Einsparungen nimmt ein Anbieter einen niedrigeren Preis in Kauf, der nach Dick (1991, S.143) in den frühen Phasen des Lebenszyklus mit hohen Kostenreduktionen sogar unter den statischen Grenzkosten (hier zugleich den Stückkosten) liegen kann, mit der Folge negativer Margen.

Obwohl ein solches Verhalten rational bei langfristiger Gewinnmaximierung ist, kann es in einem Handelsstreit wie dem zwischen den USA und Japan Mitte der 1980er Jahre als Dumping (vgl. Fußnote 38) zur Verdrängung der ausländischen Konkurrenten angesehen werden. Auf Basis seiner oben dargestellten empirischen Schätzungen der Lernraten und den vom US-Wirtschaftsministerium kalkulierten Preis-Kosten-Differenzen stellt für Dick (1991, S.134) das Verhalten der japanischen Produzenten kein Dumping dar, sondern „simply represents normal business practices". Die US-Behörden würden die wahren ökonomischen Kosten über den Lebenszyklus unzureichend berücksichtigen.[74] Ohne zu

---

[72] Eine temporäre Handels- und Industriepolitik hätte daher nicht den von Irwin (1998, S.176) für intergenerationale Spillovers implizierten permanenten Effekt auf inländische Produzenten.

[73] Die statischen und dynamischen Grenzkosten fallen erst zusammen, wenn die Lerneffekte und resultierenden Kosteneinsparungen gegen Ende des Lebenszyklus vernachlässigbar klein werden.

[74] Nach Dick (1991, S.155) könnte eine (politökonomische) Erklärung für das Ergebnis der US-Behörden sein, dass Antidumping Maßnahmen die Grenzkosten der Belieferung des US-Marktes für die japanischen Produzenten erhöhen. Als Reaktion darauf würden sie weniger

einem abschließenden Urteil über den konkreten Fall zu gelangen, schätzt auch Flamm (1993), dass ein Preis unter Grenzkosten bei Lerneffekten nicht der Verdrängung von Konkurrenten, sondern normalem gewinnmaximierenden Verhalten entsprechen kann, aber nur in der frühesten Phase eines Lebenszyklus zu erwarten ist. Irwin (1998, S.189ff) lehnt das Argument hingegen ab, weil der 64Kb Chip 1985 bereits in der reifen Phase des Lebenszyklus war, konzediert aber, dass es für den 256Kb Chip zutreffen könnte. Dennoch kommt auch er zu dem Schluss, dass es wenig Evidenz für Dumping mit einer Verdrängungsabsicht gibt und hält einen Nachfragerückgang als Erklärung für den niedrigen Preis am plausibelsten.

Abgesehen von dem generellen Anreiz, bei Lerneffekten mehr zu produzieren, hängen die optimalen Mengen im Zeitablauf nach Fudenberg und Tirole (1983) davon ab, ob sich die Anbieter auf einen Zeitpfad ihres Outputs festlegen, ohne strategisch zu handeln, d.h. ohne davon auszugehen, dass ihre zukünftigen Kosten die zukünftigen Menge ihrer Konkurrenten beeinflussten. In diesem Fall existiert nur der beschriebene Anreiz zur Produktionsausweitung für zukünftige Kostensenkungen. Der Output einer Periode wird nach Spence (1981) sowie Fudenberg und Tirole (1983) über die Zeit immer größer, weil die Grenzkosten mit der Erfahrung immer kleiner werden. Handeln die Anbieter hingegen strategisch, kalkulieren sie ein, wie die künftigen Mengenentscheidungen der Konkurrenten von ihren eigenen künftigen Kosten und damit über das Lernen von ihrem aktuellen Output abhängen. Zu der Kostensenkung kommt ein strategischer Produktionsanreiz. Nach Fudenberg und Tirole (1983) ist der Output daher in jeder Periode höher verglichen mit der nicht-strategischen Festlegung. Er kann über die Zeit abnehmen, wenn die Anbieter niedrige Diskontfaktoren haben oder es sich nur um wenige Anbieter handelt. Zulehner (2003) untersucht empirisch das Verhalten der DRAM Produzenten für die 4Kb bis zur 64 Mb Generationen und stellt fest, dass sie tatsächlich strategisch handeln. Dabei werden die strategischen Effekte erwartungsgemäß mit abnehmendem Lernen über den Produktzyklus kleiner. Daraus ergeben sich auch Auswirkungen, wenn (nennenswerte) Spillovers existieren. Nach Fudenberg und Tirole (1983) sinkt der Anreiz, mehr zu produzieren, weil kein Anbieter Wissen akkumulieren möchte, das die Kosten der Konkurrenten reduziert. Zudem senken nach Ghemawat und Spence (1985) Spillovers die Eintrittsbarriere, die Lerneffekte Spence (1981) und Bhattacharya (1984) zufolge bilden können.

---

produzieren und die Lernkurve nicht so schnell durchschreiten können, was ihre Grenzkosten der Produktion erhöht.

2. Die DRAM Branche

Anhand weiterer Resultate der industrieökonomischen Literatur kann überprüft werden, wie stark die Lerneffekte den Wettbewerb in der Branche beeinflussen.[75] Ross (1986) zeigt, wie Lerneffekte eine Stackelberg-Position weiter ausbauen. Nach Dasgupta und Stiglitz (1988) führt ein anfänglicher Kostenvorteil bei schnellem Lernen und kurzsichtigem Verhalten (hoher Diskontierung) der Anbieter zur Konzentration der Branche und am Ende gar zu ihrer Monopolisierung. Athey und Schmutzler (2001) kommen für einen niedrigen marginalen Lerneffekt oder Diskontfaktor zu einem ähnlichen Ergebnis. Das typische Muster der sinkenden Konzentration durch Eintritte weiterer Produzenten nach der Einführung einer Generation durch einige wenige Anbieter deutet jedoch darauf hin, dass die Lernkurve den Wettbewerb nicht dominiert und nur eine begrenzte Wirkung auf den Wettbewerb hat. Möglicherweise gilt auch das Ergebnis von Majd und Pyndick (1989), nach dem die bisher vernachlässigte Preisunsicherheit den Einfluss des Lernens auf die optimale Mengenentscheidung vermindert, weil ein Anbieter nicht weiß, inwieweit sich die Investition in künftige Kostensenkungen durch höheren Output auszahlen wird.

Obwohl Lerneffekte der Fokus bisheriger Analysen der DRAM Branche waren, scheinen sie kein entscheidendes Merkmal zur Beschreibung des Wettbewerbs zu sein. Nachdem sie nicht im Vordergrund dieser Arbeit stehen, erscheint es legitim, sie im Weiteren der Einfachheit halber zu vernachlässigen. Die nächsten beiden Kapitel widmen sich daher ohne Lerneffekte anhand des erarbeiteten Modells der DRAM Branche der Frage, wie sich das Preis- aber auch das Wechselkursrisiko auf die Entscheidungen über den optimalen Output auswirken.

---

[75] Weiterhin gilt die Feststellung von Dasgupta und Stiglitz (1988, S.250) sowie Cabral und Riordan (1994, S.1116), dass die industrieökonomische Literatur über die Implikationen von Lerneffekten nicht sehr breit ist. Hier nicht relevante Arbeiten von Cabral und Riordan (1994), Jin et al. (2004) sowie Randon und Naimzada (2006) untersuchen Lerneffekte in einem Oligopol mit Preiswettbewerb in differenzierten Gütern, Jovanovic und Lach (1989) und Petrakis et al. (1997) bei perfektem Wettbewerb. Für eine Verbindung von Lerneffekten mit Außenhandel vgl. Leahy und Neary (1999) sowie Miravate (2003).

3. Risiko und Risikomanagement

Bevor die in Kapitel 2 beschriebenen Preis- und Wechselkursrisiken und ihre Absicherung in Kapitel 4 in die Analyse des Verhaltens eines DRAM Anbieters einbezogen werden, erläutert dieses Kapitel genauer den Risikobegriff, wie Risiken gemessen werden können, warum sich Unternehmen der Risiken entledigen wollen und wie hierzu Terminmärkte genutzt werden können. Dazu definiert Abschnitt 3.1. die Begriffe Risiko, Risikoaversion und Risikomanagement. Abschnitt 3.2 nennt Argumente, warum die Annahme, ein DRAM Produzent möchte Risiken vermeiden, gerechtfertigt ist. In dieser Arbeit werden zur Risikoabsicherung Futurekontrakte betrachtet, die zusammen mit den Terminmärkten, auf denen sie gehandelt werden, in Abschnitt 3.3 beschrieben werden. Abschließend wird in Abschnitt 3.4 der Mechanismus des Hedgings genauer erklärt.

3.1 Risiko und Risikoaversion

3.1.1 Risiko: Begriff und Operationalisierung

Zur Erfassung der (Preis- und Wechselkurs-)Risiken und zur Analyse ihrer Auswirkungen auf die Entscheidungen eines Anbieters bedarf der bisher unbestimmt gebliebene Begriff des Risikos einer Präzisierung. Grundsätzlich wird bei einer Entscheidung unter Unsicherheit abhängig vom Informationsstand des Entscheidenden zwischen Ungewissheit und Risiko unterschieden. Nach Knight (1921, S.233) ist bei Risiko im Gegensatz zur Ungewissheit die (objektive) Wahrscheinlichkeitsverteilung der Ergebnisse bekannt. Nach modernem Verständnis (z.B. in Bamberg und Coenenberg (2002, S.77ff) oder Sinn (1989, S.40)) ist es unerheblich, ob die Wahrscheinlichkeiten objektiv ermittelbar sind oder nur subjektiv, z.B. durch Experteneinschätzung. Mit Blick auf den DRAM Preis und die Wechselkurse kann von einer Risikosituation ausgegangen werden, da den Produzenten ausreichend Informationen zur Verfügung stehen, um möglichen Entwicklungen dieser Größen subjektive Wahrscheinlichkeiten zuordnen zu können: Der Wechselkurs des Dollars zu den wichtigsten Währungen und seine Entwicklungstendenzen können beispielsweise der Tagespresse entnommen werden, während der DRAM Preis und die ihn bestimmenden Faktoren den Produzenten bekannt sind.

Umgangssprachlich wird unter Risiko meist die aus der Unsicherheit künftiger Umweltzustände entstehende Möglichkeit der nachteiligen Abweichung eines zukünftigen Ereignisses (hier Preis, Wechselkurs) von dem erwarteten Ergebnis verstanden. Risiko entspricht diesem Verständnis nach einer Schadens- oder Verlustgefahr, während eine vorteilhafte Abweichung meist als Chance bezeichnet wird. Hier wird Risiko wie z.b. in Jorion (2001, S.81) in einem weiteren Sinne als die Möglichkeit der Schwankung oder Variabilität der Realisation eines Ereignisses um das erwartete Ergebnis, egal ob positiv oder negativ, verstanden. Dieses Verständnis von Risiko scheint für eine Untersuchung der vorliegenden Art als das passendere, da das Risiko als Gefahr mit der Chance einhergeht und nur bei Berücksichtigung beider Aspekte eine umfassende Würdigung seines Einflusses möglich ist. Der Umgang mit Risiken kann sich nicht auf die Vermeidung möglicher Verluste beschränken. Vielmehr ist deren Absicherung gegen die Erzielung möglicher Gewinne anhand der Zielvorstellungen eines Unternehmens abzuwägen.

Quantitativ rekurriert dieser Risikobegriff auf die Streuung der Realisationen um den Erwartungswert und kann über symmetrische Streuungsmaße wie die Varianz oder die Standardabweichung, die Gewinne und Verluste gleich stark gewichten,[76] operationalisiert[77] werden. Im Folgenden wird die Varianz verwendet, wie dies auch in der Portfoliotheorie üblich ist.[78] Sie wird im Weite-

---

[76] Daneben existieren asymmetrische Risikomaße, die vor allem das Verlustrisiko messen wie z.B. der sog. „Value-at-Risk", vgl. z.B. Jorion (2001, S.xii).

[77] Bei der Messung der Varianz einer schrumpfenden Größe wie dem DRAM Preis pro Bit tritt das Problem auf, dass bei hohen Preisen Schwankungen absolut größer sind als bei niedrigeren Preisen. Bei Verwendung der normalen Varianz würde die jüngere Vergangenheit weniger volatil erscheinen. Um verschiedene Zeiträume (z.B. Quartale) vergleichbar zu machen, ist die um den Mittelwert bereinigte Varianz zu bestimmen, indem die Varianz relativ zum quadrierten Mittelwert der Periode gemessen wird bzw. vor der Bestimmung der Varianz die Ausgangsreihe durch den Periodenmittelwert dividiert wird. Vgl. analog Broll und Jaenicke (2000, S.149).

[78] Im Gegensatz dazu verwenden Rothschild und Stiglitz (1970) zur Beschreibung zunehmenden Risikos eine auf einer erwartungswertneutralen Spreizung einer Zufallsvariable beruhen-

ren auch mit dem Begriff der Volatilität bezeichnet. Grundsätzlich macht ein Vergleich anhand der Varianzen nur bei gleichem Erwartungswert Sinn. Andernfalls müssen Präferenzen über Erwartungswert-Varianz-Kombinationen berücksichtigt werden. Dies ist Inhalt des nächsten Abschnitts.

3.1.2 Entscheidungsfindung unter Risiko und Risikoaversion

Nach ihrer Erfassung sind die Risiken zu bewerten und ihr Einfluss auf die Entscheidung eines Anbieters zu klären. Risikobehaftete Entscheidungen können nicht mehr wie unter Sicherheit allein anhand des Gewinns bzw. nun dessen Erwartungswerts getroffen werden, da Entscheidungsalternativen mit unterschiedlichen Risiken selbst bei gleichem erwarteten Gewinn je nach individueller Risikoeinstellung unterschiedlich beurteilt werden können. Erforderlich ist ein Vergleichsmaßstab, mit dem die verschiedenen Entscheidungsalternativen anhand der Risikoeinstellung des Entscheidenden in eine Rangfolge gebracht werden können.

Nach dem zur Entscheidungsfindung unter Risiko weithin verwendeten Bernoullie-Prinzip werden nicht die möglichen Ergebnisse selbst, sondern ihre Bewertungen anhand der Präferenzvorstellungen des Entscheiders mit den Wahrscheinlichkeiten gewichtet. Genügt die Präferenzrelation bestimmten Anforderungen an rationales Entscheiden unter Risiko,[79] können sie durch eine sog. von Neumann-Morgenstern-Nutzenfunktion repräsentiert werden, die jedem Ergebnis eine numerische Bewertung zuordnet (vgl. z.B. Bamberg und Coenenberg (2002, S. 33ff)). Entscheidungsalternativen lassen sich dann anhand des Erwartungswertes des Nutzens, des Erwartungsnutzens, vergleichen. Auch im Folgen-

---

de Definition, die nicht immer einer Zunahme der Varianz entspricht und auf die in der Literatur ebenfalls häufig rekurriert wird.

[79] Ein Axiomensystem von Rationalitätspostulaten wurde erstmals von von Neumann und Morgenstern (1944) formuliert; Schneeweiß (1963) vergleicht weitere Systeme. Siehe Bamberg und Coenenberg (2002. S. 99ff). Die Rationalitätspostulate sind zwar plausibel, aber nicht unumstritten. Klassische, empirisch begründete Kritiken stammen von Allais (1953) sowie Kahneman und Tversky (1979). Als alternatives Entscheidungsmodell schlugen letztere zunächst die „Prospect Theory" vor, die aber zu unplausiblen Schlussfolgerungen gelangt. Auf sie folgte u.a. das rangabhängige Erwartungsnutzenmodell von Quiggin (1982). Siehe auch Machina (1989).

den ist die Maximierung des Erwartungsnutzens aus dem Gewinn das unterstellte Ziel eines DRAM Produzenten.[80]

Die Risikoeinstellung schlägt sich in der Krümmung der Nutzenfunktion nieder. Ein Entscheider gilt (z.b. nach Franke und Hax (2004, S.302ff)) als risikoavers, wenn sein Nutzen aus einem sicheren Betrag höher ist als aus einem riskanten mit demselben Erwartungswert. Im umgekehrten Fall gilt er als risikofreudig. Er gilt als risikoneutral, wenn er zwischen beiden indifferent ist. Dies impliziert für einen risikoaversen Entscheider eine konkave Nutzenfunktion, für einen risikofreudigen eine konvexe und für einen risikoneutralen eine lineare. Individuen gelten nach Pratt (1964) und Arrow (1965) typischerweise als risikoavers. Abschnitt 3.2 wird zeigen, dass auch Unternehmen Risikoaversion unterstellt werden kann. Mit $U(\pi)$ als von Neumann-Morgenstern-Nutzenfunktion eines Anbieters folgt aus der Risikoaversion $U'>0$ und $U''<0$. Der risikobehaftete Gewinn $\tilde{\pi}$[81] generiert ihm einen kleineren Erwartungsnutzen $E[U(\tilde{\pi})]$, mit E als Erwartungswertoperator, als ein sicherer Gewinn in Höhe der Erwartungswertes. Mit anderen Worten wäre ein risikoaverser Anbieter bereit, einen risikobehafteten Gewinn gegen einen kleineren, aber sicheren Gewinn einzutauschen.

Als Maß der (lokalen) absoluten Risikoaversion wird das Arrow-Pratt-Maß $a(\pi)$ verwendet, das nach Pratt (1964, S.125) definiert ist als

$$\rho(\pi) = -\frac{U''(\pi)}{U'(\pi)} \qquad (3.1)$$

Je größer ρ, umso risikoaverser der Anbieter nach Pratt (1964, S.127f) und Arrow (1965, S.33f). Meist wird von einer konstanten absoluten Risikoaversion („Constant Absolute Risk Aversion", CARA), oder einer abnehmenden („Decreasing", DARA), bei der die Bereitschaft, Risiken zu tragen mit einem höherem Vermögen bzw. Gewinn zunimmt, ausgegangen. Eine zunehmende („Increasing") absolute Risikoaversion (IARA) gilt als unplausibel. Ist im Folgenden von Risikoaversion die Rede, dann immer im Sinne des absoluten Arrow-Pratt-Maßes.

---

[80] Das Bernoullie-Prinzip ist auf Basis des Endvermögens abgeleitet. Im Folgenden wird ein Anfangsvermögen von null unterstellt. Ein positives Anfangsvermögen kann die Risikoaversion (s.u.) und darüber die optimale Entscheidung beeinflussen (außer bei konstanter absoluter Risikoaversion).

[81] Im Folgenden wird eine risikobehaftete Größe immer mit einer Tilde ~, ihre Realisation ohne gekennzeichnet.

3. Risiko und Risikomanagement

Als hilfreiches Maß wird sich auch die (absolute) „Besonnenheit" („Prudence") eines Anbieters erweisen, die nach Kimball (1990, S.60) definiert ist als

$$\psi(\pi) = -\frac{U'''(\pi)}{U''(\pi)} \qquad (3.2)$$

Während die Risikoaversion ausdrückt, dass ein Anbieter einen sicheren Gewinn einem unsicheren vorzieht, stellt die Besonnenheit als Maß für die Sensitivität des Grenznutzens auf die Neigung ab, sich gegen niedrige Realisationen einer risikobehafteten Größe zu wappnen. Je größer sie ist, umso mehr versucht ein Anbieter, niedrigen Realisationen zu vermeiden.

Mit der Unterstellung, ein Anbieter sei risikoavers und verhalte sich gemäß der Erwartungsnutzentheorie, können wichtige qualitative Ergebnisse über den Einfluss von Risiken abgeleitet werden. Ohne Annahme einer bestimmten Form der Nutzenfunktion sind sie allerdings sehr allgemein gehalten und lassen sich nicht immer in konkrete (quantitative) Handlungsempfehlungen übersetzen. Die empirische Bestimmung einer Nutzenfunktion ist jedoch sehr schwierig. Für Individuen kann sie zwar prinzipiell geschätzt werden (Verfahren dazu finden sich z.B. in Eisenführ und Weber (2003, S.227)). Für die Entscheidungsfindung in Unternehmen ist dies in der Praxis aber kein gangbarer Weg. Stattdessen wird häufig eine bestimmte Nutzenfunktion oder ein bestimmtes Entscheidungskriterium unterstellt.

Ein klassisches Entscheidungskriterium ist die (μ,σ)-Entscheidungsregel, nach der zur Beurteilung risikobehafteter Entscheidungsalternativen der Erwartungswert (μ) und das damit verbundene Risiko gemessen durch die Varianz bzw. Standardabweichung (σ) gegeneinander abgewogen werden. Dieses intuitive Konzept wird seit der grundlegenden Arbeit von Markowitz (1959) z.B. in der Portfoliotheorie verwendet. Häufig wird als Spezialfall eine einfach zu handhabende, additive Verknüpfung des Erwartungswertes und der Varianz maximiert, die auf den risikobehafteten Gewinn $\tilde{\pi}$ angewendet lautet:

$$\Phi = E[\tilde{\pi}] - \frac{\rho_i}{2}\operatorname{var}(\tilde{\pi}) \qquad (3.3)$$

Der Gewichtungsfaktor ρ_i spiegelt die als konstant unterstellte Risikoaversion des Anbieters i wider. Bei Risikoneutralität ($\rho_i = 0$) wird der Erwartungswert maximiert. Bei Risikoaversion ($\rho_i > 0$) wird ein mit steigender Varianz zunehmender Abschlag vorgenommen. Weil sich diese lineare Zielfunktion aus einer exponentiellen Nutzenfunktion mit normalverteilter Zufallsvariable ergibt, spricht man (z.B. laut Bamberg und Coenenberg (2002, S.108)) vom LEN-Modell. Die (μ,σ)-Entscheidungsregel allgemein ist aber nur unter bestimmten Bedingungen mit der Erwartungsnutzenmaximierung vereinbar:

- Nach Meyer (1987), wenn sich die Wahrscheinlichkeitsverteilungen durch einen Lage- und einen Skalierungsparameter (z.B. Erwartungswert und Varianz) vollständig beschreiben lassen. Wichtigster Spezifallfall ist eine Normalverteilung der Gewinne.
- Nach Schneeweiss (1967, S.113) bei Nutzenfunktionen, deren Erwartungsnutzen für beliebige Wahrscheinlichkeitsverteilungen nur von dem Erwartungswert und der Varianz abhängt. Wichtigstes Beispiel ist die quadratische Nutzenfunktion, die jedoch die wenig plausible zunehmende Risikoaversion impliziert. Levy und Markowitz (1979) zeigen, dass der (μ,σ)-Ansatz für viele Standardnutzenfunktionen (wie z.B. der exponentiellen Nutzenfunktion) als approximative Annäherung an die wahre Erwartungsnutzenmaximierung angesehen werden kann.

Unter der Annahme einer Nutzenfunktion und eines Gewinns, die diese Bedingungen erfüllen, wird in vielen Arbeiten die Verwendung des (μ,σ)-Ansatzes gerechtfertigt. Auch Kapitel 4 wird auf den LEN-Ansatz zurückgreifen, wo eine Analyse anhand des Erwartungsnutzens zu komplex geraten würde.

Der nächste Abschnitt holt die Begründung der Risikoaversion auf Unternehmensebene und insbesondere für die DRAM Anbieter nach.

3.2 Begründung der Risikoaversion auf Unternehmensebene

Die genaue Funktionsweise des Hedgings wird später genauer erläutert. An dieser Stelle soll die Feststellung genügen, dass durch Hedging Schwankungen der Cash Flows und des Gewinns reduziert werden können. Wäre ein DRAM Anbieter risikoneutral, würde er den Erwartungswert seines Gewinns maximieren und jegliches Hedging wäre überflüssig. Ist er jedoch risikoavers, zieht er einen sicheren Gewinn einem riskanten vor. Während Risikoaversion bei Individuen eine gemeinhin akzeptierte Verhaltensannahme darstellt, ist sie für Unternehmen nicht unmittelbar zu begründen. Damit eine Reduzierung von Risiken durch Hedging vorteilhaft ist, muss sie den letztlich entscheidenden Unternehmenswert steigern.

Praktisch alle DRAM Produzenten sind Aktiengesellschaften oder Tochter einer solchen. Ihr Wert in Form der Rendite auf das eingesetzte Kapital, die der Kapitalmarkt mindestens erwartet, setzt sich gemäß dem „Capital Asset Pricing Model" (CAPM) aus dem risikofreien Zinssatz und einer Prämie für das eingegangene Risiko zusammen. Die Risikoprämie hängt nur von dem Ausmaß ab, in dem ein Unternehmen an dem systematischen (Markt-)Risiko teilhat (seine Korrelation mit dem Gesamtmarkt). Dieses geht von allgemeinen makroökonomi-

… schen Einflussgrößen wie Zinsen, Wachstumsraten, Konjunktur usw. aus und betrifft die Wirtschaft als ganzes. Es kann daher nicht durch Diversifikation beseitigt werden und ist das Risiko des Haltens des Marktportfolios. Das unsystematische, unternehmensspezifische Risiko kann hingegen durch Halten eines diversifizierten Portfolios eliminiert werden und fließt nicht in die Risikoprämie ein. Wenn der Kapitalmarkt einen DRAM Anbieter aber nicht für sein spezifisches Risiko entschädigt, kann dessen Reduktion den Unternehmenswert nach Stulz (1996, S.12) nicht steigern.[82] Damit Hedging eine wertsteigernde Wirkung hat, muss die Reduktion der Volatilität der Cash Flows und Gewinne Kosten reduzieren.

Nur wenn Anteilseigner ihr Portfolio nicht hinreichend breit diversifizieren können und daher von dem spezifischen Risiko betroffen sind, profitieren sie nach Stulz (1996, S.13) von dessen Hedging durch das Unternehmen. Diese Situation beschreibt z.B. Anteilseigner, deren Unternehmensbeteiligung einen Großteil ihres Vermögens ausmachen, wie Inhaber von Familienunternehmen.[83] Von den DRAM Produzenten kann zwar keines mehr als klassisches Familienunternehmen gelten, bei Samsung halten aber beispielsweise drei (Gründer-)Familienmitglieder jeweils zwischen 0,57% und 1,86% der Aktien. Ansonsten besitzen nur Muttergesellschaften große, nicht diversifizierte Anteile (z.B. Infineon 86% von Qimonda), so dass die Begründung für Hedging weiterhin offen bleibt.

Das CAPM liefert nicht das einzige Argument für eine Irrelevanz des Hedgings für den Unternehmenswert. Nach dem Modigliani-Miller (MM-)Theorem (Modigliani und Miller (1958), Miller und Modigliani (1961)) hat die Kapitalstruktur keinen Einfluss auf den Wert eines Unternehmens. Die Art der Finanzierung von Investitionen, ob durch die Aufnahme von Fremd- oder Eigenkapital oder durch Innenfinanzierung (einbehaltene Gewinne), bestimmt lediglich

---

[82] Zudem unterscheiden sich die Anteilseigner nach Pritsch und Hommel (1997, S.673) in ihren Risikopräferenzen und fordern keine bestimmte Risikoposition. Vielmehr gehen sie bewusst das mit dem Unternehmen verbundene Risiko ein, um eine gegenläufige Position abzusichern oder weil sie bereit zur Übernahme des Risikos sind.

[83] Häufig wird in der Hedgingliteratur zur Motivation der Risikoaversion auf Unternehmensebene noch spezieller ein eigentümergeleitetes Unternehmen angenommen, so dass dessen Risikoaversion unmittelbar das Verhalten des Unternehmens bestimmt, vgl. z.B. Holthausen (1979), Anderson und Danthine (1980) und Feder et al. (1980). Eine vergleichbare Annahme liegt dem vielfach untersuchten Hedging eines Landwirtes zugrunde, z.B. in Grant (1985), Matthews und Holthausen (1991) sowie Moschini und Lapan (1995).

die Aufteilung des Unternehmenswertes auf die verschiedenen Kapitalgeber, nicht den Wert selbst. Wenn die Finanzierung und die eingegangenen Risiken keine Rolle spielen, hat auch Hedging MacMinn (1987, S.1171) sowie Dufey und Srinivasulu (1983, S.57) zufolge keinen Einfluss auf den Unternehmenswert. Erneut gilt, dass die Anteilseigner nach Rawls und Smithson (1990, S. 9f) jede Risikoposition selbst durch Hedging bzw. ihre Portfoliogestaltung herstellen können. Das MM-Theorem geht jedoch von einer Welt ohne Steuern, Transaktions- und Informationskosten aus. Insoweit diese Annahmen nicht erfüllt sind oder Hedging Kosten des Unternehmens reduziert, kann nach Pritsch und Hommel (1997, S.673) ein Einfluss auf den Unternehmenswert und damit eine Relevanz des Hedgings entstehen.

In der Literatur werden einige Argumente genannt, warum Hedging den Unternehmenswert steigert, die nachfolgend unter Verweis auf die jeweilige empirische Evidenz und ihre Relevanz für die DRAM Branche beschrieben werden.

- Transaktionskosten und Größenvorteile des Hedgings

Es wurde argumentiert, die Anteilseigner könnten selbst jede beliebige Risikoposition in ihrem Portfolio herstellen. Wenn Unternehmen bei risikoreduzierenden Transaktionen Größenvorteile und dadurch niedrigere Transaktionskosten realisieren können, sollten sie nach Dufey und Srinivasulu (1983, S.57f) die Absicherung vornehmen. Nance et al. (1993, S.275), Mian (1996, S.428ff) und Géczy et al. (1997 S.1340) bestätigen empirisch die Existenz solcher Größenvorteile des Hedgings.

- Risikoaversion des Managements

Wenn Eigentum und Management eines Unternehmens getrennt sind, kann dessen Risikoaversion aus der der Manager motiviert werden. Wie die Agency-Theorie (z.B. Hart und Holström (1987)) nahe legt und die Praxis –auch in der DRAM Branche– zeigt, beinhaltet die Vergütung des Managements optimalerweise eine Gewinnbeteiligung. Gewinnschwankungen lassen dann auch das aktuelle Einkommen des Managements schwanken. Zugleich sind die Manager bei Misserfolgen dem Risiko des Verlustes ihres Arbeitsplatzes und ihrer Reputation, also auch künftigen Einkommens ausgesetzt. Weil das Einkommen der Manager einen Großteil ihres Vermögens darstellt, sind sie im Gegensatz zu den Anteilseignern in der Regel nicht in der Lage, das unsystematische Risiko durch Diversifikation zu eliminieren.[84] Risikoaverse Manager haben daher nach Stulz

---

[84] Das Argument basiert auf der Annahme, die Manager könnten ihr Einkommensrisiko wegen prohibitiv hoher Kosten nicht selbst hedgen. In der DRAM Branche, in der noch keine

3. Risiko und Risikomanagement

(1984) einen Anreiz, das Risiko zu reduzieren.[85] Divergieren ihre Zielvorstellungen von denen der Anteilseigner, können sie Entscheidungsspielräume und Informationsvorteile nutzen, um ihre Partikularinteressen, in diesem Fall die Risikoabsicherung, zu Lasten der Anteilseigner durchzusetzen.[86] Hedging ist dabei Pritsch und Hommel (1997, S.676f) zufolge aus Sicht der Anteilseigner einer suboptimalen Gestaltung der Unternehmenspolitik durch die Manager zur Risikoreduktion vorzuziehen.[87] Es kann die Anteilseigner-Manager-Beziehung aus einem weiteren Grund verbessern. Unter Risiko ist unklar, inwieweit Erfolge oder Misserfolge glücklichen Umständen oder Anstrengungen des Managers zu verdanken sind. Durch die Reduktion der Risiken, die nicht unmittelbar vom Management beeinflusst werden können (des „Noise"), kann dessen Leistung Brealey et al. (2006, S.723) zufolge besser beurteilt werden. Dadurch wird die erfolgsabhängige Entlohnung des Managements erleichtert und die Kompensation verringert, die das Management sonst für das eingegangene Risiko verlangt. Umgekehrt kann nach DeMarzo und Duffie (1995) die Durchführung des Hedgings als Bemühung des Managements interpretiert werden, seine Leistung besser zu kommunizieren, und damit als Signal für seine Leistung. Es reduziert jedoch laut Pritsch und Hommel (1997, S.679) den Wert der als erfolgsabhängige Entlohnung weit verbreiteten Aktienoptionen, da ihre einseitige Auszahlungs-

---

Futures zur kostengünstigen Risikoabsicherung existieren, ist dies es im Gegensatz zu anderen Branchen, in denen auf entwickelte Terminmärkte zurückgegriffen werden kann, tatsächlich (noch) der Fall. Der Manager muss für das eigene Hedging aber eine Vermögensposition besitzen, so dass bzgl. des Arbeitsplatzrisikos das Argument in jedem Fall Bestand hat.

[85] Entscheidend ist jedoch die Form der erfolgsabhängigen Entlohnung. Bei konkaver Abhängigkeit vom Unternehmensgewinn ist eine vollständige Absicherung des Risikos optimal. Ist die Entlohnung hingegen konvex gestaltet, ist die Nutzenfunktion des Managers ausschlaggebend. Bei ausgeprägter Konvexität, z.B. durch die weit verbreiteten Aktienoptionen, kann sich selbst für einen risikoaversen Manager ein Verzicht auf die Absicherung des Risikos lohnen, vgl. Smith und Stulz (1985, S. 399ff).

[86] Diese Gefahr des „Moral Hazard" kann aufgrund von Informations-, speziell Überwachungskosten, nicht vollständig vermieden werden, vgl. z.B. Jensen und Meckling (1976, S.308). Im Weiteren wird ein solcher potentieller Interessenskonflikt zwischen Anteilseignern und Managern ignoriert. Es wird wie erwähnt die Maximierung des Erwartungsnutzens des Unternehmensgewinns unterstellt und von „dem DRAM Produzenten" gesprochen, ohne dass die Beziehung zwischen Anteilseignern und Management noch näher thematisiert wird.

[87] Die Reduktion des Risikos kann allerdings, muss aber nicht den Arbeitseinsatz eines Managers verringern, weil dieser sich nun sicherer fühlt, vgl. die in Pritsch und Hommel (1997, S.676) angegebene Literatur.

struktur das Management für das Eingehen von Risiken belohnt und Risikoreduktion ihren Wert mindert.

Hedging sollte demnach verstärkt von Unternehmen betrieben werden, in denen Manager Aktienanteile am Unternehmen halten. Die empirische Evidenz von Schrand und Unal (1995, S.1006f), Tufano (1996, S.1118ff) sowie Géczy et al. (1997, S.1334) unterstützt die Vermutung, dass ein Unternehmen umso eher hedgt, je größer der Aktien- und je kleiner der Optionsbesitz des Managements. Guay und Kothari (2003, S.444) stellen ohne Differenzierung der Anteilsart eine Abhängigkeit des Hedgings von der Sensibilität des Managements gegenüber Aktienkursänderungen fest. Lediglich die Stärke dieses Effekts ist umstritten. Nach Tufano (1996, S.1120) ist es das entscheidende Hedgingmotiv, nach Guay und Kothari (2003, S.444) ist sein Effekt hingegen klein.

Die bisherigen Argumente gründen auf der individuellen Risikoaversion der Anteilseigner oder Manager. Es gibt aber auch eine Reihe von Gründen, die ohne Rekurrierung auf individuelle Präferenzen die Entscheidungsträger eines Unternehmens zu risikoaversem Verhalten anhalten können.

- Kosten finanzieller Schwierigkeiten

Die Reduktion der Volatilität der Cash Flows durch Hedging verringert die Wahrscheinlichkeit schlechter Unternehmensergebnisse und resultierender finanzieller Schwierigkeiten. Dadurch sinken nach Smith und Stulz (1985, S.395f) im Erwartungswert die mit Liquiditäts- oder Überschuldungsproblemen verbundenen Kosten. Diese umfassen zum einen die im Fall einer Insolvenz anfallenden direkten Kosten (Anwalts- und Gerichtskosten, Kosten des Konkursverfahrens usw.). Sehen die Anteilseigner die Gefahr einer Insolvenz, reflektiert der Unternehmenswert den Barwert dieser erwarteten Kosten. Ihre Beseitigung durch Hedging steigert nach Stulz (1996, S.13f) den Wert entsprechend. In der DRAM Branche ist in Krisenzeiten durchaus die Insolvenz mancher Anbieter zu befürchten. So sind ihr im Anschluss an das Krisenjahr 2001 Anbieter wie Hynix oder Infineon nur knapp entgangen. Wichtiger sind aber zum anderen die schon zuvor auftretenden indirekten Kosten, insbesondere die mit der Konkurswahrscheinlichkeit steigenden Kosten der Gestaltung von Vertragsbeziehungen mit Kunden, Lieferanten, Arbeitnehmern und Kreditgebern. Diese nicht diversifizierten Stakeholder verlangen nach Smith (1995, S.25f) ähnlich wie die Manager eine höhere Kompensation, wenn ihre unternehmensspezifischen Investitionen verloren zu gehen drohen. Mitarbeiter verlangen eine höhere Entlohnung, wenn die Wahrscheinlichkeit ihrer Entlassung größer ist. Kunden oder Lieferanten sind zögerlich, langfristige Verträge mit einem Unternehmen abzuschließen, bei dem die Aussicht auf Erfüllung der Verpflichtungen ungewiss erscheint

3. Risiko und Risikomanagement

(Shapiro und Titman (1986) und Stulz (1996, S.13f)). So verlor z.B. Hynix während einer finanziellen Krise das Vertrauen der großen OEMs, die ihre Aufträge reduzierten. Weiterhin wird es für ein Unternehmen schwieriger, sich die für seine Investitionen nötigen Geldmittel zu beschaffen. Es droht das nachfolgend genauer beschriebene Unterinvestitionsproblem. Nicht zuletzt binden finanzielle Probleme (knappe) Kapazitäten des Managements. Hedging reduziert all diese Kosten, indem es wie in Abbildung 3.1 die Streuung der potentiellen Ergebnisse und damit die Wahrscheinlichkeit finanzieller Schwierigkeiten und einer Insolvenz verringert.

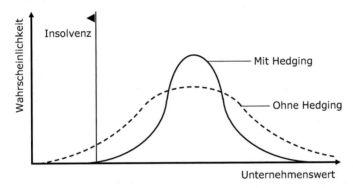

Abbildung 3.1: Hedging und Insolvenzwahrscheinlichkeit, in Anlehnung an Stulz (1996, S.13)

Wie sehr ein Unternehmen derartige Kosten reduzieren kann, hängt neben ihrer Höhe von der Wahrscheinlichkeit ihres Eintretens ab. Wie Abbildung 3.2 illustriert, kann ein Unternehmen (C) mit einem hohen Unternehmenswert wie z.B. Samsung und geringer Verschuldung, also einer geringen Wahrscheinlichkeit finanzieller Schwierigkeiten, kaum von Hedging profitieren. Hingegen profitiert ein Unternehmen (B), für das die Insolvenz durchaus eine reale Bedrohung darstellt. Befindet sich ein Unternehmen (A) bereits in finanziellen Schwierigkeiten und sieht sich einer hohen Wahrscheinlichkeit der Insolvenz gegenüber, lohnt sich eine Risikoreduktion durch Hedging aus Sicht der Anteilseigner nicht mehr. Wird es insolvent, sind ihre Anteile nahezu wertlos. Das Management sollte Stulz (1996, S.16f) zufolge bewusst neue Risiken eingehen, weil dadurch die Wahrscheinlichkeit von Ergebnissen, die das Unternehmen vor der Insolvenz retten, steigt.

98   3. Risiko und Risikomanagement

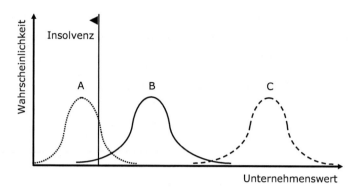

Abbildung 3.2: Unternehmenswert und Insolvenzwahrscheinlichkeit, in Anlehnung an Stulz (1996, S.16)

Die meisten DRAM Anbieter, die, von Samsung abgesehen, als reine Speicherhersteller im Falle finanzieller Schwierigkeiten nicht auf die Mittel eines größeren Konzerns zurückgreifen können, dürften Unternehmen vom Typ B sein, so dass Hedging ihnen helfen kann, finanzielle Schwierigkeiten zu vermeiden.

Géczy et al. (1995, S.28f) und Tufano (1996, S.1117f) zeigen, dass empirisch die Wahrscheinlichkeit für Hedging mit dem Konkursrisiko steigt. Laut Goldberg et al. (1998, S.145ff) hedgen Unternehmen, um finanzielle Schwierigkeiten zu vermeiden. Tufano (1996, S.1115ff) findet jedoch keinen Zusammenhang des Hedgings mit den Konkurskosten und insgesamt nur einen schwachen Zusammenhang mit finanziellen Schwierigkeiten, Mian (1996, S.427f) gar keinen.

- Unterinvestitionsproblem

Nach Froot et al. (1993) kann die Reduktion der Volatilität der Cash Flows die Finanzierung profitabler Investitionsprojekte sichern. Eine Außenfinanzierung ist aufgrund von Informations- und Anreizproblemen mit höheren und ansteigenden Kosten verbunden als die Verwendung interner Mittel,[88] die daher be-

---

[88] Stiglitz und Weiss (1981) begründen mit Informationsproblemen, dass Fremdkapital nicht nur teurer, sondern möglicherweise gar nicht verfügbar ist. Nach Jensen und Meckling (1976, S.308ff) liegen die Kosten des Eigenkapitals aufgrund von Anreizproblemen zwischen Kapitalgebern und Management über dem Marktzins. Laut Myers und Majluf (1984) sind selbst Aktienemissionen mit steigenden Grenzkosten verbunden, weil Manager besser über den Unternehmenswert informiert sind als Anteilseigner. Eine Emission lohnt sich daher vor allem für überbewertete Unternehmen und kann daher als negatives Signal über den Unterneh-

3. Risiko und Risikomanagement

vorzugt herangezogen werden. Erwirtschaftet das Unternehmen nicht genügend Cash Flows, muss, sofern überhaupt verfügbar, auf teueres externes Kapital zurückgegriffen werden, so dass der Gewinn der Investitionen sinkt und an sich vorteilhafte Investitionen nicht durchgeführt werden.[89] Es droht ein Unterinvestitionsproblem. Die Stabilisierung der Cash Flows durch Hedging sichert die Durchführung der Investitionen und senkt die Kosten ihrer Finanzierung.[90] Daher verhält sich selbst ein an sich risikoneutrales Unternehmen, als sei es risikoavers. Unternehmen mit umfangreichen Liquiditätsreserven sind allerdings weniger von dem Unterinvestitionsproblem betroffen. Für die meisten DRAM Anbieter, die vielleicht bis auf Samsung zur Finanzierung ihrer Investitionen in hohem Maße auf Cash Flows aus dem laufenden Geschäft angewiesen sind, ist das Unterinvestitionsproblem jedoch ein sehr drängendes, wie letztlich auch im Schweinezyklus zum Ausdruck kommt.

Froot et al. (1993, S.1640, 1994, S.98) argumentieren weiter, dass bei starker Korrelation des Finanzierungsbedarfs mit den erwirtschafteten Cash Flows weniger Hedging betrieben werden muss, weil Investitionen in einer Situation mit niedrigen Cash Flows, z.B. in einer Branchenkrise, unattraktiv erscheinen. Für die DRAM Branche kann gerade umgekehrt argumentiert werden, dass der Anreiz, den Schweinezyklus zu durchbrechen, den Bedarf an Mitteln in einer Branchenkrise erhöht und damit den Bedarf an Hedging.

Nance et al. (1993, S.275ff), Géczy et al. (1997 S.1339), Goldberg et al. (1998, S.145ff) sowie Guay und Kothari (2003, S.444) unterstützen empirisch das Argument von Froot et al. (1993, 1994), dass Unternehmen umso eher hedgen, je größer ihr Finanzierungsbedarf ist (z.B. in Géczy et al. (1997, S.1334) und Nance et al. (1993, S.281) der Anteil der F&E Aufwendungen an den Umsätzen) und je weniger interne Mittel verfügbar sind. Nach Tufano (1996,

---

menswert interpretiert werden. Tatsächlich sinkt nach Asquith und Mullins (1986, S.61) der Aktienkurs um durchschnittlich 3% bei einer Emission. Für weitere Argumente für steigende Grenzkosten der Außenfinanzierung sowie ihre empirische Bestätigung vgl. Froot et al. (1993, S.1633f) und die in Pritsch und Hommel (1997, S.681) genannte Literatur.

[89] Daneben kann Hedging nach Mayers und Smith (1987) auch das auf einem potentiellen Konflikt zwischen Aktien- und Anleiheninhabern begründete Unterinvestitionsproblem nach Myers (1977) lösen.

[90] Risikomangement kann unter bestimmten Umständen auch das sog. „Asset Substitution"-Problem entschärfen, nach dem Anteilseigner nach einer Fremdfinanzierung einen Anreiz zur Erhöhung des Investitionsrisikos besitzen und dies ex ante zu höheren Kapitalkosten führt. Siehe z.B. Pritsch und Hommel (1997, S.679).

S.1115ff) und Mian (1996, S.427ff) existiert hingegen keinen Zusammenhang zwischen Hedging und Investitionsopportunitäten.

- konvexe Besteuerungsfunktion

    In den meisten Ländern wächst die Steuerlast eines Unternehmens progressiv, genauer konvex mit dem Gewinn (dazu zählen auch begrenzte Möglichkeiten des Verlustvortrages). Wenn dieser durch Hedging weniger schwankt, sinkt nach Smith und Stulz (1985, S.392ff) über die Zeit die durchschnittliche Steuerlast, wie Abbildung 3.3 illustriert. Die ohne Hedging erwartete Steuerlast $E[T]$ als Durchschnitt der Steuerlasten T_1 und T_2 der beiden gleich wahrscheinlichen Vorsteuergewinne V_1 und V_2 ist größer als die Steuerlast T_H, wenn durch Hedging der durchschnittliche Vorsteuergewinn $E[V]$ festgeschrieben werden kann.

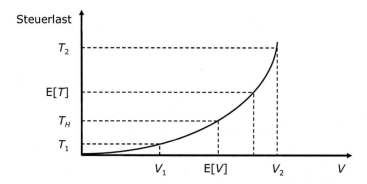

Abbildung 3.3: **Steuerersparnisse durch Hedging bei konvexer Steuerfunktion**, in Anlehnung an Smith und Stulz (1985, S.393)

Empirisch wird nach Nance et al. (1993, S.275), Tufano (1996, S.1115ff) und Goldberg et al. (1998, S.145ff) umso eher gehedgt, je größer der der Steuerprogression unterliegende Unternehmensertrag und je größer Steuerfreibeträge für Investitionen. Mian (1996, S.427ff) kann keine gegenteilige Evidenz finden. In der Simulationsstudie von Graham und Smith (1999) sind für die meisten Unternehmen Steuereinsparungen durch Hedging zwar nur gering. In Einzelfällen können sie aber sehr groß sein. Nach Graham und Rogers (2002, S.831ff) ist die Konvexität der Besteuerung dagegen kein wichtiger Erklärungsfaktor für Hedging.

Insgesamt begründen die genannten Argumente, warum sich ein Unternehmen selbst bei risikoneutralen Anteilseignern risikoavers verhält. Liquiditätsprobleme belasten die Vertragsbeziehungen zu Stakeholdern, vorteilhafte Inves-

3. Risiko und Risikomanagement

titionen können nur teurer oder gar nicht realisiert werden und Gewinnschwankungen erhöhen die durchschnittliche Steuerlast.

Für die DRAM Anbieter dürften insbesondere die Liquiditätsprobleme und das Unterinvestitionsproblem eine Risikoaversion begründen. Sie zeigt sich beispielsweise in ihren zunehmenden Kooperationen sowie den „Technology-for-Wafer-Deals". Neben der Kostenteilung und Ressourcenbündelung steht bei ihnen die Risikoteilung im Vordergrund. Der erhöhte Wettbewerb und die kleineren Gewinnchancen werden in Kauf genommen, um den eigenen Kapitaleinsatz zu verringern und drohende Verluste in Branchenabschwüngen zu verkleinern.

Einige zusätzliche Gründe machen die Anbieter indes unterschiedlich anfällig für die genannten Faktoren und führen zu unterschiedlich stark ausgeprägten Risikoaversionen. Bereits mehrfach erwähnt wurde, dass für die DRAM Sparte von Samsung als Teil eines großen Konzerns nicht mit Liquiditäts- und Finanzierungsschwierigkeiten gerechnet werden muss, da bei Bedarf auf finanzielle Reserven innerhalb des Konzerns zurückgegriffen werden kann. Die anderen Produzenten sind dagegen reine Chiphersteller. Speziell von dem DRAM Preisrisiko sind die Anbieter unterschiedlich betroffen, da einige Hersteller ihre Kapazitäten in Abschwungphasen des DRAM Marktes zur Produktion anderer Halbleiter wie z.B. Flash Speicher nutzen können und mit ihnen Cash Flows zur Finanzierung ihrer DRAM Investitionen erwirtschaften können.[91] Schließlich erhalten die Anbieter bei finanziellen Schwierigkeiten in unterschiedlichem Ausmaß staatliche Unterstützungen.

3.3 Risikomanagement

Die Reduktion des Risikos erfolgt im Rahmen des Risikomanagements, das nach Jorion (2001, S.3) den Prozess der Identifikation, Messung und Kontrolle der Risiken umfasst.[92] Für die Kontrolle sind eine Bewertung ihrer Auswirkungen und das Ergreifen geeigneter Maßnahmen notwendig, um die Risikoposition an das gewünschte Risikoniveau anzupassen. Beides wird in Kapitel 4 unter-

---

[91] Die Voraussetzung, dass die Preise nicht perfekt korreliert sind, dürfte vorliegen, vgl. das Beispiel auf S.43.

[92] Zu ergänzen ist die Identifikation des Risikoniveaus, das das Unternehmen zu tragen bereit ist. Ein gängiges Missverständnis ist, Aufgabe des Risikomanagements sei die Eliminierung aller Risiken. Vielmehr muss in Abhängigkeit der Risikoaversion das Risiko gegen die damit verbundenen Gewinnchancen abgewogen werden.

sucht. Die Maßnahmen können interner Art sein. Das Preis- und Wechselkursrisiko an sich kann ein Anbieter jedoch nicht beeinflussen. Er kann lediglich durch eine Anpassung seiner riskanten Aktivitäten das Ausmaß, in dem er von ihnen betroffen ist, ändern, d.h. insbesondere bei zu hohen Risiken die ihnen ausgesetzten Umsätze verkleinern. Damit schränkt er aber seine genuine Geschäftstätigkeit ein. Eine denkbare Streuung der Preisrisiken ist nicht in ausreichendem Maße möglich. Ein Anbieter kann zwar in Nicht-Commodity DRAM Nischenprodukte oder sogar andere Halbleiterprodukte wie Flash Speicher diversifizieren. Er ist aber immer in großem Umfang auf das Massengeschäft mit Commodity DRAM angewiesen, das er nicht durch andere Umsätze kompensieren kann. Stehen Risikomärkte zur Verfügung, auf denen die Risiken (zu vertretbaren Kosten) gehandelt werden können, sollte ein risikoaverser Anbieter sie ganz oder teilweise abgeben, weil andere Marktteilnehmer besser in der Lage sind, damit umzugehen. Verallgemeinernd sollte ein Anbieter nur die Risiken eingehen, die sich im Bereich seiner Kernkompetenz befinden und bei deren Management es einen komparativen Vorteil besitzt (z.B. Produktions- oder F&E-Risiken). Für das Preis- und Wechselkursrisiko stehen daher externe Maßnahmen in Form der Übertragung der Risiken auf andere Akteure im Vordergrund. Unternehmen besitzen prinzipiell mehrere Möglichkeiten, Risiken zu steuern.[93] Bei Preis- und Wechselkursrisiken ist für viele Commodities wie Erdöl, Agrargüter, Aktienindizes, Währungen etc. das Hedging auf Terminmärkten eine gängige Methode, die Risiken abzugeben, indem eine zur Spotposition entgegengesetzte Position eingegangen wird, die potentielle Verluste aus adversen Preis- oder Wechselkursbewegungen ausgleichen soll. Andere denkbare Formen der Risikoüberwälzung wären z.B. die Versicherung, wobei jedoch nach Hellwig (1986, S.240) Moral Hazard Probleme die traditionelle Versicherung unternehmerischer Risiken verhindern; Fremdwährungspositionen können im Rahmen des Factoring oder der Forfaitierung abgegeben werden, wozu aber bereits eine Forderung bestehen muss, was für die DRAM Anbieter gerade nicht der Fall ist. Eine für das Wechselkursrisiko gangbare Möglichkeit wären Währungsswaps oder die Aufnahme eines Kredits in ausländischer Währung in gleicher Höhe und Frist wie die abzusichernde Position: die Kreditsumme kann sofort zum aktuell geltenden Wechselkurs in heimische Währung umgetauscht werden, während die Zins- und Tilgungszahlungen aus den späteren Rückflüssen bedient werden. Im Vergleich zu Devisentermingeschäften sind Swaps oder derartige Kredite aber relativ teuer und umständlich zu handhaben. Das Preisrisiko könnte im Prinzip über langfristige Lieferverträge mit den Kunden, in denen die Preise

---

[93] Vgl. z.B. die von Franke und Hax (2004, S.585ff) genannten Instrumente.

3. Risiko und Risikomanagement 103

bzw. ihre Entwicklung festgeschrieben wird, für beide Seiten abgesichert werden.[94] Auch wenn erste Anzeichen zu derartigen Vereinbarungen in der Branche erkennbar sind, haben sie sich noch nicht durchgesetzt. In dieser Arbeit wird daher das Hedging des Preis- und Wechselkursrisikos auf Terminmärkten und dort speziell anhand von Futures betrachtet, die beide im Folgenden näher beschrieben werden, bevor genauer gezeigt wird, wie Risiken damit verringert werden können.

3.3.1 Terminmärkte und Futurekontrakte

Weil die Organisation von Terminmärkten bestimmt, wie effizient Futures zum Hedging genutzt werden können, lohnt es sich, neben einer Definition von Futures einen Blick auf den institutionellen Aufbau und die organisatorische Abwicklung des Terminhandels zu werfen.

Auf Terminmärkten werden laut Steiner und Bruns (2002, S.453) Verträge abgeschlossen, bei denen die Leistungserbringung nicht wie bei Kassageschäften unmittelbar nach Vertragsschluss, sondern für einen zukünftigen Zeitpunkt vereinbart wird. Termingeschäfte umfassen neben den hier im Mittelpunkt stehenden Futures eine Vielzahl weiterer Kontrakte wie Forwards, Optionen, Swaps usw. Diese sog. derivativen Finanzinstrumente oder kurz Derivate definiert Jorion (2001, S.11) als Kontrakte, deren Wert sich überwiegend von einem zugrunde liegenden Referenzwert, dem sog. Underlying oder Basiswert, wie z.B. einem Commodity, einer Währung oder einer Aktie ableitet. Durch die Trennung des risikobehafteten Wertes vom Eigentum an dem Underlying ermöglichen sie die separate Handelbarkeit des Risikos und so (ggf. gegen Entgelt) dessen Transfer zu anderen Marktteilnehmern. Als oft börsennotierte Instrumente ist diese Übertragung kostengünstig sowie auf einfache und flexible Art und Weise möglich, was sie zu beliebten Absicherungsinstrumenten macht. Das starke Wachstum der Märkte für Derivate ist Jorion (2001, S.4ff) zufolge Ausdruck einer Zunahme der Volatilität von Rohstoffpreisen, Wechselkursen und Zinssätzen, der Fortschritte in der Finanzmarkttheorie und der Deregulierung der Finanzmärkte. Weil einige Unternehmen Derivate auch zur Spekulation nutzen

---

[94] Prinzipiell wäre dann auch eine Festschreibung der Wechselkurse oder Aufteilung der Währungsrisiken in Kurssicherungsklauseln denkbar, jedoch nur, wenn auch die andere Seite einem Wechselkursrisiko ausgesetzt ist. Für wichtige, im Dollarraum ansässige Kunden wie Dell, HP, Sun usw. gilt dies aber nicht. Weil Devisenterminmärkte i.d.R. gut verfügbar sind, können die hier beschriebenen Devisentermingeschäfte genutzt werden.

und manche dieser spekulativen Transaktionen spektakulär gescheitert sind, sind Derivate teilweise in Verruf geraten, was ihre Rolle als effiziente Instrumente zur Risikoabsicherung –ihren richtigen Einsatz vorausgesetzt– aber nicht mindert. Wegen ihrer engen Verwandtschaft werden neben den Futures auch Forwards am Rande erwähnt, während die anderen Derivate vernachlässigt werden.

Sowohl Forward- als auch Future-Kontrakte sind vertragliche Vereinbarungen, ein bestimmtes Gut (z.B. DRAM Chips) zu einem festgelegten zukünftigen Zeitpunkt (oder innerhalb eines definierten Zeitraums) zu einem bei Vertragsschluss festgelegten Preis, dem Terminpreis, zu liefern (Verkäufer des Futures) oder gegen Leistung der Zahlung anzunehmen (Käufer des Futures). Bei Devisentermingeschäften besteht die Verpflichtung darin, einen Betrag in fremder Währung zu einem festgelegten Wechselkurs zu ver- bzw. anzukaufen. Die Position des Verkäufers wird als Short-Position, die des Käufers als Long-Position bezeichnet. Davon zu unterscheiden sind etwaige physische Short oder Long Positionen.

Bei einem Future sind alle relevanten Vertragsbedingungen bis auf den Preis standardisiert, d.h. Art und Qualität des zu liefernden Gutes, Kontraktgröße (Anzahl der zu liefernden Einheiten), Liefertermin und -ort sowie Laufzeit des Futures sind genau spezifiziert. Aufgrund dieser Standardisierung eignen sich Futures für den Handel an einer (Termin-)Börse, auf der der Terminpreis bestimmt wird.[95] Forwardkontrakte stellen dagegen individuell ausgehandelte Termingeschäfte dar und werden außerbörslich („Over-the-Counter" OTC) gehandelt.

Weil im Mittelpunkt der Arbeit Futurekontrakte stehen, ist mit dem Terminpreis immer der eines Futures gemeint. Für Devisenfutures ist vom Devisenterminpreis oder Terminwechselkurs die Rede.[96] Auch wenn mit einem Future mehrere Einheiten des Basiswertes gehandelt werden, wird sein Preis in der Re-

---

[95] Neben den genannten werden weitere Vertragsbedingungen standardisiert, damit eine Einzelfallregelung entbehrlich wird. Dies sind u.a. die täglichen Börsenhandelszeiten, die Notierung des Terminpreises, der minimale Kursänderungsbetrag (Tickgröße) und die Modalitäten der physischen Lieferung oder des Barausgleichs (s.u.).

[96] Der Devisenterminpreis hängt von den Erwartungen des zukünftigen Wechselkurses ab, wobei nach Broll (1995, S.25) „weniger das Verhältnis von Angebot und Nachfrage als vielmehr die Höhe des Zinsunterschiedes zwischen den betreffenden Währungen für den Terminkurs von Bedeutung ist. Am Devisen-Terminmarkt werden daher auch keine Kurse im herkömmlichen Sinne, sondern Auf- und Abschläge (Swaps) genannt, die exakt der Zinsdifferenz zwischen den betreffenden Währungen entsprechen".

3. Risiko und Risikomanagement

gel pro (handelsüblicher) Einheit angegeben. Gegenüber dem Terminpreis heißt der Preis für die prompte Lieferung Kassa- oder Spot(markt)preis. In dieser Arbeit werden die Bezeichnungen Spotpreis und Spotmarkt verwendet. Im Falle des DRAM Preisrisikos sind für letzteren nicht nur die Käufer auf dem DRAM Spotmarkt im engeren Sinne, sondern auch die Kontraktkunden gemeint.

Zum Fälligkeitszeitpunkt eines Futures ist der Verkäufer verpflichtet, den Basiswert zu liefern, und der Käufer, ihn anzunehmen. Typischerweise erfolgt statt einer physischen Andienung ein finanzieller Ausgleich (Barausgleich, „Cash Settlement") in Höhe der Differenz zwischen dem bei der Positionseröffnung und dem bei Erfüllung geltenden Futurepreis. Fast alle Futures werden finanziell abgewickelt. Nur die wenigsten Futures werden aber bis zum Fälligkeitszeitpunkt gehalten. Da die Mehrheit der Marktteilnehmer nur an den Preisänderungen, nicht aber an der tatsächlichen physischen Erfüllung interessiert sind, werden die meisten Futures bereits vorher durch Eingehen einer gleich hohen Gegenposition glatt gestellt, d.h. ein Verkäufer (Käufer) eines Futurekontraktes kauft (verkauft) den gleichen Future für den gleichen Lieferzeitpunkt, so dass sich die eingegangenen Verpflichtungen aufheben.[97]

Neben dem Hedging gibt es zwei weitere Motive für einen Handel auf Termin (vgl. Hull (2006, S.32ff)):

- Spekulation, d.h. eine Wette auf Preisänderungen: Erwartet ein Spekulant z.B. einen fallenden Preis, wird er eine Short-Position eingehen. Fällt der Preis tatsächlich, kann er zu dem höheren Terminpreis, zu dem er die Position eingegangen ist, verkaufen. Spekulanten spielen eine wichtige Rolle, weil sie (neben Hedgern mit einer entgegengesetzten Position) das Risiko übernehmen, das die Hedger transferieren möchten. Eine Spekulation auf den Preis eines Commodity ist am Terminmarkt in der Regel leichter möglich als am Spotmarkt mit der damit verbundenen Lagerung des Gutes.
- die Erzielung von Arbitragegewinnen, wenn Preisunterschiede zwischen verschiedenen Märkten gewinnbringend genutzt werden können, z.B. zwischen Spot- und Terminmarkt. Durch den Arbitragehandel verschwinden derartige Preisdifferenzen.

Wie später diskutiert wird, können in der Position eines Marktteilnehmers auch mehrere Motive zum Ausdruck kommen.

Für den Handel mit Derivaten existieren nach Jorion (2001, S.15ff) einige Risiken, die Einfluss auf die Organisation von Terminbörsen haben:

---

[97] Vgl. z.B. Ederington (1979, S.158) und Johnson (1960, S.139f).

- Das Marktrisiko entsteht analog zum Preis- und Wechselkursrisiko aus Schwankungen des Preises für das Derivat sowie der sog. Basis, die noch erläutert wird.
- Das Liquiditätsrisiko bezieht sich zum einen auf das Risiko, aufgrund geringen Handelsvolumens keine Transaktionen tätigen zu können, ohne den Marktpreis stark zu den eigenen Ungunsten zu verändern. Zum anderen entsteht das Liquiditätsrisiko aus der Unfähigkeit, Zahlungsverpflichtungen nachkommen zu können und deshalb Positionen vorzeitig unter Verlusten veräußern zu müssen.
- Das Kreditrisiko entsteht, wenn die Gegenpartei unwillig oder unfähig ist, ihre vertraglichen Verpflichtungen zu erfüllen.
- Das rechtliches Risiko meint die Möglichkeit, vertragliche Ansprüche nicht durchsetzen zu können.
- Operationale Risiken umfassen menschliche Fehler, Betrug und das Versagen technischer Systeme, die im operativen Geschäft auftreten können.

Dem Liquiditätsrisiko wird beim Futureshandel durch einen möglichst liquiden Handel vorzubeugen versucht, so dass es eher für den OTC Handel von Forwards relevant ist. Dafür soll zum einen die hohe Standardisierung der Futures sorgen. Daher werden Futures nur für homogene Güter angeboten, die auf breiter Basis nachgefragt werden wie Commodities, und nicht für differenzierte Güter. Durch die genaue Spezifikation der gehandelten Güter sinken die Kosten der Informationsbeschaffung. Zum anderen werden zwar Futures mit verschiedenen Laufzeiten (Kontraktmonaten) angeboten, meist jedoch nicht für alle zwölf Kalendermonate eines Jahres, um den Handel auf eine limitierte Zahl an Kontrakten zu konzentrieren.

Das rechtliche und das Kreditrisiko werden vermieden, indem die Marktteilnehmer nicht direkt miteinander handeln, sondern als Vertragspartner für jede Partei die sog. Clearingstelle der Börse auftritt (und so auch für einen anonymen Handel sorgt). Die Handelsteilnehmer übermitteln ihre Kauf- und Verkaufsaufträge und die Clearingstelle führt zueinander passende Kauf- und Verkaufsorders zusammen. Da sie den Marktteilnehmern die Erfüllung des Kontraktes garantiert, entfällt das Risiko der Nichterfüllung durch die Gegenpartei.

Die Börse sichert sich selbst gegenüber dem Ausfallrisiko ab, indem jeder Marktteilnehmer beim Eingehen einer Position einen bestimmten Prozentsatz des Kontraktwertes, die „Initial Margin", laut Steiner und Bruns (2002, S.458)

3. Risiko und Risikomanagement

üblicherweise 0,5-10%, als Sicherheitsleistung hinterlegen muss.[98] Um Verluste frühzeitig aufzudecken, verrechnet die Clearing Stelle in einem als „Marking-to-Market" bezeichneten Verfahren Gewinne und Verluste aus Änderungen des Terminpreises nicht erst am Ende der Laufzeit, sondern täglich und schreibt sie (als „Variation Margin") auf dem Konto des Futureinhabers gut bzw. bucht sie ab.[99] Sinkt der Kontostand unter eine kritische Schwelle, die „Maintenance Margin", für gewöhnlich 65-80% der Initial Margin, muss das Konto durch Leistung eines Nachschusses wieder bis zur Initial Margin aufgestockt werden. Andernfalls stellt die Clearingstelle die Position zwangsweise glatt. Eine ungedeckte Akkumulation von Verlusten wird so ausgeschlossen.

Die finanzielle Abwicklung und Standardisierung der Futures, die Garantiefunktion der Clearing Stelle, der hohen Grad der Markttransparenz der Börse, ein einfacher Marktzugang und niedrige Transaktionskosten[100] sorgen für einen regen Futureshandel. Tatsächlich übersteigt das an Terminbörsen gehandelte Volumen oft um ein Vielfaches den zugrunde liegenden Spotmarkthandel. Sind Marktteilnehmer (wie beim Hedging) nur an Preisänderungen interessiert, können Transaktionen per Futures billiger und einfacher durchgeführt werden als durch einen Handel im Spotmarkt. Daneben verbessern sie den Prozess der Preisfindung, indem preisrelevante Informationen auf einem zusätzlichen Markt verarbeitet werden. Dies gilt nach Chan und Lien (2003) insbesondere bei geographisch verteilten Spotmärkten wie in der DRAM Branche, in der es (abgesehen von der Webseite von DRAMeXchange) keinen zentralen Spotmarkt gibt. Während für Devisen, insbesondere für den Dollar, gut entwickelte Terminmärkte bereit stehen, ist ein solcher für DRAM noch nicht existent. Im nächsten Abschnitt soll daher geprüft werden, ob für DRAMs die Etablierung eines Ter-

---

[98] Die Opportunitätskosten dieses gebundenen Kapitals sind zu den Transaktionskosten des Handels hinzu zu zählen. Allerdings kann die „Initial Margin" auch in Form von Sicherheiten geleistet werden, so dass keine Kapitalkosten entstehen, wenn keine Opportunität der Sicherheit existiert.

[99] Die börsentägliche Abrechnung von Gewinnen und Verlusten kann neben den nicht durch einen börslichen Handel geminderten Risiken einen weiteren wichtigen Unterschied zwischen Futures und Forwards markieren. Nur wenn die täglichen Zinsraten nicht stochastisch sind, sind die Preise beider Instrumente identisch, vgl. Cox et al. (1981, S.325ff), weil dann die Finanzierungskosten im Voraus bestimmt werden können.

[100] Zur Vereinfachung werden im Folgenden die Transaktionskosten durch Makler- und Clearinggebühren, Margenzahlungen etc. vernachlässigt.

minmarktes denkbar ist. Ob ein solcher für die Anbieter vorteilhaft wäre, wird erst die Analyse in Kapitel 4 zeigen.

3.3.2 Ein DRAM Terminmarkt?

Weil Terminmärkte für eine Reihe von Commodities eine einfache Risikoabsicherung ermöglichen, wird die Schaffung eines Terminmarktes für DRAM bereits seit über zehn Jahren in Betracht gezogen. Auf ihm könnte das DRAM Preisrisiko gehandelt werden und er könnte sowohl den Anbietern als auch den Kunden, insbesondere den großen OEMs, erlauben, das Risiko nur in dem von ihnen gewünschten Ausmaß zu tragen. Bisherige Versuche der Chicago Board of Trade im Jahr 1996 sowie 2000 von Buckaroo und 2001 von Enron sind allesamt gescheitert. Der jüngste, ebenfalls gescheiterte Versuch aus dem Jahr 2003 der Börse in Singapur (SGX), ist symptomatisch für diese Fehlschläge. Gehandelt werden sollte laut der Singapore Exchange (2007) ein Future über je 1.000 Stück eines konkreten, genau spezifizierten DRAM Chips, des damaligen Hauptprodukts.[101] Qualifiziert wurden die Chips der vier größten Produzenten Samsung, Micron, Hynix und Infineon. Vorgesehen war bei nicht vorzeitiger Glattstellung eine physische Erfüllung mit Lieferung durch einen dieser vier Produzenten an ein Lager in Singapur. Ein derartiger Handel wirft eine Reihe (ungeklärter) Fragen auf: Wie wird sichergestellt, dass bei physischer Erfüllung einer der vier Produzenten die erforderliche Menge tatsächlich liefern kann? Werden diese vier Produzenten durch ihr Angebot des gehandelten Chips den Terminpreis beeinflussen?[102] Wie wird verfahren, wenn das Hauptprodukt allmählich von seinem Nachfolger abgelöst wird? Generell steht jeder potentielle DRAM Terminhandel vor folgenden Problemen:

- Wie wird ein liquider Handel (auf beiden Seiten des Marktes) sichergestellt?
- Wie wird angesichts der Fülle an DRAM Chips und der schnellen Weiterentwicklung ein Referenzprodukt definiert? Eine Fragmentierung des

---

[101] Definiert wurden Generation und Typ (256Mb DDR), Organisation (32Mx8), Geschwindigkeit (PC266) und Package (TSOP2 66 pins, taped and reel).

[102] Ein als „Cornering" bekanntes Phänomen an Terminmärkten ist eine Preismanipulation durch den simultanen Termin- oder Spotkauf so großer Mengen, dass das Bestehen auf physischer Lieferung am Terminmarkt wegen zu geringer physischer Mengen zu einem extremen Preisanstieg führt. Bei dem SGX Future könnten die DRAM Produzenten durch ihre Produktionsmengen die Verfügbarkeit des gehandelten DRAM Chips beeinflussen.

3. Risiko und Risikomanagement

Handels durch die Definition mehrerer Referenzprodukte schadet der Liquidität der einzelnen Futures.
- Wer garantiert und haftet ggf. für die physische Abwicklung?

So kommentierten Beobachter z.b. in EBN (2003b) die Versuche des Aufbaus eines DRAM Terminmarktes damit, dass DRAM zwar von allen Halbleitern der natürlichste Kandidat für einen Terminhandel sei, aber aufgrund der mittlerweile vorherrschenden Produktvielfalt und kurzen Lebenszyklen kein ganz typisches Commodity sei und ein Terminhandel nicht funktionieren könne.

Es wäre jedoch denkbar, ähnlich wie bei Aktienzertifikaten Futures nicht auf einen konkreten Chip, sondern einen DRAM Preisindex zu schreiben. Dazu kann der über alle Produkte ermittelte ASP herangezogen werden. Durch den Verzicht auf differenzierte Futures würde sich der Handel auf diesen Future konzentrieren, so dass eine hohe Liquidität zu erwarten wäre. Zwar wird der ASP nicht der individuellen Situation jeden Marktteilnehmers gerecht, wenn z.b. das Angebot eines DRAM Produzenten oder die Nachfrage eines Kunden vom durchschnittlichen DRAM Portfolio abweicht. Dennoch sind die verschiedenen DRAM Preise eng korreliert und das Risikos des Durchschnittspreises ist in etwa das, dem ein DRAM Anbieter oder Nachfrager (durchschnittlich) ausgesetzt ist. Da es für andere Halbleiterprodukte keinen Terminhandel gibt und DRAM als „Halbleiterbarometer" gilt, sollte ein solcher DRAM Terminhandel zusätzliche Hedger, die ein verwandtes Risiko hedgen wollen, und Spekulanten anziehen, ähnlich wie dies in anderen Terminmärkten der Fall ist, so dass kein Marktteilnehmer den Terminreis beeinflussen kann. Da sich der ASP nicht auf das Angebot eines konkreten DRAM Chips bezieht, ist nicht davon auszugehen, dass ein DRAM Anbieter durch seine Produktion den Terminpreis beeinflusst.[103]

Bei der Verwendung eines Preisindexes als Grundlage eines DRAM Futures muss natürlich auf eine physische Abwicklung verzichtet werden. Dies erscheint aber unproblematisch, weil praktisch alle Terminmarktteilnehmer entweder das Preisrisiko hedgen oder auf Preisänderungen spekulieren und an einer physischen Erfüllung nicht interessiert sind. Mit der physischen Abwicklung entfällt das Problem der Sicherstellung der entsprechenden Produktion. Im Gegenteil,

---

[103] Es scheint wenig wahrscheinlich, dass ein Anbieter, nur um den Terminpreis zu beeinflussen, seine Produktion auf andere, besonders teure oder billige (und damit sehr verschiedene) DRAM Chips verlagert, wenn er sie am Spotmarkt nicht absetzen kann. Bezieht sich der Terminpreis hingegen auf einen einzelnen Chip, wie beim SGX Future, ist eine temporäre Verlagerung der Produktion auf nahe, ebenfalls stark nachgefragte Chips mit einer potentiell starken Wirkung auf den singulären Preis des dem Future unterliegenden Chips denkbar.

ein DRAM Produzent kann Termingeschäfte tätigen, ohne sich Gedanken darüber machen zu müssen, ob er eine bestimmte Menge tatsächlich liefern kann. Trotz der bisher erfolglosen Versuche ist es möglich, dass in naher Zukunft ein Terminmarkt für DRAM geschaffen wird, so dass es für die Anbieter von Interesse ist zu wissen, wie sie ihr Risiko am besten auf einem solchen Markt hedgen können, aber auch, welche Alternativen sie ergreifen können, solange es diesen Terminmarkt noch nicht gibt. Beides ist Inhalt der weiteren Ausführungen.

3.3.3 Funktionsweise des Hedgings

Die Beschäftigung mit Hedging entstammt historisch vor allem der Agrarökonomie und dem Problem, dass Produzenten landwirtschaftlicher Erzeugnisse und deren Verarbeiter das Risiko schwankender Preise durch Termingeschäfte auszuschalten versuchten.[104] Bevor der Begriff genauer definiert wird, soll die Funktionsweise des Hedgings mit Futures gleich anhand eines vereinfachten Beispiels illustriert werden. Dazu sei angenommen, der von SGX geplante DRAM Terminmarkt werde doch noch eröffnet und ein Handel mit Futures auf je 1.000 Stück 512Mb DRAM Chips beginnt. Ein DRAM Produzent habe zum 1. Mai 2006 2 Mio. dieser Chips in der Produktion, die in drei Monaten zum Verkauf bereit sind. Er erwartet einen Verkaufspreis von $4 pro Stück, wobei sein Break-Even Preis $3 beträgt. Während er einen umso größeren Gewinn erzielen kann, je höher der Preis sein wird, macht er bei Preisen unter $3 Verluste (vgl. Abbildung 3.4). Um sich gegen Verluste abzusichern, nimmt der Produzent am Terminmarkt als Gegenposition zu seiner (künftigen) physischen Long-Position eine Short-Position ein und verkauft 2.000 DRAM Futures zum aktuellen Terminpreis von $4 je Chip mit einer Laufzeit von drei Monaten. Stellt er die Position kurz vor ihrer Fälligkeit glatt, erzielt er daraus einen Gewinn, wenn der Terminpreis zwischenzeitlich unter die $4 gefallen ist, die er sich als „Verkaufspreis" gesichert hat, und einen Verlust, wenn der Terminpreis über $4 gestiegen ist. Verändern sich der Spot- und Terminpreis um den gleichen Betrag, kann er sich so unabhängig von der tatsächlichen Realisation des Spotpreises den Umsatz und bei konstanten Kosten auch den Gewinn sichern, den er bei einem Spotpreis von $4 erzielen würde. Fällt der Spotpreis unter $4, generiert die Futuresposition einen Gewinn, der den niedrigeren Umsatz aus dem Spotmarktverkauf gerade ausgleicht. Analoges gilt allerdings auch umgekehrt. Steigt der Preis

---

[104] Vgl. Ederington (1979) sowie Wardrep und Buck (1982).

3. Risiko und Risikomanagement

über $4, werden die höheren Umsätze aus den Chipverkäufen ausgeglichen durch einen entsprechenden Verlust aus der Futuresposition. Die Absicherung gegen fallende Preise wird mit einem Verzicht auf potentiell höhere Gewinne erkauft. Hedging glättet mögliche Schwankungen in beide Richtungen, und stabilisiert so die Gewinne. Abbildung 3.4 veranschaulicht das Prinzip.

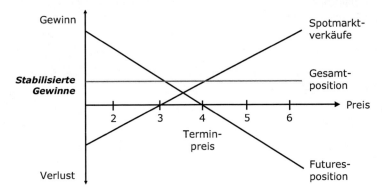

Abbildung 3.4: Gewinne und Verluste einer Long-Spotposition und einer Short-Futuresposition

Auf analoge Art und Weise funktioniert das Hedging des Wechselkursrisikos. Der DRAM Produzent sei beispielsweise im Euro-Raum ansässig. Der Umsatzerlös von $8 Mio., den er in drei Monaten erwartet und der jetzt als sicher unterstellt sei, unterliegt zwischenzeitlich einem Wechselkursrisiko, da der Wechselkurs, zu dem er ihn später in Euro umtauschen kann, noch nicht bekannt ist. Bei einem aktuellen Devisenkurs von z.B. 1,3 €/$ hätte der erwartete Umsatz einen Wert von €10,4 Mio. Fällt der Devisenkurs jedoch zwischenzeitlich, sinkt der Eurowert des Umsatzes. Verkauft der Produzent, der eine Long-Position in Dollar haben wird, Dollarfutures im Wert von $8 Mio. (geht „short" am Devisenterminmarkt) und entwickeln sich der Devisenspot- und -terminkurs parallel, erzielt er einen Gewinn, der den Verlust ausgleicht. Der Produzent ist so gestellt, als ob er seinen Dollarumsatz zum alten Kurs umtauschen könnte. Er verzichtet jedoch auch hier auf die Chance zusätzlicher Gewinne durch einen höheren Eurowert des Umsatzes bei einem Anstieg des Devisenkurses.

Ganz allgemein baut Hedging mittels Futures auf dem Prinzip auf, dass das Gesamtrisiko der Spot- und Futurespositionen nicht der (gewichteten) Summe ihrer Einzelrisiken entspricht, sondern ihre stochastische Abhängigkeiten zu berücksichtigen ist. Sind die beiden Positionen negativ korreliert, senkt die dadurch erzielte Risikostreuung das Gesamtrisiko. Diese Risikoreduktion ist z.B. in den Definitionen von Nance et al. (1993, S.267), Ghosh (1993, S.743) oder

Brealy et al. (2006, S.998) Ziel des Hedgings. Duffie (1989, S.201) erklärt Hedging sehr anschaulich als „adoption of a futures position that, on average, generates profits when the market value of the given commitment is lower than expected, and generates losses, when the market value of the commitment is higher than expected". Auch wenn hier Hedging mittels Futures betrachtet wird, kann prinzipiell jedes mit dem Risiko nicht perfekt positiv korreliertes Instrument herangezogen werden.[105] Die Position, die darin eingegangen wird, muss nur mit der riskanten Position negativ korreliert sein. Daher wird in dieser Arbeit folgende allgemeine Definition von Hedging vorgeschlagen:[106]

Das Eingehen einer zu einer existierenden Risikoposition entgegengesetzten, d.h. negativ korrelierten, Position zum Zwecke der Risikoreduktion, so dass der Verlust der einen Position (ganz oder teilweise) kompensiert wird durch einen Gewinn bei der anderen Position.

Durch die Absicherung der Risiken können zukünftig unsichere Zahlungsströme im Idealfall nach Broll (1995, S.6) zu einer risikolosen Gesamtposition des Unternehmens transformiert werden. Konkret kann ein DRAM Produzent durch Hedging des Preis- oder Wechselkursrisikos seinen Umsatz in heimischer Währung stabilisieren und seinen Gewinn verstetigen. Hedging werden daher häufig wie z.B. in Broll (1995, S.9).versicherungsähnliche Wirkungen zugeschrieben Diese Analogie wurde bereits von Keynes (1930) und Hicks (1939) hergestellt. Sie ist aber insofern etwas irreführend, als durch Hedging in Übereinstimmung mit der hier verwendeten Risikodefinition Schwankungen der riskanten Größe in beide Richtungen ausgeglichen werden, d.h. nicht nur ein potentieller Schadensfall begrenzt wird, sondern auch die Chance auf zusätzliche Gewinne.

Die nachfolgenden Ausführungen werden zwar zeigen, dass in der älteren Literatur auch die Gewinnerzielung als Ziel des Hedgings genannt wurde. Es macht aber Sinn, unter Hedging nur das Ziel der Risikoreduktion zu erfassen. Das Eingehen einer Futuresposition mit der Aussicht auf Gewinne aus Terminpreisänderungen kann als Spekulation betrachtet werden. Während ein Speku-

---

[105] Vor dem Eingehen einer Hedgeposition ist zu prüfen, ob nicht andere Positionen des Unternehmens in Bezug auf sein Gesamtrisiko bereits Hedgequalität besitzen (Diversifikationseffekte). Über eine Hedgingmaßnahme sollte daher im Rahmen einer Steuerung des gesamten Unternehmensrisikos entschieden werden.

[106] In dem Falle wie hier, dass die Spotmarktposition noch nicht existiert, sondern lediglich geplant ist, spricht Working (1962, S.441) von einem antizipativem Hedge, eine Unterscheidung, die nicht weiter verwendet wird.

3. Risiko und Risikomanagement

lant bewusst Risiken zur Gewinnerzielung eingeht und auf die Veränderung des Terminpreises in eine bestimmte Richtung wettet, strebt ein Hedger die Reduzierung des Risikos einer bereits bestehenden bzw. antizipierten Position an, ohne dass die Erzielung eines Gewinns beabsichtigt wird. Im Gegenteil, der Gewinn oder Verlust der Futuresposition soll ja gerade den Verlust oder Gewinn der Spotposition ausgleichen. Aus diesem Grunde ist ein Verlust der Futuresposition auch nicht, wie in der Praxis manchmal der Eindruck erweckt wird, als Zweckverfehlung zu betrachten, wenn er einen Gewinn auf dem Spotmarkt tilgt (vgl. auch Hull (2006, S.80f)). Nur wenn im umgekehrten Falle ein Verlust auf dem Spotmarkt nicht kompensiert würde, wäre der Hedge als misslungen zu bezeichnen. Ein Marktteilnehmer kann natürlich in einer Futuresposition beide Motive vereinen. Seine Position ist dann eine Mischung aus einer Hedging- und einer spekulativen Position. Zur Ableitung der optimalen Hedgingstrategie sollten diese beiden Motive gedanklich aber getrennt werden.

In diesem Zusammenhang stellt sich die Frage, ob ein Unternehmen sein Wissen um den Markt, auf dem es tätig ist, nicht auch zur Spekulation nutzen sollte. Bisher war einem Anbieter aufgrund der Risikoaversion unterstellt worden, er wolle das Risiko, dem er ausgesetzt ist, so weit wie möglich hedgen. Wenn andere Marktteilnehmer auf Preisänderungen wetten, sollte dann nicht auch ein Anbieter, der aus dem operativen Geschäft gewiss qualifizierte Erwartungen über den künftigen Preis hat, spekulativ Futures handeln? Tatsächlich scheint ein „Selektives Hedging" gängige Praxis zu sein. Nach von Stulz (1996, S.9f) berichteten empirischen Beobachtungen nutzen die meisten Unternehmen, die hedgen, Derivate nicht nur, um bestehende Risiken abzusichern, sondern lassen in ihre Position auf dem Terminmarkt auch ihre Erwartungen einfließen, d.h. gehen teilweise eine spekulative Position ein. Sie hedgen z.B. in Erwartung einer vorteilhaften Preisentwicklung weniger und nehmen einer größere als zum reinen Hedging notwendige Position ein, wenn sie eine negative Entwicklung erwarten. Ein solches, intuitiv zunächst einleuchtendes Verhalten kann sich aber langfristig nur auszahlen, wenn ein Unternehmen systematisch bessere Informationen als der Markt hat und den künftigen Preis besser prognostizieren kann. Nach der Hypothese effizienter Märkte von Fama (1965) spiegelt der aktuelle Preis alle verfügbaren Informationen wieder, so dass aus ihnen kein Gewinn erzielt werden kann. In liquiden Märkten, gerade bei Commodities, ist es von Ausnahmefällen abgesehen unwahrscheinlich, dass ein Produzent einen Informationsvorsprung besitzt. Ohne komparativen Vorteil in der Informationssammlung empfiehlt Stulz (1996, S.14f) einem Unternehmen nicht, zusätzliche Risiken eingehen. Die DRAM Anbieter beziehen einen Großteil ihrer Marktdaten von externen Analysten bzw. Marktforschungsinstituten, auf deren Informationen die anderen Marktteilnehmer ebenso Zugriff haben, so dass Spekulation für sie keine gewinnversprechende Aktivität darstellt.

3.3.4 Basisrisiko

In den Beispielen wurde davon ausgegangen, dass sich Spot- und Terminpreise exakt parallel entwickeln, so dass die (Long-)Spotposition und die (Short-)Terminposition perfekt negativ korreliert sind. Weil das Risiko dann vollständig eliminiert werden kann, spricht man von einem perfekten Hedge. Doch selbst wenn im Terminmarkt im Prinzip das gleiche Gut wie im Spotmarkt gehandelt wird, stimmen Spot- und Terminpreis häufig nicht überein. Bedingt durch die hohe Standardisierung entsprechen die Spezifikationen der Futures nur selten genau der Situation des Hedgers, z.B. die Produktspezifikationen des Basiswerts exakt denen des im Spotmarkt gehandelten Gutes.[107] Letzteres betrifft im vorliegenden Fall nur mögliche DRAM Futures, weil Dollarfutures hinsichtlich der Ware nicht weiter spezifiziert werden können. Der Terminpreis weicht dann von dem Spotpreis ab und die Korrelation zwischen ihnen wird nicht perfekt sein. Dies kann auch der Fall sein, wenn die Laufzeit des Futures nicht der abzusichernden Frist des Hedges entspricht, d.h. der Fälligkeitszeitpunkt nicht mit dem Verkaufszeitpunkt am Spotmarkt übereinstimmt. Beträgt der Hedgezeitraum beispielsweise 8 Wochen, stehen aber nur Futures mit (Rest-)Laufzeiten von 6, 12 und 18 Wochen bereit, kann der Zeitraum nur mit einem zwölfwöchigen Futures abgesichert werden, der vorzeitig glatt gestellt werden muss. Zu diesem Zeitpunkt können Spot- und Terminpreise differieren, weil sich der Spotpreis auf die unmittelbare, der Terminpreis dagegen auf die zukünftige Lieferung des Gutes bezieht. Die Differenz zwischen Spotpreis p und Terminpreis f wird allgemein als Basis bezeichnet (vgl. z.B. in Hull (2006, S.82)):

$$B := p - f \qquad (3.4)$$

Oft wird sie auch als Differenz zwischen Termin- und Spotpreis definiert, was letztlich keinen Unterschied macht. Aus Arbitrageüberlegungen folgt zwar, dass eine auf Fristeninkongruenz beruhende Basis gegen Ende der Laufzeit des Futures kleiner werden und schließlich zum Fälligkeitszeitpunkt gegen null konvergieren sollte, d.h. der Terminpreis sollte mit dem Spotpreis übereinstim-

---

[107] Genauer entspricht die Spezifikation des abzusichernden Gutes nicht dem zur Erfüllung des Futures am billigsten zu liefernden Gutes, vgl. Hill et al. (1983, S.404). Auch die Kontraktgröße kann bei kleineren Spotpositionen, die sich über ganzzahlige Vielfache der Kontraktgröße evtl. nur über- oder untersichern lassen, ein Problem sein. Wegen der hohen DRAM Absätze bzw. Umsätze dürfte dieses Problem hier vernachlässigbar sein.

3. Risiko und Risikomanagement

men, da das gleiche Gut zur gleichen Zeit gleich viel kosten sollte. Vor der Fälligkeit können die Preise jedoch divergieren und einen perfekten Hedge vereiteln. Gleiches gilt bei einer Basis aufgrund unterschiedlich spezifizierter Spot- und Termingüter. Bliebe die Basis über die gesamte Laufzeit der Hedgeposition konstant, so dass Spot- und Terminpreis weiterhin perfekt korreliert sind, ließe sich das Risiko weiterhin vollständig eliminieren. Die Basis ist jedoch in der Regel durch eine nicht perfekt parallele Entwicklung des Spot- und Terminpreises Schwankungen unterworfen, die zur Entstehung des sog. Basisrisikos führen. Hedging tauscht in diesem Fall das Risiko von Änderungen des Spotpreises gegen das Risiko von Änderungen der Basis. Dem Hedger verbleibt das Basisrisiko als Restrisiko, das als am Terminmarkt nicht handelbares Risiko verstanden werden kann. Das Basisrisiko wird erst gegen Ende der Laufzeit des Futures kleiner, wenn die Basis allmählich verschwindet. Daher sollten Futures mit einer Fälligkeit so nahe wie möglich an dem angestrebten Endzeitpunkt des Hedges gewählt werden. Ist es notwendig, zur Abdeckung eines längeren Hedgezeitraums mehrere Futures aneinander zu reihen, kann ein „Rollover"-Risiko (ein Basisrisiko zwischen Futurekontrakten) entstehen, wenn der Preis des alten Futures und der des neuen bei dem Wechsel von dem einen auf den anderen nicht übereinstimmen.

Spot- und Terminpreis bewegen sich gleichwohl nicht völlig unabhängig voneinander, sondern stehen in enger Beziehung zu einander, da sie letztlich Preise für das gleiche Gut sind, wenn auch zu unterschiedlichen Zeitpunkten. Würden sie zu sehr divergieren, würden Arbitrageprozesse einsetzen, so dass sie sich wieder annähern. Infolgedessen wird sich das Basisrisiko im Regelfall in Grenzen halten.

Worauf lässt sich die Basis zurückführen? Zu unterscheiden ist laut Hull (2006, S.136ff) zwischen Basiswerten, die überwiegend als Kapitalanlage gehalten werden wie Wertpapiere, Devisen und Edelmetalle und solchen, die primär zu konsumtiven Zwecken gehalten werden wie Rohstoffe. Der Preis eines Future auf ein Anlagegut entspricht unter Vernachlässigung möglicher Erträge wie z.B. Dividenden bei Aktien dem zum risikolosen Zins auf den Fälligkeitszeitpunkt aufgezinsten Spotpreis (bei Währungen wird der Wechselkurs mit der Differenz der Zinsen der beiden Länder aufgezinst, so dass die Zinsparität gilt). Der für Konsumgüter üblicherweise angeführte „Cost-of-Carry" Ansatz führt als Ursache für eine Basis Nettofinanzierungskosten der Lagerung (Haltekosten) an, die sich aus zwei Komponenten zusammensetzen. Zum einen aus den Kosten der physischen Lagerung, die neben Transport-, Lager- und Versicherungskosten insbesondere die Finanzierungs- bzw. Opportunitätskosten für das in dem gelagerten Gut gebundene Kapital umfassen (z.B. entgangene Zinserträge). Daneben bringt das unmittelbare Halten eines Gutes gegenüber einem Terminkauf aber eine Verfügbarkeitsrente („Convenience Yield"[108]) mit sich, die z.b. bei einem Input aus der Aufrechterhaltbarkeit der Produktion bei Knappheit des Angebots entsteht. Die Nettofinanzierungskosten ergeben sich als Differenz dieser Lagerkosten und –erträge.[109] Der Terminpreis entspricht dann dem aktuellen Spotpreis zuzüglich der Nettofinanzierungskosten bis zum Fälligkeitszeitpunkt. Normalerweise ist die Verfügbarkeitsrente klein, so dass die Lagerkosten dominieren und die Nettofinanzierungskosten insgesamt positiv sind. Der Terminpreis ist dann höher ist als der Spotpreis (negative Basis). Eine solche Situation heißt „Contango". In Ausnahmefällen („Inverted Market") kann jedoch der Nutzen des Haltens eines (knappen) Gutes die Lagerkosten übersteigen, z.b. wenn eine temporäre Verknappung durch Missernten, Ölkrisen, Streiks o.ä. befürchtet wird. Der Terminpreis liegt dann unter dem Spotpreis, eine als „Backwardation" bezeichnete Situation. Denkbar sind über die Laufzeit eines Futures auch Wechsel zwischen beiden Situationen. Gleichzeitig wird mit dem Ansatz die Entwicklung des Terminpreises beschrieben. Weil mit abnehmender Restlaufzeit die verbleibenden Finanzierungskosten (egal ob positiv oder negativ) sinken, wird die Basis immer kleiner, bis der Terminpreis im Fälligkeitszeitpunkt schließlich gegen den Spotpreis konvergiert.

Einen anderen Ansatz verfolgt die Theorie der „Normal on" von Keynes (1930) und Hicks (1939). Nach Keynes (1930, S.128) besitzen die Hedger für die Möglichkeit, das Risiko anderen Marktteilnehmern übertragen zu können, eine gewisse Zahlungsbereitschaft, vergleichbar der für eine Versicherungsprämie. Auf der anderen Seite sind Spckulanten nur gegen Erhalt einer solchen Risikoprämie bereit, das Risiko zu übernehmen. Da Keynes (1930, S.144) und Hicks (1939, S.137ff) unterstellen, dass Hedger überwiegend eine Short-Position am Terminmarkt einnehmen und Spekulanten eine Long-Position, liegt der Terminpreis um die Prämie unter dem erwarteten Spotpreis, daher der Name „Normal Backwardation". Wenn hingegen die Heger eine Long- und die Spekulanten eine Short-Position einnehmen, liegen der Terminpreis entsprechend über dem erwarteten Spotpreis (Contango-Situation). Die Sichtweise von Keynes (1930) und Hicks (1939) ist jedoch aus einer Reihe von z.B. von Kamara (1982, S.270ff) zusammengefassten Gründen umstritten. Beispielsweise würde ein Spekulant nach dem in 3.2 beschriebenen CAPM keine Risikoprämie for-

---

[108] Das auf Kaldor (1939) und Working (1949) zurückgehende Konzept der Verfügbarkeitsrente wurde von Brennan (1958) und Telser (1958) (weiter)entwickelt.
[109] Zur Berechnung der einzelnen Komponenten vgl. z.B. Hull (2006, S.154ff).

3. Risiko und Risikomanagement

dern, wenn das Risiko des Haltens eines Futures unsystematisch ist. Nur für ein positives systematisches Risiko fordert er eine Risikoprämie auf den risikolosen Zins, für ein negatives wäre er bereit, eine niedrigere Rendite zu akzeptieren (vgl. z.B. Hull (2006, S.159)). Die Risikoprämie kann auch in den Cost-of-Carry Ansatz integriert werden, indem sie den aus ihr resultierenden Terminpreis nach oben oder unten verschiebt.

Empirisch scheint die Hypothese einer Risikoprämie nur für einzelne Märkte zuzutreffen, jedoch nicht als allgemeine Beschreibung von Commodity-Märkten zu dienen. Kamara (1982, S.270ff) und Carter (1999, S.223ff) geben eine Übersicht über die Befunde in der empirischen Literatur, nach der keine systematische Risikoprämie entdeckt werden konnte. Ohne Risikoprämie hängen die Basis und das Basisrisiko davon ab, ob der Terminpreis den künftigen Spotpreis widerspiegelt. Kamara (1982, S.270ff) und Carter (1999, S.230ff) fassen theoretische Gründe und empirische Beobachtungen zusammen, warum der Terminpreis für Commodities keinen unverzerrten Schätzer für den Spotpreis bei Fälligkeit darstellt. Auch nach den in Brenner und Kroner (1995, S.34) zitierten Studien sind Commodity-Terminmärkte verzerrt (Brenner und Kroner diskutieren die theoretischen Gründe, warum gängige Tests die Unverzerrtheit zurückweisen.). Es existiert jedoch keine empirische Evidenz für eine systematische Abweichung nach oben oder unten bzw. für eine systematische Terminpreisentwicklung, d.h. sowohl Contango als auch Backwardation sind möglich.

Für Devisenterminmärkte wird bereits seit langem die sog. „Forward Premium Anomaly" diskutiert, da auch der Devisenterminpreis kein unverzerrter Schätzer des künftigen Wechselkurses zu sein scheint. Ein Überblick über die empirischen Ergebnisse findet sich in Hodrick (1987) sowie für die danach folgende Literatur in Engel (1996) (Brenner und Kroner (1995, S.34) zitieren jedoch einige Studien, nach denen Devisenmärkte unverzerrt sind). Nach Engel (1996) ist für die Verzerrtheit noch keine zufrieden stellende Erklärung gefunden worden. Baillie und Bollerslev (2000) führen die Ergebnisse auf statistische Schätzprobleme zurück und zeigen, dass die Hypothese des Devisenterminpreises als unverzerrter Schätzer nicht zurückgewiesen werden kann und dass eine Risikoprämie, wenn sie existiert, klein ist.

Obwohl also der Terminpreis möglicherweise ein verzerrter Schätzer ist, kann keine Annahme bezüglich der Richtung seiner Verzerrung gemacht werden. Vielmehr scheint er noch die beste Annäherung an den erwarteten künftigen Spotpreis darzustellen. Daher wird im Weiteren grundsätzlich –gewissermaßen als Benchmark– von einem unverzerrten Terminpreis ausgegangen, aber auch die Auswirkung einer Verzerrung untersucht. Als unverzerrt wird ein Terminmarkt bzw. -preis bezeichnet, wenn der Terminpreis zum Kauf- oder Verkaufszeitpunkt des Futures dem zum Fälligkeitszeitpunkt erwarteten Spotpreis entspricht, und nach unten oder oben verzerrt, wenn er kleiner oder größer ist. Zudem wurde bereits oben argumentiert, dass es unwahrscheinlich erscheint, dass ein Anbieter den künftigen Spotpreis (systematisch) besser als der Terminmarkt prognostizieren kann. Daher ist für ihn im Normalfall als beste Erwartung bezüglich des künftigen Spotpreises die Verwendung des Terminpreises empfehlenswert, so dass zumindest aus subjektiver Sicht des Anbieters von Unverzerrtheit ausgegangen werden kann. Ziel des Terminhandels ist dann nur die Risikoreduktion.

Eine wichtige Annahme im Zusammenhang mit der Unverzerrtheit ist im Folgenden die Unterstellung, dass die hier betrachteten Terminmärkte kompetitiv in dem Sinne sind, dass die Futuresposition eines Anbieters den Terminpreis nicht beeinflusst. Seine Produktion, d.h. seine Spotmarktposition, kann den Terminpreis über die Änderung des erwarteten Spotpreises aber sehr wohl beeinflussen.

Selbst bei Unverzerrtheit, die sich auf die Identität des Terminpreises mit dem bei Fälligkeit des Futures erwarteten Spotpreis bezieht, können bis dahin trotzdem eine Basis und ein Basisrisiko auftreten. Wenn aber aufgrund eines Basisrisikos ein perfekter Hedge nicht mehr möglich ist, ist die Festlegung der optimalen Hedgeposition nicht mehr so einfach wie in obigen Beispielen. Das Problem eines Basisrisikos tritt natürlich erst recht auf, wenn für das abzusichernde Gut kein Futures existiert und andere Futures verwendet werden müssen.[110] Für die meisten Währungen der Länder, die im DRAM Markt eine Rolle spielen, existiert ein Future für den Dollar-Wechselkurs, so dass für das Wechselkursrisiko im Normalfall ein „direktes Hedging" möglich ist.[111] Für DRAM Chips existiert hingegen noch kein Terminmarkt, so dass hier auf Futures für andere Güter zurückgegriffen werden muss, deren Preis so gut wie möglich mit dem DRAM Preis korreliert ist, d.h. die ähnliche Preisschwankungen aufweisen. Man spricht dann vom „Cross-Hedging". Aufgrund der imperfekten Korrelation (bzw. des höheren Basisrisikos) kann das Risiko nur teilweise reduziert werden,

---

[110] Auch wenn ein existierender Future über unzureichende Liquidität verfügt, kann es sich anbieten, einen anderen, liquideren Future zu verwenden, der hoch korreliert mit dem abzusichernden Gut ist.

[111] Das Problem unterentwickelter Devisenterminmärkte betrifft weniger die industrialisierten oder Schwellenländer als vielmehr Entwicklungsländer, vgl. Broll und Wahl (1998), Broll und Wong (1999), Broll et al. (1999) und Adam-Müller (2000).

3. Risiko und Risikomanagement

so dass ein solcher Hedge typischerweise weniger effektiv als ein direkter Hedge ist. Beim Cross-Hedging besteht die Herausforderung neben der Festlegung der Hedgeposition darin, einen geeigneten Future zu finden. Während die Hedgeposition im nächsten Kapitel untersucht wird, ist die Auswahl des Futures Inhalt von Kapitel 5.

Nachdem die grundlegende Funktionsweise des Hedgings ebenso wie das Basisrisiko, das einen perfekten Hedge vereitelt, erläutert wurden, stellt sich die Frage nach der optimalen Hedgingstrategie. In welchem Umfang soll ein DRAM Produzent Positionen in DRAM Futures und Devisenfutures eingehen? Das folgende Kapital widmet sich dieser Frage aus theoretischer Perspektive.

4. Theoretische Analyse von Preis- und Wechselkursrisiken und Hedging

Dieses Kapitel beschreibt im Rahmen einer theoretischen Analyse die Auswirkungen des Preis- und Wechselkursrisikos sowie ihrer Absicherung durch Futures auf das Verhalten eines DRAM Produzenten. Zu Beginn gibt Abschnitt 4.1 einen Überblick über bisher in der Literatur gewonnene Erkenntnisse und Handlungsempfehlungen, die in den folgenden Abschnitten auf die Situation eines DRAM Produzenten übertragen und erweitert werden. Dabei wird die oligopolistische Interaktion der Anbieter zunächst vernachlässigt. Nachdem Abschnitt 4.2 den Analyserahmen abgesteckt hat, untersucht Abschnitt 4.3, wie die Risiken ohne Absicherung auf die Absatzentscheidung eines Anbieters wirken. Anschließend geht es um die Frage, wie die Absatzentscheidung durch die Möglichkeit der (teilweisen) Absicherung der Risiken über Futures beeinflusst wird und was demzufolge die Konsequenzen eines DRAM Terminmarktes wären. Gleichzeitig ist die optimale Futuresposition auf einem solchen Terminmarkt sowie dem Devisenterminmarkt zu bestimmen, wenn beide als perfekt unterstellt werden können (Abschnitt 4.4), aber auch diejenige auf einem anderen Terminmarkt im Rahmen eines Cross-Hedges (Abschnitt 4.5), solange noch kein DRAM Terminmarkt existiert. In Abschnitt 4.6 wird schließlich der oligopolistische Wettbewerb der DRAM Produzenten in die Analyse einbezogen.

4.1 Hedgingtheorien in der Literatur

Die Literatur hat in den letzten Jahrzehnten eine Fülle an theoretischen Modellen mit verschiedenen Empfehlungen für die optimale Spotmarkt- und Futuresposition hervorgebracht. Die wichtigsten Entwicklungslinien sollen hier aufzeigt werden, da später auf sie Bezug genommen wird. Es lassen sich grob drei

4. Theoretische Analyse von Preis- und Wechselkursrisiken und Hedging

Richtungen unterscheiden: die traditionelle Theorie, der Portfolioansatz sowie erwartungsnutzenmaximierende Ansätze.

4.1.1 Traditionelle Hedgingtheorie

Den Ausgangspunkt der theoretischen Auseinandersetzung mit Hedging bildet die z.B. von Ederington (1979, S.159f) beschriebene traditionelle Hedgingtheorie, nach der Hedging dem Ziel der Risikominimierung dient und die von einem direkten Hedge ausgeht. Wie in den früheren Beispielen ist zu einer gegebenen Spotmarktposition eine gleich große, aber entgegengesetzte Position im Futuresmarkt einzugehen („equal-but-opposite", „1:1" oder „naiver" Hedge). Änderungen in der Basis werden als so klein angesehen, dass sie meist ignoriert werden. Steigt oder fällt der Spotpreis um den gleichen Betrag wie der Terminpreis, bleibt die Gesamtposition des Anbieters immer gleich und ein perfekter Hedge wird erreicht. Übertragen auf das Preisrisiko des DRAM Produzenten ist der künftige Gewinn unter Vernachlässigung des Wechselkurses mit dem unsicheren Preis $\tilde{p}$ ohne Hedging gegeben durch

$$\tilde{\pi}_i = \tilde{p} \cdot x_i - C_i(x_i) \qquad (4.1)$$

und seine Varianz bestimmt durch die Varianz σ_p^2 des Preises:

$$\text{var}(\tilde{\pi}) = x_i^2 \sigma_p^2 \qquad (4.2)$$

Das Wechselkursrisiko wird später noch eingehend analysiert, so dass auf eine Illustration seiner Absicherung an dieser Stelle verzichtet sei. Verkauft der Produzent zum Zeitpunkt 1 DRAM Futures im Umfang[112] H zum Terminpreis f_1 und kann er diese Position zu einem späteren Zeitpunkt 2, zu dem er seinen Output verkauft, zu dem noch unbekannten Terminpreis $\tilde{f}_2$ wieder glatt stellen, sind sein Gewinn und dessen Varianz gegeben durch

$$\tilde{\pi}_i = \tilde{p}x_i + H(f_1 - \tilde{f}_2) - C(x_i) \qquad (4.3)$$
$$\text{var}(\tilde{\pi}_i) = x_i^2 \sigma_p^2 + H^2 \sigma_f^2 - 2x_i H \, \text{cov}(\tilde{p}, \tilde{f}) \qquad (4.4)$$

mit σ_f^2 als Varianz des Terminpreises und $\text{cov}(\tilde{p}, \tilde{f})$ als der Kovarianz zwischen Spot- und Terminpreis. Beim naiven Hedge verkauft der Produzent seine gesamte Produktion auf Termin, $H=x_i$. Unter der Annahme, dass sich die Preise gleich

---

[112] Häufig wird mit positiven Werten der Futuresposition eine Long-, mit negativen eine Short-Position angegeben. Eine entgegengesetzte 1:1-Position ergibt sich dann als $H=-x_i$. Hier bedeuten positive Werte von H immer eine Verkaufsposition, so dass eine zu x_i entgegengesetzte Futuresposition positiv angegeben wird.

4. Theoretische Analyse von Preis- und Wechselkursrisiken und Hedging 123

bewegen, gilt $\sigma_p^2 = \sigma_f^2$ und $\mathrm{cov}(\tilde{p},\tilde{f}) = \sigma_p\,\sigma_f$, so dass $\mathrm{var}(\tilde{\pi}) = 0$ folgt. Das Risiko lässt sich vollständig eliminieren.

Berücksichtigt man jedoch das Basisrisiko, ist der Hedge nicht mehr perfekt und die Varianz des gehedgten Gewinns nur kleiner als die des ungehedgten, wenn gilt

$$x_i^2 \sigma_p^2 + x_i^2 \sigma_f^2 - 2x_i^2 \,\mathrm{cov}(\tilde{p},\tilde{f}) < x_i^2 \sigma_p^2 \Leftrightarrow \sigma_f^2 < 2\,\mathrm{cov}(\tilde{p},\tilde{f}) \tag{4.5}$$

bzw. unter Verwendung des Korrelationskoeffizienten $\rho_{pf} = \mathrm{cov}(\tilde{p},\tilde{f})\,/\,\sigma_p\,\sigma_f$ wenn $\sigma_f/\sigma_p < 2\rho_{pf}$. Wenn auch nicht perfekt, bewegen sich Spot- und Terminpreis beim direkten Hedge doch gleich gerichtet. Ist ihre Korrelation hoch genug und sind die Standardabweichungen ähnlich ($\sigma_p \approx \sigma_f$), kann Hedging das Preisrisiko zwar nicht vollständig beseitigen, aber doch senken und zwar umso mehr, je höher die Korrelation bzw. je geringer das Basisrisiko. Nur wenn die Varianz (das Risiko) des Terminpreises sehr viel höher ist als die des Spotpreises und/oder ihre Korrelation gering ist, tritt keine Risikoreduktion ein. Der Gewinn bleibt aber bei dem naiven Hedge risikobehaftet, so dass dieser nicht mehr notwendigerweise optimal ist und nicht als Handlungsempfehlung dienen kann, zumindest nicht ohne weitere Begründung.

Bereits Working (1953, S.320ff) kritisierte, dass falsche Vorstellungen durch die gängige –auch hier verwendete– Praxis entstünden, Hedging anhand von Beispielen zu erläutern, in denen der Terminpreis um den gleichen Betrag steigt oder fällt wie der Spotpreis. Statt einer parallelen Entwicklung der Preise würden Hedger Änderungen der Basis erwarten und selektiv hedgen, um davon zu profitieren; die Risikoreduktion sei oft nur eine sekundäre Überlegung. Ein Hedger würde z.B. eine Long-Position im Spotmarkt durch den Verkauf von Futures hedgen, wenn er damit rechnet, dass die Basis fällt, aber weniger oder gar nicht hedgen, wenn er ihr Steigen erwartet. Damit erklärt Working, warum Hedger manchmal hedgen, manchmal aber nicht, eine Beobachtung, die die traditionelle Theorie nicht erklären kann und die dem (in 3.3.3) erwähnten Verhalten hedgender Unternehmen ähnelt. In der hier eingeführten Terminologie stellt Working weniger das Hedging als vielmehr die Spekulation auf die Basis in den Vordergrund. Auch wenn die Terminposition von beiden Motiven bestimmt sein kann, obwohl bei Working offen bleibt, in welchem Umfang eine spekulative Position eingegangen werden sollte, ist es zur Ableitung der optimalen Hedgeposition sinnvoll, beide Motive gedanklich voneinander zu trennen. Die Portfoliotheorie zeigt, wie beide in einem integrierten Ansatz abgeleitet werden können.

4.1.2 Portfoliotheoretische und (μ, σ)-Ansätze

Das Motiv der Risikominimierung der traditionellen Theorie und das bei Working im Vordergrund stehende der Spekulation wurden erstmalig von Johnson (1960) und Stein (1961) unter Verwendung der von Markowitz (1952, 1959) entwickelten Portfoliotheorie in einem geschlossenen Ansatz vereint, indem sie die Futuresposition als Bildung eines Portfolios mit der Spotposition interpretierten. Danach ist die Entscheidung für eine Position am Terminmarkt wie jede Investition in ein risikobehaftetes Wertpapier gemäß der in der Portfoliotheorie verwendeten (μ, σ)-Entscheidungsregel eine Abwägung des erwarteten Gewinns (bzw. der Rendite) und des Risikos (gemessen durch die Varianz). Wie jeder Investor versuchen die Hedger, die entsprechend ihrer Nutzenfunktion optimale Kombination zu erreichen.

Auf dem portfoliotheoretischen Ansatz haben in der Folge viele insbesondere der in Kapitel 5 diskutierten empirischen Arbeiten zum Hedging aufgebaut. Üblicherweise wird ein Hedger betrachtet, der am Spotmarkt ein- und verkauft, also kein Produzent, der bereits über eine Spotposition verfügt bzw. in Antizipation einer solchen hedgen möchte, so dass nicht das Risiko der absoluten Preise, sondern ihrer Änderungen (oder der prozentualen Änderungen, d.h. Renditen) abgesichert werden soll. Die Ergebnisse sind in der Regel problemlos übertragbar. Auf die ggf. ursprüngliche Darstellung in Preisänderungen wird dann verzichtet.

Johnson (1960, S.141f) sieht zwar wie die traditionelle Theorie das Motiv des Hedgings in der Risikoreduktion. Er erkennt aber an, dass für die Höhe der Futurespositionen ähnlich wie bei Working Erwartungen über die Spot- und Terminpreise eine Rolle spielen können. Beispielsweise würden Hedger mit einer Long-Spotposition ihre Futuresposition senken, falls sie steigende, und über das für das Hedging benötigte Maß hinaus erhöhen, falls sie sinkende Spotpreise erwarten. Sie halten eine Mischung aus einer spekulativen und einer Hedge-Position. Den Hedge definiert Johnson (1960, S.142f) als die Position H^*, die für eine gegebene Spotmarktposition das Risiko der Gesamtposition, d.h. die Varianz in (4.4) minimiert:

$$H^* = x_i \frac{\text{cov}(\tilde{p}, \tilde{f})}{\sigma_f^2} = x_i \rho_{pf} \frac{\sigma_p}{\sigma_f} \qquad (4.6)$$

Die (Ko)Varianzen werden anhand der subjektiven Wahrscheinlichkeitsverteilungen bestimmt. Der naive Hedge ist als Spezialfall enthalten, wenn sich Spot- und Terminpreise genau gleich bewegen (dann gilt $\rho_{pf}=1$, $\sigma_p=\sigma_f$). Andernfalls wird der Zusammenhang zwischen ihnen über die Kovarianz bzw.

4. Theoretische Analyse von Preis- und Wechselkursrisiken und Hedging

Korrelation erfasst. Zudem ist die Varianz des Terminpreises zu beachten, gegen die das Preisrisiko eingetauscht wird. Die Varianz des Gewinns bei H^* lautet

$$\mathrm{var}(\tilde{\pi}) = x_i^2 \left(\sigma_p^2 - \frac{\mathrm{cov}^2(\tilde{p},\tilde{f})}{\sigma_f^2} \right) = x_i^2 \sigma_p^2 (1 - \rho_{pf}^2) \tag{4.7}$$

Selbst wenn H^* von dem naiven Hedge abweicht, ist ein perfekter Hedge möglich, wenn Spot- und Terminpreise perfekt korreliert sind ($\rho_{pf}=1$), d.h. sich zwar nicht um den gleichen Betrag, aber dennoch parallel ändern. Andernfalls wird ein Teil des Risikos beseitigt, es verbleibt jedoch ein Restrisiko. Nur bei einer Korrelation von null wird das Risiko gar nicht reduziert. Die Effektivität e des Hedges[113] kann nach Johnson (1960, S.144) über den quadrierten Korrelationskoeffizienten gemessen werden, $e=\rho_{pf}^2$. Ein Hedge gilt als umso effektiver, je mehr Risiko er eliminieren kann.

Die reine Hedgeposition mischt der Hedger mit einer spekulativen, um die für ihn optimale Kombination aus dem Gewinn aus den erwarteten Preisänderungen und dem Risiko zu erreichen, die Johnson (1960, S.145ff) und Stein (1961, S.1015) (nur) graphisch bestimmen. Steins Analyse entbehrt aber einer analytischen Herleitung der reinen Hedgekomponente.

Ederington (1979) greift diese Ergebnisse auf, um sie der empirischen Anwendung zuzuführen. Wie Johnson betrachtet er zunächst die Hedgeposition, die er als Anteil an den Einheiten der Spotposition, $\beta=H/x$, definiert.[114] Diese Hedgerate ist seither die gängige Beschreibung einer Hedgeposition. Die risikominimierende Hedgerate β^* folgt aus (4.6) mit

$$\beta^* = \frac{\mathrm{cov}(\tilde{p},\tilde{f})}{\sigma_f^2} = \rho_{pf} \frac{\sigma_p}{\sigma_f} \tag{4.8}$$

Auch Ederington (1979, S.163f) misst die Effektivität e des Hedges an dessen Potential zur Reduktion des Risikos. Er definiert die Hedgeeffektivität genauer als die prozentuale Reduktion des Risikos (der Varianz) der ungehedgten

---

[113] e steht in dieser Arbeit auch für den Wechselkurs. Da die Effektivität in der Literatur mit e bezeichnet wird, wird dieser Doppelbelegung in Kauf genommen und auf die jeweilige Bedeutung im Kontext hingewiesen.

[114] Ederington (1979, S.162) definiert sie negativ, da $H > 0$ bei ihm einen Terminkauf anzeigt, vgl. Fußnote 112.

Position (U) (4.2), die durch die risikominimierende Hedgeposition (H^*) erreicht werden kann: [115]

$$e = \frac{\text{var}(U) - \text{var}(H^*)}{\text{var}(U)} \qquad (4.9)$$

Durch Einsetzen von (4.8) bzw. (4.7) erhält er wie Johnson $e=\rho_{pf}^2$, wobei der quadrierte Korrelationskoeffizient dem Bestimmtheitsmaß einer Regression des Spot- auf den Terminpreis entspricht, über die e abgeschätzt werden kann. Der Regressionsparameter des Terminpreises entspricht der Schätzung der risikominimierenden Hedgerate β^* (mehr dazu folgt in Kapitel 5). Für die optimale Hedgerate ist wieder eine Abwägung von Erwartungsgewinnen und Risiko notwendig. Das Bestimmtheitsmaß ist als Maß der Hedgeffektivität nicht unumstritten, wenn die Futuresposition nicht nur der Risikominimierung, sondern auch der Gewinnerzielung dient. Eine häufig zitierte Alternative stammt von Howard und D'Antonio (1984), die ein Risiko-Rendite-Maß vorschlagen, das auch die erwartete Rendite berücksichtigt.[116] Mit dem Fokus auf dem reinen Hedging wird es im Folgenden nicht weiter beachtet.

Anhand seiner empirischen Ergebnisse kann Ederington (1979) die traditionelle Hedgerate von eins nicht bestätigen. Vielmehr ist eine Unterabsicherung der Spotposition optimal ($\beta^*<1$). Allgemein werden mit der Hedgerate (4.8) folgende Situationen unterschieden:[117]

- Ein Normal-Hedge liegt bei einer Hedgerate zwischen 0% und 100% vor. Dies ist für $0 \leq \text{cov}(\tilde{p}, \tilde{f}) < \sigma_f^2$ der Fall.
- Bei einem Reverse Hedge ist die Hedgerate größer 100%, d.h. der Umfang der Hedgeposition übersteigt den der Spotmarktposition für $0 < \sigma_f^2 < \text{cov}(\tilde{p}, \tilde{f})$.

---

[115] In der Literatur wird gelegentlich der Eindruck erweckt, Ederington hätte die Ideen von Johnson (1960) und Stein (1961) formalisiert und die Hedgerate hergeleitet. Während Stein tatsächlich nur eine graphische Analyse präsentiert, finden sich die wesentlichen analytischen Ergebnisse wie dargestellt bereits bei Johnson. Ederingtons Verdienst liegt in der aussagekräftigeren Definition der Hedgeeffektivität sowie der empirischen Anwendung.

[116] Das Maß ergibt sich als Verhältnis der Sharpe-Ratio (Überschussrendite pro Risikoeinheit) des gehedgten Portfolios zu der des ungehedgten. Chang und Shanker (1987) schlagen eine verbesserte Version vor, auf die Howard und D'Antonio (1987) antworten. Für eine jüngere Diskussion vgl. z.B. Satyanarayan (1998). Weitere Alternativen finden sich in Pennings und Meulenberg (1997).

[117] Zur Terminologie vgl. z.B. Spremann (1996, S.587).

4. Theoretische Analyse von Preis- und Wechselkursrisiken und Hedging

- Bei einem Texas Hedge ist die Hedgerate negativ, da der Future eine negative Korrelation bzw. $\text{cov}(\tilde{p}, \tilde{f}) < 0$ aufweist.

Während es bei einem direkten Hedge meist zu einem Normal- und nur in Ausnahmefällen zu einem Reverse Hedge kommt, tritt der Texas Hedge in der Regel nur bei Verwendung eines Futures für ein anderes Gut auf. Anderson und Danthine (1981) verallgemeinern Ederingtons (1979) Ergebnisse explizit für das Cross-Heding. Die risikominimierende Cross-Hedgerate wird genauso berechnet, nur dass die Korrelation zwischen Spot- und Futurepreis negativ sein kann. In diesem Fall kauft man Futures zum Hedging einer Long-Position im Spotmarkt.[118] Die Existenz eines Basisrisikos bedeutet bei einem Cross-Hedge, dass sich der Preis des Hedgeinstruments nicht gemäß der unterstellten Beziehung zum Spotpreis bewegt.

Zudem bestimmen Anderson und Danthine (1981) analytisch die optimale (nicht risikominimierende) Futuresposition, für die sich in den bisherigen Ansätzen lediglich graphische (μ, σ)-Abwägungen finden, anhand des LEN-Modells (vgl. (3.3)). Hier ergibt sie sich aus

$$\max_{H} E[\tilde{\pi}] - \frac{\rho_i}{2} \text{var}(\tilde{\pi}) \tag{4.10}$$

Aus der Bedingung erster Ordnung folgen die optimale Futuresposition und Hedgerate mit[119]

$$H^* = \frac{E[f_1 - \tilde{f}_2]}{\rho_i \sigma_f^2} + x_i \frac{\text{cov}(\tilde{p}, \tilde{f})}{\sigma_f^2} \tag{4.11}$$

$$\beta^* = \frac{E[f_1 - \tilde{f}_2]}{x_i \rho_i \sigma_f^2} + \frac{\text{cov}(\tilde{p}, \tilde{f})}{\sigma_f^2} \tag{4.12}$$

Zu dem gleichen Ergebnis im Rahmen eines direkten Hedges gelangen Peck (1975) und Kahl (1983). Anderson und Danthine (1981) bestimmen allerdings

---

[118] Anderson und Danthine (1981, S.1186ff) lassen nicht nur einen, sondern eine Vielzahl von Futurekontrakten zu. Statt des einfachen ist dann der partielle Korrelationskoeffizient für die Hedgerate eines einzelnen Futures zu verwenden. Dabei ist es denkbar, dass sich sein Vorzeichen gegenüber dem einfachen umdreht, so dass selbst bei positiver einfacher Korrelation eine Long-Position zum Hedging einer Long Spot-Position eingegangen wird.

[119] Auch hier weist die Hedgerate die gleiche Struktur auf, egal, ob absolute Preisniveaus oder Änderungen verwendet werden, solange die Varianzen und Kovarianzen auf dem jeweils verwendeten Niveau basieren, siehe Witt et al. (1987, S.136ff). Für eine Herleitung bei der Verwendung von prozentualen Preisänderungen siehe Brown (1985) sowie die Diskussion seines Ansatzes in Witt et al. (1987, S.138).

eine allgemeinere Lösung als hier dargestellt. Die optimale Futuresposition lässt sich nach (4.11) in zwei Teile aufspalten. Der erste ist eine rein spekulative Position, die auch ohne zu hedgende Spotposition ($x_i=0$) eingenommen würde. Sie beschreibt also zugleich das Verhalten eines Spekulanten und entspricht der erwarteten Änderung des Terminpreises relativ zu dessen mit der Risikoaversion gewichteten Risiko. Wird ein sinkender (steigender) Preis erwartet, wird eine spekulative Short (Long) Position eingegangen. Der Hedger spekuliert umso weniger, je größer seine Risikoaversion ist. Ist er extrem risikoavers, d.h. ρ_i sehr groß, spekuliert er gar nicht und übrig bleibt allein der Wunsch, das Risiko zu reduzieren. Dieser Wunsch findet seinen Ausdruck in dem zweiten Teil, der der risikominimierenden Hedgeposition von Johnson (1960) entspricht. Sie (bzw. die Hedgerate von Ederington (1979)) ist demnach als Grenzfall $\rho_i \to \infty$ enthalten. Anstatt über diese extreme Annahme ergibt sie sich auch für einen unverzerrten Terminmarkt als optimale Futuresposition, wenn sich eine Spekulation nicht lohnt.[120] Während die spekulative Position mit der individuellen Risikoaversion und Preiserwartung variiert, ist die risikominimierende unabhängig von beiden und daher für alle Hedger gleich.

Dieses wichtige Resultat wurde von Benninga et al. (1983, 1984) verallgemeinert, die zwar einen direkten Hedge betrachten, deren Ergebnisse aber unmittelbar auf einen Cross-Hedge übertragbar sind. Bei einem unverzerrten Terminmarkt (ggf. für das Cross-Hedge-Instrument) entspricht die risikominimierende der optimalen Hedgerate unabhängig von der konkreten Nutzenfunktion des Hedgers, also auch des (μ, σ)-Ansatzes, und den Verteilungen der Spot- und Terminpreise, da bei Unverzerrtheit der erwartete Gewinn gleich bleibt, während die Risikominimierung bei Risikoaversion den Erwartungsnutzen maximiert. Einzige weitere Bedingung ist eine lineare Regressierbarkeit des Spotpreises auf den Terminpreis,

$$\tilde{p}_t = \alpha_t + \beta_t \cdot \tilde{f}_t + \tilde{v}_t \qquad (4.13)$$

wobei $\tilde{v}_t$ (die Basis) unabhängig von dem Terminpreis ist.[121] Hedging reduziert das Preisrisiko bis auf das nicht handelbare Restrisiko von $\tilde{v}$.[122] Die Hedgerate

---

[120] Bereits Heifner (1972) hatte im (μ, σ)-Ansatz gezeigt, dass die risikominimierende der optimalen Hedgerate entspricht, wenn der erwartete Gewinn aus dem Halten einer Terminposition null ist.

[121] Benninga et al. nehmen Unkorreliertheit des Störterms zum Terminpreis an, was nach Lence (1995a) notwendig, aber nicht hinreichend ist. Die hier verwendete Unabhängigkeit ist

4. Theoretische Analyse von Preis- und Wechselkursrisiken und Hedging

ist unmittelbar durch den Regressionsparameter β gegeben. Die empirische Umsetzung einer derartigen Regression wird in Kapitel 5 diskutiert. Benninga et al. (1984) rechtfertigen für einen unverzerrten Terminmarkt die Verwendung der anhand der beobachtbaren Marktdaten einfach zu bestimmenden, weil von der individuellen Nutzenfunktion unabhängigen, risikominimierenden Hedgerate von Ederington (1979), die daher weite Verbreitung fand.

4.1.3 Erwartungsnutzenansatz und weitere Ergebnisse der Literatur

Bisher wurde die optimale Futuresposition zu einer gegebenen Spotmarktposition bestimmt und ihre Rückwirkung auf die Produktionsentscheidung ignoriert. Anderson und Danthine (1981) beziehen zwar den Output als Entscheidungsvariable ein. Wichtige Ergebnisse für einen Produzenten unter Preis- und Wechselkursrisiko wurden aber im (allgemeineren) Erwartungsnutzenansatz hergeleitet.[123] Da die wesentlichen Ergebnisse detailliert in den folgenden Abschnitten für das Entscheidungsproblem eines DRAM Produzenten hergeleitet werden, beschränkt sich dieser Abschnitt auf eine verbale Darstellung. Auch die Konsequenzen der Ergebnisse für einen DRAM Produzenten werden später ausführlicher diskutiert.

Zur Ableitung der optimalen Hedgeposition unter Berücksichtigung der Auswirkungen der Risikoreduktion auf die Outputentscheidung eines Produzenten gilt es zunächst den Einfluss eines ungehedgten Risikos zu verstehen. Als eine der ersten analysierten Baron (1970) und Sandmo (1971) das Verhalten eines risikoaversen Produzenten unter Preisrisiko bei vollkommenem Wettbewerb. Er wählt ein geringeres Outputniveau als unter Sicherheit (wenn der Preis sicher seinem Erwartungswert entspricht) bzw. Risikoneutralität und zwar ein umso

---

hinreichend, aber nicht notwendig, da nach Lence (1995a) bedingte Unabhängigkeit ausreichend ist.

[122] Unter den genannten Bedingungen sind Futures als Hedgeinstrument ausreichend. Nur wenn der Terminpreis verzerrt ist, ist es nach Lapan et al. (1991) optimal, auch Optionen zur Absicherung zu verwenden.

[123] Um die spezifischen Annahmen über Nutzenfunktionen und Wahrscheinlichkeitsverteilungen zu vermeiden, die hinter dem (μ, σ)-Ansatz oder der Erwartungsnutzenmaximierung stehen, wurden in der Literatur Alternativen vorgeschlagen wie z.B. der „Mean-Extended Gini"-Koeffizient, Hedgeraten auf Basis der Semivarianz oder anderer Teilmomente, die hier nicht weiter betrachtet werden; vgl. den Überblick von Chen et al. (2003, S.434ff).

geringeres, je risikoaverser er ist (Baron[124]) oder je größer das Preisrisiko (Sandmo[125]). Unter abnehmender Risikoaversion führt eine Erhöhung der Fixkosten zu einer Erhöhung der Risikoaversion und senkt daher den Output. Baron (1971) und Leland (1972) übertragen die Ergebnisse auf einen monopolistischen Anbieter.

Danthine (1978), Holthausen (1979) sowie Feder et al. (1980) führen dann für den Produzenten bei vollkommenem Wettbewerb die Möglichkeit eines perfekten Terminhandels (ohne Basisrisiko) simultan zur Outputentscheidung ein. Dadurch kann der Produzent den unsicheren Spotpreis durch den sicheren Terminpreis ersetzen und seinen Output anhand dieses Preises bestimmen – je höher er ist, desto höher ist sein Output. Er muss das Preisrisiko bei der Outputentscheidung nicht mehr berücksichtigen, die daher sowohl von der Risikoeinstellung als auch von der Erwartung des Produzenten über den Preis und das Risiko unabhängig ist und getrennt von der Futuresposition getroffen werden kann. Dieses Resultat ist als Separationstheorem bekannt. Für einen unverzerrten Terminpreis verkauft der Produzent wie beim naiven Hedge seinen gesamten Output, der in diesem Fall dem unter Sicherheit entspricht, auf Termin. Weil das gesamte Risiko eliminiert wird, spricht man von einem „Full Hedge". Ist der Terminpreis kleiner (größer) als der erwartete Spotpreis, spekuliert der Produzent auf seine Erwartung, indem er weniger (mehr) Futures verkauft als beim Full Hedge und zwar nach Feder at al. (1980, S.324) umso weniger (mehr), je stärker seine Erwartung von dem Terminpreis abweicht. Die genaue Höhe der spekulativen Position hängt wie in der Portfoliotheorie von der Risikoaversion und dem Risiko ab. Je größer Risikoaversion oder Risiko, desto kleiner ist die (risikobehaftete) Abweichung vom Full Hedge. In der Regel führt die Existenz eines Terminmarktes dazu, dass das Unternehmen einen höheren Output produziert als ohne.[126]

---

[124] Dieses Ergebnis findet sich in einfacher Form bereits bei Penner (1967). Ishii (1977) zeigt, dass es auch aus dem Modell von Sandmo (1971) folgt, was dieser nicht explizit hergeleitet hatte.

[125] Sandmo (1971, S.67f) kann den Effekt nur für den Übergang von Sicherheit zu Unsicherheit zeigen. Batra und Ullah (1974, S.542ff) leiten ihn allgemein für eine marginale Erhöhung des Risikos unter DARA ab.

[126] Wong (2003b) zeigt, dass ein Anbieter, der seine Produktionsentscheidung nach Auflösung der Preisunsicherheit noch anpassen kann, sich dadurch schon absichern kann und daher weniger als seine gesamte geplante Menge hedgt. Er baut eine größere Investitionskapazität auf.

4. Theoretische Analyse von Preis- und Wechselkursrisiken und Hedging 131

Analog wurden die geringere Produktion bei einem ungehedgten Wechselkursrisiko (vgl. Viane and de Vries (1992)) sowie die Separation bei der Existenz eines perfekten Devisenterminmarktes nachgewiesen. Tatsächlich formulierte Ethier (1973, S. 497) dafür als erster das „separation theorem", das Katz und Paroush (1979) bestätigten. Den Full Hedge bei Unverzerrtheit sowie die Unterabsicherung (Überabsicherung) bei einem kleineren (größeren) Devisenterminpreis als dem erwarteten Wechselkurs leiten z.B. Broll und Wahl (1992a) ab.

Eine Vielzahl von Erweiterungen dieser einfachen Situation mit einem Risiko und perfektem Hedgeinstrument hat die Gültigkeit der Ergebnisse überprüft. Adam-Müller (1995, S.60ff) zeigt (für das Wechselkursrisiko), dass die Separation nicht mehr gilt, wenn die Futuresposition des Anbieters den Terminpreis beeinflusst, d.h. der Terminmarkt nicht kompetitiv ist. Die Existenz eines weiteren, nicht hedgebaren Risikos führt im Allgemeinen ebenso dazu, dass die Separation nicht mehr gilt. Weil der Gewinn dann trotz Hedging noch schwankt, beeinflussen die Risikoaversion und die Erwartungen des Produzenten seine optimale Outputentscheidung. Sie und die Futuresposition für das hedgebare Risiko hängen zudem von der Korrelation der Risiken ab, da bei negativer Korrelation bereits eine teilweise Absicherung durch das andere Risiko erfolgt, während bei positiver Korrelation der Anbieter die Futuresposition auch zur Absicherung des anderen Risikos nutzen kann. Nur bei Unabhängigkeit resultiert weiterhin der Full Hedge. Kann das zusätzliche Risiko hingegen vollständig abgesichert werden, gilt die Separation in der Regel. In der Literatur untersuchte Risiken umfassen:

- Unsicherheit bezüglich des Outputs

Als einer der ersten berücksichtigt McKinnon (1967) im (μ, σ)-Ansatz die Existenz eines weiteren Risikos. Ist neben dem Preis der Output unsicher, kann das Risiko nicht mehr vollständig durch einen Terminverkauf beseitigt werden, sondern sich im Gegenteil erhöhen, da der Produzent möglicherweise mehr oder weniger auf Termin verkauft, als er produzieren wird. Der risikominimierende Hedge ist umso kleiner (größer), je stärker die beiden Risiken negativ (positiv) korreliert sind, da sie sich dann ausgleichen (verstärken). Rolfo (1980) sowie Anderson und Danthine (1983) berücksichtigen anders als McKinnon (1967) den Output als Entscheidungsvariable und finden analog, dass bei negativer Korrelation von Preis und Umsatz die Futuresposition kleiner als der erwartete

Output ist.[127] Losq (1982) und Grant (1985) verallgemeinern diese Ergebnisse im Erwartungsnutzenansatz. Die Separation gilt nicht mehr.[128]

- Allgemeine Umsatzrisiken

    Adam-Müller (1997) berücksichtigt neben dem Wechselkursrisiko ein anderes, nicht absicherbares und stochastisch unabhängiges Umsatzrisiko, das z.B. für das Preis-, aber auch ein Outputrisiko stehen kann, und das dazu führt, dass die dem Wechselkursrisiko ausgesetzte Position selbst unsicher ist. Selbst bei Hedging des Wechselkursrisikos produziert der Anbieter weniger. Die Separation gilt nicht. Die optimale Futuresposition hängt von der „Besonnenheit" (vgl. 3.1.2) des Anbieters ab.[129] Adam-Müller (1997) verallgemeinert damit ein Ergebnis von Benninga et al. (1985) für einen unverzerrten Terminmarkt (s.u.).

- Inflationsrisiko

    Bei einem nicht hedgebaren Inflationsrisiko neben dem hedgebaren Preis- oder Wechselkursrisiko ergeben sich nach Adam-Müller (2000) selbst bei Unverzerrtheit kein Full Hedge und keine Separation mehr, wenn die beiden Risiken nicht stochastisch unabhängig sind. Sind sie unabhängig, folgen die üblichen Ergebnisse.

- Hintergrundrisiko

    Eine Ausnahme der Ungültigkeit der Separation bei Existenz eines weiteren Risikos stellt ein mit den Umsätzen unverbundenes, additives Gewinnrisiko dar (z.B. Änderung der Fixkosten, Ergebnis aus einem anderen Geschäftsbereich). Bei Adam-Müller (1993) ist das zum Wechselkursrisiko hinzukommende Hintergrundrisiko stochastisch unabhängig und ändert nichts an den qualitativen Ergebnissen ohne ein solches Risiko. Lediglich die spekulative Position bei verzerrtem Terminpreis verkleinert sich aufgrund des zusätzlichen Risikos. Bei Zilcha und Broll (1992) ist das Einkommensrisiko mit dem Wechselkurs korreliert.

---

[127] Siehe auch Newbery und Stiglitz (1981, Kapitel 13), Chavas und Pope (1982), Honda (1983) sowie Hirshleifer (1988). Nach Sakong et al. (1993) sowie Moschini und Lapan (1995) ist neben Futures der Einsatz von Optionen optimal.

[128] Preis und Output sind z.B. korreliert, wenn die Anbieter von einem ähnlichen Outputrisiko betroffen sind, das dann im Aggregat den Preis beeinflusst.

[129] Wong (2003a) lässt eine negative Korrelation der Risiken sowie Optionen als Hedgeinstrument zu, da die Risiken multiplikativ in den Gewinn eingehen und die Risikoposition nicht linear ist. Eine Long Position in Put Optionen ist bei negativer Korrelation der Risiken und/oder „Besonnenheit" des Unternehmens optimal. Das Ergebnis verallgemeinert das von Moschini und Lapan (1995) (Fußnote 127).

4. Theoretische Analyse von Preis- und Wechselkursrisiken und Hedging

Die Separation hält weiterhin, aber der Full Hedge ist selbst bei Unverzerrtheit nicht optimal. Abhängig von einer negativen oder positiven Korrelation kommt es zu einer Unter- oder Überabsicherung. Broll und Wahl (1995) betrachten den gleichen Fall mit ähnlichen Ergebnissen, nur dass sie die Korrelation der Risiken nicht über die Kovarianz messen, sondern darüber, ob sie gleich oder entgegengesetzt gerichtet[130] sind.

- Basisrisiko und Cross-Hedging

Als wichtigstes zusätzliches Risiko stellt sich bei Existenz eines Basisrisikos bzw. bei einem Cross-Hedge die Frage nach dem optimalen Hedge, aber auch dem optimalen Output. Anderson und Danthine (1981) und Batlin (1983) zeigen im (μ, σ)-Ansatz für das Preisrisiko, dass die Separation nicht mehr gilt, da nicht mehr das gesamte Risiko eliminiert werden kann. Paroush und Wolf (1989) bestätigen das Ergebnis im Erwartungsnutzenansatz. Der Output ist kleiner als bei einem perfekten Hedge. Seine genaue Höhe und die Futuresposition hängen auch hier von der Abhängigkeit der Risiken ab. Meist wird ein regressiver Zusammenhang zwischen Spot- und Terminpreis angenommen, der wie in (4.13) als linear unterstellt wird. Das Ergebnis hängt jedoch wesentlich davon ab, ob wie in (4.13) der Spot- auf den Terminpreis regressiert wird oder umgekehrt der Termin- auf den Spotpreis:

$$\tilde{f}_t = \alpha_t + \beta_t \cdot \tilde{p}_t + \tilde{v}_t \qquad (4.14)$$

wobei $\tilde{v}$ und $\tilde{f}$ stochastisch unabhängig sind. In diesem Fall ist der Störterm dem Terminpreis zugeordnet. Die Störung (der „Noise") ist nicht mehr exogen wie in (4.13), sondern nimmt mit der Futuresposition zu. Bei einer Hedgerate von $1/\beta$, die das Preisrisiko beseitigen würde, wäre daher das Basisrisiko hoch. Zu dessen Reduktion ist die Futuresposition nach Paroush und Wolf (1989) selbst bei Unverzerrtheit kleiner als ein Anteil $1/\beta$ der Spotmarktposition (siehe auch Briys et al. (1993)). Broll et al. (1995), Broll und Wahl (1996) und Broll (1997) bestätigen die Ergebnisse für das Wechselkursrisiko. Obwohl der Output durch ein solches Cross-Hedging gegenüber der ungehedgten Situation nicht zwingend steigen muss, erhöht es den Erwartungsnutzen.

Mit einer Abhängigkeit wie in (4.13) kann hingegen ein Teil des Risikos mit dem Future perfekt abgesichert werden, während das verbleibende Risiko einen Erwartungswert von null hat. Für das Wechselkurshedging ergibt sich nach

---

[130] Zur Definition der Gerichtetheit vgl. Broll und Wahl (1995, S.125). Sie ist ein spezielleres Konzept als die Kovarianz: gleich (entgegengesetzt) gerichtete Zufallsgrößen weisen eine positive (negative) Kovarianz auf, die Umkehrung der Aussage gilt aber nicht.

Benninga et al. (1985) sowie Broll und Wahl (1998) analog zu Benninga et al. (1983, 1984) bei Unverzerrtheit die Hedgerate mit β, die nun den Anteil des Umsatzes angibt, der auf dem Devisenterminmarkt zu verkaufen ($\beta>0$) oder zu kaufen ist ($\beta<0$). Bei Unverzerrtheit steigt der Output im Gegensatz zu (4.14) eindeutig gegenüber dem ungehedgten Wechselkursrisiko.

Lapan und Moschini (1994) berücksichtigen zusätzlich ein Outputrisiko. Broll et al. (2001) betrachten nichtlineare, Adam-Müller (2003) multiplikative Zusammenhänge zwischen Spot- und Terminpreis.

- Preis- und Wechselkursrisiko

Von besonderem Interesse ist hier das simultane Auftreten des Preis- und Wechselkursrisikos. Existieren für beide Risiken unverzerrte Terminmärkte und sind sie unabhängig, ist nach Benninga et al. (1985) wenig überraschend jeweils ein Full Hedge optimal. Dies gilt nach Broll und Wahl (1998) auch bei einem Cross-Hedge für das Wechselkursrisiko gemäß Regressionszusammenhang (4.13). Der Hedge auf dem Warenterminmarkt ist nach Benninga et al. (1985) unabhängig von dem auf dem Devisenterminmarkt, weil sowohl die Spot- als auch die Futuresposition dem Wechselkursrisiko ausgesetzt sind. Daher folgt auf dem Warenterminmarkt bei Unverzerrtheit immer der Full Hedge, bei Verzerrtheit eine Unter- oder Überabsicherung. Der Währungshedge ist hingegen abhängig vom Warenhedge, der die Währungsposition mit bestimmt. Die Separation gilt, solange für beide Risiken Terminmärkte existieren. Existiert nur der Warenterminmarkt oder keiner von beiden, hängt der optimale Output von der Korrelation der Risiken ab und kann unter Umständen größer als bei Existenz beider Terminmärkte sein. Kawai und Zilcha (1986) lassen beliebige Verteilungen der Risiken zu. Stehen für beide Risiken Futures zur Verfügung, resultieren die Separation sowie jeweils ein Full Hedge, wenn die Terminmärkte „gemeinsam" unverzerrt sind, d.h. wenn $e_f = E[\tilde{e}]$ und $e_f \cdot f = E[\tilde{e}\tilde{f}]$ gilt. Sind sie nur „separat" unverzerrt, muss wie bei Benninga et al. (1985) $\text{cov}(\tilde{e}, \tilde{f}) = 0$ gelten. Separat statt gemeinsam unverzerrte Terminmärkte können zu einem kleineren Output als ohne Hedging führen. Existiert zunächst nur ein Terminmarkt, muss die Einführung des zweiten nicht zwangsweise zu einer Outputsteigerung führen.

Viaene und Zilcha (1998) zeigen, unter welchen Umständen bei Wechselkurs- und Preisrisiko sowie Unsicherheit über den Output und die Kosten jeweils ein Full Hedge gilt. Die Separation besteht außer in einem Extremfall nicht mehr.

4. Theoretische Analyse von Preis- und Wechselkursrisiken und Hedging 135

Die bisher genannten Ergebnisse wurden unter der Annahme vollkommenen Wettbewerbs hergeleitet. Erste Ansätze der Integration unvollkommenen Wettbewerbs finden sich in Anderson und Sundaresan (1984) sowie Newbery (1984). Anderson und Sundaresan (1984) betrachten einen Monopolisten, der bei der Festlegung seiner Terminposition antizipiert, dass eine spätere Outputentscheidung nicht nur die Gewinne aus seinen Spotmarktverkäufen, sondern auch aus seiner Terminposition beeinflussen. Verkauft er Futures, hat er einen Anreiz, die Produktion zu steigern, weil durch die Senkung des Spotpreises der Gewinn aus der Terminposition steigt. Newbery (1984) betrachtet ein risikoneutrales dominantes Unternehmen mit einem risikoaversen Wettbewerbsrand. Alle Produzenten sind der gleichen Outputunsicherheit ausgesetzt. Auch hier hat das Unternehmen mit Marktmacht einen Anreiz, den Spotpreis durch sein Angebot zu beeinflussen. Eldor und Zilcha (1990) betrachten ein Cournot-Oligopol bei simultanen Entscheidungen, so dass kein strategischer Effekt des Terminhandels auftreten kann. Bei Unverzerrtheit produziert jeder Oligopolist mehr als ohne Terminhandel. Der Output ist zwar unabhängig von der Risikoaversion, aber nicht von den Erwartungen, so dass die Separation außer bei Unverzerrtheit nicht gilt. Weil der Output steigt, kann der Terminhandel trotz der Risikoreduktion den Erwartungsnutzen senken, wenn die Anbieter z.B. nicht sehr risikoavers sind und daher wenig von der Risikoreduktion profitieren. Weitere Arbeiten zum Hedging im Oligopol werden in Kapitel 4.6 diskutiert.

Die aufgeführten Arbeiten gehen von nur einer abzusichernden Periode aus. Die Futuresposition kann jedoch vor Ende der Periode verändert werden. Auch kann das Risiko über einen längeren Zeitraum bestehen, als mit einem Future abgesichert werden kann. Broll und Eckwert (2000) lassen in einem Mehrperiodenmodell für das Wechselkursrisiko eine zwischenzeitliche Anpassung der Futuresposition zu, wobei ex ante auch die Terminpreise zu diesen Anpassungszeitpunkten unsicher sind. Ein Full Hedge zu jedem Zeitpunkt sichert nicht nur das Wechselkursrisiko, sondern auch dieses Devisenterminpreisrisiko. Die Separation hält. Nur wenn nicht zur Überbrückung aller Zeiträume Futures zur Verfügung stehen, ist der optimale Output geringer. In Zilcha und Eldor (1991) sowie Broll et al. (1999) handelt ein Unternehmen nach Festlegung fixer Inputs auf Termin, um dann über variable Inputs zu entscheiden und nochmals auf Termin zu handeln. Die Separation hält nur bei Existenz eines inländischen Kapitalmarktes (Broll et al. (1999)). Selbst bei Unverzerrtheit ist eine Überabsicherung optimal, außer in der letzten Periode, in der es zum Full Hedge kommt.

4.2 Analyserahmen

Im Folgenden werden die wichtigsten Ergebnisse der Literatur für die in Kapitel 2 beschriebene Situation eines DRAM Anbieters nachvollzogen und erweitert. Um die grundsätzliche Wirkung eines Preis- oder Wechselkursrisikos aufzuzeigen, wird in 4.3 das Verhalten eines Anbieters unter Risiko ohne Möglichkeit der Absicherung mit dem unter Sicherheit verglichen. Anschließend werden in 4.4 perfekte Futures eingeführt und die optimale Futuresposition sowie ihre Rückwirkung auf das Anbieterverhalten bestimmt. In 4.5 wird ein Basisrisikos bzw. Cross-Hedging berücksichtigt. Weil Futurespositionen im Oligopol strategische Effekte aufweisen können, erfolgt die Analyse zunächst unter der Annahme, ein Anbieter sei keinem Wettbewerb durch die Konkurrenten ausgesetzt und Monopolist, auch wenn in Kapitel 2.4 das Cournot-Oligopol als Beschreibung des Wettbewerbs in der Branche vorgeschlagen wurde. Damit sollen die „normalen" Effekte herausgearbeitet werden, bevor in Abschnitt 4.6 die komplexere Analyse im oligopolistischen Kontext erfolgt, in dem sich die verschiedenen Effekte nicht mehr genau trennen lassen. Statt dem Monopol könnte wie in der Literatur überwiegend der Fall auch vollkommener Wettbewerb betrachtet werden. Mit dem Monopol kann die Marktmacht eines Anbieters ohne den oligopolistischen Wettbewerb berücksichtigt werden. Die Analyse ist auch formal der eines Oligopols ähnlicher als bei vollkommenem Wettbewerb (für den zudem die lineare Kostenfunktion durch eine konvexe ersetzt werden müsste). Um die Ergebnisse der Literatur einfach nachvollziehen zu können, sind jedoch einige Annahmen über den Zusammenhang zwischen Spot- und Terminpreis notwendig, auf deren allzu kritische Diskussion verzichtet wird, da sie vor allem der Erleichterung der Darstellung dienen. Insbesondere bleibt eine Übertragung der Marktmacht auf den Terminmarkt außer acht, der wie in Abschnitt 3.3 diskutiert als kompetitiv unterstellt wird, d.h. auf beiden Marktseiten wird eine Vielzahl von Marktteilnehmer mit Preisnehmerschaft unterstellt.

Das Verhalten eines Anbieters ist wie in Kapitel 2.5 durch die Wahl seiner Produktionsmenge gekennzeichnet. Bei Möglichkeit eines Futureshandels tritt neben die Absatzmenge der Umfang der Futuresposition als Entscheidungsvariable. Von Interesse ist jeweils, von welchen Einflussgrößen die Produktionsmenge oder Futuresposition bestimmt wird und wie sie auf deren Veränderungen reagieren. Komparativ-statische Analysen vervollständigen daher die Untersuchung. Methodisch wird zur Analyse des Verhaltens unter Risiko wie in Kapitel 3.1 begründet auf den Erwartungsnutzenansatz zurückgegriffen, der die Einstellung eines Anbieters gegenüber dem Risiko berücksichtigt. Die Einbezie-

4. Theoretische Analyse von Preis- und Wechselkursrisiken und Hedging 137

hung der oligopolistischen Interaktion in Abschnitt 4.6 erfolgt aufgrund ihrer Komplexität in dem spezielleren (μ, σ)-Ansatz.

Betrachtet wird die mittelfristige Outputentscheidung, die ein Anbieter, wie in Kapitel 2 dargelegt, vor der Auflösung der Unsicherheit trifft, d.h. bevor der Preis oder Wechselkurs bekannt ist. Daher wird zunächst von einer einfachen zeitlichen Struktur mit zwei Zeitpunkten wie in Abbildung 4.1 abgebildet ausgegangen. Die Periodenlänge gibt den mittelfristigen Planungszeitraum wieder. Zum Zeitpunkt $t=1$, zu dem der Preis und Wechselkurs noch unsicher ($\tilde{p}$, $\tilde{e}$) sind, entscheidet der Produzent über seine Absatz- und Risikopolitik, d.h. die Produktionsmenge x_i und die Futurespositionen H und M auf dem Waren- und Devisenterminmarkt, bevor er seinen Output zum Zeitpunkt $t=2$, nachdem sich der Preis p und der Wechselkurs e realisiert haben, verkauft und ggf. seine Hedgepositionen glatt stellt. Eine Diskontierung zukünftiger Zahlungen auf $t=1$ (d.h. Zinseffekte) wird dabei ebenso vernachlässigt wie bereits vor der Fälligkeit eines Futures anfallende Margin-Zahlungen oder das „Marking-to-Market". Abschnitt 4.6 wird zusätzlich die Konstellation betrachten, dass ein Anbieter bereits vor der Festlegung seiner Absatzmenge eine Futuresposition eingehen kann.

Abbildung 4.1: Zeitstruktur des Entscheidungsproblems eines Produzenten

Es wird nur der mittelfristige Planungshorizont betrachtet, da die Laufzeit von Futures zur Absicherung eines Risikos typischerweise ein Jahr nicht übersteigt. Ein Future kann daher nur den Zeitraum zwischen der Entscheidung über eine bestimmte Produktionsmenge und ihrem Verkauf abdecken. Zur Absicherung der langfristigen Kapazitätsentscheidung müssten mehrere Futures aneinander gereiht werden. Ein solches Mehrperiodenmodell wird nicht weiter verfolgt. In einer derart dynamischen Branche ist außerdem nicht zu erwarten, dass sich ein Anbieter auf längere Zeit auf eine bestimmte Hedgingstrategie festzulegen bereit ist.

Die Risiken werden wie folgt abgebildet:

- Preisrisiko

Das Preisrisiko wird nur auf der Nachfrageseite additiv berücksichtigt, indem angenommen wird, die Nachfrage wird durch einen exogenen Schock in ihrem Niveau beeinflusst:

138   4. Theoretische Analyse von Preis- und Wechselkursrisiken und Hedging

$$\tilde{p}(X) = p(X) + \tilde{\varepsilon} \qquad (4.15)$$

mit $\tilde{\varepsilon}$ als unabhängigem Störterm mit dem Erwartungswert null und der Varianz σ_ε^2. $p(X)$ kann als die vom Anbieter erwartete Nachfrage interpretiert werden, die für $\tilde{\varepsilon} > 0$ größer, für $\tilde{\varepsilon} < 0$ kleiner als erwartet ausfällt. Durch diese Abbildung ist der Grenzerlös nicht von dem Risiko betroffen. Sie vernachlässigt jedoch insbesondere die Outputrisiken, die sich auch auf den Preis auswirken. Der Output eines Anbieters wird, wie in Kapitel 2.4.1 diskutiert, als deterministisch unterstellt. Aus Sicht des einzelnen Anbieters können Outputschwankungen eines anderen als Schwankungen der von ihm wahrgenommenen (Residual-) Nachfrage interpretiert werden.

- Wechselkursrisiko

    Wie ebenfalls in Kapitel 2.4.1 erörtert, fallen die Umsätze eines Anbieters in Dollar, seine Kosten vollständig in der heimischen Währung an, um unabhängig von der individuellen Verteilung der Kosten über verschiedene Währungsräume die Entscheidungen eines Anbieters analysieren zu können.[131]

    Um Vergleichbarkeit zu der Situation unter Sicherheit herzustellen, wird angenommen, der vom Anbieter erwartete Preis oder Wechselkurs entspricht jeweils dem unter Sicherheit, d.h. $E[\tilde{p}(X)] = p(X)$ und $E[\tilde{e}] = e$. Sofern keine expliziten Einschränkungen erfolgen, werden beliebige stochastische Verteilungen der Risiken zugelassen. Sowohl der Preis als auch der Wechselkurs können prinzipiell von ähnlichen Faktoren beeinflusst werden. Wenn z.B. in einem Land wie Taiwan Halbleiter einen bedeutenden Anteil der Gesamtexporte ausmachen, könnte ein Nachfragerückgang sich nicht nur negativ auf den Preis auswirken, sondern auch zu einer Abwertung der heimischen Währung führen. Oder ein Konjunkturaufschwung in den USA, der auch die DRAM Nachfrage beflügelt, könnte mit einer Abwertung des Dollars einhergehen. Allerdings ist im Normalfall kein sehr ausgeprägter Zusammenhang zwischen den Risiken zu erwarten, da sehr viele verschiedene Faktoren auf beide Preise einwirken. So werden Wechselkurse vor allem durch Zinsdifferenzen zwischen Ländern bestimmt, die nur in einem sehr indirekten Zusammenhang zum DRAM Preis stehen dürften. Daher dürfte für viele Währungen die Unterstellung einer stochastischen Unabhängigkeit der Risiken eine zulässige Vereinfachung sein. Es werden jedoch beliebige stochastische Verteilungen zugelassen.

---

[131] Broll (1992), Broll und Zilcha (1992) sowie Broll und Wahl (1992a, 1993) untersuchen die Output- und Hedgingentscheidungen von Unternehmen mit Produktionsstätten in zwei Ländern unter Wechselkursunsicherheit.

4. Theoretische Analyse von Preis- und Wechselkursrisiken und Hedging

4.3 Absatzentscheidungen unter ungesicherten Risiken

Die Analyse des Verhaltens eines Produzenten unter Risiko ohne Absicherungsmöglichkeit erfolgt in drei Schritten: zuerst werden das Preisrisiko (Abschnitt 4.2.2) und das Wechselkursrisiko (Abschnitt 4.2.3) jeweils getrennt betrachtet. Anschließend erfolgt eine Simultanbetrachtung beider Risiken (Abschnitt 4.2.4). Wie erwähnt wird in diesem und dem nächsten Abschnitt davon ausgegangen, der Anbieter sei Monopolist in der Branche.

4.3.1 Preisrisiko

Kann der Produzent seinen Output zum unsicheren Preis $\tilde{p}$ verkaufen, die Umsätze aber zum sicheren Wechselkurs e in die heimische Währung umtauschen, lautet sein Gewinn[132]

$$\tilde{\pi}_i = e \cdot (p(X) + \tilde{\varepsilon}) \cdot x_i - C_i(x_i) \tag{4.16}$$

Ein risikoaverser DRAM Produzent maximiert nun nicht mehr den Erwartungsgewinn, sondern den Erwartungsnutzen aus dem Gewinn. Sein Entscheidungsproblem lautet daher

$$\max_{x_i} E[U(\tilde{\pi}_i)] \tag{4.17}$$

mit U als der von Neumann-Morgenstern-Nutzenfunktion des Produzenten, die seine Risikoaversion erfasst. Die dazu gehörende Bedingung erster Ordnung ist

$$E[U'(\tilde{\pi}_i) \cdot (e \cdot (p(X) + \tilde{\varepsilon} + p'(X) \cdot x_i) - C_i'(x_i))] = 0 \tag{4.18}$$

und die zweiter Ordnung mit $\tilde{\vartheta} := e \cdot (p(X) + \tilde{\varepsilon} + p'(X) \cdot x_i) - C_i'(x_i)$ und $C_i''(x_i) = 0$

$$D := E[U'(\tilde{\pi}_i) \cdot e \cdot (2p'(X) + p''(X) \cdot x_i)] + E[U''(\tilde{\pi}_i) \cdot \tilde{\vartheta}^2] \tag{4.19}$$

Im ersten Term von D steht neben dem positiven Grenznutzen die Ableitung des Grenzerlöses, der nach der in (2.6) getroffen Annahmen einer nicht „zu konvexen" Nachfrage immer fallend verläuft (vgl. (2.5)). Da bei Risikoaversion $U''(\tilde{\pi}_i) < 0$ gilt, ist die Bedingung zweiter Ordnung insgesamt negativ, $D<0$.

Unter Verwendung der Rechenregel $E[a \cdot b] = E[a] \cdot E[b] + \text{cov}(a,b)$ für zwei Zufallsvariablen a und b und unter Berücksichtigung des Erwartungswertes für $\tilde{\varepsilon}$ von null kann die Bedingung erster Ordnung umgestellt werden zu

---

[132] Als Monopolist gilt $X = x_i$ bzw. erübrigt sich eigentlich die bisherige Indizierung der Menge und Kosten. Weil sie später wieder notwendig sein wird, wird sie hier im Sinne einer einheitlichen Notation beibehalten.

$$e \cdot (p(X) + p'(X) \cdot x_i) - C_i'(x_i) = -\frac{e \cdot \text{cov}(U'(\tilde{\pi}_i), \tilde{\varepsilon})}{E[U'(\tilde{\pi}_i)]} \tag{4.20}$$

Zunächst zeigt sich ganz allgemein, dass die optimale Absatzentscheidung von der Existenz des Preisrisikos beeinflusst wird und zwar über die Kovarianz der Preisschwankung und des Grenznutzens auf der rechten Seite der Bedingung. Ohne Risiko ist die rechte Seite null, während die linke Seite gleicht bleibt (Grenzerlös gleich Grenzkosten). Zur Bestimmung der Reaktion des Anbieters auf das Preisrisiko ist das Vorzeichen der Terme auf der rechten Seite zu klären. Der Wechselkurs e ist ein positiver Faktor. Der Grenznutzen ist annahmegemäß immer positiv, d.h. $E[U'(\tilde{\pi}_i)] > 0$. Je größer ein positiver Nachfrageschock $\tilde{\varepsilon} > 0$, desto größer ist der Gewinn (4.16) und der Nutzen daraus. Da mit steigendem Nutzen der Grenznutzen $U'(\tilde{\pi}_i)$ sinkt, ist die Kovarianz von $U'(\tilde{\pi}_i)$ und $\tilde{\varepsilon}$ negativ, $\text{cov}(U'(\tilde{\pi}_i), \tilde{\varepsilon}) < 0$. Ihr Vorzeichen ergibt sich auch formal durch Ableitung des Grenznutzens nach $\tilde{\varepsilon}$. Im weiteren Verlauf der Arbeit wird, wo möglich, die für das Verständnis hilfreichere Argumentation über die Gewinnfunktion vorgezogen. Die rechte Seite ist insgesamt positiv. Damit muss auf der linken Seite der Grenzerlös größer als die Grenzkosten sein. Da die Grenzkosten konstant sind und der Grenzerlös fällt, folgt das Resultat von Leland (1971, S.282) und Baron (1971, S.205):

Unter einem Preisrisiko produziert ein Anbieter eine kleinere Menge als unter Sicherheit.

Der Grund liegt in seiner Risikoaversion und dem daraus entstehenden Wunsch, das Gewinnrisiko bei einem Nachfrageeinbruch zu reduzieren. Die einzige Möglichkeit dazu ohne Hedging besteht in einer Reduzierung des risikobehafteten Absatzes.

Zur konkreten Bestimmung der optimalen Menge gemäß Bedingung (4.20) muss sich der Anbieter nicht nur eine Erwartung über die Nachfrage bilden (die $p(X)$ widerspiegelt), sondern auch über das Risiko, und seine Risikopräferenz bedenken (da die Nutzenfunktion eine Rolle spielt). Die Entscheidung hängt nicht nur von objektiven Marktdaten, sondern auch von schwerer zu ermittelnden subjektiven Größen ab, insbesondere der Risikoaversion. Anhand einer komparativ-statischen Analyse wird im Folgenden gezeigt, wie die optimale Mengenentscheidung auf Änderungen dieser Einflussfaktoren reagiert.

- Einfluss der Risikoaversion

Da die Risikoaversion Ursache der Mengenreduktion ist, soll als erstes ihr Einfluss auf die Mengenentscheidung näher untersucht werden. Intuitiv ist zu erwarten, dass eine höhere Risikoaversion dazu führt, dass ein Anbieter seinen

4. Theoretische Analyse von Preis- und Wechselkursrisiken und Hedging 141

Absatz stärker reduziert. Im Folgenden wird das Vorgehen von Holthausen (1979, S.993) adaptiert.

Sei $U_1(\tilde{\pi})$ eine Nutzenfunktion mit einer höheren absoluten Risikoaversion für alle Gewinne als $U_2(\tilde{\pi})$: $a_1(\pi) > a_2(\pi) \; \forall \pi$. Dies kann auch als Vergleich zweier Anbieter mit unterschiedlichen Risikoaversionen, die sonst identisch sind, interpretiert werden. Die Kosten werden daher nicht weiter indiziert. Zu zeigen ist, ob bei der Nutzenfunktion 2 eine größere Menge als bei 1 gewählt wird. Dazu sei x_1^* die optimale Outputmenge für die Nutzenfunktion 1 und $\tilde{\pi}_1^*$ der dazu gehörende Gewinn. Die Bedingung erster Ordnung (4.18) für die Nutzenfunktion 1 kann mit $F(\varepsilon)$ als Verteilungsfunktion von $\tilde{\varepsilon}$ und mit ε^{min} als dem größtmöglichen negativen Nachfrageschock, der den Preis bis auf null drückt, umgeschrieben werden zu

$$\int_{\varepsilon_{min}}^{\infty} \frac{U_1'(\pi_1^*)}{U_1'(\pi_1^0)} \cdot \left(e \cdot (p(X) + \varepsilon + p'(X) \cdot x_1^*) - C'(x_1^*)\right) dF(\varepsilon) = 0$$

$$\Leftrightarrow \int_{\varepsilon^{min}}^{\varepsilon^0} \frac{U_1'(\pi_1^*)}{U_1'(\pi_1^0)} \cdot \left(e \cdot (p(X) + \varepsilon + p'(X) \cdot x_1^*) - C'(x_1^*)\right) dF(\varepsilon) + \quad (4.21)$$

$$+ \int_{\varepsilon^0}^{\infty} \frac{U_1'(\pi_1^*)}{U_1'(\pi_1^0)} \cdot \left(e \cdot (p(X) + \varepsilon + p'(X) \cdot x_1^*) - C'(x_1^*)\right) dF(\varepsilon) = 0$$

mit π_1^0 als Gewinn, wenn sich der Preis p^0 (bzw. ε^0) realisiert, bei dem gerade $e \cdot p^0 = e \cdot (p(X) + \varepsilon^0) = C_i'(x_1^*) - e \cdot p'(X) \cdot x_1^*$ bzw. $e \cdot \varepsilon^0 = C_i'(x_1^*) - e \cdot p(X) - e \cdot p'(X) \cdot x_1^*$ gilt. Die Bedingung erster Ordnung für die Nutzenfunktion 2 an der Stelle x_1^* lautet

$$\int_{\varepsilon^{min}}^{\varepsilon^0} \frac{U_2'(\pi_1^*)}{U_2'(\pi_1^0)} \cdot \left(e \cdot (p(X) + \varepsilon + p'(X) \cdot x_1^*) - C'(x_1^*)\right) dF(\varepsilon) +$$

$$+ \int_{\varepsilon^0}^{\infty} \frac{U_2'(\pi_1^*)}{U_2'(\pi_1^0)} \cdot \left(e \cdot (p(X) + \varepsilon + p'(X) \cdot x_1^*) - C'(x_1^*)\right) dF(\varepsilon) \quad (4.22)$$

Zieht man von ihr die Bedingung für 1 ab, erhält man

$$\int_{\varepsilon^{min}}^{\varepsilon^0} \left[\frac{U_2'(\pi_1^*)}{U_2'(\pi_1^0)} - \frac{U_1'(\pi_1^*)}{U_1'(\pi_1^0)}\right] \cdot \left(e \cdot (p(X) + \varepsilon + p'(X) \cdot x_1^*) - C'(x_1^*)\right) dF(\varepsilon) +$$

$$+ \int_{\varepsilon^0}^{\infty} \left[\frac{U_2'(\pi_1^*)}{U_2'(\pi_1^0)} - \frac{U_1'(\pi_1^*)}{U_1'(\pi_1^0)}\right] \cdot \left(e \cdot (p(X) + \varepsilon + p'(X) \cdot x_1^*) - C'(x_1^*)\right) dF(\varepsilon) \quad (4.23)$$

Für alle Realisationen des Preises mit $\varepsilon < (>) \varepsilon^0$ ist $\pi_1^0 > (<) \pi_1^*$. Wie Pratt (1964, S.128f) gezeigt hat, ist für $a_1(\pi) > a_2(\pi)$ der Term in eckigen Klammern im ersten Summanden negativ, im zweiten positiv. Der Term in runden Klammern ist dann im ersten Summanden ebenfalls negativ bzw. im zweiten positiv. Insgesamt ist die Summe daher immer positiv. Die Bedingung erster Ordnung für die Nutzenfunktion 2 ist demnach an der Stelle x_1^* größer als die von 1 und damit als null. Weil sie in x fällt (negative Bedingung zweiter Ordnung), kann gefolgert werden, dass die optimale Menge, bei der sie null ist, größer sein muss. Umgekehrt ist die Menge bei der Nutzenfunktion 1 mit der höheren Risikoaversion kleiner. Es ergibt sich die von Baron (1971, S.205) und Holthausen (1979, S.991) gemachte Feststellung:

Je risikoaverser ein Anbieter, d.h. umso weniger Risiken er tragen möchte, umso stärker reagiert er auf das Risiko mit einer Einschränkung seiner Produktionsmenge.

Die Risikoaversion kann von den Fixkosten beeinflusst werden. Ihre Zunahme senkt das Vermögens eines Anbieters und dadurch möglicherweise die Bereitschaft, Risiken zu tragen, wie nachfolgend untersucht wird.

- Änderungen der Fixkosten

Während Fixkosten unter Sicherheit keine Rolle für die Festlegung des optimalen Outputs spielen, kann ihre Veränderung unter Risiko über einen möglichen Einfluss auf die Risikoaversion indirekt auch die Wahl der optimalen Absatzmenge beeinflussen. Zur Bestimmung dieses Effekts wird einem Vorgehen von Sandmo (1971, S.68f) folgend durch Anwendung des Satzes über implizite Funktionen die optimale Menge aus der Bedingung erster Ordnung (4.18) nach den Fixkosten F differenziert:

$$\frac{dx_i}{dF} = -\frac{E[U''(\tilde{\pi}_i) \cdot \tilde{\vartheta}] \cdot (-1)}{D} \tag{4.24}$$

Da $D<0$ ist, hängt das Vorzeichen der Ableitung von dem des Zählers ab. Ausgehend von dem Gewinn $\overline{\pi}$, bei dem $\tilde{\vartheta}=0$ ist, ist der Gewinn für $\tilde{\vartheta}>(<)0$ größer (kleiner). Daher gilt bei abnehmender absoluter Risikoaversion (DARA):

$$-\frac{U''(\tilde{\pi}_i)}{U'(\tilde{\pi}_i)} = a(\tilde{\pi}_i) \leq a(\overline{\pi}) \quad \text{für} \quad \tilde{\vartheta} \geq 0 \tag{4.25}$$

$$\Leftrightarrow U''(\tilde{\pi}_i) \cdot \tilde{\vartheta} \geq -a(\overline{\pi}) \cdot U'(\tilde{\pi}_i) \cdot \tilde{\vartheta} \tag{4.26}$$

Die gleiche Bedingung ergibt sich für $\tilde{\vartheta}<0$, da dann zwar $a(\tilde{\pi}_i) \geq a(\overline{\pi})$ gilt, sich aber wegen $\tilde{\vartheta}<0$ das Vorzeichen in (4.26) nicht ändert. Die Bildung des Erwartungswertes auf beiden Seiten liefert

$$E[U''(\tilde{\pi}_i) \cdot \tilde{\vartheta}] \geq -a(\overline{\pi}) \cdot E[U'(\tilde{\pi}_i) \cdot \tilde{\vartheta}] \tag{4.27}$$

Die rechte Seite ist wegen der Bedingung erster Ordnung (4.18) null, so dass die linke Seite positiv ist. Dann ist die Ableitung (4.24) insgesamt negativ.

4. Theoretische Analyse von Preis- und Wechselkursrisiken und Hedging 143

Eine Erhöhung der Fixkosten senkt unter DARA die Bereitschaft eines Anbieters, Risiken zu tragen, und führt daher zu einer geringeren Absatzmenge.

Diese von Baron (1970, S.470) und Sandmo (1971, S.68f) für perfekten Wettbewerb getroffene Feststellung wurde von Leland (1972, S. 283) auf einen Monopolisten übertragen. Umgekehrt führt eine Senkung der Fixkosten, z.B. über staatliche, als Pauschalbetrag gewährte Subventionen, zu einer Erhöhung der Menge. Eine solche konnte in der Analyse unter Sicherheit in Kapitel 2.5 nur für die Förderung des Kapazitätsaufbaus festgestellt werden. Hier ergibt sie sich unabhängig von der Verwendung der Subvention. Bei konstanter Risikoaversion (CARA) existiert ein solcher Effekt jedoch nicht: Die obigen Ungleichungen sind dann durch Gleichungen zu ersetzen, so dass $E[U''(\tilde{\pi}_i) \cdot \tilde{\vartheta}] = 0$ ist und die Ableitung dx_i/dF gleich null ist. Bei zunehmender absoluter Risikoaversion (IARA) folgt eine Erhöhung der Menge bei höherem Risiko. IARA ist aber wie in 3.1.2 erwähnt nicht als plausibel anzusehen.

- Änderungen des Preisrisikos

Auslöser des insgesamt mengenreduzierenden Effekts ist das Risiko, so dass untersucht werden soll, welchen Effekt eine marginale Änderung des Risikos hat. Die Vermutung liegt nahe, dass eine Erhöhung des Risikos zu einer Senkung der optimalen Menge führt.

Davis (1989, S.132) folgend kann das Preisrisiko parametrisiert werden als $\tilde{\varepsilon} = E[\tilde{\varepsilon}] + \gamma \cdot \tilde{v} = \gamma \cdot \tilde{v}$ mit $E[\tilde{v}] = 0$ und $\gamma > 0$. Eine Erhöhung von γ erzeugt eine Erhöhung des Risikos bei gleichem Erwartungswert (von null). Die Ergebnisse streuen stärker um den Erwartungswert. Es handelt sich um einen Spezialfall einer erwartungswertneutralen Spreizung der Wahrscheinlichkeitsverteilung („Mean-preserving Spread"). Einsetzen dieser Parametrisierung in die Gewinnfunktion und implizites Differenzieren der nun leicht veränderten Bedingung erster Ordnung (4.18) liefert

$$\frac{dx_i}{d\gamma} = -\frac{1}{D_\gamma} \left(E[U'(\tilde{\pi}_i) \cdot e \cdot \tilde{v}] + E[U''(\tilde{\pi}_i) \cdot e \cdot \tilde{v} \cdot x_i \cdot \tilde{\vartheta}_\gamma] \right) \qquad (4.28)$$

wobei in $\tilde{\vartheta}_\gamma$ und D_γ die Parametrisierung von $\tilde{\varepsilon}$ berücksichtigt ist. Da die Ausdrücke sonst gegenüber $\tilde{\vartheta}$ und D unverändert sind, ist D_γ als Bedingung zweiter Ordnung weiterhin negativ. Wegen $E[\tilde{v}] = 0$ ist $E[U'(\tilde{\pi}_i) \cdot e \cdot \tilde{v}] = e \cdot \text{cov}(U'(\tilde{\pi}_i), \tilde{v})$ und wie bei $\tilde{\varepsilon}$ negativ, so dass der erste Summand von (4.28) negativ ist. Der zweite Summand kann ausmultipliziert und erweitert werden zu

$$E[U''(\tilde{\pi}_i) \cdot e \cdot \tilde{v} \cdot x_i \cdot (e \cdot (p(X) + \gamma \cdot \tilde{v} + p'(X) \cdot x_i) - C'_i(x_i))] = E\left[U''(\tilde{\pi}_i) \cdot e \cdot \frac{\tilde{\varepsilon}}{\gamma} \cdot x_i \cdot \tilde{\vartheta}\right] =$$

$$= E\left[U''(\tilde{\pi}_i) \cdot \frac{\tilde{\vartheta} - (e \cdot (p(X) + p'(X) \cdot x_i) - C'_i(x_i))}{\gamma} \cdot x_i \cdot \tilde{\vartheta}\right] = \quad (4.29)$$

$$= \frac{x_i}{\gamma} \cdot E[U''(\tilde{\pi}_i) \cdot \tilde{\vartheta}^2] - \frac{x_i}{\gamma} \cdot (e \cdot (p(X) + p'(X) \cdot x_i) - C'_i(x_i)) \cdot E[U''(\tilde{\pi}_i) \cdot \tilde{\vartheta}]$$

Der erste Erwartungswert ist wegen $U''(\tilde{\pi}_i) < 0$ und $\tilde{\vartheta}^2 > 0$ negativ. Für den zweiten Erwartungswert ist aus der Analyse der Fixkosten bekannt, dass er bei DARA positiv und bei CARA null ist. Weil im Optimum nach (4.20) $e \cdot (p(X) + p'(X) \cdot x_i) - C'_i(x_i) > 0$ gilt, ist der zweite Summand unter Berücksichtigung des negativen Vorzeichens negativ oder null. Damit ist die Ableitung (4.28) unter DARA oder CARA negativ:

Bei abnehmender oder konstanter absoluter Risikoaversion des Anbieters sinkt die optimale Absatzmenge bei einer Zunahme des Risikos (der Varianz) im Sinne einer erwartungswertneutralen Spreizung der Wahrscheinlichkeitsverteilung.

Ein ähnliches Ergebnis leiten Batra und Ullah (1974, S.542ff) für einen Anbieter bei perfektem Wettbewerb ab. Bei IARA kann eine Erhöhung des Risikos zu einer Erhöhung des Outputs führen, weil die Abnahme des (erwarteten) Vermögens die Bereitschaft des Anbieters, Risiken zu tragen, erhöhen kann. Das Vorzeichen der Ableitung (4.28) ist in diesem Fall nicht eindeutig.

Hadar und Seo (1990) bestätigen dieses Ergebnis (für einen Anbieter bei perfektem Wettbewerb) für Erhöhungen des Risikos in Form allgemeiner Verschiebungen der Wahrscheinlichkeitsverteilungen (erwartungstreue Spreizungen allgemeiner Art, stochastische Dominanz erster und zweiter Ordnung).

- Änderungen der erwarteten Nachfrage

Entscheidend für die optimale Absatzmenge ist schließlich noch die vom Anbieter erwartete Nachfrage. Die Vermutung liegt nahe, dass ein Anbieter eine umso größere Menge ausbringt, je höher die von ihm erwartete Nachfrage ist. Eine höhere erwartete Nachfrage kann am einfachsten wie in Sandmo (1971, S.69) durch eine konstante Erhöhung der Zahlungsbereitschaft um α für jede beliebige Menge des Anbieters abgebildet werden. Die neue Nachfrage lautet dann $p(X) + \tilde{\varepsilon} + \alpha$. Das Preisrisiko bleibt gleich, nur der Erwartungswert des Preises steigt. Die Wirkung auf die optimale Absatzmenge kann wie beim Risiko durch implizites Differenzieren der neuen Bedingung erster Ordnung nach α bestimmt werden:

4. Theoretische Analyse von Preis- und Wechselkursrisiken und Hedging

$$\frac{dx_i}{d\alpha} = -\frac{1}{D_\alpha} E\left[U'(\tilde{\pi}_i) \cdot e + U''(\tilde{\pi}_i) \cdot e \cdot x_i \cdot \tilde{\vartheta}_\alpha\right] \quad (4.30)$$

$\tilde{\vartheta}_\alpha$ und D_α ersetzen $\tilde{\vartheta}$ und D unter Berücksichtigung von α. Mit $U'(\tilde{\pi}_i) > 0$ ist die Ableitung positiv, wenn $U''(\tilde{\pi}_i) \cdot \tilde{\vartheta}_\alpha$ positiv oder null ist. Wie bei der Änderung der Fixkosten gezeigt wurde, ist dieser Ausdruck bei abnehmender konstanter Risikoaversion positiv, bei konstanter null. Daraus folgt:

Bei nicht zunehmender absoluten Risikoaversion steigt die optimale Absatzmenge, wenn die erwartete Nachfrage um einen konstanten Betrag zunimmt.

Die Ursache für die Einschränkung auf DARA und CARA ist, dass eine höhere erwartete Nachfrage ceteris paribus die Gewinnaussicht des Anbieters verbessert. Bei IARA verringert dies aber auch seine Bereitschaft, Risiken zu übernehmen, so dass diese beiden gegenläufigen Effekte gegeneinander abgewogen werden müssen und der Nettoeffekt uneindeutig ist. Bei CARA bleibt die Bereitschaft, Risiken zu übernehmen, dagegen unverändert, so dass die Menge wegen der höheren erwarteten Nachfrage steigt, bei DARA steigt die Menge zusätzlich, weil die Risikoaversion sinkt.

Adam-Müller (1995, S.27) interpretiert den Parameter α auch als Stücksubvention. Sie entfaltet demnach unter Unsicherheit nur noch bei nicht zunehmender absoluter Risikoaversion eine eindeutig absatzsteigernde Wirkung wie unter Sicherheit, dafür im Vergleich zur Pauschalsubvention von oben auch bei CARA und nicht nur bei DARA.

Die gewonnen Ergebnisse lassen sich wie folgt zusammenfassen:

Ein Preisrisiko ohne die Möglichkeit der Absicherung senkt die optimale Menge unter das Niveau, das ein Anbieter bei einem sicheren Preis wählen würde und zwar umso mehr, je größer die Risikoaversion des Anbieters, die unter DARA mit den Fixkosten sinkt, und unter DARA und CARA je größer das Risiko oder je kleiner die vom Anbieter erwartete Nachfrage.

Ein DRAM Anbieter bringt demnach einen geringeren Output als unter Sicherheit aus. Liegt dieser Output unter der hier vernachlässigten Kapazitätsgrenze, bedeutet dies einen langfristig geringeren Kapazitätsaufbau.

4.3.2 Wechselkursrisiko

Nach dem Preisrisiko soll in ähnlicher, aber verkürzter Weise das Wechselkursrisiko betrachtet werden. Während nun der Preis als sicher unterstellt sei, ist

146   4. Theoretische Analyse von Preis- und Wechselkursrisiken und Hedging

der künftige Wechselkurs $\tilde{e}$, zu dem die in Dollar erzielten Umsätze in die heimische Währung umgetauscht werden können, ex ante unbekannt. Der erneut risikobehaftete Gewinn lautet

$$\tilde{\pi}_i = \tilde{e} \cdot p(X) \cdot x_i - C_i(x_i) \qquad (4.31)$$

Die Bedingung erster Ordnung der Erwartungsnutzenmaximierung ergibt sich hier mit

$$E[U'(\tilde{\pi}_i) \cdot (\tilde{e} \cdot (p(X) + p'(X) \cdot x_i) - C_i'(x_i))] = 0 \qquad (4.32)$$

Dies kann mit $E[\tilde{e}] = e$ ähnlich wie beim Preisrisiko umgeformt werden zu

$$e \cdot (p(X) + p'(X) \cdot x_i) - C_i'(x_i) = -\frac{\text{cov}(U'(\tilde{\pi}_i), \tilde{e})}{E[U'(\tilde{\pi}_i)]} \cdot (p(X) + p'(X) \cdot x_i)$$

$$\Leftrightarrow \frac{e \cdot (p(X) + p'(X) \cdot x_i) - C_i'(x_i)}{p(X) + p'(X) \cdot x_i} = -\frac{\text{cov}(U'(\tilde{\pi}_i), \tilde{e})}{E[U'(\tilde{\pi}_i)]} \qquad (4.33)$$

Auch hier ergibt sich eine Abhängigkeit der optimalen Absatzmenge von dem Wechselkursrisiko in Form der Kovarianz des unsicheren Wechselkurses mit dem Grenznutzen. Wie zuvor sind die Vorzeichen der Terme auf der rechten Seite zu bestimmen. Weiterhin gilt $E[U'(\tilde{\pi}_i)] > 0$. Da ein steigender Wechselkurs höhere Gewinne in heimischer Währung bedeutet und damit einen niedrigeren Grenznutzen zur Folge hat, liegt analog zum Preisrisiko eine negative Kovarianz $\text{cov}(U'(\tilde{\pi}), \tilde{e})$ vor. Somit ergibt sich auch hier die Bedingung, dass auf der linken Seite im Zähler der Grenzerlös größer als die Grenzkosten sein muss. Dann ist auch der Nenner positiv.[133] Bei Existenz eines Wechselkursrisikos ist eine kleinere Absatzmenge als bei einem sicheren Wechselkurs optimal. Wie beim Preisrisiko kann ein risikoaverser Produzent ohne Absicherungsmöglichkeit seine riskante Position nur verkleinern, indem er weniger Umsätze dem Wechselkursrisiko aussetzt.[134] Erneut muss der Anbieter zur Bestimmung der konkreten Absatzmenge den künftigen Wechselkurs und dessen Risiko einschätzen sowie seine Risikopräferenz formulieren.

---

[133] Analytisch ergibt sich noch eine Lösung mit einem negativen Grenzerlös, so dass sowohl Zähler als auch Nenner negativ sind. Diese Lösung ist aber nicht die Erwartungsnutzenmaximierende (es sei denn, der Grenzerlös wäre immer negativ, was mit den hier getroffenen Annahmen ausgeschlossen ist).

[134] Vgl. Broll und Wahl (1992b, S. 513). Siehe Adam-Müller (1995, S.4f) zu Literaturhinweisen zu den gemischten empirischen Befunden darüber, ob der Einfluss des Wechselkursrisikos auf den internationalen Handel tatsächlich negativ ist, aber auch seinen Hinweis auf S.60.

4. Theoretische Analyse von Preis- und Wechselkursrisiken und Hedging   147

In analoger Weise zu dem Vorgehen beim Preisrisiko kann gezeigt werden, dass die optimale Absatzmenge umso kleiner ist, je größer die Risikoaversion, die Fixkosten unter DARA sowie unter DARA und CARA, je größer das Wechselkursrisiko und je kleiner der erwartete Wechselkurs. Auf eine explizite Herleitung sei an dieser Stelle verzichtet. Eine solche findet sich z.B. (für vollkommenen Wettbewerb) in Adam-Müller (1995, S.18ff).

4.3.3 Simultanes Preis- und Wechselkursrisiko

Die vorigen beiden Abschnitte haben das Preis- und Wechselkursrisiko jeweils separat behandelt. Tatsächlich ist ein außerhalb des Dollarraumes ansässiger DRAM Produzent beiden gleichzeitig ausgesetzt. Unter Berücksichtigung beider Risiken lautet der Gewinn

$$\tilde{\pi}_i = \tilde{e} \cdot (p(X) + \tilde{\varepsilon}) \cdot x_i - C_i(x_i) \tag{4.34}$$

Die Bedingung erster Ordnung ergibt sich diesmal mit

$$E[U'(\tilde{\pi}) \cdot (\tilde{e} \cdot (p(X) + \tilde{\varepsilon} + p'(X) \cdot x_i) - C_i'(x_i))] = 0 \tag{4.35}$$

Mit $E[\tilde{\varepsilon}] = 0$ gilt $E[U'(\tilde{\pi}) \cdot \tilde{e} \cdot \tilde{\varepsilon}] = \text{cov}(U'(\tilde{\pi}) \cdot \tilde{e}, \tilde{\varepsilon})$, so dass die Bedingung ähnlich wie zuvor umgeschrieben werden kann zu

$$e \cdot (p(X) + p'(X) \cdot x_i) - C_i'(x_i) = -\frac{\text{cov}(U'(\tilde{\pi}), \tilde{e}) \cdot (p(X) + p'(X) \cdot x_i) + \text{cov}(U'(\tilde{\pi}) \cdot \tilde{e}, \tilde{\varepsilon})}{E[U'(\tilde{\pi})]} \tag{4.36}$$

Auf der rechten Seite findet sich im ersten Term der aus (4.33) bekannte Einfluss des Wechselkursrisikos des deterministischen Teils der Umsätze, $p(X) \cdot x_i$. Im zweiten Term mit dem Einfluss des Preisrisikos (vgl. (4.20)) tritt das Wechselkursrisiko hinzu, da die Umsatzschwankungen aufgrund des Preisrisikos, $\tilde{\varepsilon} \cdot x_i$, nun zugleich dem Wechselkursrisiko ausgesetzt sind. Die optimale Entscheidung hängt nicht mehr nur von den einzelnen Risiken separat ab, da sie multiplikativ in den Gewinn eingehen. Ihr Einfluss kann nur noch getrennt analysiert werden, wenn die Risiken unabhängig sind. Dann ist die erste Kovarianz wie im vorigen Abschnitt negativ. Dies gilt auch für die zweite Kovarianz: wenn Preis steigt, bleibt der Wechselkurs unverändert, während der Gewinn steigt und der Grenznutzen sinkt. Da sich beide Effekte summieren, ist die Menge bei unabhängigen Risiken kleiner als bei Existenz nur eines Risikos. Besteht eine Abhängigkeit zwischen den Risiken, kann das Vorzeichen der Kovarianzen nicht mehr so einfach wie bisher bestimmt werden. Für $\text{cov}(U'(\tilde{\pi}), \tilde{e})$ ist nun zu berücksichtigen, dass eine Wechselkursänderung nicht nur direkt auf den Gewinn und den Grenznutzen wirkt, sondern auch indirekt über den Zusammenhang mit dem Preisrisiko. Ähnliches gilt für die letzte Kovarianz. Eine Preisschwankung wirkt sich direkt auf den Grenznutzen und den Wechselkurs aus, über letzteres aber auch noch indirekt. Sind die beiden Risiken positiv korreliert, so dass sie sich gegenseitig verstärken, steigt das Gesamtrisiko und die Menge ist noch kleiner als bei Unabhängigkeit. Bei einer negativen Korrelation schwächen sie sich gegenseitig ab. Es kommt zu einem „natürlichen" Hedge. Ob der Output gegenüber der Situation mit nur einem Risiko steigt oder fällt, hängt auch vom Verlauf des Grenznutzens ab. Viaene und Zilcha (1998) können in einer ähnlichen Situation mit Preis- und Outputrisiko für spezielle Nutzenfunktionen zeigen, dass der Output bei negativer Korrelation steigen kann.

4.4 Simultane Absatz- und Hedgingentscheidungen

Als Fazit aus den bisherigen Ergebnissen folgt, dass das Preis- und Wechselkursrisiko in der Regel zu einer Einschränkung des risikobehafteten Umsatzes durch eine Verringerung der Absatzmenge führen. Diese Wirkung der Risiken legt es nahe, dass ein Anbieter sie zu reduzieren versucht. Wie in Kapitel 3.3 dargestellt können sie auf Terminmärkten abgegeben werden. Ziel der folgenden Analyse ist es herzuleiten, wie sich die Möglichkeit des Terminhandels eines Teils oder der gesamten künftigen Produktion sowie der Dollarumsätze mittels Futures auf das Verhalten eines Anbieters auswirkt. Dabei sind neben dem optimalen Output die optimalen Futurespositionen zu bestimmen, d.h. die Anteile der Produktion bzw. Dollarumsätze, die auf einem hypothetischen DRAM Terminmarkt und dem Devisenterminmarkt gehandelt werden sollen. Zudem ist von Interesse, ob diese Entscheidungen nur von beobachtbaren Marktdaten oder auch von (subjektiven) Erwartungen oder Risikopräferenzen abhängen.

In diesem Abschnitt wird von perfekten Terminmärkten ausgegangen, auf denen das Preisrisiko über DRAM Futures bzw. das Wechselkursrisikos über Devisenterminfutures direkt gehandelt werden können. Ein Basisrisiko bzw. Cross-Hedging wird in 4.5 berücksichtigt. Wie im vorigen Abschnitt werden die Risiken zunächst jeweils separat behandelt (Abschnitte 4.3.1 und 4.3.2), bevor beide simultan berücksichtigt werden (Abschnitt 4.3.3).

4.4.1 Preisrisiko mit perfekter Hedgemöglichkeit

Als erstes wird wieder nur das Preisrisiko betrachtet, nun jedoch unter der Prämisse, dass ein Terminmarkt für DRAM existiert, auf dem DRAM Futures zu dem in Dollar notierten Terminpreis p_f gehandelt werden können. Die Futures haben eine (Rest-)Laufzeit von einer Periode bzw. der Anbieter stellt seine

4. Theoretische Analyse von Preis- und Wechselkursrisiken und Hedging 149

Futuresposition zum Zeitpunkt seiner Spotmarktverkäufe ($t=2$) ohne Basisrisiko glatt. Zum Zeitpunkt seiner Absatzentscheidung ($t=1$) kann einer Anbieter simultan Futures im Umfang H verkaufen ($H>0$) oder kaufen ($H<0$) –beides wird zugelassen, auch wenn mit dem intuitiv erwarteten Verkauf argumentiert wird. Der Einfachheit halber sei ein DRAM Future auf einen DRAM Chip geschrieben, obwohl es in der Realität eher 1.000 oder 10.000 Stück sein dürften. Beim Verkauf eines Futures erhält der Anbieter den sicheren Terminpreis p_f und gibt bei perfekter Korrelation bei Glattstellung des Futures den unsicheren Spotpreis $p(X)+\tilde{\varepsilon}$ für die auf Termin verkaufte Einheit ab. Da die Einnahmen aus dem Terminverkauf in Dollar anfallen, müssen sie zum hier noch als sicher unterstellten Wechselkurs umgetauscht werden.

Selbst bei Verzerrtheit orientiert sich der Terminpreis an dem Spotpreis.[135] Weil sich letzterer aus der Absatzentscheidung des Produzenten ergibt, ist auch der Terminpreis indirekt von ihr in dem Sinne abhängig, dass die Terminmarktteilnehmer die (simultan zum Terminhandel getroffene) Mengenentscheidung parallel beobachten bzw. antizipieren und auf dieser Grundlage den Spotpreis prognostizieren. Ähnlich wie von Eldor und Zilcha (1990, S.19), Allaz (1992, S.303), Allaz und Vila (1993, S.5) sowie Hughes und Kao (1997, S.125) im oligopolistischen Kontext wird daher unterstellt, der Anbieter realisiert, dass seine Mengenentscheidung auch den Terminpreis beeinflusst (ohne diese Annahme ergibt sich ein unplausibles (Spot-)Marktergebnis wie bei vollkommener Konkurrenz). Um dies deutlich zu machen, wird der Terminpreis als $p_f(X)$ geschrieben. Dabei scheint es plausibel, dass der Terminpreis selbst bei Verzerrtheit (z.B. aufgrund von Haltekosten) auf eine Mengenänderung ähnlich reagiert wie der Spotpreis. Auch wenn eine Basis nicht konstant ist und z.B. im Zeitablauf abnimmt, ist die Abnahme wohl durch mengenunabhängige Faktoren (z.B. abnehmende Haltekosten) bedingt. Daher wird im Folgenden zur Vereinfachung $p'_f(X) = p'(X)$ unterstellt, da so die aus der Literatur bekannten Ergebnisse leicht nachvollzogen werden können. Dieser Zusammenhang ist nicht mit einer Marktmacht des Anbieters auf dem Terminmarkt zu verwechseln. Im Gegenteil wird für die Preisfindung auf dem Terminmarkt unterstellt, dass sie kompetitiv erfolgt und der Anbieter dort (Termin-)Preisnehmer ist, d.h. seine Futuresposition so klein ist, dass er mit ihr keinen Einfluss auf den Terminpreis ausübt.

---

[135] Wird die Gegenposition von Spekulanten eingenommen, ist nach Allaz (1992, S.304) theoretisch die Existenz eines risikoneutralen Spekulanten ausreichend, damit der Terminpreis unverzerrt ist. Kapitel 3.3.4 hat jedoch gezeigt, dass Terminpreise in der Realität nicht immer unverzerrt sind.

Die um Gewinnbeitrag des Futureshandels erweiterte Gewinnfunktion lautet

$$\tilde{\pi}_i = e \cdot (p(X) + \tilde{\varepsilon}) \cdot x_i + e \cdot H \cdot (p_f(X) - p(X) - \tilde{\varepsilon}) - C_i(x_i) \quad (4.37)$$

Der Anbieter maximiert wieder den Erwartungsnutzen aus dem Gewinn. Sein Entscheidungsproblem besteht nun aber nicht mehr nur in der Bestimmung der optimalen Absatzmenge x_i, sondern auch der optimalen Futuresposition H:

$$\max_{x_i, H} E[U(\tilde{\pi}_i)] \quad (4.38)$$

Die Bedingungen erster Ordnung für x_i und H ergeben sich mit $p'_f(X) = p'(X)$ als

$$E[U'(\tilde{\pi}) \cdot (e \cdot (p(X) + \tilde{\varepsilon} + p'(X) \cdot x_i) - C'_i(x_i))] = 0 \quad (4.39)$$

$$E[U'(\tilde{\pi}) \cdot e \cdot (p_f(X) - p(X) - \tilde{\varepsilon})] = 0 \quad (4.40)$$

Die Bedingungen zweiter Ordnung sind erfüllt: (4.39) entspricht (4.18), so dass $D < 0$ gilt; für H ist sie $E[U''(\tilde{\pi}) \cdot e^2 \cdot (p_f(X) - p(X) - \tilde{\varepsilon})^2]$ und wegen $U''(\tilde{\pi}) < 0$ negativ.

Betrachtet sei zunächst die optimale Menge. Einsetzen von (4.40) in (4.39) führt auf

$$E[U'(\tilde{\pi})] \cdot (e \cdot (p_f(X) + p'(X) \cdot x_i) - C'_i(x_i)) = 0 \quad (4.41)$$

Völlig unabhängig von einer (Un)Verzerrtheit des Terminmarktes liefert dies eine deterministische Bedingung, die nach der optimalen Absatzmenge aufgelöst werden kann. Statt an dem unsicheren Spotmarktpreis, den der Anbieter über die Futures auf dem Terminmarkt abgeben kann, orientiert er sich an dem sicheren Terminpreis und produziert die Menge, die er bei einem deterministischen Spotpreis in dessen Höhe wählen würde, da er keinen Preisrückgang mehr fürchten muss. Er muss bei seiner Entscheidung das Risiko nicht mehr beachten. Daher ist die optimale Menge auch unabhängig von seiner Risikoaversion (sowie den sie ggf. beeinflussenden Fixkosten) und seinen Erwartungen (der subjektiven Wahrscheinlichkeitsverteilung des Preises). Über den Absatz kann getrennt von der Risikopolitik entschieden werden. Es gilt die von Danthine (1978), Holthausen (1979) und Feder et al. (1980) für ein Unternehmen bei vollkommenem Wettbewerb nachgewiesene Separation.

Bei Existenz eines kompetitiven DRAM Terminmarktes ist die optimale Produktionsmenge unabhängig von der Risikoaversion sowie den Erwartungen des Anbieters über den Preis und dessen Risiko. Es gilt die Separation. Die optimale Menge ergibt sich gemäß $e \cdot (p_f(X) + p'(X) \cdot x_i) = C'_i(x_i)$.

4. Theoretische Analyse von Preis- und Wechselkursrisiken und Hedging 151

Durch das Hedging ist die optimale Absatzmenge lediglich von beobachtbaren Marktgrößen abhängig, insbesondere dem Terminpreis p_f. Mit $C_i''(x_i) = 0$ und $p'_f(X) = p'(X)$ folgt aus implizitem Differenzieren der Bedingung (4.41)

$$\frac{dx_i}{dp_f} = -\frac{1}{2p'(X) + p''(X) \cdot x_i} > 0 \qquad (4.42)$$

Die optimale Menge ist umso größer, je höher der Terminpreis. Entspricht er dem erwarteten Spotpreis, der gleich dem Preis unter Sicherheit unterstellt wurde, ist Bedingung (4.41) identisch mit der im risikolosen Fall. Da im vorigen Abschnitt gezeigt wurde, dass ein (einzelnes) ungesichertes Risiko den Output senkt, folgt im Umkehrschluss, dass Hedging ihn in diesem Fall wieder auf das Niveau unter Sicherheit erhöht. Dieses wird immer mindestens erreicht, solange der Terminpreis nicht unter dem erwarteten Spotpreis liegt.

Die Absatzmenge ist bei Hedging auf einem kompetitiven DRAM Terminmarkt umso höher, je höher der Terminpreis. Solange der Terminpreis nicht unter dem erwarteten Spotpreis liegt, ist die Menge höher als ohne Absicherung.

Nach der optimalen Absatzmenge ist die optimale Futuresposition festzulegen. Ihre Bedingung erster Ordnung (4.40) kann unter Beachtung von $E[\tilde{\varepsilon}] = 0$ umgeformt werden zu

$$E[U'(\tilde{\pi})] \cdot e \cdot (p_f(X) - E[p(X)]) = e \cdot \text{cov}(U'(\tilde{\pi}), \tilde{\varepsilon}) \qquad (4.43)$$

Im Falle eines unverzerrten Terminmarktes gilt $p_f(X) = E[p(X) + \tilde{\varepsilon}] = E[p(X)]$. Die Bedingung für die optimale Risikopolitik ist dann durch eine Kovarianz des Grenznutzens und der Preisschwankung von null charakterisiert. Dies ist nur möglich, wenn der Gewinn unkorreliert mit $\tilde{\varepsilon}$ ist, also die Preisschwankung völlig aus der Gewinnfunktion eliminiert wird. Wie ein Blick auf die Gewinnfunktion (4.37) zeigt, muss dazu $H = x_i$ gelten, was einer Hedgerate von 100% entspricht. Mit $H > 0$ ist tatsächlich ein Terminverkauf optimal. Es resultiert der sog. Full Hedge. Dieses Ergebnis gilt unabhängig von der konkreten Nutzenfunktion. Sobald ein DRAM Produzent risikoavers ist und der Terminpreis dem von ihm erwarteten Spotpreis entspricht, ist es für ihn optimal, sich des gesamten Preisrisikos zu entledigen, indem er seinen gesamten Output zu dem sicheren Terminpreis verkauft.

Entspricht der Terminpreis nicht dem vom Anbieter erwarteten Spotmarktpreis, ist es für den Anbieter optimal, von dem Full Hedge abzuweichen und auf seine Erwartung zu spekulieren. Dafür ist er bereit, teilweise auf die Risikoabsicherung zu verzichten. Gilt beispielsweise $p_f(X) < E[p(X) + \tilde{\varepsilon}] = E[p(X)]$, muss für das optimale Hedgevolumen die Kovarianz in (4.43) negativ sein. Ein positiver Nachfrageschock $\tilde{\varepsilon} > 0$ muss in einem sinkenden Grenznutzen und damit in einem höheren Gewinn resultieren. Dies ist nur möglich, wenn eine geringere als die gesamte Absatzmenge gehedgt wird, so dass von dem höheren Preis profitiert werden kann. Statt einem Full Hedge ist eine Unterabsicherung ($H<x_i$) optimal. Ist der Terminpreis hinreichend klein, wird der Anbieter zur Spekulation sogar auf Termin kaufen ($H<0$). Für $p_f(X) > E[p(X)+\tilde{\varepsilon}] = E[p(X)]$ resultiert analog eine Überabsicherung ($H>x_i$).

Ist der Terminpreis gleich (kleiner) (größer) als der erwartete Spotpreis, ist ein Full Hedge (Unterabsicherung) (Überabsicherung) auf einem DRAM Terminmarkt optimal.

Dieses Ergebnis findet sich für vollkommene Konkurrenz in Holthausen (1979, S.990) und Feder et al. (1980, S.322). Die Futuresposition lässt sich wie in der Portfoliotheorie zerlegen in die reine Hedgingkomponente des Full Hedges und der spekulativen Abweichung. Da der Anbieter mit dem Abweichen vom Full Hedge eine riskante Position eingeht bzw. nicht das gesamte Risiko gehedgt wird und ein Restrisiko verbleibt, hängt die exakte Höhe der Futuresposition über die Kovarianz von dem Risiko und der Risikoaversion sowie von der erwarteten Differenz zwischen Spot- und Terminpreis ab. Eine komparativstatische Analyse soll den Einfluss dieser Faktoren auf die spekulative Futuresposition prüfen. Den Full Hedge können sie nicht beeinflussen, da er das Risiko vollständig eliminiert. Ebenso entfällt eine derartige Analyse für die optimale Menge, die aufgrund der Separation unabhängig von der Risikoaversion und der Erwartung bezüglich des Risikos und Spotpreises ist.

- Einfluss der Risikoaversion auf die spekulative Position

Nach dem gleichen Verfahren wie bei dem unabgesicherten Preisrisiko kann die Auswirkung einer Erhöhung der Risikoaversion auf die spekulative Position untersucht werden:

Seien wie in 4.3.1 $U_1(\tilde{\pi})$, $U_2(\tilde{\pi})$ zwei Nutzenfunktionen mit $a_1(\pi) > a_2(\pi) \; \forall \pi$. H_1^* sei die optimale Futuresposition für die Nutzenfunktion 1 und $\tilde{\pi}_1^*$ der dazu gehörende Gewinn. Zu zeigen ist, ob H_2^* größer oder kleiner als H_1^* ist. Die Bedingung erster Ordnung (4.40) für die Nutzenfunktion 1 kann geschrieben werden als

$$\int_{\varepsilon^{\min}}^{\varepsilon^0} \frac{U_1'(\pi_1^*)}{U_1'(\pi_1^0)} \cdot \left(e \cdot (p_f(X) - p(X) - \varepsilon)\right) dF(\varepsilon) + \int_{\varepsilon^0}^{\infty} \frac{U_1'(\pi_1^*)}{U_1'(\pi_1^0)} \cdot \left(e \cdot (p_f(X) - p(X) - \varepsilon)\right) dF(\varepsilon) = 0 \quad (4.44)$$

4. Theoretische Analyse von Preis- und Wechselkursrisiken und Hedging

mit π_1^0 als Gewinn bei H_1^*, wenn sich die Preisschwankung ε^0 realisiert, bei der der Preis dem Terminpreis entspricht, $p(X)+\varepsilon^0 = p_f(X)$. Die Bedingung erster Ordnung für die Nutzenfunktion 2 an der Stelle H_1^* lautet

$$\int_{\varepsilon^{\min}}^{\varepsilon^0} \frac{U_2'(\pi_1^*)}{U_2'(\pi_1^0)} \cdot \left(e \cdot (p_f(X) - p(X) - \varepsilon)\right) dF(\varepsilon) + \int_{\varepsilon^0}^{\infty} \frac{U_2'(\pi_1^*)}{U_2'(\pi_1^0)} \cdot \left(e \cdot (p_f(X) - p(X) - \varepsilon)\right) dF(\varepsilon) \quad (4.45)$$

Zieht man von letzterer die für Nutzenfunktion 1 ab, ergibt sich

$$\int_{\varepsilon^{\min}}^{\varepsilon^0} \left[\frac{U_2'(\pi_1^*)}{U_2'(\pi_1^0)} - \frac{U_1'(\pi_1^*)}{U_1'(\pi_1^0)}\right] \cdot \left(e \cdot (p_f(X) - p(X) - \varepsilon)\right) dF(\varepsilon) +$$

$$+ \int_{\varepsilon^0}^{\infty} \left[\frac{U_2'(\pi_1^*)}{U_2'(\pi_1^0)} - \frac{U_1'(\pi_1^*)}{U_1'(\pi_1^0)}\right] \cdot \left(e \cdot (p_f(X) - p(X) - \varepsilon)\right) dF(\varepsilon) \quad (4.46)$$

Ist die Futuresposition kleiner als der Output, wächst der Gewinn in ε, so dass für alle Realisationen der Preises mit $\varepsilon < (>) \varepsilon^0$ $\pi_1^0 > (<) \pi_1^*$ gilt. Nach Pratt (1964, S.128f) ist für $a_1(\pi) > a_2(\pi)$ der Term in eckigen Klammer im ersten Summanden negativ, im zweiten positiv. Der Term in runden Klammern ist jedoch aufgrund der Definition von ε^0 im ersten Summanden positiv, im zweiten negativ, so dass die Summe insgesamt negativ ist. Die Bedingung erster Ordnung für die Nutzenfunktion 2 ist demnach an der Stelle H_1^* negativ und wegen der negativen Bedingung zweiter Ordnung für H erst für eine kleinere Futuresposition null. Je weniger risikoavers der Anbieter, umso größer ist die Differenz zum Full Hedge.

Liegt eine Überabsicherung vor, drehen sich die Vorzeichen der eckigen Klammern in (4.46) um, so dass die Summe insgesamt positiv ist. Daraus folgt, dass die Futuresposition bei Nutzenfunktion 2 größer als bei 1 bzw. die Überabsicherung größer ist.

Ein Anbieter weicht umso weniger vom Full Hedge ab und wählt eine umso kleinere spekulative Position, je risikoaverser er ist, d.h. bei einer Unterabsicherung (Überabsicherung) verkauft er mehr (weniger) Futures.

Ein analoges Ergebnis findet Holthausen (1979, S.991) bei vollkommener Konkurrenz. Umso risikoaverser ein Anbieter ist, desto weniger will er spekulieren. Bei extrem (unendlich) hoher Risikoaversion würde er wie in der Portfoliotheorie gar nicht spekulieren und den Full Hedge wählen. Wie aus 4.3.1 bekannt ist, können die Fixkosten die Bereitschaft, Risiken einzugehen, bei zu- oder abnehmender Risikoaversion senken oder erhöhen und daher die spekulative Position erhöhen oder senken. Auf eine explizite Herleitung dieser Aussage wird verzichtet, nachdem das Prinzip beim unabgesicherten Risiko bereits deutlich

154   4. Theoretische Analyse von Preis- und Wechselkursrisiken und Hedging

wurde (vgl. ähnlich Feder et al. (1980, S.325) oder Adam-Müller (1995, S.56f) im Kontext des Wechselkursrisikos).

- Änderungen des Preisrisikos

Eine Änderung des Risikos kann wie in 4.3.1 mit der Parametrisierung $\tilde{\varepsilon} = \gamma \cdot \tilde{v}$ über eine Änderung von γ untersucht werden. Implizites Differenzieren der nun leicht veränderten Bedingung erster Ordnung (4.40) für die optimale Futuresposition ergibt

$$\frac{dH}{d\gamma} = -\frac{E[U'(\tilde{\pi}_i) \cdot e \cdot (-\tilde{v})] + E[U''(\tilde{\pi}_i) \cdot e \cdot (p_f(X) - p(X) - \gamma \cdot \tilde{v}) \cdot e \cdot \tilde{v} \cdot (x_i - H)]}{E[U''(\tilde{\pi}) \cdot e^2 \cdot (p_f(X) - p(X) - \gamma \cdot \tilde{v})^2]} \quad (4.47)$$

Der Nenner (die Bedingung zweiter Ordnung für H) ist wegen $U''(\tilde{\pi}) < 0$ negativ. Das Vorzeichen der übrigen Terme hängt davon ab, ob eine Unter- oder Überabsicherung vorliegt. Im Folgenden wird das Vorzeichen für eine Unterabsicherung bestimmt, dasjenige bei einer Überabsicherung folgt analog.[136] Bei einer Unterabsicherung steigt der Gewinn in $\tilde{v}$, so dass im Zähler der erste Erwartungswert $E[U'(\tilde{\pi}_i) \cdot e \cdot (-\tilde{v})] = -e \cdot \text{cov}(U'(\tilde{\pi}_i), \tilde{v})$ wegen der dann bekanntermaßen negativen Kovarianz positiv ist. Der zweite Erwartungswert kann mit $\tilde{v} = \tilde{\varepsilon}/\gamma$ umgeformt werden zu

$$E\left[U''(\tilde{\pi}_i) \cdot e \cdot (p_f(X) - p(X) - \tilde{\varepsilon}) \cdot e \cdot \frac{-\tilde{\varepsilon}}{\gamma} \cdot (-1) \cdot (x_i - H)\right] =$$

$$= \frac{e^2}{\gamma} \cdot (x_i - H) \cdot E[U''(\tilde{\pi}_i) \cdot (p_f(X) - p(X) - \tilde{\varepsilon})^2 \cdot (-1)] - \quad (4.48)$$

$$\frac{e^2}{\gamma} \cdot (x_i - H) \cdot (p_f(X) - p(X)) \cdot E[U''(\tilde{\pi}_i) \cdot (p_f(X) - p(X) - \tilde{\varepsilon})]$$

Die zweite Zeile ist wegen $U''(\tilde{\pi}_i) < 0$ und des negativen Faktors positiv, wenn eine Unterabsicherung vorliegt, $x_i - H > 0$. Für die dritte Zeile kann das aus der Analyse der Fixkosten in 4.3.1 bekannte Verfahren angewandt werden. Sei $\bar{\pi}$ der Gewinn, wenn sich ε^0 so realisiert, dass der Preis dem Terminpreis entspricht, $p(X) + \varepsilon^0 = p_f(X)$. Stellt man den Gewinn dar als

$$\tilde{\pi}_i = e \cdot (p(X) + \tilde{\varepsilon} - p_f(X)) \cdot (x_i - H) - e \cdot x_i \cdot p_f(X) - C_i(x_i),$$

---

[136] Bei einem Full Hedge ist im Zähler der erste Erwartungswert null, da $E[U'(\tilde{\pi}_i) \cdot e \cdot (-\tilde{v})] = -e \cdot \text{cov}(U'(\tilde{\pi}_i), \tilde{v}) = 0$. Der zweite ist wegen $x_i = H$ ebenfalls null, so dass die Ableitung insgesamt null ist und das Risiko tatsächlich keinen Einfluss auf den Full Hedge ausübt.

4. Theoretische Analyse von Preis- und Wechselkursrisiken und Hedging 155

wird deutlich, dass er für $\tilde{\varepsilon}>(<)\varepsilon^0$ bei einer Unterabsicherung ($x_i-H>0$) größer (kleiner) als $\bar{\pi}$ ist. Zugleich gilt dann $p(X)+\tilde{\varepsilon}-p_f(X)>(<)0$. Bei DARA gilt daher

$$-\frac{U''(\tilde{\pi}_i)}{U'(\tilde{\pi}_i)}=a(\tilde{\pi}_i)\leq a(\bar{\pi}) \text{ für } \tilde{\varepsilon}\geq\varepsilon^0 \tag{4.49}$$

$$\Leftrightarrow U''(\tilde{\pi}_i)\cdot\left(p_f(X)-p(X)-\tilde{\varepsilon}\right)\geq -a(\bar{\pi})\cdot U'(\tilde{\pi}_i)\cdot\left(p_f(X)-p(X)-\tilde{\varepsilon}\right) \tag{4.50}$$

Bei $\tilde{\varepsilon}<\varepsilon^0$ dreht sich nur das Vorzeichen in der ersten, nicht aber in der zweiten Ungleichung um. Bildet man auf beiden Seiten den Erwartungswert, folgt

$$E\left[U''(\tilde{\pi}_i)\cdot\left(p_f(X)-p(X)-\tilde{\varepsilon}\right)\right]\geq -a(\bar{\pi})\cdot E\left[U'(\tilde{\pi}_i)\cdot\left(p_f(X)-p(X)-\tilde{\varepsilon}\right)\right] \tag{4.51}$$

Die rechte Seite ist wegen der Bedingung erster Ordnung (4.40) für H null, so dass die linke Seite positiv ist. Weil eine Unterabsicherung genau dann vorliegt, wenn $p_f(X)<p(X)$ gilt, ist die zweite Zeile in (4.48) (mit dem negativen Vorzeichen) positiv. Bei CARA wäre sie null. In beiden Fällen ist Ausdruck (4.48) insgesamt positiv und damit auch die Ableitung (4.47). Im Falle einer Überabsicherung drehen sich die Vorzeichen der Terme im Zähler von (4.47) jeweils um, so dass die Ableitung dann negativ ist. Zusammenfassend gilt daher ähnlich wie in Holthausen (1990, S.991f) sowie (weniger präzise) für vollkommenen Wettbewerb in Feder et al. (1980, S.322f):

Bei DARA oder CARA sinkt die spekulative Position (die Abweichung vom Full Hedge) bei einer Zunahme des Risikos im Sinne einer erwartungswertneutralen Spreizung der Wahrscheinlichkeitsverteilung, d.h. die Futuresposition wird bei einer Unterabsicherung (Überabsicherung) erhöht (gesenkt).

Bei IARA kommt zu dem Anreiz, das Risiko bei einer Erhöhung wegen der Risikoaversion durch eine Reduktion der spekulativen Position verringern zu wollen, der gegenläufige Effekt hinzu, dass die dadurch erwartete Gewinnminderung die Risikoaversion senkt, was auf eine Erhöhung der spekulativen Position wirkt, so dass der Nettoeffekt uneindeutig ist. Bei DARA wächst hingegen die Risikoaversion, so dass beide Effekte auf eine Verringerung der riskanten spekulativen Position drängen. Bei CARA fällt der zweite Effekt weg.

- Änderungen des Terminpreises

Weil das Abweichen des Terminpreises vom erwarteten Spotpreis Ursache für das Eingehen der spekulativen Position ist, stellt sich die Frage, wie der Anbieter auf eine Änderung des Terminpreises reagiert. Zu erwarten ist, dass seine Erhöhung bei einer Unterabsicherung, bei der auf einen höheren Spotpreis „gewettet" wird, die Futuresposition erhöht (die spekulative Position senkt), bei einer Überabsicherung senkt. Eindeutige Aussagen lassen sich jedoch nur noch für Spezialfälle ableiten.

Im Gegensatz zu den bisherigen Einflussfaktoren geht vom Terminpreis auch eine Wirkung auf die optimale Absatzmenge aus (dx_i/dp_f, vgl. (4.42)), die sich wiederum auf die Futuresposition auswirkt. Diesen indirekten Effekt des Terminpreises auf die Futuresposition gilt es zusätzlich zu berücksichtigen, wenn die optimale Futuresposition gemäß Bedingung (4.40) implizit nach dem Terminpreis differenziert wird:

$$\frac{dH}{dp_f} = -\left(\frac{E[U'(\tilde{\pi})\cdot e] + E[U''(\tilde{\pi}_i)\cdot e\cdot(p_f(X)-p(X)-\tilde{\varepsilon})\cdot e\cdot H]}{E[U''(\tilde{\pi})\cdot e^2\cdot(p_f(X)-p(X)-\tilde{\varepsilon})^2]} + \frac{E[U'(\tilde{\pi})\cdot e\cdot(-\tilde{\varepsilon})]+}{}\right.$$

$$\left. + \frac{E[U''(\tilde{\pi}_i)\cdot e\cdot(p_f(X)-p(X)-\tilde{\varepsilon})\cdot(e\cdot(p(X)+\tilde{\varepsilon}+p'(X)\cdot x_i)-C'_i(x_i))]}{E[U''(\tilde{\pi})\cdot e^2\cdot(p_f(X)-p(X)-\tilde{\varepsilon})^2]}\frac{dx_i}{dp_f}\right) =$$

$$= -\left(\frac{E[U'(\tilde{\pi})\cdot e] + e^2\cdot H\cdot E[U''(\tilde{\pi}_i)\cdot(p_f(X)-p(X)-\tilde{\varepsilon})]}{E[U''(\tilde{\pi})\cdot e^2\cdot(p_f(X)-p(X)-\tilde{\varepsilon})^2]} + \right. \quad (4.52)$$

$$\left. + \frac{E[U'(\tilde{\pi})\cdot e\cdot(-\tilde{\varepsilon})]+E[U''(\tilde{\pi}_i)\cdot e^2\cdot(p_f(X)-p(X)-\tilde{\varepsilon})^2\cdot(-1)]}{E[U''(\tilde{\pi})\cdot e^2\cdot(p_f(X)-p(X)-\tilde{\varepsilon})^2]}\frac{dx_i}{dp_f}\right)$$

Die letzte Umformung erfolgt unter Ausnutzung der Bedingung (4.41) für die optimale Absatzmenge. Der Nenner ist wegen $U''(\tilde{\pi})<0$ negativ. Der erste Erwartungswert im Zähler ist immer positiv. Für den zweiten Erwartungswert hat die vorhergehende Analyse des Risikos gezeigt, dass er unter DARA oder CARA für eine Unterabsicherung (Überabsicherung) positiv (negativ) ist und der ganze Term daher für $H>0$ positiv (negativ) ist. Für den dritten Erwartungswert $E[U'(\tilde{\pi})\cdot e\cdot(-\tilde{\varepsilon})]=-e\cdot\text{cov}(U'(\tilde{\pi}),\tilde{\varepsilon})$ ist von der optimalen Risikopolitik bekannt, dass er für eine Unterabsicherung (Überabsicherung) positiv (negativ) ist. Der letzte Erwartungswert ist immer positiv. Der Faktor dx_i/dp_f ist nach (4.42) positiv. Insgesamt kann daher nur für den Fall einer Unterabsicherung, aber weiterhin $H>0$, unter DARA und CARA das Vorzeichen der Ableitung eindeutig als positiv bestimmt werden, d.h.:

Je größer der Terminpreis, desto größer ist unter DARA und CARA bei einer Unterabsicherung die Futuresposition (desto kleiner ist die spekulative Position). Bei einer Senkung des Terminpreises wird die spekulative Unterabsicherung durch eine Senkung der Futuresposition ausgedehnt.

Feder et al. (1980, S.324) leiten für vollkommenen Wettbewerb ein ähnliches (aber einfacheres) Ergebnis ab. Für den Fall einer Überabsicherung ist keine eindeutige Aussage möglich, da der gestiegene Terminpreis einerseits die Spekulation unattraktiver macht, was auf eine Senkung der Futuresposition

4. Theoretische Analyse von Preis- und Wechselkursrisiken und Hedging 157

wirkt; andererseits steigt die Absatzmenge, was die Full Hedge Position, von der nach oben abgewichen wird, erhöht. Zugleich macht der höhere Terminpreis einen Terminverkauf gegenüber einem Spotmarktverkauf attraktiver. Die Gegenläufigkeit der letzten beiden gegenüber dem ersten Effekt führt zu einem unklaren Nettoeffekt.

Unbenommen all dieser Marginaleffekte bleibt aber die grundsätzliche Einnahme einer spekulativen Unter- oder Überabsicherung bei einem kleineren oder größeren Terminpreis als dem erwarteten Spotpreis bestehen.

Abschließend bleibt noch die Frage zu klären, ob die Existenz eines DRAM Terminmarktes für den Anbieter immer von Vorteil ist. Nur weil er einen Anreiz hat, eine Futuresposition einzugehen, muss er nicht zwangsläufig davon profitieren. Dies wird vor allem in Kapitel 4.5 gelten, wenn der oligopolistische Kontext mit einbezogen wird, in dem bereits Kapitel 2 die Möglichkeit strategischer Dilemmata aufgezeigt hat. Hier kann ein im Vergleich zum erwarteten Spotpreis sehr niedriger Terminpreis zu einer kleineren Produktionsmenge und einem kleineren Gewinn als ohne Absicherung führen, was der Risikoreduktion und dem erwarteten spekulativen Gewinn aus der Futuresposition gegenübersteht. Es ist zwar nahe liegend, dass ein Anbieter keine Futuresposition eingehen würde, wenn er nicht davon profitieren würde. Dennoch soll geprüft werden, ob der Erwartungsnutzen mit Hedging (H), $E[U(\tilde{\pi}_i^H)]$, größer ist als ohne (R), $E[U(\tilde{\pi}_i^R)]$, wobei $\tilde{\pi}_i^H$ gegeben ist durch (4.37) und $\tilde{\pi}_i^R$ durch (4.16). Zu bestimmen ist also das Vorzeichen der Differenz der Erwartungsnutzen. Im Folgenden wird ein Vorgehen von Broll et al. (1995, S.672), Broll (1997, S.148) sowie Broll und Wahl (1998, S.47f) adaptiert, die allerdings nur den Fall der Unverzerrtheit betrachten. Zur Prüfung des Vorzeichens kann die strikte Konkavität der Nutzenfunktion bei Risikoaversion herangezogen werden. Allgemein gilt z.B. nach Chiang und Wainwright (2005, S.324) für eine (strikt) konkav ansteigende Funktion $h(z)$ für beliebige Werte z_1, z_2: $h(z_1) - h(z_2) \geq (>) h'(z_1) \cdot (z_1 - z_2)$. Für die Differenz der Erwartungsnutzen folgt daraus

$$E[U(\tilde{\pi}_i^H)] - E[U(\tilde{\pi}_i^R)] = E[U(\tilde{\pi}_i^H) - U(\tilde{\pi}_i^R)] > E[U'(\tilde{\pi}_i^H) \cdot (\tilde{\pi}_i^H - \tilde{\pi}_i^R)] \qquad (4.53)$$

Die Differenz der Gewinne ergibt sich als

$$\begin{aligned}\tilde{\pi}_i^H - \tilde{\pi}_i^R = & e \cdot \left[p^H(X^H) \cdot x_i^H - p^R(X^R) \cdot x_i^R + \tilde{\varepsilon} \cdot (x_i^H - x_i^R) \right] + \\ & + e \cdot H \cdot (p_f(X^H) - p^H(X^H) - \tilde{\varepsilon}) - [C_i(x_i^H) - C_i(x_i^R)]\end{aligned} \qquad (4.54)$$

158 4. Theoretische Analyse von Preis- und Wechselkursrisiken und Hedging

Aufgrund des fallenden Grenzerlöses ist der Erlös $p(X) \cdot x_i$ eine strikt konkave Funktion. Dann kann obige Eigenschaft konkaver Funktionen erneut angewendet werden, um

$$p^H(X^H) \cdot x_i^H - p^R(X^R) \cdot x_i^R > (p^H(X^H) + p'^H(X^H) \cdot x_i^H) \cdot (x_i^H - x_i^R) \qquad (4.55)$$

zu erhalten. Die Verwendung dieser Beziehung für Ausdruck (4.54) sowie $E[\,U'(\tilde{\pi}) \cdot e \cdot H \cdot (p_f(X^H) - p^H(X^H) - \tilde{\varepsilon}\,)] = 0$ aufgrund von (4.40) ergeben für (4.53)

$$E[U(\tilde{\pi}_i^H) - U(\tilde{\pi}_i^R)] > E[U'(\tilde{\pi}_i^H) \cdot (\tilde{\pi}_i^H - \tilde{\pi}_i^R)] >$$

$$> E\!\left[U'(\tilde{\pi}_i^H) \cdot \left(e \cdot [(p^H(X^H) + \tilde{\varepsilon} + p'^H(X^H) \cdot x_i^H) \cdot (x_i^H - x_i^R)] - [C_i(x_i^H) - C_i(x_i^R)]\right)\right] = (4.56)$$

$$= E\!\left[U'(\tilde{\pi}_i^H) \cdot \left(C_i'(x_i^H) \cdot (x_i^H - x_i^R) - [C_i(x_i^H) - C_i(x_i^R)]\right)\right] = 0$$

Die letzte Umformung erfolgt durch Einsetzen von $E[U'(\tilde{\pi}) \cdot C_i'(x_i^H)] =$ $= E[U'(\tilde{\pi}) \cdot e \cdot (p^H(X) + \tilde{\varepsilon} + p'^H(X) \cdot x_i^H)]$ aus der Bedingung erster Ordnung (4.39) Aufgrund der konstanten Grenzkosten gilt $C_i'(x_i^H) \cdot (x_i^H - x_i^R) = C_i(x_i^H) - C_i(x_i^R)$, so dass die rechte Seite null ist. Auf der linken Seite ist dann der Erwartungsnutzen mit Hedging größer als ohne.

Unabhängig davon, ob ein Anbieter mehr oder weniger produziert, profitiert er immer von der Möglichkeit eines Terminhandels im Sinne einer Erwartungsnutzensteigerung.

Die Einführung eines DRAM Terminmarktes ist eindeutig vorteilhaft für den Anbieter. Sollte er aufgrund eines sehr niedrigen Terminpreises weniger produzieren als unter Sicherheit, wird der dadurch entstehende Verlust kompensiert durch die Risikoreduktion sowie durch den erwarteten spekulativen Gewinn.

Das Ergebnis dieser Betrachtungen lässt sich wie folgt zusammenfassen: Stehen DRAM Futures zur Verfügung, mit denen das Preisrisiko perfekt gehandelt werden kann,

- kann der Produzent die Entscheidung über seine optimale Produktionsmenge unabhängig von seiner Einschätzung der Preisentwicklung und des Risikos sowie von seiner Risikoaversion und der Risikopolitik treffen (Separation). Der Output ist umso größer, je größer der Terminpreis. Ist der Terminpreis nicht kleiner als der Spotpreis unter Sicherheit, produziert der Anbieter eine größere Menge als ohne Hedging.

- entspricht die optimale Risikopolitik bei einem unverzerrten Terminpreis einer vollständigen Absicherung der Produktionsmenge über Terminverkauf (Full Hedge), $H = x_i$. Ist der Terminpreis kleiner (größer) als

der erwartete Spotpreis, ist eine Unterabsicherung (Überabsicherung) optimal. Ein Abweichen vom Full Hedge fällt dabei umso geringer aus, je risikoaverser der Anbieter oder (unter DARA und CARA) je höher das Risiko, bei einer Unterabsicherung auch, je höher der Terminpreis.
- steigt der Erwartungsnutzen des Anbieters.

4.4.2 Wechselkursrisiko mit perfekter Hedgemöglichkeit

Nach dem Preisrisiko soll das Hedging des Wechselkursrisikos auf analoge, aber abgekürzte Weise analysiert werden, wobei nun der Preis als sicher unterstellt wird. Der Anbieter hat Zugang zu einem Devisenterminmarkt, auf dem er zum Zeitpunkt seiner Absatzentscheidung ($t=1$) perfekt mit dem Wechselkurs korrelierte Dollarfutures zum Devisenterminpreis e_f im Umfang M verkaufen ($M>0$) oder kaufen ($M<0$) kann. Die Futures haben eine (Rest-) Laufzeit von einer Periode bzw. der Anbieter stellt seine Futuresposition zum Zeitpunkt seiner Spotmarktverkäufe ($t=2$) glatt. Durch den Verkauf der Futures kann der Anbieter die auf Termin verkauften Dollardevisen M zum sicheren Terminwechselkurs e_f in die heimische Währung umtauschen. Der Terminhandel generiert so deterministische Einnahmen in Höhe von $M \cdot e_f$ durch Abtretung in $t=2$ erzielter unsicherer Dollarumsätze, die dann aus inländischer Sicht den Wert $M \cdot \tilde{e}$ haben. Der Gewinn mit Devisenterminhandel lautet daher

$$\tilde{\pi}_i = \tilde{e} \cdot p(X) \cdot x_i + M \cdot (e_f - \tilde{e}) - C_i(x_i) \tag{4.57}$$

Das Unternehmen maximiert seinen Erwartungsnutzen über die Wahl seiner Absatzmenge x_i sowie des Kontraktvolumens der von ihm gehandelten Devisenfutures M:

$$\max_{x_i, M} E[U(\tilde{\pi}_i)] \tag{4.58}$$

Die Bedingungen erster Ordnung für x_i und M ergeben sich mit

$$E[U'(\tilde{\pi}) \cdot (\tilde{e} \cdot (p(X) + p'(X) \cdot x_i) - C_i'(x_i))] = 0 \tag{4.59}$$

$$E[U'(\tilde{\pi})(e_f - \tilde{e})] = 0 \tag{4.60}$$

Wie beim Hedging des Preisrisikos wird die zweite in die erste Bedingung eingesetzt:

$$E[U'(\tilde{\pi})] \cdot \left(e_f \cdot (p(X) + p'(X) \cdot x_i) - C_i'(x_i)\right) = 0 \tag{4.61}$$

Das Unternehmen produziert optimalerweise, bis der mit dem Terminwechselkurs umgerechnete Grenzerlös den Grenzkosten der Produktion entspricht. Auch hier ergibt sich durch das Hedging eine Bedingung für die gewinnmaximale Absatzmenge, die unabhängig vom Wechselkursrisiko und damit von der Risikoaversion des Produzenten sowie dessen Einschätzung der Wechselkursentwicklung ist, aber auch davon, in welchem Umfang er Futures handelt. Er bestimmt die Menge nur anhand der Produktionskosten, dem Terminwechselkurs und der Marktnachfrage. Es kommt zur Separation. Das Risiko der unsicheren Wechselkursentwicklung zwischen der Produktionsentscheidung und dem Verkauf des Outputs wird durch den Terminhandel ausgeschaltet, indem der Umtausch der Dollardevisen aus den künftigen Verkaufserlösen zum sicheren Terminwechselkurs erfolgt. Sein Einfluss auf die optimale Absatzentscheidung ergibt sich durch implizites Differenzieren von (4.61) mit

$$\frac{dx_i}{de_f} = -\frac{p(X) + p'(X) \cdot x_i}{2p'(X) + p''(X) \cdot x_i} \tag{4.62}$$

Wegen des negativen Nenners (Bedingung zweiter Ordnung) und positiven Zählers (Grenzerlös im Optimum gleich den Grenzkosten und damit positiv) ist die optimale Absatzmenge umso größer, je höher der Devisenterminpreis. Liegt dieser nicht unter dem erwarteten Wechselkurs, produziert der Anbieter mehr als ohne Hedging. Für einen unverzerrten Terminwechselkurs, $e_f = E[\tilde{e}]$, der dem Wechselkurs unter Sicherheit entspricht, ergibt sich die gleiche Absatzentscheidung wie unter Sicherheit, da der Anbieter auf das Risiko nicht mehr mit einer vorsichtigeren Produktionsentscheidung reagieren muss.

Für die optimale Futuresposition kann analog zum Preisrisiko aus Bedingung (4.60)

$$e_f - E[\tilde{e}] = \frac{\text{cov}(U'(\tilde{\pi}), \tilde{e})}{E[U'(\tilde{\pi})]} \tag{4.63}$$

abgeleitet werden. Es ergeben sich äquivalente Ergebnisse zum Preisrisiko (vgl. z.B. Broll und Wahl (1992a)). Für einen unverzerrten Devisenterminmarkt, $e_f = E[\tilde{e}]$, ergibt sich die Forderung nach einer Kovarianz zwischen dem Grenznutzen und dem Wechselkursrisiko von null, d.h. nach einem mit dem Wechselkursrisiko unkorrelierten Gewinn, was auch hier einen Full Hedge impliziert. Der Anbieter verkauft optimalerweise Dollarfutures in Höhe des gesamten dem Wechselkursrisiko ausgesetzten Dollarumsatzes, $M = p(X) \cdot e_f$. Ist der Devisenterminpreis kleiner als der erwartete Wechselkurs, $e_f < E[\tilde{e}]$, fordert die Bedingung eine negative Kovarianz, was zu einer Unterabsicherung führt, d.h. einem kleineren Devisenfuturesvolumen als den künftigen Dollarumsätzen. Analog führt ein Devisenterminpreis über dem erwarteten Wechselkurs zu einer Überabsicherung. Es kommt auch hier zu einem spekulativen Abweichen vom Full Hedge. Die optimale Risikopolitik hängt dann von dem Risiko und der Risikoaversion des Produzenten ab. Nach dem gleichen Vorgehen wie beim Hedging

4. Theoretische Analyse von Preis- und Wechselkursrisiken und Hedging 161

des Preisrisikos kann laut Katz und Paroush (1979) gezeigt werden, dass die spekulative Futuresposition umso kleiner ist, umso

- größer das Risiko bei einer Unterabsicherung unter CARA oder DARA,
- höher die Risikoaversion
- größer (kleiner) die Fixkosten unter DARA (IARA).

Eine explizite Darstellung findet sich z.B. (für vollkommenen Wettbewerb) in Adam-Müller (1995, S.49ff).

Kann das Wechselkursrisiko perfekt mit Dollarfutures gehedgt werden, ist die optimale Absatzmenge unabhängig von der Risikoaversion und den Erwartungen des Anbieters. Es gilt die Separation nach Ethier (1973, S.496). Ist der Terminmarkt unverzerrt, ist ein Terminverkauf des gesamten Umsatzes optimal (Full Hedge). Ist der Devisenterminpreis kleiner (größer) als der erwartete Wechselkurs, ist eine Unterabsicherung (Überabsicherung) optimal.

4.4.3 Simultane Risiken mit perfekten Hedgemöglichkeiten

Die beiden vorhergehenden Abschnitte haben gezeigt, dass es bei perfekter Handelbarkeit eines allein auftretenden Preis- oder Wechselkursrisikos zur Separation kommt und die Futuresposition anhand der (Un)Verzerrtheit des Terminmarktes bestimmt werden kann. Dieser Abschnitt untersucht, ob diese Ergebnisse bei simultaner Berücksichtigung beider Risiken weiterhin gelten, wenn ein Anbieter beide oder nur ein Risiko (perfekt) absichern kann. Für das Wechselkursrisiko stehen in der Regel annäherungsweise perfekte Dollarfutures zur Verfügung. Für das DRAM Preisrisiko wird zunächst angenommen, es könne ebenfalls perfekt auf einem DRAM Terminmarkt abgesichert werden, dann als anderer Extremfall gar nicht. Die Konstellation, dass ein DRAM Terminmarkt existiert, aber kein Devisenterminmarkt, erscheint für das vorliegende Problem als weniger relevant und wird nicht näher betrachtet.

- Perfekte Absicherung beider Risiken

Treten beide Risiken simultan auf, erstreckt sich dass Wechselkursrisiko nicht nur auf die Umsätze aus den Spotverkäufen, sondern auch auf die (Dollar-)Einnahmen aus dem DRAM Terminverkauf. Die Gewinnfunktion lautet

$$\tilde{\pi}_i = \tilde{e} \cdot (p(X) + \tilde{\varepsilon}) \cdot x_i + M \cdot (e_f - \tilde{e}) + \tilde{e} \cdot H \cdot (p_f(X) - p(X) - \tilde{\varepsilon}) - C_i(x_i) \quad (4.64)$$

Zu wählen sind die Absatzmenge sowie Futurespositionen auf beiden Terminmärkten:

$$\max_{x_i, M, H} E[U(\tilde{\pi})] \quad (4.65)$$

4. Theoretische Analyse von Preis- und Wechselkursrisiken und Hedging

Die Bedingung erster Ordnung ergeben sich mit

$$E[U'(\tilde{\pi}) \cdot (\tilde{e} \cdot (p(X) + \tilde{e} + p'(X) \cdot x_i) - C_i'(x_i))] = 0 \quad (4.66)$$

$$E[U'(\tilde{\pi}) \cdot (e_f - \tilde{e})] = 0 \quad (4.67)$$

$$E[U'(\tilde{\pi}) \cdot \tilde{e} \cdot (p_f(X) - p(X) - \tilde{e})] = 0 \quad (4.68)$$

Zunächst sei wieder die optimale Absatzmenge betrachtet. Einsetzen der dritten sowie anschließend der zweiten Bedingung in die erste liefert eine ähnliche Bedingung wie in den vorhergehenden Abschnitten:

$$E[U'(\tilde{\pi})] \cdot (e_f \cdot (p_f(X) + p'(X) \cdot x_i) - C_i'(x_i)) = 0 \quad (4.69)$$

Der unsichere Spotpreis und der unsichere Wechselkurs werden jeweils durch ihre sicheren Terminpreise ersetzt, anhand derer die optimale Absatzmenge unabhängig von den Erwartungen und der Risikoaversion bestimmt werden kann. Es liegt erneut eine Separation vor.

Existieren kompetitive Terminmärkte, auf denen beide Risiken perfekt gehedgt werden können, gilt die Separation auch bei simultanem Preis- und Wechselkursrisiko. Die optimale Menge ergibt sich gemäß $e_f \cdot (p_f(X) + p'(X) \cdot x_i) = C_i'(x_i)$.

Zu einem analogen Ergebnis gelangen Benninga et al. (1985, S.544) sowie Kawai und Zilcha (1986, S.87) bei perfektem Wettbewerb. Das Ergebnis gilt auch bei stochastischer Abhängigkeit der Risiken. Die perfekte Handelbarkeit beider Risiken ist ausreichend für die Separation. Sie erlaubt es, wie unter Sicherheit zu agieren. Entsprechen die Terminpreise dem Spotpreis und Wechselkurs unter Sicherheit, ergibt sich die gleiche Absatzmenge. Andernfalls ist sie umso größer, je höher einer der Terminpreise ist.

Die optimale Risikopolitik wird nur mehr bei stochastischer Unabhängigkeit der Risiken von den Verzerrungen der einzelnen Terminmärkte bestimmt. Bei Abhängigkeit ist Kawai und Zilcha (1986) folgend die Verzerrung des Produkts der Terminpreise $e_f \cdot p_f(X)$, des „gemeinsamen" Terminmarktes, entscheidend, da die Risiken multiplikativ in den Gewinn eingehen. Die Risikopolitik wird zunächst für beliebige Verteilungen der Risiken bestimmt. In diesem Fall kann nicht mehr nur die Schwankung des Gewinns durch ein Risiko allein betrachtet werden. Durch den Zusammenhang der Risiken muss die gesamte Schwankung und ihr Einfluss auf den Grenznutzen betrachtet werden. Dazu wird ein Vorgehen von Adam-Müller (1995, S.110f) adaptiert. Für die Kovarianz $\text{cov}(U'(\tilde{\pi}), \tilde{\pi})$ von Grenznutzen und Gewinn gilt

$$\text{cov}\big(U'(\tilde{\pi}), \tilde{e} \cdot \tilde{\varepsilon} \cdot (x_i - H) + \tilde{e} \cdot [p(X) \cdot x_i - M + H \cdot (p_f(X) - p(X))] + M \cdot e_f - C_i(x_i)\big) =$$
$$= (x_i - H) \cdot \text{cov}(U'(\tilde{\pi}), \tilde{e} \cdot \tilde{\varepsilon}) + [p(X) \cdot x_i - M + H \cdot (p_f(X) - p(X))] \cdot \text{cov}(U'(\tilde{\pi}), \tilde{e}) \quad (4.70)$$

4. Theoretische Analyse von Preis- und Wechselkursrisiken und Hedging

Weil der Grenznutzen bei positiven (negativen) Gewinnschwankungen fällt (steigt) bzw. bei einem deterministischen Gewinn gleich bleibt, ist diese Kovarianz negativ bzw. null. Aus Bedingung (4.67) für die optimale Dollarfuturesposition folgt

$$E[U'(\tilde{\pi})] \cdot (e_f - E[\tilde{e}]) = \text{cov}(U'(\tilde{\pi}), \tilde{e}) \tag{4.71}$$

und aus (4.68) für die DRAM Futuresposition unter Verwendung von (4.67)

$$E[U'(\tilde{\pi}) \cdot \tilde{e}] \cdot (p_f(X) - p(X)) = E[U'(\tilde{\pi}) \cdot \tilde{e} \cdot \tilde{\varepsilon}]$$

$$\Leftrightarrow E[U'(\tilde{\pi})] \cdot (e_f \cdot (p_f(X) - p(X)) - E[\tilde{e} \cdot \tilde{\varepsilon}]) = \text{cov}(U'(\tilde{\pi}), \tilde{e} \cdot \tilde{\varepsilon}) \tag{4.72}$$

Einsetzen dieser beiden Kovarianzen in (4.70) ergibt

$$\text{cov}(U'(\tilde{\pi}), \tilde{\pi}) = (x_i - H) \cdot E[U'(\tilde{\pi})] \cdot (e_f \cdot (p_f(X) - p(X)) - E[\tilde{e} \cdot \tilde{\varepsilon}]) + \\ + [p(X) \cdot x_i - M + H \cdot (p_f(X) - p(X))] \cdot E[U'(\tilde{\pi})] \cdot (e_f - E[\tilde{e}]) \tag{4.73}$$

Für einen unverzerrten Devisenterminmarkt, $e_f = E[\tilde{e}]$, ist der zweite Summand null. Gilt zugleich $e_f \cdot p_f(X) = E[\tilde{e} \cdot (p(X) + \tilde{\varepsilon})] = e_f \cdot p(X) + E[\tilde{e} \cdot \tilde{\varepsilon}]$, d.h. ist auch der gemeinsame Terminmarkt unverzerrt, ist auch der erste Summand null, so dass die Kovarianz null ist und der Gewinn deterministisch sein muss. Dies ist nur möglich für $H = x_i$ und $M = p(X) \cdot x_i$. Für $e_f = E[\tilde{e}]$ und $e_f \cdot p_f(X) < (>) E[\tilde{e} \cdot (p(X) + \tilde{\varepsilon})] = e_f \cdot p(X) + E[\tilde{e} \cdot \tilde{\varepsilon}]$, d.h. einen verzerrten gemeinsamen Terminmarkt, ist die Kovarianz negativ falls $H < (>) x_i$.

Ist als Ausgangspunkt der gemeinsame Terminmarkt unverzerrt, ist der erste Summand null wegen $e_f \cdot p_f(X) = E[\tilde{e} \cdot (p(X) + \tilde{\varepsilon})]$. Für $e_f = E[\tilde{e}]$ ist wie gerade auch der zweite Summand null, d.h. der Gewinn muss deterministisch sein und $H = x_i$ sowie $M = p(X) \cdot x_i$ sind optimal. Für $e_f < (>) E[\tilde{e}]$ ist die Kovarianz negativ, wenn $M < (>) p(X) \cdot x_i$.

Zusammenfassend ergibt sich bei abhängigen Risiken wie in Kawai und Zilcha (1986, S.88) für perfekten Wettbewerb als optimale Risikopolitik:

1) Ist der Devisenterminmarkt unverzerrt, $e_f = E[\tilde{e}]$, ist im DRAM Terminmarkt für $e_f \cdot p_f(X) = (<)(>) E[\tilde{e} \cdot (p(X) + \tilde{\varepsilon})]$ Full Hedging (Unterabsicherung) (Überabsicherung) optimal, d.h. der Anbieter spekuliert auf dem DRAM Terminmarkt auf die Verzerrung des „gemeinsamen" Terminpreises (des Produkts der Terminpreise).

2) Bei „gemeinsamer" Unverzerrtheit $e_f \cdot p_f(X) = E[\tilde{e} \cdot (p(X) + \tilde{\varepsilon})]$ ist im Devisenterminmarkt für $e_f = (<)(>) E[\tilde{e}]$ Full Hedging (Unterabsicherung) (Überabsicherung) optimal.

Eine mögliche Verzerrtheit des DRAM Terminmarktes allein ist für die Risikopolitik nicht ausschlaggebend, nur die des Devisenterminmarktes und des "gemeinsamen" Terminmarktes, da Gewinne oder Verluste aus der DRAM Futuresposition zum unsicheren Wechselkurs umgetauscht werden müssen und nur in dieser Kombination in den Gewinn eingehen. Ist einer dieser Terminmärkte verzerrt, kann die optimale Futuresposition bei abhängigen Risiken nicht mehr für beide Terminmärkte bestimmt werden. Beispielsweise spekuliert der Anbieter nach 1) bei verzerrtem gemeinsamen Terminmarkt auf dem DRAM Terminmarkt. Die entstehende spekulative Position kann indirekt je nach Korrelation der Risiken durch eine Über- oder Unterabsicherung teilweise auf dem Devisenterminmarkt mit abgesichert werden. Die optimale Dollarfuturesposition kann daher trotz Unverzerrtheit nicht mehr allgemein angegeben werden. Analog kann nach 2) die optimale DRAM Futuresposition bei einer spekulativen Position im Devisenterminmarkt nicht allgemein bestimmt werden.

Aus 1) und 2) folgt zusammen genommen bei Unverzerrtheit des Devisen- und des „gemeinsamen" Terminmarktes ein Full Hedge auf beiden Terminmärkten. Durch den Full Hedge im DRAM Terminmarkt wird das Preisrisiko vollständig eliminiert, so dass der dem Wechselkursrisiko ausgesetzte (Dollar-)Umsatz deterministisch ist. Es besteht keine Interaktion zwischen den Risiken mehr, so dass auch im Devisenterminmarkt für Unverzerrtheit der Full Hedge folgt. Sind die beiden Terminmärkte nur „separat" unverzerrt, $e_f = E[\tilde{e}]$ und $p_f(X) = E[p(X) + \tilde{\varepsilon}]$, gilt der zweifache Full Hedge nur bei Unabhängigkeit der beiden Risiken, so dass $\text{cov}(\tilde{e}, \tilde{\varepsilon}) = 0$ gilt. Nur dann ist $e_f \cdot p_f(X) = E[\tilde{e} \cdot (p(X) + \tilde{\varepsilon})]$ und der erste Summand in (4.73) weiterhin null wegen

$$e_f \cdot (p_f(X) - p(X)) - E[\tilde{e} \cdot \tilde{\varepsilon}] = e_f \cdot p_f(X) - e_f \cdot p_f(X) - \text{cov}(\tilde{e}, \tilde{\varepsilon}) = 0$$

Sind die Risiken unabhängig und beide Terminmärkte („separat") unverzerrt, ist jeweils ein Full Hedge optimal.

Dieser Spezialfall wurde von Benninga et al. (1985, S.540) bei perfektem Wettbewerb behandelt. Bei einem unverzerrten DRAM Terminmarkt ist der Gewinn in (4.64) dann gerade wieder bei einem Full Hedge in Höhe der Produktion, $H = x_i$, unabhängig vom Preisrisiko. Damit ist zugleich das Wechselkursrisiko für den aufgrund des Preisrisikos unsicheren Teil der Umsätze $\tilde{\varepsilon} \cdot x_i$ eliminiert, da es von der DRAM Futuresposition $-H \cdot \tilde{\varepsilon}$ ausgeglichen wird. Der Rest der dem Wechselkursrisiko ausgesetzten DRAM Futuresposition hebt sich aufgrund der Unverzerrtheit auf. Übrig bleibt nur noch das Wechselkursrisiko der deterministischen Dollarumsätze $p(X) \cdot x_i$. Die Forderung nach der Beseitigung dieses verbleibenden Wechselkursrisikos bei unverzerrtem Devisenterminmarkt wird ebenfalls durch einen Full Hedge in Höhe der deterministischen Umsätze über Dollarfutures, $M = p(X) \cdot x_i$, erfüllt.

4. Theoretische Analyse von Preis- und Wechselkursrisiken und Hedging 165

Für unabhängige Risiken kann Benninga et al. (1985, S.541f) folgend auch die optimale Risikopolitik bei Verzerrtheit der Terminmärkte genauer bestimmt werden. Bedingung (4.68) kann geschrieben werden als

$$E[U'(\tilde{\pi})\cdot\tilde{e}]\cdot\left(p_f(X)-E[p(X)+\varepsilon]\right)=\text{cov}(U'(\tilde{\pi})\cdot\tilde{e},\tilde{\varepsilon}) \tag{4.74}$$

$p_f(X) = (<)(>)E[p(X)+\tilde{\varepsilon}]$ führt auf $\text{cov}(U'(\tilde{\pi})\cdot\tilde{e},\tilde{\varepsilon}) = (<)(>)0$. Bei unabhängigen Risiken sinkt $U'(\tilde{\pi})$ in $\tilde{\varepsilon}$, während $\tilde{e}$ unverändert bleibt. Die Kovarianz ist dann mit Blick auf die Gewinngleichung (4.64) wie bei der Einzelbetrachtung des Preisrisikos nur für $H=(<)(>)x_i$, d.h. Full Hedging (Unterabsicherung) (Überabsicherung), null (negativ) (positiv). Ist der DRAM Terminpreis verzerrt, spekuliert der Anbieter wieder auf seine Erwartungen. Weil die Risiken unabhängig sind, ändert das Wechselkursrisiko nichts an dem Zusammenhang zwischen der Richtung der Verzerrung und der des spekulativen Abweichens vom Full Hedge. Selbst der Full Hedge bei Unverzerrtheit gilt unabhängig vom Devisenterminmarkt, ja sogar dessen Existenz, weil sowohl die Umsätze als auch die Futuresposition gleichermaßen dem Wechselkursrisiko ausgesetzt sind und sich gegenseitig ausgleichen. Für die optimale DRAM Futuresposition bleiben die bisherigen Aussagen daher unverändert:

Bei unabhängigen Risiken ist unabhängig von einer Verzerrtheit des Devisenterminmarktes auf dem DRAM Terminmarkt Full Hedging (Unterabsicherung) (Überabsicherung) optimal, wenn der DRAM Terminpreis gleich (kleiner) (größer) dem erwarteten Spotpreis ist.

Wird aufgrund einer Verzerrung auf dem DRAM Terminmarkt vom Full Hedge abgewichen, bleibt zum einen das Preisrisiko für die Differenz x_i-H bestehen und hängt zum anderen die Höhe der eingegangenen spekulativen Position von der Risikoaversion sowie den Preis- und Risikoerwartungen ab. Da die spekulative Position zugleich dem Wechselkursrisiko ausgesetzt ist, kann die optimale Dollarfuturesposition nicht genau bestimmt werden bzw. hängt ebenfalls von all diesen Faktoren ab, selbst wenn der Devisenterminmarkt unverzerrt sein sollte. In diesem Fall wäre sie $M=p(X)\cdot x_i+\tilde{\varepsilon}\cdot(x_i-H)+H\cdot(p_f(X)-p(X))$. Daher kann nur für einen unverzerrten DRAM Terminmarkt und dem daraus folgenden Full Hedge aus (4.67) für die Dollarfuturesposition die bekannte Forderung nach Full Hedging (Unterabsicherung) (Überabsicherung), $M=(<)(>)p(X)\cdot x_i$, bei $e_f=(<)(>)E[\tilde{e}]$ abgeleitet werden:

Bei unabhängigen Risiken und einem unverzerrten DRAM Terminmarkt ist auf dem Devisenterminmarkt Full Hedging (Unterabsicherung) (Überabsicherung) optimal, wenn der Devisenterminpreis gleich (kleiner) (größer) dem erwarteten Wechselkurs ist.

166   4. Theoretische Analyse von Preis- und Wechselkursrisiken und Hedging

Verzichtet wird angesichts der bereits erreichten Komplexität auf eine komparativ-statische Analyse der Auswirkungen der Risikoaversion und Erwartungen über den Preis, den Wechselkurs und die Risken auf die Futurespositionen (die optimale Menge ist wegen der Separation wieder unabhängig von diesen Größen), da sich keine grundlegend neuen Einsichten über den Einfluss dieser Faktoren ergeben.

Nach der Bestimmung der optimalen Futuresposition kann wieder für beliebige Verteilungen der Risiken die Rückwirkung auf die optimale Menge bestimmt werden. Für einen Vergleich mit der Menge ohne Absicherung kann eine kritische Verzerrung nach unten bestimmt werden, die der „gemeinsame" Terminpreis, d.h. $e_f \cdot p_f(X)$, nicht unterschreiten darf, damit die Menge bei Absicherung auf beiden Terminmärkten steigt. Kawai und Zilcha (1986, S.89) zeigen unter perfektem Wettbewerb, dass Unverzerrtheit auf beiden Terminmärkten nicht ausreichend ist, wenn die Kovarianz der Risiken stark positiv ist. Für unabhängige Risiken genügt es hingegen nach Benninga et al. (1985, S.546), wenn beide Terminmärkte nicht nach unten verzerrt sind. Auf eine explizite Herleitung sei verzichtet, da die Mengenänderung per se nicht von so großem Interesse ist. Entscheidend ist vielmehr die Rückwirkung auf den Erwartungsnutzen des Anbieters, d.h. die Frage, ob der Anbieter immer noch von der Einführung eines DRAM Terminmarktes profitiert. Daher wird analog zu 4.4.1 geprüft, ob der Erwartungsnutzen mit Hedging (H), $E[U(\tilde{\pi}_i^H)]$, größer ist als ohne (R), $E[U(\tilde{\pi}_i^R)]$, wobei $\tilde{\pi}_i^H$ nun gegeben ist durch (4.64) und $\tilde{\pi}_i^R$ durch (4.34). Für die Differenz der Erwartungsnutzen gilt wieder (4.53). Die Differenz der Gewinne ergibt sich hier als

$$\tilde{\pi}_i^H - \tilde{\pi}_i^R = \tilde{e} \cdot \left[p^H(X^H) \cdot x_i^H - p^R(X^R) \cdot x_i^R + \tilde{\varepsilon} \cdot (x_i^H - x_i^R) \right] + \qquad (4.75)$$
$$+ M \cdot (e_f - \tilde{e}) + \tilde{e} \cdot H \cdot (p_f(X^H) - p^H(X^H) - \tilde{\varepsilon}) - [C_i(x_i^H) - C_i(x_i^R)]$$

Weiterhin gilt (4.55). Mit (4.67) und (4.68) kann eine zu (4.56) nahezu identische Umformung von (4.53) vorgenommen werden:

$$E[U(\tilde{\pi}_i^H) - U(\tilde{\pi}_i^R)] > E[U'(\tilde{\pi}_i^H) \cdot (\tilde{\pi}_i^H - \tilde{\pi}_i^R)] >$$
$$> E\left[U'(\tilde{\pi}_i^H) \cdot \left(\tilde{e} \cdot [(p^H(X^H) + \tilde{\varepsilon} + p'^H(X^H) \cdot x_i^H) \cdot (x_i^H - x_i^R)] - [C_i(x_i^H) - C_i(x_i^R)]\right)\right] = \qquad (4.76)$$
$$= E\left[U'(\tilde{\pi}_i^H) \cdot \left(C_i'(x_i^H) \cdot (x_i^H - x_i^R) - [C_i(x_i^H) - C_i(x_i^R)]\right)\right] = 0$$

wobei die letzte Zeile aus (4.66) folgt. Ähnlich wie in 4.4.1 gilt:

Unabhängig davon, ob ein Anbieter mehr oder weniger produziert, profitiert er immer von der Möglichkeit des Terminhandels auf einem DRAM Terminmarkt und einem Devisenterminmarkt im Sinne einer Erwartungsnutzensteigerung.

4. Theoretische Analyse von Preis- und Wechselkursrisiken und Hedging

- **Perfekte Absicherung nur des Wechselkursrisikos**

  Abschließend seien die Konsequenzen betrachtet, die sich ergeben, wenn, wie momentan noch, kein DRAM Terminmarkt existiert (d.h. $H=0$ in (4.64) ist) und nur das Wechselkursrisiko gehandelt werden kann. Zunächst führt das Fehlen eines Terminmarktes dazu, dass es zu keiner Separation mehr kommt. Da das Preisrisiko nicht abgesichert werden kann, ist der unsichere Teil der Umsätze $\tilde{\varepsilon} \cdot x_i$ dem Wechselkursrisiko ausgesetzt, so dass auch dieses nicht vollständig eliminiert werden kann. Die optimale Absatzmenge nach (4.66) nur unter Verwendung von (4.67) hängt daher von beiden Risiken ab:

$$e_f \cdot (p(X) + p'(X) \cdot x_i) - C_i'(x_i) = -\frac{\text{cov}(U'(\tilde{\pi}) \cdot \tilde{e}, \tilde{\varepsilon})}{E[U'(\tilde{\pi})]} \tag{4.77}$$

Bei unabhängigen Risiken und $H=0$ sinkt $U'(\tilde{\pi})$ in $\tilde{\varepsilon}$, während $\tilde{e}$ unverändert bleibt, so dass $\text{cov}(U'(\tilde{\pi}) \cdot \tilde{e}, \tilde{\varepsilon}) < 0$ gilt. Der Grenzerlös auf der linken Seite muss größer sein als die Grenzkosten. Die Menge ist durch die unvollständige Eliminierung der Risiken kleiner als die bei Absicherung beider Risiken in (4.69). Wie bei der Einzelbetrachtung der Risiken besteht die einzige Möglichkeit, das Preisrisiko zu verringern, in der Reduktion des Outputs. Im Vergleich zur Menge ohne jegliches Hedging in (4.36) beseitigt die Devisenterminposition aber zumindest den isolierten Einfluss des Wechselkursrisikos $\text{cov}(U'(\tilde{\pi}), \tilde{e})$. Ist der Devisenterminpreis nicht kleiner als der erwartete Wechselkurs, steigt die Menge dementsprechend.

Kann nur das Wechselkursrisiko auf einem Terminmarkt gehandelt werden, kommt es nicht zur Separation. Bei unabhängigen Risiken ist die Menge kleiner als bei Absicherung beider Risiken, aber größer als ohne jegliche Absicherung, wenn $e_f \geq E[\tilde{e}]$.

Bei abhängigen Risiken kann die Menge größer sein als bei Existenz beider Terminmärkte, wenn der „gemeinsame" Terminpreis $e_f \cdot p_f(X)$ stark nach unten verzerrt ist, da die Menge nach (4.69) von diesem Produkt abhängt. Auf eine explizite Herleitung der kritischen Verzerrung sei erneut verzichtet (Kawai und Zilcha (1986, S.92f) bestimmen sie bei perfektem Wettbewerb). Solange die Verzerrung aber nicht zu groß ist, erhöht die Einführung eines DRAM Terminmarktes die Menge.

Für die Risikopolitik ergeben sich aus der fehlenden Existenz eines DRAM Terminmarktes ebenfalls erhebliche Änderungen, die wie in Adam-Müller (1997, S.1424) nur für unabhängige Risiken betrachtet seien.

Aus (4.67) folgt auch hier (4.71), d.h. ist der Devisenterminpreis gleich (kleiner) (größer) als der erwartete Wechselkurs, muss die Kovarianz

4. Theoretische Analyse von Preis- und Wechselkursrisiken und Hedging

$cov(U'(\tilde{\pi}),\tilde{e})$ bei der optimalen Futuresposition null (negativ) (positiv) sein. Die Kovarianz ist bei unabhängigen Risiken positiv (negativ), wenn ein Intervall des Wechselkurses existiert, in dem der Grenznutzen steigt (fällt), und null, wenn mindestens ein Intervall des Wechselkurses existiert, in dem der Grenznutzen mit dem Wechselkurs steigt, und eines, in dem er fällt, oder wenn er immer gleich bleibt. Die Veränderung des Grenznutzens im Wechselkurs ist gegeben mit

$$\frac{\partial E[U'(\tilde{\pi})\,|\,e]}{\partial e} = E[U''(\tilde{\pi})\cdot((p(X)+\tilde{\varepsilon})\cdot x_i - M)\,|\,e] =$$

$$= E[U''(\tilde{\pi})\,|\,e]\cdot(p(X)\cdot x_i - M) + x_i \cdot cov(\tilde{\varepsilon},U''(\tilde{\pi})\,|\,e)$$

(4.78)

Für den letzten Term gilt wegen

$$\frac{\partial E[U'(\tilde{\pi})\,|\,e]}{\partial \varepsilon} = U'''(\tilde{\pi})\cdot\frac{\partial E[\tilde{\pi}]}{\partial \varepsilon} = U'''(\tilde{\pi})\cdot e\cdot x_i$$

(4.79)

$cov(\tilde{\varepsilon},U''(\tilde{\pi})\,|\,e)=(>)(<)0$, wenn $U'''(\tilde{\pi})=(>)(<)0$. Der erste Summand in (4.78) ist wegen $U''(\tilde{\pi})<0$ negativ (positiv), wenn $p(X)\cdot x_i>(<)M$ gilt. Für $e_f<(>)E[\tilde{e}]$ kann (4.78) und damit $cov(U'(\tilde{\pi}),\tilde{e})$ für $U'''(\tilde{\pi})>(<)0$ wie gefordert nur negativ (positiv) werden, wenn $p(X)\cdot x_i>(<)M$. Für $U'''=0$ ist $cov(\tilde{\varepsilon},U''(\tilde{\pi})\,|\,e)=0$, so dass $cov(U'(\tilde{\pi}),\tilde{e})$ nach (4.78) wie im Falle des einfachen Wechselkurshedgings nur dann null (positiv) (negativ) ist, wenn $p(X)\cdot x_i=(>)(<)M$. Daraus folgt für die optimale Risikopolitik bei unabhängigen Risiken:

Ist der Devisenterminpreis nicht größer als der erwartete Wechselkurs und gilt $U''' > 0$, ist eine Unterabsicherung am Devisenterminmarkt optimal. Ist der Devisenterminpreis nicht kleiner als der erwartete Wechselkurs und gilt $U''' < 0$, ist eine Überabsicherung optimal. Für $U''' = 0$ ist Full Hedging (Unterabsicherung) (Überabsicherung) optimal, wenn der Devisenterminpreis gleich (kleiner) (größer) als der erwartete Wechselkurs ist.

Dieses Ergebnis verallgemeinert das von Beninnga et al. (1985, S.543) für einen unverzerrten Devisenterminmarkt. Selbst bei Unverzerrtheit ergibt sich für $U'''\neq 0$ kein Full Hedge, weil die dem Wechselkurs ausgesetzte Position selbst aufgrund des Preisrisikos unsicher ist ($\tilde{\varepsilon}\cdot x_i$). Im Gegensatz zu den bisherigen Empfehlungen kann die Risikopolitik nicht mehr nur anhand der Richtung der Verzerrung bestimmt werden. Auch der Verlauf des Grenznutzens spielt eine Rolle. Die Futuresposition lässt sich in drei Teile zerlegen: die bekannte reine Hedgingkomponente und die spekulative Position, die hier auf dem erwarteten Umsatz beruhen; dazu kommt eine Komponente, die sich auf das Preisrisiko bezieht und deren Einfluss auf die Futuresposition von dem Vorzeichen der dritten Ableitung der Nutzenfunktion abhängt. $U''' > 0$ bedeutet, dass der Grenznutzen

4. Theoretische Analyse von Preis- und Wechselkursrisiken und Hedging

eine konvexe Funktion ist und der Nutzenrückgang aus einem kleineren Gewinn bei niedrigen Realisationen des Preises umso größer ist, je niedriger der Gewinn. Der Anbieter reagiert dann empfindlicher. Er ist nach Kimball (1990) „besonnen" („prudent") und hat einen größeren Anreiz, sehr niedrige Realisationen zu vermeiden. Daher sichert er sich unter Verzicht auf Gewinnchancen stärker ab, indem er eine Überabsicherung reduziert und eine kleinere Dollarfuturesposition wählt. Analog ist bei einer konkaven Grenznutzenfunktion die Futuresposition größer. Bei linearem Grenznutzen ist der Nutzenrückgang bei einem Gewinnrückgang immer gleich, so dass auch der Anreiz zur Risikoabsicherung gleich bleibt. Das Preisrisiko übt keinen Effekt auf die Dollarfuturesposition aus, so dass dann die bekannten Empfehlungen gelten.

Dieser Abschnitt hat gezeigt, dass bei simultaner Berücksichtigung beider Risiken die Separation weiterhin herrscht, wenn beide Risiken perfekt über Futures gehandelt werden können. Für die Futurespositionen ergeben sich dagegen Veränderungen der bisherigen Ergebnisse: Selbst bei unverzerrten Terminmärkten muss der Full Hedge nicht mehr zwangsläufig optimal sein. Bei einer Abhängigkeit der Risiken wird die optimale Risikopolitik auf jedem Terminmarkt nicht mehr nur von dessen Verzerrung bestimmt, sondern auch von der des „gemeinsamen" Terminmarktes. Nur bei Unabhängigkeit der Risiken lassen sich vergleichbare Empfehlungen wie bei der Einzelbetrachtung der Risiken formulieren. In beiden Fällen hängt die optimale Risikopolitik aber nur von Marktdaten und den Preis- bzw. Wechselkurserwartungen des Anbieters ab. Ohne DRAM Terminmarkt ist dagegen der dem Wechselkursrisiko ausgesetzte Betrag unsicher, so dass die Dollarfuturesposition nicht mehr so einfach bestimmt werden kann. Sie hängt unter anderem von der „Besonnenheit" des Anbieters (dem Vorzeichen der dritten Ableitung der Nutzenfunktion) ab. Die Separation gilt nicht mehr.

4.5 Cross Hedging

Für die bisherigen Ergebnisse war entscheidend, dass das jeweilige Risiko perfekt gehandelt werden konnte, d.h. dass der DRAM Terminpreis mit dem Spotpreis und der Devisenterminpreis mit dem Wechselkurs perfekt korreliert waren. Abstrahiert wurde von der Existenz eines Basisrisikos, das sowohl auf einem DRAM Terminmarkt als auch Devisenterminmarkt auftreten kann. Es droht jedoch insbesondere, wenn mangels direkter Futures im Rahmen eines Cross-Hedge auf Futures für ein anderes Gut ausgewichen werden muss. Im

170 4. Theoretische Analyse von Preis- und Wechselkursrisiken und Hedging

Weiteren wird mit einem Cross-Hedge argumentiert, obwohl damit gleichermaßen das Basisrisiko eines direkten Hedges untersucht wird. Die Konsequenzen für die Absatz- und Risikopolitik werden für das DRAM Preisrisiko aufgezeigt. Dies dient zur Klärung der Frage, wie ein Anbieter das Preisrisiko über andere Terminmärkte absichern kann, solange weiterhin kein DRAM Terminmarkt existiert. Für das Dollar-Wechselkursrisiko kann in der Regel von der Existenz hinreichend „perfekter" Devisenterminmärkte ausgegangen werden, so dass keine explizite Analyse erfolgt. Die Ergebnisse für das Preisrisiko sind aber prinzipiell übertragbar. Zunächst wird das Cross-Hedging des Preisrisikos ohne Berücksichtigung des Wechselkursrisikos untersucht, bevor beide Risiken simultan betrachtet werden, angesichts der im vorhergehenden Abschnitt bereits erreichten Komplexität allerdings nur für den Fall unabhängiger Risiken. Die Situation ist damit zunächst ähnlich zu der in 4.4.1.

- Cross-Hedging des Preisrisikos ohne Wechselkursrisiko

Die stochastische Abhängigkeit des DRAM Spotpreises $\tilde{p}$ und des Terminpreises des Cross-Hedgeinstruments, der $\tilde{g}$ laute, kann auf unterschiedliche Art und Weise modelliert werden. Die Auswahl des richtigen Modells ist letztlich eine empirische Frage. Hier wird der Mehrheit der Literatur folgend ein linearer regressiver Zusammenhang wie der in (4.13) von Benninga et al. (1983, 1984) unterstellt:

$$\tilde{p} = \alpha + \beta \cdot \tilde{g} + \tilde{v} \qquad (4.80)$$

mit $\tilde{v}$ als stochastisch von $\tilde{g}$ unabhängigem Störterm mit Erwartungswert null, $E[\tilde{v}] = 0$, und der Varianz σ_v^2. Das Basisrisiko entsteht, weil über den Future nur der in $\tilde{g}$ enthaltene Teil des Preisrisikos, nicht aber das Restrisiko σ_v^2 gehandelt werden kann. Die Basis $\tilde{p} - \alpha - \beta \cdot \tilde{g} = \tilde{v}$ ist kein konstanter Term, sondern schwankt mit der Varianz σ_v^2, dem Basisrisiko.

Wie der Literaturüberblick gezeigt hat, sind die mit einem solchen Ansatz erzielten Ergebnisse nicht robust gegenüber der Verwendung z.B. der umgekehrten regressiven Abhängigkeit zwischen Spot- und Terminpreis. Der Ansatz wird deshalb gewählt, weil sich die damit erzielten Ergebnisse leicht empirisch umsetzen lassen und der Ansatz daher auch in den empirischen Arbeiten, die in Kapitel 5 diskutiert werden, dominiert.

Wie zuvor kann der Produzent Futures im Umfang H verkaufen oder kaufen. Mit g_f als Terminpreis zum Zeitpunkt $t=1$ erhält der Produzent für jeden Future die deterministische Zahlung g_f im Austausch für den unsicheren Terminpreis $\tilde{g}$ bei Glattstellung in $t=2$. Der Gewinnbeitrag der Futuresposition H ergibt sich als $H \cdot (g_f - \tilde{g})$:

4. Theoretische Analyse von Preis- und Wechselkursrisiken und Hedging 171

$$\tilde{\pi}_i = e \cdot (p(X) + \tilde{\varepsilon}) \cdot x_i + e \cdot H \cdot (g_f - \tilde{g}) - C_i(x_i) \tag{4.81}$$

Zu entscheiden ist wie in (4.38) über die erwartungsnutzenmaximale Absatzmenge und Futuresposition. Die Bedingung erster Ordnung für die optimale Menge ist gegenüber der in (4.39) unverändert und die für die Futuresposition analog zu der in (4.40):

$$E[U'(\tilde{\pi}) \cdot (e \cdot (p(X) + \tilde{\varepsilon} + p'(X) \cdot x_i) - C_i'(x_i))] = 0 \tag{4.82}$$

$$E[U'(\tilde{\pi}) \cdot e \cdot (g_f - \tilde{g})] = 0 \tag{4.83}$$

Einsetzen der zweiten in die erste Bedingung unter Beachtung von (4.80) führt auf

$$E[U'(\tilde{\pi}) \cdot (e \cdot (\alpha + \beta \cdot g_f + \tilde{v} + p'(X) \cdot x_i) - C_i'(x_i))] = 0 \tag{4.84}$$

Der Preis kann unter Beachtung des regressiven Zusammenhangs durch den Terminpreis des Hedgeinstruments ersetzt werden. Dadurch wird zwar die Preisschwankung $\tilde{\varepsilon}$ eliminiert. Es verbleibt jedoch die Schwankung der Basis $\tilde{v}$. Analog zur Situation ohne Hedging (vgl. (4.20)) kann die Bedingung für die optimale Produktionsmenge umgeformt werden zu

$$e \cdot (\alpha + \beta \cdot g_f + p'(X) \cdot x_i) - C_i'(x_i) = -\frac{e \cdot \text{cov}(U'(\tilde{\pi}), \tilde{v})}{E[U'(\tilde{\pi})]} \tag{4.85}$$

Die optimale Menge hängt von der Erwartung bezüglich der Basis $\tilde{v}$ und der Risikoaversion ab. Trotz (Cross-)Hedgings liegt aufgrund der Nicht-Handelbarkeit von $\tilde{v}$ keine Separation vor (vgl. analog Broll und Wahl (1998, S.46f) für das Wechselkursrisiko). Durch Cross-Hedging kann nur eine unvollständige Risikoabsicherung erreicht werden. Der Hedger tauscht das Preisrisiko gegen das vermeintlich kleinere Basisrisiko, d.h. gegen das Risiko, dass sich der Preis des Hedgeinstruments nicht gemäß der unterstellten Beziehung zum Spotpreis bewegt. Schreibt man den Gewinn mit (4.80) als

$$\tilde{\pi}_i = e \cdot (\alpha + \beta \cdot \tilde{g} + \tilde{v}) \cdot x_i + e \cdot H \cdot (g_f - \tilde{g}) - C_i(x_i) \tag{4.86}$$

ist unmittelbar ersichtlich, dass der Gewinn mit $\tilde{v}$ steigt, also analog zum Preisrisiko $\text{cov}(U'(\tilde{\pi}), \tilde{v})$ negativ und die rechte Seite obiger Gleichung positiv ist. Der Grenzerlös muss größer als die Grenzkosten sein. Ohne Basisrisiko ($\sigma_v^2 = 0$) ließe sich das Risiko wieder vollständig eliminieren, so dass die rechte Seite null wäre und die Menge größer. Ein Vergleich mit der Menge ohne Absicherung oder der unter Sicherheit hängt von dem Terminpreis g_f ab. Für ein unverzerrtes (nach unten verzerrtes) Hedgeinstrument, $g_f = (<) E[\tilde{g}]$, gilt $E[\tilde{p}] = E[\alpha + \beta \cdot \tilde{g} + \tilde{v}] = (>) \alpha + \beta \cdot g_f$. Dann wird aufgrund des Basisrisikos weniger als unter Sicherheit produziert. Für $g_f = (>) E[\tilde{g}]$ wird aber mehr produziert

172   4. Theoretische Analyse von Preis- und Wechselkursrisiken und Hedging

als ohne jegliche Absicherung (vgl. (4.20)), wenn $\mathrm{cov}(U'(\tilde{\pi}),\tilde{v})$ kleiner ist als $\mathrm{cov}(U'(\tilde{\pi}),\tilde{\varepsilon})$, d.h. wenn das Basisrisiko kleiner als das Preisrisiko ist.

Bei Cross-Hedging des Preisrisikos auf einem kompetitiven Terminmarkt und Basisrisiko liegt keine Separation vor.[137] *Die optimale Menge ist bei einem regressiven Zusammenhang des DRAM Spotpreises und des Terminpreises wie in (4.80) geringer als unter Sicherheit, solange der Terminpreis des Cross-Hedge-Instruments nicht nach oben verzerrt ist, aber größer als ohne jegliche Absicherung, solange der Terminpreis nicht nach unten verzerrt ist und das Basisrisiko kleiner als das Preisrisiko ist.*[138]

Den größeren (kleineren) Output gegenüber der Situation ohne (mit perfekter) Absicherung weisen für das Wechselkursrisiko und Unverzerrtheit Broll und Wahl (1998, S.48f) nach.

Die optimale Futuresposition kann wie in den vorigen Fällen anhand der Umformung von (4.83) bestimmt werden:

$$g_f - E[\tilde{g}] = \frac{\mathrm{cov}(U'(\tilde{\pi}),\tilde{g})}{E[U'(\tilde{\pi})]} \qquad (4.87)$$

Für ein unverzerrtes Hedgeinstrument folgt die zu den früheren Fällen analoge Forderung $\mathrm{cov}(U'(\tilde{\pi}),\tilde{g}(X))=0$. Wie die Gewinngleichung (4.86) zeigt, ist dies genau dann der Fall, wenn $H=\beta \cdot x_i$ bzw. die Hedgerate H/x_i gerade β beträgt. Die optimale Futuresposition für einen Cross-Hedge ist der sog. *Beta-Hedge*: der Anbieter handelt gerade den Anteil β seiner Produktion auf Termin. Für $\beta>0$ verkauft er Futures, $H>0$, für einen negativen Zusammenhang des DRAM Preises mit dem Cross-Hedgeinstrument, $\beta<0$, besteht die optimale Risikopolitik in einem Futureskauf, $H<0$. Für $g_f<(>)E[\tilde{g}]$ folgt aus $\mathrm{cov}(U'(\tilde{\pi}),\tilde{g})<(>)0$ analog zu den vorigen Fällen eine Unterabsicherung (Überabsicherung) in dem Sinne, dass $H<(>)\beta \cdot x_i$, d.h. die Hedgerate ist kleiner (größer) als β. Der Anbieter spekuliert auf seine Erwartung bezüglich des Terminpreises des Cross-Hedgeinstruments.

Ist der Terminpreis des Cross-Hedgeinstruments unverzerrt (nach unten / oben verzerrt) ist die optimale Futuresposition bei Cross-Hedging mit der Regressionsabhängigkeit (4.80) ein Beta-Hedge (Unterabsicherung / Überabsicherung), $H=(</>)\beta \cdot x_i$.

---

[137] Vgl. analog Paroush und Wolf (1989, S.551f), Broll et al. (1995, S. 670) und Broll (1997, S.147) für einen regressiven Zusammenhang des Futures- auf den Spotpreis.

[138] Bei dem umgekehrten Regressionszusammenhang steigt der Output durch Cross-Hedging nicht zwangsläufig, vgl. Broll et al. (1995, S.672).

4. Theoretische Analyse von Preis- und Wechselkursrisiken und Hedging

Benninga et al. (1983, S. 144f). Broll und Wahl (1998, S.46) erhalten analog einen Beta-Hedge für das Wechselkursrisiko.[139] Wie beim perfekten Hedge hängt die Futuresposition von der (Un)Verzerrtheit des Terminmarktes ab. Obwohl keine Separation vorherrscht und die Menge von dem Basisrisiko und der Risikoaversion abhängt, kann für die Risikopolitik eine klare Empfehlung allein auf Grundlage des Terminpreises des Cross-Hedgeinstruments bei Eingehen der Futuresposition und seiner erwarteten Höhe bei Glattstellung gegeben werden. Die Absatz- und Risikopolitik sind zumindest in dem Sinne weiterhin separierbar, dass nach Bestimmung der Absatzmenge die optimale Risikopolitik feststeht. Broll et al. (2002) sprechen in einem strukturell vergleichbaren Kontext von einer schwachen Separation.

Zur Bestimmung der optimalen Risikopolitik ist eine Regressionsanalyse notwendig, der sich Kapitel 5 widmet. Dort wird auch mehr als nur ein Cross-Hedge-Instrument herangezogen, wenn damit der Spotpreis besser abgebildet werden kann. Eine einfache Erweiterung soll kurz demonstrieren, wann obige Beta-Hedge-Regel für das einzelne Instrument erhalten bleibt.

Stehen zwei Futures (1,2) mit den Spotpreisen $\tilde{g}_1$ und $\tilde{g}_2$ sowie den Terminpreisen g_{f1} und g_{f2} zur Verfügung, die der Anbieter im Umfang H_1, H_2 handeln kann, lauten der Gewinn

$$\tilde{\pi}_i = e \cdot (p(X) + \tilde{\varepsilon}) \cdot x_i + e \cdot H_1 \cdot (g_{f1} - \tilde{g}_1) + e \cdot H_2 \cdot (g_{f2} - \tilde{g}_2) - C_i(x_i) \qquad (4.88)$$

und die Regression des DRAM Preises auf $\tilde{g}_1$ und $\tilde{g}_2$

$$\tilde{p} = \alpha + \beta_1 \cdot \tilde{g}_1 + \beta_2 \cdot \tilde{g}_2 + \tilde{v} \qquad (4.89)$$

Der Anbieter muss nun neben der Menge zwei Futurespositionen bestimmen:

$$\max_{x_i, H_1, H_2} E[U(\tilde{\pi})]$$

Die Bedingungen erster Ordnung sind gegeben durch (4.82) für x_i und für H_1, H_2 durch

$$E[U'(\tilde{\pi}) \cdot e \cdot (g_{f1} - \tilde{g}_1)] = E[U'(\tilde{\pi})] \cdot e \cdot (g_{f1} - E[\tilde{g}_1]) + e \cdot \mathrm{cov}(U'(\tilde{\pi}), \tilde{g}_1) = 0 \qquad (4.90)$$

$$E[U'(\tilde{\pi}) \cdot e \cdot (g_{f2} - \tilde{g}_2)] = E[U'(\tilde{\pi})] \cdot e \cdot (g_{f2} - E[\tilde{g}_2]) - e \cdot \mathrm{cov}(U'(\tilde{\pi}), \tilde{g}_2) = 0 \qquad (4.91)$$

Mit (4.89) kann der Gewinn geschrieben werden als

$$\tilde{\pi}_i = e \cdot (\alpha + \beta_1 \cdot \tilde{g}_1 + \beta_2 \cdot \tilde{g}_2 + \tilde{\varepsilon}) \cdot x_i + e \cdot H_1 \cdot (g_{f1} - \tilde{g}_1) + e \cdot H_2 \cdot (g_{f2} - \tilde{g}_2) - C_i(x_i) \qquad (4.92)$$

---

[139] Bei dem umgekehrten regressiven Zusammenhang kommt es nach Broll et al. (1995, S.670) und Broll (1997, S. 147) zu einer Unterabsicherung.

174   4. Theoretische Analyse von Preis- und Wechselkursrisiken und Hedging

Genau dann, wenn die beiden Hedgeinstrumente unabhängig voneinander sind, so dass $\text{cov}(\tilde{g}_1, \tilde{g}_2) = 0$ ist, gilt für jeden Futures jeweils die Argumentation der Beta-Hedge-Regel von oben. Bei einer Abhängigkeit müssten die gegenseitigen Verstärkungs- oder Abschwächungseffekte zur Bestimmung der Bedingungen, wann $\text{cov}(U'(\tilde{\pi}), \tilde{g}_i)$, $i = 1,2$, positiv oder negativ ist, berücksichtigt werden. Wenn aber, wie dies in Kapitel 5 der Fall sein wird, annähernd unabhängige Cross-Hedge-Instrumente gewählt werden, kann davon abgesehen werden.

- Cross-Hedging des Preisrisikos mit perfekt absicherbarem Wechselkursrisiko

Die Einbeziehung des Wechselkursrisikos mit perfekter Absicherungsmöglichkeit vereint die gewonnenen Ergebnisse über das Cross-Hedging, das perfekte Hedging beider Risiken sowie nur des Wechselkursrisikos in Abschnitt 4.4.3. Das Optimierungsproblem ist wie in (4.65) gegeben, nur der Gewinn lautet nun

$$\tilde{\pi}_i = \tilde{e} \cdot (p(X) + \tilde{\varepsilon}) \cdot x_i + \tilde{e} \cdot H \cdot (g_f - \tilde{g}) + M \cdot (e_f - \tilde{e}) - C_i(x_i) \qquad (4.93)$$

Auch die Bedingungen erster Ordnung (4.66) für x_i und (4.67) für M bleiben gleich, die für H wird durch (4.83) ersetzt. Da die Basisschwankung $\tilde{v}$ als unabhängiger Störterm auch von dem Wechselkursrisiko unabhängig ist und nicht durch die Dollarfuturesposition mit abgesichert werden kann, gilt die Separation weiterhin nicht. Für die optimale Menge ergibt sich ähnlich zu der mit beiden Risiken, aber nur Hedging des Wechselkursrisikos nach (4.77)

$$e_f \cdot (p(X) + p'(X) \cdot x_i) - C_i'(x_i) = -\frac{\text{cov}(U'(\tilde{\pi}) \cdot \tilde{e}, \tilde{v})}{E[U'(\tilde{\pi})]} \qquad (4.94)$$

$\text{cov}(U'(\tilde{\pi}) \cdot \tilde{e}, \tilde{v})$ ist negativ, da der Gewinn mit $\tilde{v}$ steigt und $\tilde{e}$ und $\tilde{v}$ unabhängig sind, so dass die Menge weiterhin kleiner als bei perfekter Absicherung ist. Die Bedingung für die optimale Position in dem Cross-Hedge-Instrument kann unter Verwendung von (4.67) für die Dollarfuturesposition umgeschrieben werden zu

$$e_f \cdot (g_f - E[\tilde{g}]) = \frac{\text{cov}(U'(\tilde{\pi}) \cdot \tilde{e}, \tilde{g})}{E[U'(\tilde{\pi})]} \qquad (4.95)$$

Für ein unverzerrtes Cross-Hedgeinstruments muss $\text{cov}(U'(\tilde{\pi}) \cdot \tilde{e}, \tilde{g}) = 0$ gelten. Sind die Risiken unabhängig, ist dies mit dem Gewinn unter Verwendung der Regressionsgleichung, $\tilde{\pi}_i = \tilde{e} \cdot (\alpha + \beta \cdot \tilde{g} + \tilde{v}) \cdot x_i + \tilde{e} \cdot H \cdot (g_f - \tilde{g}) + M \cdot (e_f - \tilde{e}) - C_i(x_i)$, gerade wieder bei dem Beta-Hedge, $H = \beta \cdot x_i$, erfüllt. Für eine Verzerrung nach unten (oben) ergibt sich eine Unterabsicherung (Überabsicherung). Wie bei perfektem Hedging beider Risiken ist das Wechselkursrisiko für H irrelevant, weil ihm sowohl der Absatz $\beta \cdot \tilde{g} \cdot x_i$ als auch die Hedgeposition ausgesetzt sind und

4. Theoretische Analyse von Preis- und Wechselkursrisiken und Hedging   175

sich diesbezüglich ausgleichen. Wegen der ebenfalls dem Wechselkursrisiko ausgesetzten, nicht eliminierbaren Basisschwankung $\tilde{v}$ kann die optimale Dollarfuturesposition für das Wechselkurshedging nicht bestimmt werden, analog zu dem Fall im vorigen Abschnitt ohne jegliche Möglichkeit des Hedging des Preisrisikos.[140] Dementsprechend bleiben die dort getroffenen Aussagen über die optimale Dollarfuturesposition qualitativ erhalten.

Nachdem durch das Cross-Hedging nur eine unvollständige Absicherung möglich ist, soll überprüft werden, ob es immer vorteilhaft für den Anbieter ist. Wie im vorangegangenen Abschnitt wird anhand (4.53) das Vorzeichen der Differenz des Erwartungsnutzens mit Cross-Hedging des Preisrisikos und perfektem Hedging des Wechselkursrisikos (H), $E[U(\tilde{\pi}_i^H)]$, und ohne jegliches Hedging (R), $E[U(\tilde{\pi}_i^R)]$ bestimmt, wobei $\tilde{\pi}_i^H$ in (4.93) und $\tilde{\pi}_i^R$ in (4.34) gegeben ist. Die Differenz der Gewinne unterscheidet sich nur in dem Term mit der Cross-Hedgingposition H von der im vorigen Abschnitt:

$$\tilde{\pi}_i^H - \tilde{\pi}_i^R = \tilde{e} \cdot \left[p^H(X^H) \cdot x_i^H - p^R(X^R) \cdot x_i^R + \tilde{\varepsilon} \cdot (x_i^H - x_i^R) \right] + \\ + M \cdot (e_f - \tilde{e}) + \tilde{e} \cdot H \cdot (g_f - \tilde{g}) - [C_i(x_i^H) - C_i(x_i^R)] \quad (4.96)$$

Da dieser Term anhand (4.83) eliminiert werden kann, ergibt sich der gleiche Ausdruck wie in (4.76), so dass $E[U(\tilde{\pi}_i^H)] > E[U(\tilde{\pi}_i^R)]$ gilt.

Die Möglichkeit des Cross-Hedgings des Preisrisikos ist für den Anbieter immer vorteilhaft im Sinne einer Erwartungsnutzensteigerung.

Broll et al. (1995, S.672), Broll (1997, S.148) sowie Broll und Wahl (1998, S.47f) gelangten für das Cross-Hedging des Wechselkursrisikos (ohne Preisrisiko und bei perfektem Wettbewerb) zu dem gleichen Resultat.

Dieser Abschnitt hat gezeigt, wie ersatzweise ein anderer Future, dessen Preis mit dem DRAM Preis korreliert ist, zum Cross-Hedging des Preisrisikos herangezogen werden kann. Existiert aufgrund einer imperfekten Korrelation ein Basisrisiko, ist die Absatzentscheidung zwar nicht mehr unabhängig von der Risikoeinstellung und den Erwartungen des Produzenten. Für die optimale Risiko-

---

[140] Beziehen sich der Cross-Hedge und die Regression dagegen auf das Wechselkursrisiko, ergibt sich nach Broll und Wahl (1998, S.51) ein Full Hedge im DRAM Terminmarkt und ein Beta-Hedge im Devisenterminmarkt. Das Basisrisiko beeinflusst in diesem Fall weder die DRAM Futuresposition, für die das Wechselkursrisiko irrelevant ist, noch die Devisenfuturesposition, die nur durch den Zusammenhang von $\tilde{e}$ und $\tilde{g}$ bestimmt ist.

176 4. Theoretische Analyse von Preis- und Wechselkursrisiken und Hedging

politik ergibt sich aber eine einfache Beta-Hedge-Regel mit dem Koeffizienten β einer Regression des Spot- auf den Terminpreis.

4.6 Terminhandel im Oligopol

Die bisherigen Ergebnisse wurden unter der Annahme eines monopolistischen Anbieters hergeleitet. Im Folgenden soll untersucht werden, welche Änderungen sich durch die Berücksichtigung des oligopolistischen Wettbewerbs der DRAM Anbieter für das optimale Verhalten unter Risiko ohne und mit Absicherungsmöglichkeit ergeben. Insbesondere stellt sich die Frage, ob ein Engagement in Terminmärkten, wenn es vor der Outputentscheidung erfolgt, nicht nur wie bisher dem Hedging oder der Spekulation dienen, sondern auch die Rolle eines strategischen Zugs einnehmen kann, wie er in Kapitel 2.4.3 in anderen Zusammenhängen diskutiert wurde. Dadurch, dass man sich durch den Terminhandel eines Gutes gewissermaßen vorab auf bestimmte Mengen festlegen kann, liegt der Gedanke nahe, dass die Produzenten Terminkontrakte zur Festlegung auf ein aggressiveres Verhalten, d.h. einen höheren Output nutzen könnten, um ihre Wettbewerbsposition in dem zeitlich nachgelagerten Spotmarkt zu verbessern. Diese Frage wurde in der Literatur von Allaz (1992) sowie Allaz und Vila (1993) für den Warenterminhandel aufgegriffen. Allaz und Vila (1993) zeigen in einem zweiperiodischen Duopolmodell, dass ein Anbieter selbst ohne Hedgingmotiv, d.h. unter Sicherheit oder Risikoneutralität, nur aufgrund eines solchen strategischen Anreizes auf Termin handelt. Verkauft nur ein Anbieter in der ersten Periode (einmalig) Terminkontrakte, kann er in der zweiten Periode auf dem Spotmarkt die Stackelberg-Position einnehmen. Motiviert durch diese Aussicht, den Gewinn zu erhöhen, handeln beide Unternehmen auf Termin und produzieren anschließend größere Mengen. Im Gleichgewicht kann dann kein Anbieter einen Vorteil erringen. Stattdessen resultiert durch den höheren Gesamtoutput das typische „strategische Dilemma" mit niedrigeren Gewinnen für beide. Allaz (1992) zeigt, dass ein bei Unsicherheit hinzukommendes Hedgingmotiv eines risikoaversen Anbieters den Anreiz für den Terminverkauf in der Regel verstärkt. Er macht jedoch keine Aussagen über die Nettonutzenwirkung, die unklar ist, da dem negativen Effekt des strategischen Dilemmas die nutzenerhöhende Wirkung des Hedgings gegenüber steht. Einen ähnlichen strategischen Effekt des Devisenterminhandels weisen Broll et al. (1999) für das Wechselkursrisiko nach.

Allerdings ist kritisch zu hinterfragen, ob ein Terminhandel tatsächlich einen strategischen Zug mit einer glaubwürdigen Festlegung auf ein aggressiveres Verhalten darstellen kann. Schelling (1960) nennt vier Merkmale eines strategi-

4. Theoretische Analyse von Preis- und Wechselkursrisiken und Hedging 177

schen Zuges. Er muss erstens vor der (hier Mengen-)Entscheidung der Konkurrenten erfolgen, andernfalls ist keine Beeinflussung ihres Verhaltens mehr möglich. Die Konkurrenten müssen ihn zweitens beobachten können, damit ihre Entscheidungen von ihm beeinflusst werden. Drittens muss er die eigenen Handlungsanreize beeinflussen, so dass sich das eigene optimale Verhalten ändert. Das vierte Merkmal ist das rationaler Erwartungen. Er muss auch die Erwartungen der Konkurrenten über das eigene Verhalten ändern, so dass sie ihr Verhalten entsprechend anpassen.

Um die Konkurrenten zu überzeugen, dass sich das eigene Verhalten aufgrund einer vorab eingegangenen Futuresposition ändert, muss ihnen demnach ihr Ausmaß bekannt sein und muss sie solange gehalten werden, dass sie die eigene Absatzentscheidung ändert. Für eine Futuresposition, die prinzipiell anonym an einem Terminmarkt eingegangen und jederzeit wieder glatt gestellt werden kann, sind diese Voraussetzungen nicht zwingend erfüllt. Allaz (1992) sowie Allaz und Vila (1993) gehen daher per Annahme von Forwards aus, die glaubwürdige und perfekt beobachtbare Verpflichtungen darstellen. In der Realität ist die Beobachtbarkeit einer Terminposition aber nur unvollständig möglich und mit Kosten verbunden. Hughes und Kao (1997) demonstrieren jedoch, dass der strategische Effekt des Terminhandels bei Unbeobachtbarkeit nur für einen risikoneutralen Anbieter verloren geht, für den ansonsten kein Anreiz für einen Terminhandel existiert. Für einen risikoaversen Anbieter bleibt er dagegen erhalten, weil dieser schon allein zum Hedging des Risikos auf Termin handelt. Aufgrund dieses Hedgingmotivs antizipieren die Konkurrenten nach Hughes und Kao (1997, S.122) die Terminposition, die der Anbieter auch für strategische Zwecke nutzen kann: „... nonwithstanding the lack of observability, the hedger knows that its rivals expects the hedger to take a forward position and so on. Accordingly, the equilibrium position that the hedger takes in forward contracts may reflect strategic behaviour even without observability". Die Konkurrenten berücksichtigen die erwartete Terminposition in ihrem Kalkül, so dass der strategische Effekt erhalten bleibt. Wegen des sich ergebenden strategischen Dilemmas kann der Terminhandel jedoch trotz des Hedgings des Risikos insgesamt nachteilig sein.

Den zum Warenterminhandel genannten Ansätzen ist gemein, dass sie in ihrer sequentiellen Entscheidungsstruktur von einer Auflösung der Preisunsicherheit nach dem Terminhandel, aber noch vor der Produktionsentscheidung ausgehen. Dies hat den analytischen Vorteil, dass nur eine Stufe unter Unsicherheit zu lösen ist, entspricht aber nicht der in 4.2 skizzierten Entscheidungsstruktur eines DRAM Anbieters, der auch die Outputentscheidung unter Unsicherheit treffen muss. Dessen Outputentscheidung sowie seine Futuresposition und ihr strategischer Effekt werden hier in dem etwas komplexeren Rahmen mit Preisunsicherheit auf beiden Stufen bestimmt. Zusätzlich werden in Erweiterung der Literatur auch heterogene Risikoeinstellungen der Anbieter berücksichtigt, um die Rolle der Risikoaversion herauszuarbeiten. Außerdem soll die letztlich entscheidende Frage beantwortet werden, ob der Terminhandel angesichts eines strategischen Effekts noch vorteilhaft ist.

Anhand der Diskussion über die Voraussetzungen eines strategischen Zuges ist bereits deutlich geworden, dass bei simultaner Festlegung des Outputs und der Futuresposition kein strategischer Effekt des Terminhandels auftreten kann. Er dient dann wie in den vorhergehenden Abschnitten nur dem Hedging und ggf. der Spekulation, so dass es zu keiner qualitativen Änderung der bisherigen Ergebnisse kommt. Diese Situation wird dennoch kurz als Referenz für die darauf folgende Analyse des strategischen Effekts in der sequentiellen Entscheidungsstruktur dargestellt. Weil nur der strategische Effekt die grundlegende Änderung darstellt, wird dessen Analyse so einfach wie möglich gehalten. Sie erfolgt nur für das Preisrisiko und dessen Handel auf einem perfektem DRAM Terminmarkt, der als unverzerrt unterstellt wird, um das spekulative Motiv auszublenden. Das Wechselkursrisiko wird nicht nur vernachlässigt, der Wechselkurs als solcher wird völlig ignoriert, um den Vergleich von Anbietern aus potentiell unterschiedlichen Währungsräumen zu erleichtern. Die Kosten werden daher in Dollar gerechnet. Die Kostenfunktionen können zur Vereinfachung wie in 2.5.1 begründet als identisch unterstellt werden. Für die Nachfrage wird die konkrete lineare Form $p(X) = a - X$ mit $a > c$ verwendet. Auch erfolgt die Analyse nicht mehr anhand des allgemeinen Erwartungsnutzens. Stattdessen wird unterstellt, die Präferenzen des Anbieters lassen sich durch eine (μ, σ)-Entscheidungsregel wie in (3.3) abbilden, die als Nutzenfunktion $u(\tilde{\pi}_i)$ bezeichnet wird. Schließlich wird nur ein duopolistischer Wettbewerb betrachtet, um die oligopolistische Interaktion so einfach wie möglich zu halten. Wie in Kapitel 2 gilt, dass alle Parameter inklusive der Risikoeinstellungen allen Anbietern gleichermaßen bekannt sind.[141] Außerdem sollen die Erwartungen über den Preis und das Risiko gleich sein.

---

[141] Auch wenn es unrealistisch ist, dass die Anbieter die Nutzenfunktion ihrer Konkurrenten genau kennen, ist es nicht unplausibel anzunehmen, dass Anbieter in einem konzentrierten Markt eine klare Vorstellung von der Einstellung der Konkurrenten zum Risiko besitzen. Einige der die Risikoaversion bestimmenden Merkmale wie z.B. die Konzernstruktur, die Diversifikation eines Anbieters etc. sind auch für Außenstehende gut beobachtbar. Vgl. Asplund (2002, S.997).

4. Theoretische Analyse von Preis- und Wechselkursrisiken und Hedging   179

Zunächst wird in Abschnitt 4.5.1 die Auswirkung des ungesicherten Risikos auf einen risikoaversen Duopolisten dargestellt. Anschließend wird in 4.5.2 durch die Analyse simultaner Entscheidungen über den Output und die Futuresposition deren reine Hedgingfunktion herausgestellt. Ihre rein strategische Rolle (Abschnitt 4.5.3) bei sequentieller Entscheidungsstruktur –zuerst Termin-, dann Spotmarkthandel- kann wie bei Allaz und Vila (1993) durch die Betrachtung risikoneutraler Akteure bzw. einer risikolosen Situation veranschaulicht werden In einem letzten Schritt werden schließlich beide Funktionen gleichzeitig durch die Analyse der sequentiellen Entscheidungen risikoaverser Akteure behandelt.

4.6.1 Absatzentscheidung unter Preisrisiko ohne Absicherung

Ohne Terminhandel ist das Maximierungskalkül eines Anbieters in dem beschriebenen Rahmen gegeben durch

$$\max_{x_i} u(\tilde{\pi}_i) = E[\tilde{\pi}_i] - \frac{\rho_i}{2}\operatorname{var}(\tilde{\pi}_i) \tag{4.97}$$

mit dem Gewinn $\tilde{\pi}_i = (a - x_1 - x_2 + \tilde{\varepsilon})x_i - cx_i - F$ und der Varianz $\operatorname{var}(\tilde{\pi}_i) = x_i^2 \sigma_\varepsilon^2$, $i = 1, 2, j \neq i$. Die Bedingung erster Ordnung folgt mit

$$\frac{\partial E[u(\tilde{\pi}_i)]}{\partial x_i} = a - 2x_i - x_j - c_i - x_i \rho_i \sigma_\varepsilon^2 = 0 \tag{4.98}$$

Für $\sigma_\varepsilon^2 = 0$ oder $\rho_i = 0$ resultiert die Situation unter Sicherheit oder Risikoneutralität. Sind beide Anbieter risikoneutral, ergibt sich im Durchschnitt das gleiche Gleichgewicht wie unter Sicherheit. Im Folgenden meint ein Vergleich mit der Situation unter Sicherheit in diesem Sinne auch immer die unter Risikoneutralität. Das Risiko σ_ε^2 wirkt wie in dem risikobehafteten Absatz x_i steigende Grenzkosten, gewichtet mit der Risikoaversion ρ_i. Für Risikoaversion, $\rho_i > 0$, und die Existenz eines Risikos, $\sigma_\varepsilon^2 > 0$, muss der Grenzerlös $a - 2x_i - x_j$ wie für den monopolistischen Anbieter zur Kompensation für das eingegangene Risiko größer als die Grenzkosten sein. Ob dazu die Menge ebenfalls kleiner sein muss, hängt nun jedoch auch von der des Konkurrenten ab. Die Reaktionskurve ergibt sich mit

$$R_i(x_j) = \frac{a - c - x_j}{2 + \rho_i \sigma_\varepsilon^2} \tag{4.99}$$

Für $\sigma_\varepsilon^2 > 0$ und $\rho_i > 0$ fällt die Reaktion kleiner aus als unter Sicherheit, und zwar umso kleiner, je größer das Risiko oder die Risikoaversion. Dem Risiko wird bei Risikoaversion durch eine vorsichtigere Absatzpolitik begegnet. Genauer ist im Vergleich zur Sicherheit

180 4. Theoretische Analyse von Preis- und Wechselkursrisiken und Hedging

- die Steigung der Reaktionskurve betragsmäßig kleiner. Beispielsweise verläuft die Reaktionskurve des risikoaversen Anbieters 1 in einem x_1-x_2-Diagramm steiler, und zwar umso steiler, je größer das Risiko oder die Risikoaversion
- der x_j-Achsenabschnitt der Reaktionskurve (die Reaktion auf $x_j=0$) der gleiche $(a-c)$.

Die Reaktionskurve wird entlang der x_i-Achse nach innen gedreht. Ob dieser Effekt zu einem höheren oder niedrigeren Output und Gewinn führt, hängt auch von dem Effekt des Risikos auf den Konkurrenten ab, dessen Reaktionskurve ebenfalls entlang seiner Outputachse nach innen gedreht wird. Der Output im Cournot-Gleichgewicht bei Risiko (*CR*) ist

$$x_i^{CR} = \frac{(a-c)(1+\rho_j\sigma_\varepsilon^2)}{(2+\rho_i\sigma_\varepsilon^2)(2+\rho_j\sigma_\varepsilon^2)-1} \qquad (4.100)$$

Die Höhe der Differenz zu dem unter Sicherheit (*C*), der sich für $\sigma_\varepsilon^2 = 0$ ergibt, wird auch von der Risikoaversion des Konkurrenten bestimmt:

$$\Delta x_i^{CR-C} = x_i^{CR} - x_i^C = \frac{(a-c)(\rho_j\sigma_\varepsilon^2 - 2\rho_i\sigma_\varepsilon^2 - \rho_i\sigma_\varepsilon^2\rho_j\sigma_\varepsilon^2)}{3[(2+\rho_i\sigma_\varepsilon^2)(2+\rho_j\sigma_\varepsilon^2)-1]} \qquad (4.101)$$

Der Output ist ceteris paribus gegenüber dem unter Sicherheit umso kleiner, je risikoaverser Anbieter *i*,

$$\frac{\partial \Delta x_i^{CR-C}}{\partial \rho_i} = -\frac{(a-c)(2+3\rho_j\sigma_\varepsilon^2 + (\rho_j\sigma_\varepsilon^2)^2)\sigma_\varepsilon^2}{[(2+\rho_i\sigma_\varepsilon^2)(2+\rho_j\sigma_\varepsilon^2)-1]^2} < 0, \qquad (4.102)$$

da seine Reaktion dann kleiner ausfällt, aber umso größer, je risikoaverser der Konkurrent *j*:

$$\frac{\partial \Delta x_i^{CR-C}}{\partial \rho_j} = \frac{(a-c)(1+\rho_i\sigma_\varepsilon^2)\sigma_\varepsilon^2}{[(2+\rho_i\sigma_\varepsilon^2)(2+\rho_j\sigma_\varepsilon^2)-1]^2} > 0 \qquad (4.103)$$

Je risikoaverser *j*, umso weniger produziert er ceteris paribus, worauf Anbieter *i* mit einer Ausweitung des eigenen Outputs reagiert. Während also die eigene Risikoaversion auf eine Senkung der Menge des Anbieters drängt, erhöht die des Konkurrenten ihn. Die expansive Reaktion auf die Einschränkung des Konkurrenten kann die eigene Einschränkung bei einer vergleichsweise niedrigen Risikoaversion dominieren, so dass die Menge insgesamt größer ist. Die kritische Risikoaversion, bei der Δx_i^{CR-C} gerade null ist, ist $\rho_i^* = \rho_j/(2+\rho_j\sigma_\varepsilon^2)$. Für alle größeren Ausprägungen produziert der Anbieter wegen $\partial \Delta x_i^{CR-C}/\partial \rho_i < 0$ weniger als unter Sicherheit. Je größer die Risikoaversion des Konkurrenten, umso größer ist der kritische Wert, $\partial \rho_i^*/\partial \rho_j = 2/(2+\rho_j\sigma_\varepsilon^2)^2 > 0$. Liegen die Risikoaversionen über den kritischen Niveaus, produzieren beide Anbieter weniger.

4. Theoretische Analyse von Preis- und Wechselkursrisiken und Hedging

Der weniger risikoaverse Anbieter hat aber wegen der Reaktion auf die stärkere Einschränkung des Konkurrenten immer einen höheren Marktanteil:

$$\frac{x_i^{CR}}{X} = \frac{1+\rho_j\sigma_\varepsilon^2}{2+\rho_i\sigma_\varepsilon^2+\rho_j\sigma_\varepsilon^2} > \frac{1}{2} \Leftrightarrow \rho_j > \rho_i \qquad (4.104)$$

Er profitiert von der höheren Risikoaversion des Konkurrenten. Ein ähnlicher Effekt kann bei einem Anstieg des Risikos eintreten, dessen Wirkung auf den Output ebenfalls von der Reaktion und damit von der Risikoaversion des Konkurrenten abhängt:

$$\frac{\partial x_i^{CR}}{\partial \sigma_\varepsilon^2} = \frac{(a-c)\left[\rho_j - \rho_i(2+\rho_j\sigma_\varepsilon^2(2+\rho_j\sigma_\varepsilon^2))\right]}{\left[(2+\rho_i\sigma_\varepsilon^2)(2+\rho_j\sigma_\varepsilon^2)-1\right]^2} \qquad (4.105)$$

Anbieter i verhält sich nach (4.99) bei einem höheren Risiko zwar vorsichtiger, d.h. produziert zu gegebener Menge des Konkurrenten weniger. Der Konkurrent j kann als Reaktion auf das höhere Risiko aber seine Menge so stark reduzieren, dass die expansive Reaktion von Anbieter i darauf bei einer relativ niedrigen Risikoaversion is eigene Einschränkung überkompensiert und der Output im Gleichgewicht steigt. Der Gesamteffekt ist somit uneindeutig.

Weil aber selbst bei einer Outputsteigerung eines Anbieters seine expansive Reaktion auf die Einschränkung des Konkurrenten geringer als letztere selbst ausfällt, sinkt der Gesamtoutput bei Risiko und Risikoaversion mindestens eines Anbieters immer.[142] Der erwartete Preis,

$$E[p^{CR}] = \frac{a(1+\rho_1\sigma_\varepsilon^2)(1+\rho_2\sigma_\varepsilon^2) + c(2+\rho_1\sigma_\varepsilon^2+\rho_2\sigma_\varepsilon^2)}{(2+\rho_1\sigma_\varepsilon^2)(2+\rho_2\sigma_\varepsilon^2)-1} \qquad (4.106)$$

ist daher immer höher als unter Sicherheit, d.h. der Wettbewerb ist insgesamt schwächer:

$$\Delta p^{CR-C} = p^{CR} - p^C = \frac{(a-c)(\rho_1\sigma_\varepsilon^2+\rho_2\sigma_\varepsilon^2+2\rho_1\sigma_\varepsilon^2\rho_2\sigma_\varepsilon^2)}{3(2\rho_1\sigma_\varepsilon^2+2\rho_2\sigma_\varepsilon^2+\rho_1\sigma_\varepsilon^2\rho_2\sigma_\varepsilon^2)} > 0 \qquad (4.107)$$

Der erwartete Gewinn eines einzelnen Anbieters,

$$E[\tilde{\pi}_i^{CR}] = \frac{(a-c)^2(1+\rho_i\sigma_\varepsilon^2)(1+\rho_j\sigma_\varepsilon^2)^2}{\left[(2+\rho_i\sigma_\varepsilon^2)(2+\rho_j\sigma_\varepsilon^2)-1\right]^2} \qquad (4.108)$$

---

[142] Es ist nicht möglich, dass beide mehr produzieren: ist z.B. $\rho_i < \rho^*_i = \rho_j/(2+\rho_j\sigma_\varepsilon^2)$, so dass i mehr produziert, dann gilt $\rho_i(2+\rho_j\sigma_\varepsilon^2) < \rho_j \Leftrightarrow 2\rho_i/(1-\rho_i\sigma_\varepsilon^2) < \rho_j$. Dies impliziert $\rho_j > \rho^*_j$, d.h. dass j weniger produziert, da mit $2(2+\rho_i\sigma_\varepsilon^2) > 1-\rho_i\sigma_\varepsilon^2$ gilt: $\rho_j > 2\rho_i/(1-\rho_i\sigma_\varepsilon^2) > \rho_i/(2+\rho_i\sigma_\varepsilon^2) = \rho^*_j$.

kann wegen der uneindeutigen Mengenänderung größer oder kleiner als unter Sicherheit sein:

$$E[\Delta \tilde{\pi}_i^{CR-C}] = E[\tilde{\pi}_i^{CR} - \tilde{\pi}_i^C] = \frac{(a-c)^2}{9}\left[\frac{9(1+\sigma_\varepsilon^2 \rho_i)(1+\sigma_\varepsilon^2 \rho_j)^2}{\left[(2+\rho_i \sigma_\varepsilon^2)(2+\rho_j \sigma_\varepsilon^2)-1\right]^2} - 1\right] \quad (4.109)$$

Wie die Menge steigt die Differenz zu dem Gewinn unter Sicherheit ceteris paribus in der eigenen Risikoaversion und sinkt in der des Konkurrenten:

$$\frac{\partial E[\Delta \tilde{\pi}_i^{CR-C}]}{\partial \rho_i} = -(a-c)^2 \frac{\sigma_\varepsilon^2 (1+\rho_j \sigma_\varepsilon^2)^2 (1+2\rho_i \sigma_\varepsilon^2 + \rho_i \sigma_\varepsilon^2 \rho_j \sigma_\varepsilon^2)^2}{\left(3+\rho_i \sigma_\varepsilon^2 \rho_j \sigma_\varepsilon^2 + 2\rho_i \sigma_\varepsilon^2 + 2\rho_j \sigma_\varepsilon^2\right)^3} < 0,$$

$$\frac{\partial E[\Delta \tilde{\pi}_i^{CR-C}]}{\partial \rho_j} = (a-c)^2 \frac{2\sigma_\varepsilon^2 (1+\rho_i \sigma_\varepsilon^2)^2 (1+\rho_j \sigma_\varepsilon^2)}{\left(3+\rho_i \sigma_\varepsilon^2 \rho_j \sigma_\varepsilon^2 + 2\rho_i \sigma_\varepsilon^2 + 2\rho_j \sigma_\varepsilon^2\right)^3} > 0 \quad (4.110)$$

Bei der für die Mengenausweitung kritischen Risikoaversion ρ_i^* ist $\Delta \pi_i^{CR-C} > 0$. Ist das Unternehmen so wenig risikoavers im Vergleich zum Konkurrenten, dass es seine Menge ausweitet, steigt auch sein Gewinn (der aber auch bei sinkender Menge steigen kann). Die Möglichkeit, dass die Gewinne sowohl größer als auch kleiner als unter Sicherheit sein können, wird später den Vergleich mit dem Gewinn mit Terminhandel erschweren.

Je nach relativer Höhe der Risikoaversionen und des Risikos sind verschiedene Konstellationen für den Output und den Gewinn im Vergleich zur Situation unter Sicherheit möglich. Abbildung 4.2 veranschaulicht beispielhaft drei mögliche Konstellationen. Anhand der Lage eines neuen Gleichgewichts über oder unter dem Fahrstrahl zum Cournot-Gleichgewicht C unter Sicherheit kann der Marktanteilsgewinn oder –verlust eines Anbieters abgelesen werden. Im Gleichgewicht mit Risiko CR$_1$ sind beide Anbieter gleich risikoavers und bringen niedrigere Mengen aus, ohne dass ein Anbieter Marktanteile gewinnt oder verliert. Durch die Mengenreduktion können beide wie in einem Kartell höhere Gewinne erreichen. Im Gleichgewicht CR$_2$ sind sie hingegen beide so risikoavers, dass sie ihre Menge derart stark reduzieren, dass ihre Gewinne kleiner ausfallen. Bei CR$_3$ ist Anbieter 1 relativ wenig risikoavers im Vergleich zu Anbieter 2, so dass er eine größere Menge ausbringt und einen höheren Gewinn erzielt, während die Menge und der Gewinn von Anbieter 2 sinken.

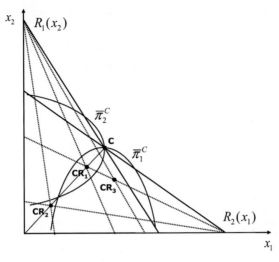

Abbildung 4.2: Mögliche Gleichgewichte im linearen Duopol unter Preisrisiko

Entscheidend ist aber letztlich die Veränderung der Erwartungsnutzens. Der Erwartungsnutzen im Gleichgewicht bei Risiko ist

$$E[u(\tilde{\pi}_i^{CR})] = \frac{(a-c)^2(2+\rho_i\sigma_\varepsilon^2)(1+\rho_j\sigma_\varepsilon^2)^2}{2[(2+\rho_i\sigma_\varepsilon^2)(2+\rho_j\sigma_\varepsilon^2)-1]^2} \quad (4.111)$$

Auch hier ergibt sich im Vergleich zum Nutzen ohne Risiko oder Risikoaversion kein eindeutiges Ergebnis:

$$E[\Delta u_i^{CR-C}] = E[u(\tilde{\pi}_i^{CR})] - \pi_i^C = \frac{(a-c)^2}{18}\left[\frac{9(2+\rho_i\sigma_\varepsilon^2)(1+\rho_j\sigma_\varepsilon^2)^2}{[(2+\rho_i\sigma_\varepsilon^2)(2+\rho_j\sigma_\varepsilon^2)-1]^2} - 2\right] \quad (4.112)$$

Ein Anstieg des Gewinns ($\Delta\pi_i^{CR-C} > 0$) kann den Nutzenverlust durch das Risiko überkompensieren. Das Risiko„leid" kann aber bei hoher Risikoaversion so groß sein, dass der Nutzen trotz Gewinnanstieg fällt. Wie bei der Menge kann eine kritische Risikoaversion bestimmt werden, ab der das Risiko den Erwartungsnutzen senkt und die umso größer ist, je risikoaverser der Konkurrent.

$$\frac{\partial \Delta u_i^{CR-C}}{\partial \rho_i} = -\frac{(a-c)^2}{2}\left(\frac{\sigma_\varepsilon^2(5+\rho_i\sigma_\varepsilon^2\rho_j\sigma_\varepsilon^2+2\rho_i\sigma_\varepsilon^2+2\rho_j\sigma_\varepsilon^2)(1+\rho_j\sigma_\varepsilon^2)^2}{[(2+\rho_i\sigma_\varepsilon^2)(2+\rho_j\sigma_\varepsilon^2)-1]^3}\right) < 0,$$

$$\frac{\partial \Delta u_i^{CR-C}}{\partial \rho_j} = (a-c)^2 \frac{\sigma_\varepsilon^2(1+\rho_i\sigma_\varepsilon^2)(2+\rho_i\sigma_\varepsilon^2)(1+\rho_j\sigma_\varepsilon^2)}{[(2+\rho_i\sigma_\varepsilon^2)(2+\rho_j\sigma_\varepsilon^2)-1]^3} > 0 \quad (4.113)$$

Zusammenfassend ergeben sich als Schlussfolgerungen:

4. Theoretische Analyse von Preis- und Wechselkursrisiken und Hedging

Unter Risiko produzieren risikoaverse Duopolisten häufig weniger als unter Sicherheit und zwar umso weniger, je höher das Risiko oder die Risikoaversion. Ein im Vergleich zum Konkurrenten wenig risikoaverser Anbieter kann aber auch mehr produzieren. Häufig verursacht Risiko einen Disnutzen. Bei einem Gewinnanstieg kann der Erwartungsnutzen aber auch höher als ohne Risiko sein.

Zur Illustration werden im Folgenden die zwei Spezialfälle gleich risikoaverser Anbieter sowie eines aus Sicht von Anbieter 1 risikoneutralen Konkurrenten 2 (der z.B. annäherungsweise Samsung repräsentieren könnte) betrachtet, die eindeutigere Aussagen erlauben. Das Gleichgewicht für $\rho_i = \rho_j = \rho > 0$ lautet:

$$x_i^{CR} = \frac{a-c}{(3+\rho\sigma_\varepsilon^2)} < x_i^C, \quad \frac{\partial x_i^{CR}}{\partial \sigma_\varepsilon^2} = -\frac{(a-c)\rho_j}{(3+\rho_j\sigma_\varepsilon^2)^2} < 0 \tag{4.114}$$

$$E[p^{CR}] = \frac{a(1+\rho\sigma_\varepsilon^2)+2c}{3+\rho\sigma_\varepsilon^2} > p^C \tag{4.115}$$

$$E[\tilde{\pi}_i^{CR}] = \frac{(a-c)^2(1+\rho\sigma_\varepsilon^2)}{(3+\rho\sigma_\varepsilon^2)^2}, \quad \Delta\tilde{\pi}_i^{CR-C} = \frac{(a-c)^2}{9}\frac{(3-\rho\sigma_\varepsilon^2)\rho\sigma_\varepsilon^2}{(3+\rho\sigma_\varepsilon^2)^2} \tag{4.116}$$

Der Gewinn ist nur für $\rho < 3/\sigma_\varepsilon^2$, d.h. eine niedrige Risikoaversion oder ein niedriges Risiko größer als unter Sicherheit. Der Erwartungsnutzen ist aber immer niedriger:

$$E[u(\tilde{\pi}_i^C)] = \frac{(a-c)^2(2+\rho\sigma_\varepsilon^2)}{2(3+\rho\sigma_\varepsilon^2)^2}, \quad E[\Delta u_i^{CR-C}] = -\frac{(a-c)^2}{18}\frac{\rho\sigma_\varepsilon^2)(3+2\rho\sigma_\varepsilon^2)}{(3+\rho\sigma_\varepsilon^2)^2} < 0 \tag{4.117}$$

Für einen risikoneutralen Konkurrenten 2, $\rho_2=0$, hängen die Outputs nur mehr von der Risikoaversion von Anbieter 1 ab. Das Gleichgewicht wandert graphisch entlang der Reaktionskurve von Anbieter 2, die sich nicht verschiebt, umso weiter nach oben, je risikoaverser Anbieter 1 oder je größer das Risiko, d.h. je mehr die Reaktionskurve von 1 nach innen gedreht wird. Während Anbieter 1 weniger produziert als unter Sicherheit, steigert 2 seinen Output, je höher das Risiko oder die Risikoaversion:

$$x_1^{CR} = \frac{a-c}{3+2\rho_1\sigma_\varepsilon^2}, \quad \frac{\partial x_1^{CR}}{\partial \sigma_\varepsilon^2} = \frac{-2\rho_1}{\left[3+2\rho_1\sigma_\varepsilon^2\right]^2} < 0, \quad \Delta x_1^{CR-C} = \frac{(a-c)(-2\rho_1\sigma_\varepsilon^2)}{3\left[3+2\rho_1\sigma_\varepsilon^2\right]} < 0 \tag{4.118}$$

$$x_2^{CR} = \frac{(a-c)(1+\rho_1\sigma_\varepsilon^2)}{3+2\rho_1\sigma_\varepsilon^2}, \quad \frac{\partial x_2^{CR}}{\partial \rho_1} = (a-c)\frac{\sigma_\varepsilon^2(1+2\rho_1\sigma_\varepsilon^2)}{\left[3+2\rho_1\sigma_\varepsilon^2\right]^2} > 0,$$

$$\frac{\partial x_2^{CR}}{\partial \sigma_\varepsilon^2} = (a-c)\frac{\rho_1(1+\rho_1\sigma_\varepsilon^2)}{\left[3+2\rho_1\sigma_\varepsilon^2\right]^2} > 0, \quad \Delta x_2^{CR-C} = \frac{(a-c)(\rho_1\sigma_\varepsilon^2)}{3\left[3(1+\rho_1\sigma_\varepsilon^2)\right]} > 0 \tag{4.119}$$

$$E[p^{CR}] = \frac{(a+c)(1+\rho_1\sigma_\varepsilon^2)+c}{3+2\rho_1\sigma_\varepsilon^2} \tag{4.120}$$

4. Theoretische Analyse von Preis- und Wechselkursrisiken und Hedging 185

Anbieter 2 profitiert durch einen höheren Gewinn und damit Erwartungsnutzen von der Mengenreduktion von Anbieter 1, der einen niedrigeren Gewinn und Nutzen hinnehmen muss, und zwar umso mehr, je risikoaverser er ist:

$$E[\tilde{\pi}_1^{CR}] = \frac{(a-c)^2(1+\rho_1\sigma_\varepsilon^2)}{(3+2\rho_1\sigma_\varepsilon^2)^2}, \Delta\pi_1^{CR-C} = -\frac{(a-c)^2}{9}\frac{\sigma_\varepsilon^2\rho_1(3+4\sigma_\varepsilon^2\rho_1)}{(3+2\rho_1\sigma_\varepsilon^2)^2} < 0 \quad (4.121)$$

$$E[u(\tilde{\pi}_1^C)] = \frac{(a-c)^2(2+\rho_1\sigma_\varepsilon^2)}{2(3+2\rho_1\sigma_\varepsilon^2)^2}, \Delta u_1^{CR-C} = -\frac{(a-c)^2}{18}\frac{\rho_1\sigma_\varepsilon^2(15+8\rho_1\sigma_\varepsilon^2)^2}{(3+2\rho_1\sigma_\varepsilon^2)^2} < 0,$$

$$\frac{\partial \Delta u_1^{CR-C}}{\partial \rho_1} = -(a-c)^2 \frac{\sigma_\varepsilon^2(5+2\rho_1\sigma_\varepsilon^2)}{2(3+2\rho_1\sigma_\varepsilon^2)^3} < 0 \quad (4.122)$$

$$E[\tilde{\pi}_2^{CR}] = \frac{(a-c)^2(1+\rho_1\sigma_\varepsilon^2)^2}{(3+2\rho_2\sigma_\varepsilon^2)^2} = u(\tilde{\pi}_2^{CR}),$$

$$\Delta\pi_2^{CR-C} = \frac{(a-c)^2}{9}\frac{\sigma_\varepsilon^2\rho_1(6+5\sigma_\varepsilon^2\rho_1)}{(3+2\rho_1\sigma_\varepsilon^2)^2} > 0 \Leftrightarrow E[\tilde{\pi}_2^{CR}] = u(\tilde{\pi}_2^{CR}) > E[\tilde{\pi}_2^C] = u(\tilde{\pi}_2^C),$$

$$\frac{\partial \Delta\pi_2^{CR-C}}{\partial \rho_1} = (a-c)^2 \frac{2\sigma_\varepsilon^2(1+\rho_1\sigma_\varepsilon^2)}{(3+2\rho_1\sigma_\varepsilon^2)^3} > 0 \quad (4.123)$$

Die Ergebnisse dieses Abschnitts wurden unter der hinter dem LEN-Modell stehenden Annahme konstanter absoluter Risikoaversion abgeleitet. Asplund (2002) analysiert in einem allgemeineren Rahmen mit weniger restriktiven Nutzenfunktionen den Einfluss verschiedener Risiken auf strategische Entscheidungsvariablen eines oligopolistischen Anbieters. Generell legt ein Anbieter bei Risikoaversion ein größeres Gewicht auf Realisationen der risikobehafteten Größe mit niedrigen Gewinnen. Seine optimalen Reaktionen werden daher zu solchen gelenkt, die ihm in solchen Situationen hohe Gewinne sichern. Für das Preisrisiko bei Mengenwettbewerb versichert sich ein risikoaverser Anbieter gegen niedrige Gewinne durch Mengen, die bei niedriger Nachfrage gut abschneiden, d.h. niedrigeren Mengen zu gegebener Menge des Konkurrenten. Der Wettbewerb insgesamt ist weniger scharf („softer").

„Stackelberg" Lösung:

Für spätere Vergleichszwecke ist auch das Gleichgewicht von Interesse, in dem ein Anbieter vor dem anderen seine Menge festlegen kann. Im Unterschied zur normalen Stackelberg-Lösung unter Sicherheit wird hier nicht die gewinnmaximale, sondern die erwartungsnutzenmaximierende Menge unter Berücksichtigung der Reaktion des Folgers gesucht. Entscheidet der „Stackelberg-Führer" 1 vor dem „Folger" 2, ist das „Stackelberg"-Gleichgewicht bei Risikoaversion (SR)

186 4. Theoretische Analyse von Preis- und Wechselkursrisiken und Hedging

$$x_1^{SR} = \frac{(a-c)(1+\rho_2\sigma_\varepsilon^2)}{2+2\rho_1\sigma_\varepsilon^2+2\rho_2\sigma_\varepsilon^2+\rho_1\sigma_\varepsilon^2\rho_2\sigma_\varepsilon^2} > x_1^{CR} \quad (4.124)$$

$$x_2^{SR} = \frac{(a-c)(1+\rho_2\sigma_\varepsilon^2+2\rho_1\sigma_\varepsilon^2+\rho_1\sigma_\varepsilon^2\rho_2\sigma_\varepsilon^2)}{(2+2\rho_1\sigma_\varepsilon^2+2\rho_2\sigma_\varepsilon^2+\rho_1\sigma_\varepsilon^2\rho_2\sigma_\varepsilon^2)(2+\rho_2\sigma_\varepsilon^2)} < x_2^{CR} \quad (4.125)$$

$$p^{SR} = \frac{(a(1+\rho_2\sigma_\varepsilon^2)+c)[(1+\rho_1\sigma_\varepsilon^2)(1+\rho_2\sigma_\varepsilon^2)+\rho_1\sigma_\varepsilon^2]+c(2+\rho_2\sigma_\varepsilon^2)(1+\rho_2\sigma_\varepsilon^2)}{(2+2\rho_1\sigma_\varepsilon^2+2\rho_2\sigma_\varepsilon^2+\rho_1\sigma_\varepsilon^2\rho_2\sigma_\varepsilon^2)(2+\rho_2\sigma_\varepsilon^2)} > p^{CR} \quad (4.126)$$

$$E[\tilde{\pi}_1^{SR}] = \frac{(a-c)^2(1+\rho_2\sigma_\varepsilon^2)^2(1+2\rho_1\sigma_\varepsilon^2+\rho_2\sigma_\varepsilon^2+\rho_1\sigma_\varepsilon^2\rho_2\sigma_\varepsilon^2)}{(2+\rho_2\sigma_\varepsilon^2)(2+2\rho_1\sigma_\varepsilon^2+2\rho_2\sigma_\varepsilon^2+\rho_1\sigma_\varepsilon^2\rho_2\sigma_\varepsilon^2)^2} > E[\tilde{\pi}_1^{CR}] \quad (4.127)$$

$$E[\tilde{\pi}_2^{SR}] = \frac{(a-c)^2(1+\rho_2\sigma_\varepsilon^2)(1+2\rho_1\sigma_\varepsilon^2+\rho_2\sigma_\varepsilon^2+\rho_1\sigma_\varepsilon^2\rho_2\sigma_\varepsilon^2)^2}{(2+\rho_2\sigma_\varepsilon^2)^2(2+2\rho_1\sigma_\varepsilon^2+2\rho_2\sigma_\varepsilon^2+\rho_1\sigma_\varepsilon^2\rho_2\sigma_\varepsilon^2)^2} < E[\tilde{\pi}_2^{CR}] \quad (4.128)$$

$$E[u(\tilde{\pi}_1^{SR})] = \frac{(a-c)^2(1+\rho_2\sigma_\varepsilon^2)^2}{2(2+\rho_2\sigma_\varepsilon^2)(2+2\rho_1\sigma_\varepsilon^2+2\rho_2\sigma_\varepsilon^2+\rho_1\sigma_\varepsilon^2\rho_2\sigma_\varepsilon^2)} > E[u(\tilde{\pi}_1^{CR})] \quad (4.129)$$

$$E[u(\tilde{\pi}_2^{SR})] = \frac{(a-c)^2(1+2\rho_1\sigma_\varepsilon^2+\rho_2\sigma_\varepsilon^2+\rho_1\sigma_\varepsilon^2\rho_2\sigma_\varepsilon^2)}{2(2+\rho_2\sigma_\varepsilon^2)(2+2\rho_1\sigma_\varepsilon^2+2\rho_2\sigma_\varepsilon^2+\rho_1\sigma_\varepsilon^2\rho_2\sigma_\varepsilon^2)} < E[u(\tilde{\pi}_2^{CR})] \quad (4.130)$$

Es ergeben sich analoge Ergebnisse wie unter Sicherheit. Der Output, Gewinn und Erwartungsnutzen sind für den Führer höher, für den Folger niedriger.

4.6.2 Simultane Absatz- und Hedgingentscheidung

Als Referenz für die Analyse der sequentiellen Entscheidungsstruktur wird wie in 4.4.1 die Möglichkeit des Handels von DRAM Futures im Umfang h_i zum Terminpreis p_f simultan zur Outputentscheidung eingeführt. Das Optimierungsproblem eines Produzenten lautet dann

$$\max_{x_i,h_i} E[\tilde{\pi}_i] - \frac{\rho_i}{2}\text{var}(\tilde{\pi}_i) \quad (4.131)$$

mit dem um den Erlös aus der Futuresposition erweiterten Gewinn $\tilde{\pi}_i = \tilde{p}(X)x_i - cx_i - F + h_i(p_f - \tilde{p}(X))$ und $\text{var}(\tilde{\pi}_i) = \sigma_\varepsilon^2(x_i - h_i)^2$. Da der Terminpreis unverzerrt ist, gilt $p_f = E[\tilde{p}(X)] = a - x_1 - x_2$. Die Bedingungen erster Ordnung sind

$$\frac{\partial E[u(\tilde{\pi}_i)]}{\partial x_i} = a - 2x_i - x_j - c - \rho_i\sigma_\varepsilon^2(x_i - h_i) = 0 \quad (4.132)$$

$$\frac{\partial u(\tilde{\pi}_i)}{\partial h_i} = p_f - E[\tilde{p}(X)] - \rho_i\sigma_\varepsilon^2(x_i - h_i) = 0 \quad (4.133)$$

Einsetzen der zweiten in die erste Bedingung zeigt, dass auch hier unabhängig von der Unverzerrtheit des Terminmarktes die Separation gilt. Der optimale Output ist unabhängig von der Erwartung (der subjektiven Verteilung von $\tilde{\varepsilon}$)

4. Theoretische Analyse von Preis- und Wechselkursrisiken und Hedging   187

und der Risikoaversion eines Anbieters.[143] Für einen unverzerrten Terminpreis ist nach der zweiten Bedingung wie in 4.4.1 $h_i = x_i$ optimal. Der Anbieter verkauft seinen gesamten Output auf Termin, um sich des (fair bepreisten) Risikos zu entledigen. Einsetzen dieser Lösung in die optimale Outputentscheidung mit Futureshandel (CH) eliminiert das Risiko vollständig und führt auf die gleiche Menge wie unter Sicherheit:

$$x_i^{CH} = \frac{a-c}{3} = x_i^C \qquad (4.134)$$

Auch Preis, Gewinn und Nutzen sind im Erwartungswert gleich denen unter Sicherheit.

Handeln risikoaverse Duopolisten simultan zur Outputentscheidung Futures, verkaufen sie ihren gesamten Output auf Termin und erreichen im Erwartungswert das gleiche Gleichgewicht wie unter Sicherheit.

Im Vergleich zu der Situation ohne Futureshandel bedeutet dies insbesondere, dass häufig beide Anbieter mehr produzieren, dass aber ein Anbieter auch weniger produzieren kann, wenn er so viel weniger risikoavers als der Konkurrent ist, dass er ohne Futureshandel mehr produziert. Dieser Effekt unterschiedlicher Risikoaversionen erweitert das Ergebnis von Eldor und Zilcha (1990, S.20), nach dem der Output bei gleich risikoaversen Anbietern durch Futureshandel immer steigt (vgl. obiges Beispiel für $\rho_i = \rho_j$, in dem die Menge ohne Futureshandel immer kleiner ist). Der Erwartungsnutzen kann ebenfalls kleiner sein, wenn er ohne Futureshandel größer als unter Sicherheit ist (vgl. (4.112); Eldor und Zilcha (1990, S.21f) geben lediglich ein Zahlenbeispiel für die Möglichkeit eines niedrigeren Erartungsnutzens mit Terminhandel). Profitiert beispielsweise ein relativ wenig risikoaverser (oder wie in obigem Beispiel risikoneutraler) Anbieter ohne Futureshandel von der höheren Risikoaversion des Konkurrenten und dessen Mengenreduktion, gewinnt der Konkurrent durch den Futureshandel Marktanteile „zurück". Dieser Effekt kann den eigenen Vorteil der Risikoreduktion durch den Futureshandel überwiegen. Je höher die Risikoaversion des Konkurrenten (umso mehr er vom Hedging profitiert), umso höher ist die eigene kritische Risikoaversion, ab der der Hedging vorteilhaft ist. Für den Fall gleich risikoaverser Anbieter von Eldor und Zilcha (1990) kann der Outputanstieg zu höheren Gewinnen führen (vgl. die Gleichgewichte CR_2 und C

---

[143] Wie Eldor und Zilcha (1990, S.20) zeigen, gilt dies nur, weil der Grenzerlös hier unabhängig von dem Preisrisiko ist. Sonst ist die optimale Menge zwar unabhängig von der Risikoaversion, nicht aber der Verteilung von $\tilde{\varepsilon}$.

188   4. Theoretische Analyse von Preis- und Wechselkursrisiken und Hedging

in Abbildung 4.2), aber auch zu niedrigeren (vgl. CR_1 und C). Weil selbst in letzterem Fall der Nutzen der Risikoreduktion den Gewinnrückgang überwiegt, ist für gleich risikoaverse Anbieter ein Futureshandel immer vorteilhaft (der Erwartungsnutzen ohne Futureshandel ist immer kleiner, vgl. (4.117)).

Die Möglichkeit eines niedrigeren Erwartungsnutzens mit Futureshandel steht in Kontrast zu der eindeutigen Erwartungsnutzensteigerung des monopolistischen Anbieters in 4.4.1.

Da die Hedging- und Absatzentscheidung hier simultan getroffen werden, kann kein strategischer Effekt auftreten. Die potentiell mengensteigernde Wirkung des Terminhandels legt aber den Gedanken nahe, dass ein Anbieter den Futureshandel als strategischen Zug nutzt, um sich bereits vor der Absatzentscheidung auf höhere Mengen zu verpflichten.

4.6.3 Sequentielle Absatz- und Hedgingentscheidung

Die in Abbildung 4.1 skizzierte Entscheidungsstruktur wird nun um einen zusätzlichen Zeitpunkt $t=0$ vor der Outputentscheidung erweitert, an dem beide Anbieter (einmalig) simultan auf dem DRAM Terminmarkt Futures handeln können. Die Entscheidung des anderen wird (wie bei der Outputentscheidung) jeweils als gegeben betrachtet und kann angesichts der Ergebnisse von Hughes und Kao (1997) als perfekt beobachtbar unterstellt werden. Zum Zeitpunkt $t=1$ entscheiden die Anbieter dann simultan über ihre Outputs. In $t=2$ realisiert sich die Nachfrage, die Anbieter verkaufen ihre Outputs auf dem Spotmarkt und stellen ihre Futurespositionen glatt. Das teilspielperfekte Nash-Gleichgewicht (SH für sequentiellen Futureshandel) dieses zweistufigen Entscheidungsproblems wird durch Rückwärtsinduktion ermittelt. Zuerst wird die gewinnmaximale Outputentscheidung in $t=1$ für gegebene Futurespositionen aus $t=0$ bestimmt, bevor die optimale Futuresposition unter Berücksichtigung ihrer Auswirkung auf die anschließende Outputentscheidung gesucht wird. Bei der Bestimmung des optimalen Outputs auf der zweiten Stufe ist die Gewinnfunktion zwar wie im vorhergehenden Abschnitt gegeben mit $\tilde{\pi}_i = \tilde{p}(X)x_i - cx_i - F + h_i(p_f - \tilde{p}(X))$. Da die Futures aber bereits in $t=0$ gehandelt wurden, reagiert der Terminpreis p_f in $t=1$ nicht mehr auf eine Änderung der Outputs, sondern ist eine gegebene Größe. Nur in Antizipation der Outputmengen in $t=0$ wird p_f dem erwarteten Preis entsprechen. Um zu verdeutlichen, dass die Outputentscheidungen im Gleichgewicht von den Futurespositionen abhängen können, werden sie als $x_i(h_i, h_j)$ geschrieben. Ein strategischer Effekt der Futuresposition tritt genau dann auf,

4. Theoretische Analyse von Preis- und Wechselkursrisiken und Hedging

wenn sie die Outputentscheidungen und/oder das Gewinnpotential eines Anbieters beeinflusst.

Zur Illustration des rein strategischen Anreiz für den Futureshandel wird die Analyse zunächst wie von Allaz und Vila (1993) für risikoneutrale Anbieter (oder äquivalent ohne Unsicherheit) und erst anschließend für risikoaverse Anbieter (mit Risiko) durchgeführt. Erstere könnte zwar auch als Spezialfall für $\rho_i=\rho_j=0$ aus letzterer abgelesen werden. Es bietet sich aber an, diesen Fall eigenständig zu behandeln, bevor das Hedgingmotiv zusätzlich mit in die Analyse aufgenommen wird, die dadurch erheblich komplexer wird.

- Risikoneutrale Anbieter bzw. keine Unsicherheit

Bei Risikoneutralität ergibt sich aus der Bedingung erster Ordnung für den optimalen Output in $t=1$ folgende Reaktionskurve:

$$\frac{\partial E[\tilde{\pi}_i]}{\partial x_i} = a - 2x_i - x_j - c + h_i = 0 \Leftrightarrow x_i(x_j) = \frac{a - c - x_j + h_i}{2} \quad (4.135)$$

Für eine Short Futuresposition ($h_i>0$) ist der Grenzerlös um $+h_i$ (allgemein $-p'(X)\cdot h_i$) höher, da der Preisrückgang durch eine zusätzlich verkaufte Einheit die Umsätze für die auf Termin verkauften Einheiten nicht mehr betrifft. Der Anbieter wird weniger empfindlich gegenüber der Preissenkung bei einer Outputerhöhung. Als Folge produziert er mehr: Die Reaktionskurve wird durch die Futuresposition parallel nach außen verschoben. Die Menge im Cournot-Gleichgewicht (CSH) ist daher umso größer, je höher die eigene Futuresposition und umso kleiner, je größer die Futuresposition des Konkurrenten:

$$x_i^{CSH}(h_i, h_j) = \frac{a - c - h_j + 2h_i}{3}, \quad \frac{\partial x_i^{CSH}}{\partial h_i} > 0, \quad \frac{\partial x_i^{CSH}}{\partial h_j} > 0 \quad (4.136)$$

$$E[p^{CSH}(h_i, h_j)] = \frac{a + 2c - h_i - h_j}{3} \quad (4.137)$$

i) Nur Anbieter 1 handelt Futures

Der strategische Anreiz für einen Terminhandel in $t=0$ wird überprüft, indem zunächst nur Anbieter 1 Futures handeln kann ($h_2=0$). Er maximiert seinen Gewinn über h_1 unter Berücksichtigung des Einflusses auf die optimalen Mengen in $t=1$, wie sie durch die Reaktionsfunktionen gegebenen sind: $\tilde{\pi}_1 = \tilde{p}(h_1,0)x_1(h_1,0) - cx_1(h_1,0) + h_1(p_f - \tilde{p}(h_1,0))$. Für einen unverzerrten Terminmarkt, $p_f = E[\tilde{p}(X)]$, (oder bei Sicherheit) kann der Anbieter keinen Gewinn aus der Futuresposition erzielen, so dass der letzte Term null ist. Die optimale Futuresposition (SH) folgt mit den Mengenreaktionsfunktionen aus

$$\frac{\partial E[\tilde{\pi}_1]}{\partial h_1} = \frac{\partial E[\tilde{p}(h_1,0)]}{\partial h_1} x_1(h_1,0) + E[\tilde{p}(h_1,0)] \frac{\partial x_1(h_1,0)}{\partial h_1} - c \frac{\partial x_1(h_1,0)}{\partial h_1} =$$

$$= -\frac{1}{3} x_1(h_1,0) + \frac{2}{3}[a - x_1(h_1,0) - x_1(h_1,0)] - \frac{2}{3}c = 0 \Leftrightarrow h_1^{SH} = \frac{a-c}{4} > 0$$

(4.138)

Der Anbieter verkauft auf Termin, da er dadurch den Grenzerlös in $t=1$ erhöhen kann. Die optimalen Mengen zu dieser Futuresposition sind

$$x_1^{SH} = \frac{a-c}{2} = x_1^S, \quad x_2^{SH} = \frac{a-c}{4} = x_2^S \tag{4.139}$$

Durch den Terminhandel kann Anbieter 1 die Stackelberg Lösung unter Sicherheit (vgl. (4.124) und (4.124) für $\rho_1=\rho_2=0$) realisieren.

Handelt nur ein risikoneutraler Anbieter vor der Outputentscheidung Futures, kann er die Stackelberg-Führerschaft erreichen.

Aufgrund der daraus resultierenden Gewinnsteigerung haben beide Anbieter einen Anreiz, auf Termin zu verkaufen.

ii) Beide Anbieter handeln Futures

Handeln in $t=0$ beide Anbieter Futures, wird für diesen Handel ein Cournot-Verhalten, $\partial h_i/\partial h_j = 0$, unterstellt (daher *CSH*). Aus der Bedingung für die optimale Futuresposition

$$\frac{\partial E[\tilde{\pi}_i]}{\partial h_i} = \frac{\partial E[\tilde{p}(h_i,h_j)]}{\partial h_i} x_1(h_i,h_j) + E[\tilde{p}(h_i,h_j)] \frac{\partial x_1(h_i,h_j)}{\partial h_i} - c \frac{\partial x_1(h_i,h_j)}{\partial h_i} =$$

$$= -\frac{1}{3} x_i(h_i,h_j) + \frac{2}{3}[a - x_i(h_i,h_j) - x_j(h_i,h_j)] - \frac{2}{3}c = 0$$

(4.140)

lassen sich Futuresreaktionsfunktionen und mit ihnen letztlich das Gleichgewicht ableiten:

$$h_i(h_j) = \frac{a-c-h_j}{4} \Rightarrow h_i^{CSH} = \frac{a-c}{5} \tag{4.141}$$

$$x_i^{CSH} = \frac{2(a-c)}{5} > x_i^C, \quad E[p^{CSH}] = \frac{a-c}{5} + c < p^C, \quad E[\pi^{CSH}] = \frac{2(a-c)^2}{25} < E[\pi^C] \quad (4.142)$$

Die Futurespositionen stellen wegen $\partial^2 E[\tilde{\pi}_i]/\partial h_i \partial h_j < 0$ strategische Substitute im Sinne von Bulow et al. (1985a, S.494) dar. Durch den Terminverkauf beider Anbieter resultieren größere Outputs als im Cournot-Gleichgewicht ohne Terminhandel. Es ergibt sich ein „strategische Dilemma", wie es in Kapitel 2.4.3 für andere strategische Züge, die einen Anbieter aggressiver handeln lassen, bereits dargestellt wurde. Abbildung 2.20 kann daher auch zur Veranschaulichung dieses Ergebnisses dienen.

4. Theoretische Analyse von Preis- und Wechselkursrisiken und Hedging 191

Handeln risikoneutrale Duopolisten vor der Outputentscheidung Futures, produzieren anschließend beide mehr und gelangen in ein strategisches Dilemma.

- Risikoaverse Anbieter unter Risiko

Nachdem das strategische, von der Risikoaversion unabhängige Motiv für einen Terminverkauf identifiziert wurde, soll sein Zusammenwirken mit dem Hedgingmotiv eines risikoaversen Anbieters untersucht werden. Dessen Reaktionsfunktion für die optimale Mengenentscheidung in $t=1$ ergibt sich mit

$$\frac{\partial u(\tilde{\pi}_i)}{\partial x_i} = a - 2x_i - x_j - c + h_i - \rho_i\sigma_\varepsilon^2(x_i - h_i) = 0 \Leftrightarrow x_i(x_j) = \frac{a - c - x_j + h_i(1+\rho_i\sigma_\varepsilon^2)}{2+\rho_i\sigma_\varepsilon^2} \quad (4.143)$$

Aufgrund des strategischen Effekts resultiert selbst für $\sigma_\varepsilon^2 = 0$ oder $\rho_i = 0$ nicht die Reaktionsfunktion ohne Terminhandel. Wieder wird die Reaktionskurve für eine Short-Futuresposition ($h_i > 0$) parallel nach außen verschoben, d.h. der Anbieter wird aggressiver. Interessanterweise ist die Verschiebung umso größer, je risikoaverser er ist oder je höher das Risiko:

$$\partial\left(\frac{1+\rho_i\sigma_\varepsilon^2}{2+\rho_i\sigma_\varepsilon^2}\right)\bigg/\partial\rho_i = \frac{\sigma_\varepsilon^2}{(2+\rho_i\sigma_\varepsilon^2)^2} > 0, \quad \partial\left(\frac{1+\rho_i\sigma_\varepsilon^2}{2+\rho_i\sigma_\varepsilon^2}\right)\bigg/\partial\sigma_\varepsilon^2 = \frac{\rho_i}{(2+\rho_i\sigma_\varepsilon^2)^2} > 0 \quad (4.144)$$

Die Gleichgewichtsmenge auf dem Spotmarkt in Abhängigkeit von den Futurespositionen ist

$$x_i^{CSH}(h_i, h_j) = \frac{(a-c)(1+\rho_j\sigma_\varepsilon^2) - h_j(1+\rho_j\sigma_\varepsilon^2) + h_i(1+\rho_i\sigma_\varepsilon^2)(2+\rho_j\sigma_\varepsilon^2)}{(2+\rho_i\sigma_\varepsilon^2)(2+\rho_j\sigma_\varepsilon^2) - 1} \quad (4.145)$$

Für $h_i > 0$, $h_j > 0$ ist die Futuresposition umso größer, je größer die eigene Futuresposition (Verschiebung der Reaktionskurve nach außen) und je kleiner die des Konkurrenten (umso weniger wird dessen Reaktionskurve nach außen verschoben):

$$\frac{\partial x_i^{CSH}(h_i, h_j)}{\partial h_i} > 0, \quad \frac{\partial x_i^{CSH}(h_i, h_j)}{\partial h_j} < 0 \quad (4.146)$$

Anhand des Preises,

$$E[p^{CSH}(h_1, h_2)] = \frac{a(1+\rho_1\sigma_\varepsilon^2)(1+\rho_2\sigma_\varepsilon^2) + c(2+\rho_1\sigma_\varepsilon^2 + \rho_2\sigma_\varepsilon^2) - (h_1+h_2)(1+\rho_1\sigma_\varepsilon^2)(1+\rho_2\sigma_\varepsilon^2)}{(2+\rho_1\sigma_\varepsilon^2)(2+\rho_2\sigma_\varepsilon^2) - 1} \quad (4.147)$$

wird deutlich, dass der Terminhandel zu einem niedrigeren Preis, d.h. einem aggressiveren Wettbewerb führt.

192   4. Theoretische Analyse von Preis- und Wechselkursrisiken und Hedging

Auch hier werden die zwei Situationen betrachtet, dass nur ein oder beide Anbieter Futures handeln. Die Futuresposition wird aber zunächst allgemein hergeleitet. Einsetzten von $x_1^{CSH}(h_1,h_2)$, $x_2^{CSH}(h_1,h_2)$ in den Erwartungsnutzen zur Ableitung der optimalen Futuresposition in $t=0$ ergibt mit $p_f = E[\tilde{p}(X)]$

$$E[u_i(\tilde{\pi}_i)] = \left(\underbrace{a - x_i(h_i,h_j) - x_j(h_i,h_j)}_{=p(h_1,h_2)} + \underbrace{E[\tilde{\varepsilon}]}_{=0} - c \right) x_i(h_i,h_j) + h_i \underbrace{(p_f - E[\tilde{p}])}_{=0} -$$

$$- \frac{\rho_i}{2}\sigma_\varepsilon^2 (x_i(h_i,h_j) - h_i)^2 \qquad (4.148)$$

$$\frac{\partial E[u(\tilde{\pi}_i)]}{\partial h_i} = x_i(h_i,h_j)\left(-\frac{\partial x_i}{\partial h_i} - \frac{\partial x_j}{\partial h_i} \right) + \left(p(h_i,h_j) - c \right)\frac{\partial x_i}{\partial h_i} - \rho_i\sigma_\varepsilon^2 \left[(x_i(h_i,h_j) - h_i)\left(\frac{\partial x_i}{\partial h_i} - 1 \right) \right] = 0$$

$$= \frac{(a-c)(1+\rho_i\sigma_\varepsilon^2) - h_j(1+\rho_i\sigma_\varepsilon^2) + h_i(1+\rho_i\sigma_\varepsilon^2)(2+\rho_j\sigma_\varepsilon^2)}{(2+\rho_i\sigma_\varepsilon^2)(2+\rho_j\sigma_\varepsilon^2) - 1} \cdot \frac{-(1+\rho_i\sigma_\varepsilon^2)(1+\rho_j\sigma_\varepsilon^2)}{(2+\rho_i\sigma_\varepsilon^2)(2+\rho_j\sigma_\varepsilon^2) - 1} +$$

$$+ \left(\frac{a(1+\rho_i\sigma_\varepsilon^2)(1+\rho_j\sigma_\varepsilon^2) + c(1+\rho_i\sigma_\varepsilon^2 + 1 + \rho_j\sigma_\varepsilon^2) - (h_i + h_j)(1+\rho_i\sigma_\varepsilon^2)(1+\rho_j\sigma_\varepsilon^2)}{(2+\rho_i\sigma_\varepsilon^2)(2+\rho_j\sigma_\varepsilon^2) - 1} - c \right) \cdot$$

$$\cdot \frac{(1+\rho_i\sigma_\varepsilon^2)(2+\rho_j\sigma_\varepsilon^2)}{(2+\rho_i\sigma_\varepsilon^2)(2+\rho_j\sigma_\varepsilon^2) - 1} - \rho_i\sigma_\varepsilon^2 \left(\frac{(a-c)(1+\rho_j\sigma_\varepsilon^2) - h_j(1+\rho_j\sigma_\varepsilon^2) +}{(2+\rho_i\sigma_\varepsilon^2)(2+\rho_j\sigma_\varepsilon^2) - 1} \right.$$

$$\left. + \frac{h_i(1+\rho_i\sigma_\varepsilon^2)(2+\rho_j\sigma_\varepsilon^2)}{} - h_i \right) \cdot \left(\frac{(1+\rho_i\sigma_\varepsilon^2)(2+\rho_j\sigma_\varepsilon^2)}{(2+\rho_i\sigma_\varepsilon^2)(2+\rho_j\sigma_\varepsilon^2) - 1} - 1 \right)$$

(4.149)

Auflösen nach h_i führt auf die Reaktionskurve für die Futuresposition

$$h_i(h_j) = \frac{(a-c-h_j)\left[1+\rho_i\sigma_\varepsilon^2(2+\rho_i\sigma_\varepsilon^2)(2+\rho_j\sigma_\varepsilon^2)\right]}{2(1+\rho_i\sigma_\varepsilon^2)^2(2+\rho_j\sigma_\varepsilon^2) + \rho_i\sigma_\varepsilon^2(1+\rho_j\sigma_\varepsilon^2)} \qquad (4.150)$$

Weiterhin stellen die Futurespositionen wegen $\partial^2 E[\tilde{\pi}_i]/\partial h_i \partial h_j < 0$ strategische Substitute im Sinne von Bulow et.al. (1985a, S.494) dar.

i)   Nur Anbieter 1 handelt Futures

Handelt nur Anbieter 1 Futures ($h_2=0$), folgt seine optimale Futuresposition (SH) mit

$$h_1^{SH} = \frac{(a-c)\left[1+\rho_1\sigma_\varepsilon^2(2+\rho_1\sigma_\varepsilon^2)(2+\rho_2\sigma_\varepsilon^2)\right]}{2(1+\rho_1\sigma_\varepsilon^2)^2(2+\rho_2\sigma_\varepsilon^2) + \rho_1\sigma_\varepsilon^2(1+\rho_2\sigma_\varepsilon^2)} \qquad (4.151)$$

Würde diese Futuresposition wie im vorigen Abschnitt nur einen strategischen Anreiz für Terminhandel widerspiegeln, wäre zu erwarten, dass sie gerade so groß gewählt würde, dass die Menge x_1^{SR} des „Stackelberg-Führers" unter Risikoaversion in (4.124) resultiert. Wegen des zusätzlich hinzukommenden Hed-

4. Theoretische Analyse von Preis- und Wechselkursrisiken und Hedging 193

gingmotivs ist sie nicht nur größer als x_1^{SR}, sondern auch größer als die des risikoneutralen Anbieters in (4.139):

$$x_1^{SH} = \frac{(a-c)\left[(1+\rho_1\sigma_\varepsilon^2)^2(2+\rho_2\sigma_\varepsilon^2)+\rho_1\sigma_\varepsilon^2(1+\rho_2\sigma_\varepsilon^2)\right]}{2(1+\rho_1\sigma_\varepsilon^2)^2(2+\rho_2\sigma_\varepsilon^2)+\rho_1\sigma_\varepsilon^2(1+\rho_2\sigma_\varepsilon^2)} > x_1^S > x_1^{SR} > x_1^{CR} \quad (4.152)$$

Abbildung 4.3 illustriert, dass die durch das Risiko und die Risikoaversion nach innen gedrehte Reaktionskurve durch die Futuresposition soweit nach parallel nach außen verschoben wird, dass das neue Gleichgewicht SH rechts von dem Stackelberg-Gleichgewicht S risikoneutraler Anbieter liegt. Dies ist sogar dann der Fall, wenn anders als in der Abbildung die neue Reaktionskurve von Anbieter 1 diejenige von 2 unter Sicherheit links von S schneidet (die Reaktion $x_1^{SH}(x_2^S)$ von 1 auf die Folgermenge von 2 unter Risikoneutralität kann kleiner als die Menge des Stackelberg-Führers x_1^S sein; aber immer gilt $x_1^{SH}(x_2^{SH}) > x_1^S$).

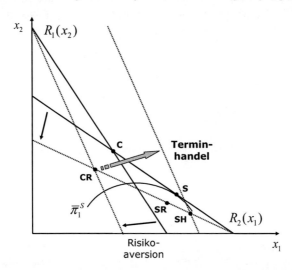

Abbildung 4.3: Hedging- und strategischer Effekt einer einseitigen Futuresposition im Duopol

Die Hedgerate ist kleiner als eins:

$$\frac{h_1^{SH}}{x_1^{SH}} = \frac{1+\rho_1\sigma_\varepsilon^2(2+\rho_1\sigma_\varepsilon^2)(2+\rho_2\sigma_\varepsilon^2)}{1+\rho_1\sigma_\varepsilon^2)(2+\rho_1\sigma_\varepsilon^2)(2+\rho_2\sigma_\varepsilon^2)+(1+\rho_1\sigma_\varepsilon^2)(1+\rho_2\sigma_\varepsilon^2)} < 1 \quad (4.153)$$

Es ist keine vollständige Absicherung nötig, da durch den strategischen Effekt die mengenreduzierende Wirkung des Risikos mehr als ausgeglichen wird. Die Menge von Anbieter 2 ist kleiner als im Cournot-Gleichgewicht unter Risiko oder als Folger im Stackelberg-Gleichgewicht mit oder ohne Risiko:

4. Theoretische Analyse von Preis- und Wechselkursrisiken und Hedging

$$x_2^{SH} = \frac{(a-c)(1+\rho_1\sigma_\varepsilon^2)^2}{2(1+\rho_1\sigma_\varepsilon^2)^2(2+\rho_2\sigma_\varepsilon^2)+\rho_1\sigma_\varepsilon^2(1+\rho_2\sigma_\varepsilon^2)} < x_2^{SR} < x_2^{CR}, \; x_2^{SH} < x_2^S \quad (4.154)$$

Da die Reaktion von Anbieter 2 auf die größere Menge von 1 betragsmäßig kleiner als dessen Mengenexpansion ist, ist der Preis kleiner als im Cournot- oder Stackelberg-Gleichgewicht unter Risiko

$$p^{SH} = \frac{(a+c)(1+\rho_1\sigma_\varepsilon^2)^2(1+\rho_2\sigma_\varepsilon^2)+c[2(1+\rho_1\sigma_\varepsilon^2)^2+\rho_1\sigma_\varepsilon^2(1+\rho_2\sigma_\varepsilon^2)]}{2(1+\rho_1\sigma_\varepsilon^2)^2(2+\rho_2\sigma_\varepsilon^2)+\rho_1\sigma_\varepsilon^2(1+\rho_2\sigma_\varepsilon^2)} < p^{SR} < p^{CR} \quad (4.155)$$

Der Vergleich mit dem Preis im Stackelberg-Gleichgewicht unter Sicherheit, p^S, ist nicht eindeutig, was am einfachsten graphisch zu erklären ist. Bei Punkten rechts von S auf der Reaktionskurve von 2 unter Sicherheit ist der Gesamtoutput höher und der Preis niedriger, weil die reaktive Mengenreduktion von 2 kleiner ist als eine Mengenexpansion von 1. Da das Gleichgewicht SH aber unterhalb von S, bei kleineren Mengen von 2 liegt, kann der Preis auch größer sein (für einen stärker risikoaversen Anbieter 2, $\rho_2 \geq \rho_1$, gilt aber $p^{SH} > p^S$).

Der Gewinn von Anbieter 1 ist natürlich größer als bei CR, aber auch bei SR:

$$\pi_1^{SH} = \frac{(a-c)^2(1+\rho_1\sigma_\varepsilon^2)^2(1+\rho_2\sigma_\varepsilon^2)\left((1+\rho_1\sigma_\varepsilon^2)^2(2+\rho_2\sigma_\varepsilon^2)+\rho_1\sigma_\varepsilon^2(1+\rho_2\sigma_\varepsilon^2)\right)}{\left[2(1+\rho_1\sigma_\varepsilon^2)^2(2+\rho_2\sigma_\varepsilon^2)+\rho_1\sigma_\varepsilon^2(1+\rho_2\sigma_\varepsilon^2)\right]^2} > \pi_1^{SR} > \pi_1^{CR}$$

(4.156)

Die Uneindeutigkeit der Preisveränderung von S auf SH überträgt sich auf den Vergleich von π_1^{SH} mit π_1^S (für $\rho_1 \geq \rho_2$ gilt aber immer $\pi_1^{SH} > \pi_1^S$). Für Anbieter 2 sinkt der Gewinn erwartungsgemäß

$$\pi_2^S = \frac{(a-c)^2(1+\rho_1\sigma_\varepsilon^2)^4(1+\rho_2\sigma_\varepsilon^2)}{\left[2(1+\rho_1\sigma_\varepsilon^2)^2(2+\rho_2\sigma_\varepsilon^2)+\rho_1\sigma_\varepsilon^2(1+\rho_2\sigma_\varepsilon^2)\right]^2} < \pi_2^{SR} < \pi_2^{CR}, \; \pi_2^{SH} < \pi_2^S \quad (4.157)$$

und damit auch sein Erwartungsnutzen, während der von Anbieter 1 gegenüber CR natürlich steigt, sonst bestünde kein Anreiz für den Terminhandel, aber auch gegenüber SR:

$$u_1^{SH} = \frac{(a-c)^2(1+\rho_1\sigma_\varepsilon^2)^2(1+\rho_2\sigma_\varepsilon^2)}{2\left[2(1+\rho_1\sigma_\varepsilon^2)^2(2+\rho_2\sigma_\varepsilon^2)+\rho_1\sigma_\varepsilon^2(1+\rho_2\sigma_\varepsilon^2)\right]} > u_1^{SR} > u_1^{CR} \quad (4.158)$$

$$u_2^{SH} = \frac{(a-c)^2(1+\rho_1\sigma_\varepsilon^2)^4(2+\rho_2\sigma_\varepsilon^2)}{2\left[2(1+\rho_1\sigma_\varepsilon^2)^2(2+\rho_2\sigma_\varepsilon^2)+\rho_1\sigma_\varepsilon^2(1+\rho_2\sigma_\varepsilon^2)\right]^2} < u_2^{SR} < u_2^{CR}, \; u_2^{SH} < u_2^S \quad (4.159)$$

Der Vergleich mit u_1^S ist wiederum nicht eindeutig. Als Ergebnis kann wie im risikolosen Fall der Anreiz für einen strategisch motivierten Terminhandel festgehalten werden, hier ergänzt um das Hedgingmotiv, das die Menge weiter erhöht. Aufgrund des strategischen Effekts ist eine Unterabsicherung ausrei-

4. Theoretische Analyse von Preis- und Wechselkursrisiken und Hedging

chend. Beide Anbieter haben demnach einen Anreiz, eine Terminposition einzugehen.

Handelt nur einer von zwei risikoaversen Anbietern vor der Outputentscheidung Futures, verstärkt das Hedgingmotiv den strategischen Effekt, so dass er eine höhere Menge ausbringt und einen höheren Erwartungsnutzen als bei einer Stackelberg-Führerschaft unter Risiko erreicht.

ii) Beide Anbieter handeln Futures

Gehen beide Anbieter eine Futuresposition ein, ergibt sich als Gleichgewichtsposition (*CSH*) aus den Futures-Reaktionsfunktionen (4.150)

$$h_i^{CSH} = \frac{(a-c)(1+\rho_j\sigma_\varepsilon^2)[1+\rho_i\sigma_\varepsilon^2(2+\rho_j\sigma_\varepsilon^2)(2+\rho_i\sigma_\varepsilon^2)]}{3(1+\rho_i\sigma_\varepsilon^2)^2(1+\rho_j\sigma_\varepsilon^2)^2 + (1+\rho_i\sigma_\varepsilon^2)^2(1+2\rho_j\sigma_\varepsilon^2) + (1+\rho_j\sigma_\varepsilon^2)^2(1+2\rho_i\sigma_\varepsilon^2)} > 0 \quad (4.160)$$

Diese Futuresposition ist wegen des strategischen Effekts selbst für $\rho_i=0$ positiv und fällt umso größer aus, je größer die Risikoaversion, $\partial h_i^{CSH}/\partial\rho_i > 0$. Weil die Futurespositionen strategische Substitute sind, ist die Futuresposition kleiner als gerade eben, als nur Anbieter 1 eine Futuresposition einging ($h_i^{CSH} < h_i^{SH}$), und sinkt in der Risikoaversion des Konkurrenten, $\partial h_i^{CSH}/\partial\rho_j < 0$. Der risikoaversere Anbieter verkauft daher mehr auf Termin: für $\rho_i > \rho_j$ ist $h_i^{CSH} > h_j^{CSH}$. Einsetzen in die Gleichgewichtsmenge (4.145) führt auf

$$x_i^{CSH} = \frac{(a-c)(1+\rho_j\sigma_\varepsilon^2)[(2+\rho_j\sigma_\varepsilon^2)(1+\rho_i\sigma_\varepsilon^2)^2 + \rho_i\sigma_\varepsilon^2(1+\rho_j\sigma_\varepsilon^2)]}{3(1+\rho_i\sigma_\varepsilon^2)^2(1+\rho_j\sigma_\varepsilon^2)^2 + (1+\rho_i\sigma_\varepsilon^2)^2(1+2\rho_j\sigma_\varepsilon^2) + (1+\rho_j\sigma_\varepsilon^2)^2(1+2\rho_i\sigma_\varepsilon^2)} \quad (4.161)$$

Die Hedgerate ist auch hier aufgrund des strategischen Effekts kleiner als eins:

$$\frac{h_i^{CSH}}{x_i^{CSH}} = \frac{1+\rho_i\sigma_\varepsilon^2(2+\rho_i\sigma_\varepsilon^2)(2+\rho_j\sigma_\varepsilon^2)}{1+\rho_i\sigma_\varepsilon^2(2+\rho_i\sigma_\varepsilon^2)(2+\rho_j\sigma_\varepsilon^2)+(1+\rho_i\sigma_\varepsilon^2)(1+\rho_j\sigma_\varepsilon^2)} = \frac{h_i^{SH}}{x_i^{SH}} < 1 \quad (4.162)$$

Wie im risikolosen Fall ist die Hedgerate gleich der von Anbieter 1, wenn nur er auf Termin handelt, nur die absolute Position ist kleiner.

Handeln zwei risikoaverse Anbieter vor der Outputentscheidung Futures, ist aufgrund des strategischen Effekts eine Unterabsicherung optimal.

Abbildung 4.4 zeigt ausgehend von dem Cournot-Gleichgewicht unter Risiko *CR*, wie die (gepunkteten) Reaktionskurven beider Anbieter durch die Futurespositionen nach außen verschoben werden (graue Pfeile) und zu dem neuen Gleichgewicht *CSH* führen.

196   4. Theoretische Analyse von Preis- und Wechselkursrisiken und Hedging

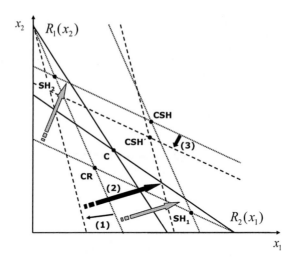

Abbildung 4.4: Hedging- und strategischer Effekt beidseitiger Futurespositionen im Duopol

Ein Vergleich der Menge mit der in den bisher diskutierten Gleichgewichten ist nicht mehr pauschal möglich und von dem Verhältnis der Risikoaversionen abhängig, die unterschiedliche Wirkungen auf die Menge im Gleichgewicht haben. Die einzelnen Effekte einer Änderung der Risikoaversion eines Anbieters können anhand der Ableitung der Gleichgewichtsmenge (4.145) unterschieden werden und sind in Abbildung 4.4 anhand der gestrichelten Linien und schwarzen Pfeile illustriert. Für die eigene Menge gilt

$$\frac{dx_i^{CSH}}{d\rho_i} = \frac{\partial x_i}{\partial \rho_i} + \frac{\partial x_i}{\partial h_i}\frac{\partial h_i}{\partial \rho_i} + \frac{\partial x_i}{\partial h_j}\frac{\partial h_j}{\partial \rho_i} \qquad (4.163)$$

Der direkte Effekt $\partial x_i^{CSH}/\partial \rho_i$ ist negativ, da ein Anbieter bei einer höheren Risikoaversion ceteris paribus eine vorsichtigere Absatzpolitik wählt (seine Reaktionskurve wird stärker nach innen gedreht (1)). Gleichzeitig handelt er aber mehr auf Termin ($\partial h_i^{CSH}/\partial \rho_i > 0$). Das Hedging sowie der strategische Effekt erhöhen die Absatzmenge ($\partial x_i^{CSH}(h_i, h_j)/\partial h_i > 0$ –die nach innen gedrehte Reaktionskurve wird parallel nach außen verschoben (2)). Zugleich sinkt die Futuresposition des Konkurrenten ($\partial h_j^{CSH}/\partial \rho_i < 0$) und damit ceteris paribus dessen Menge (die Reaktionskurve des Konkurrenten wird weniger weit nach außen verschoben (3)), was die eigene Menge erhöht ($\partial x_i^{CSH}(h_i, h_j)/\partial h_j < 0$). Insgesamt ist unklar, ob die eigene Menge im neuen Gleichgewicht CSH' größer oder kleiner ist. Eindeutig ist hingegen die Wirkung auf die Menge des Konkurrenten, die sinkt:

4. Theoretische Analyse von Preis- und Wechselkursrisiken und Hedging 197

$$\frac{dx_j}{d\rho_i} = \frac{\partial x_j}{\partial h_i}\frac{\partial h_i}{\partial \rho_i} + \frac{\partial x_j}{\partial h_j}\frac{\partial h_j}{\partial \rho_i} < 0 \qquad (4.164)$$

Je risikoaverser i, desto größer ist seine Futuresposition ($\partial h_i^{CSH}/\partial \rho_i > 0$) und umso kleiner ist ceteris paribus die Menge von j ($\partial x_j^{CSH}(h_i,h_j)/\partial h_i < 0$). Gleichzeitig fällt js Futuresposition kleiner aus ($\partial h_j^{CSH}/\partial \rho_i < 0$), wodurch dessen Menge ebenfalls sinkt ($\partial x_j^{CSH}(h_i,h_j)/\partial h_j > 0$).

Daher produziert das risikoaversere Unternehmen, das mehr auf Termin verkauft, eine größere Menge, d.h. $x_i^{CSH} > x_j^{CSH}$, wenn $\rho_i > \rho_j$:

$$x_i^{CSH} - x_j^{CSH} = \frac{(a-c)\sigma_\varepsilon^2(\rho_i-\rho_j)(2+\rho_i\sigma_\varepsilon^2+\rho_j\sigma_\varepsilon^2)}{3(1+\rho_i\sigma_\varepsilon^2)^2(1+\rho_j\sigma_\varepsilon^2)^2+(1+\rho_i\sigma_\varepsilon^2)^2(1+2\rho_j\sigma_\varepsilon^2)+(1+\rho_j\sigma_\varepsilon^2)^2(1+2\rho_i\sigma_\varepsilon^2)}$$
(4.165)

Dies ist ein überraschendes Ergebnis. Zwar war zu erwarten, dass der risikoaversere Anbieter durch das Hedging des Risikos gegenüber dem Gleichgewicht *CR* ohne Futureshandel, in dem er eine kleinere Menge ausbringt, Marktanteile gewinnt. Dass aber seine Menge aufgrund des strategischen Effekts letztlich größer ist, war nicht unbedingt zu erwarten.

Der risikoaversere Anbieter verkauft mehr Futures und bringt eine größere Menge aus als der Konkurrent.

Der mengenreduzierende Effekt der Risikoaversion des Konkurrenten kann bei einer sehr viel niedrigeren eigenen Risikoaversionen sogar dazu führen, dass die Menge eines Anbieters kleiner als im Gleichgewicht ohne Terminhandel mit Risiko (*CR*) oder ohne Risiko bzw. mit simultanem Terminhandel (*C*) ist, auch wenn dies nur in Extremfällen gilt. Als Beispiel für extrem unterschiedliche Risikoaversionen wird wieder der Fall eines risikoneutralen Konkurrenten ($\rho_j=0$) herangezogen. Allgemein ist im Vergleich mit dem Gleichgewicht *CR* für die meisten Parameterkonstellationen $x_i^{CSH} > x_i^{CR}$, insbesondere immer für $\rho_i > 0{,}375 \cdot \rho_j$ (also auch für $\rho_j=0$). Ein risikoneutraler Anbieter 2 produziert hingegen weniger, es sei denn, der Konkurrent ist auch nur wenig risikoavers oder das Risiko sehr gering:

$$\Delta x_2^{CSH-CR} = -\frac{(a-c)(2\rho_1\sigma_\varepsilon^2+5(\rho_1\sigma_\varepsilon^2)^2+2(\rho_1\sigma_\varepsilon^2)^3-1)}{(3+2\rho_1\sigma_\varepsilon^2)[(2+2\rho_1\sigma_\varepsilon^2)^2+1+2\rho_1\sigma_\varepsilon^2]} \qquad (4.166)$$

Das Vorzeichen dieses Terms ist nur positiv, wenn der zweite Klammerterm im Zähler mit sehr geringen Werten von ρ_1 oder σ_ε^2 negativ ist. Ähnlich gilt für den Vergleich mit x_i^C, dass meist $x_i^{CSH} > x_i^C$ gilt, jedenfalls immer für $\rho_i > 0{,}2 \cdot \rho_j$ (also auch für $\rho_j=0$). Die Menge eines risikoneutralen Anbieters 2 ist dagegen kleiner, solange der Konkurrent hinreichend risikoavers oder das Risiko nicht zu klein ist:

198   4. Theoretische Analyse von Preis- und Wechselkursrisiken und Hedging

$$\Delta x_2^{CSH-C} = -\frac{(a-c)(\rho_1\sigma_\varepsilon^2 + (\rho_1\sigma_\varepsilon^2)^2 - 1)}{3[(2+2\rho_1\sigma_\varepsilon^2)^2 + 1 + 2\rho_1\sigma_\varepsilon^2]} \quad (4.167)$$

Sind die Risikoaversionen zweier Anbieter nicht zu unterschiedlich, führt der sequentielle Terminhandel aufgrund des strategischen Effekts dazu, dass der Output nicht wie durch den reinen Hedgingeffekt des simultanen Terminhandels gleich, sondern größer als im Gleichgewicht ohne Risiko (C) ist.

Im Vergleich zu dem vorher betrachteten sequentiellen Terminhandel (*SH*) nur des Anbieters 1 ist dessen Menge nun kleiner, die von 2 größer. Dies gilt auch im Vergleich mit der entsprechenden Situation ohne Risiko, in der 1 durch den sequentiellen Terminhandel das Stackelberg-Gleichgewicht (*S*) erreicht. Im Vergleich mit dem Stackelberg-Gleichgewicht unter Risiko (*SR*), dem bei Vernachlässigung des Hedgingmotivs anzustrebenden Gleichgewicht, mit Anbieter 1 als Führer bringt Anbieter 2 eine größere Menge aus, während für 1 keine einfache Bedingung formuliert werden kann; seine Menge kann wegen der Futuresposition von 2 kleiner, aber aufgrund des zum strategischen Motiv hinzukommenden Hedgingmotivs auch größer sein. Schließlich ist die Menge im Vergleich mit dem beidseitigen sequentiellen Terminhandel ohne Risiko trotz der größeren Futuresposition wegen der Risikoaversion in der Regel kleiner, auf jeden Fall, solange $\rho_j\sigma_\varepsilon^2 \geq 5$. Bei einem risikoneutralen Konkurrenten ohne Hedgingmotiv fällt die Menge allerdings immer größer aus und dessen Menge kleiner.

Aufgrund des strategischen sowie des Hedging-Effekts ist der aggregierte Output aber immer größer und der erwartete Preis

$$E[p^{CSH}] = \frac{(a+2c)(1+\rho_i\sigma_\varepsilon^2)^2(1+\rho_j\sigma_\varepsilon^2)^2 + c[(1+\rho_i\sigma_\varepsilon^2)^2(1+2\rho_j\sigma_\varepsilon^2) + (1+\rho_j\sigma_\varepsilon^2)^2(1+2\rho_i\sigma_\varepsilon^2)]}{3(1+\rho_i\sigma_\varepsilon^2)^2(1+\rho_j\sigma_\varepsilon^2)^2 + (1+\rho_i\sigma_\varepsilon^2)^2(1+2\rho_j\sigma_\varepsilon^2) + (1+\rho_j\sigma_\varepsilon^2)^2(1+2\rho_i\sigma_\varepsilon^2)}$$
(4.168)

kleiner als ohne oder mit simultanem Terminhandel ($E[p^{CSH}] < E[p^{CR}] < E[p^C]$). Gegenüber dem sequentiellen Terminhandel ohne Risiko ist der aggregierte Output kleiner und der Preis größer, gegenüber dem Terminhandel nur von Anbieter 1 (*SH*) ist der Preis kleiner, ebenso gegenüber dem Stackelberg-Gleichgewicht unter Risiko (*SR*).

Für einen Vergleich des erwarteten Gewinns eines Anbieters,

$$E[\pi_i^{CSH}] = \frac{(a-c)^2(1+\rho_i\sigma_\varepsilon^2)(1+\rho_j\sigma_\varepsilon^2)^3[(1+\rho_i\sigma_\varepsilon^2)^2(2+\rho_j\sigma_\varepsilon^2) + \rho_i\sigma_\varepsilon^2(1+\rho_j\sigma_\varepsilon^2)]}{[3(1+\rho_i\sigma_\varepsilon^2)^2(1+\rho_j\sigma_\varepsilon^2)^2 + (1+\rho_i\sigma_\varepsilon^2)^2(1+2\rho_j\sigma_\varepsilon^2) + (1+\rho_j\sigma_\varepsilon^2)^2(1+2\rho_i\sigma_\varepsilon^2)]^2}$$
(4.169)

mit den anderen Gleichgewichten können in der Regel keine einfachen Bedingungen mehr formuliert werden. Für die meisten Parameterkonstellationen gilt

4. Theoretische Analyse von Preis- und Wechselkursrisiken und Hedging 199

wegen des niedrigeren Preises $E[\pi_i^{CSH}] < E[\pi_i^C]$, außer die Risikoaversion ist im Vergleich zu der des Konkurrenten extrem groß, so dass die durch den Futureshandel verbesserte Wettbewerbsposition den niedrigeren Preis überkompensiert. Für einen risikoneutralen Anbieter oder gleich risikoaverse Anbieter gilt immer $\pi_i^{CSH} < \pi_i^C$. Da bereits für den Vergleich von $E[\pi_i^C]$ und $E[\pi_i^{CR}]$ keine eindeutigen Aussagen getätigt werden konnten, gilt dies erst recht für $E[\pi_i^{CSH}]$ und $E[\pi_i^{CR}]$. Nur für einen risikoneutralen Anbieter ist der Gewinn sicher kleiner, so dass er nicht von der Einführung eines Terminmarktes profitiert, während sein risikoaverser Konkurrent rein gewinnorientiert davon profitieren kann, aber nicht muss. Ähnliches gilt für den Vergleich mit dem Gleichgewicht SR. Gegenüber dem Stackelberg-Gleichgewicht unter Sicherheit (S) ist der Gewinn unabhängig von den Risikoaversionen immer kleiner als der des Führers, aber größer als der des Folgers. Ebenso ist er kleiner als der Gewinn von Anbieter 1, wenn nur dieser auf Termin handelt, aber größer als der von 2 (SH).

Angesichts der Uneindeutigkeit der Auswirkungen auf die individuellen Gewinne lohnt sich ein Blick auf die aggregierten Gewinne der Anbieter. Der größere Gesamtoutput und der kleinere Preis als im Gleichgewicht ohne Risiko oder mit simultanem Terminhandel (C) zeigen bereits, dass der sequentielle Terminhandel gegenüber diesen beiden Situationen zu einer Verschlechterung der Gesamtgewinne Π^{CSH} der Branche führt, $\Pi^{CSH} < \Pi^C$. Gegenüber der Situation ohne Terminmarkt (CR) muss dies aber nicht zwangsläufig gelten. Wie die Diskussion in 4.5.1 gezeigt hat, können ein hohes Risiko und/oder eine hohe Risikoaversion die Mengen der Anbieter soweit zurückdrängen (unter das gemeinsame Gewinnmaximum), dass ihre Gewinne jeweils niedriger als in C sind. In diesem Fall muss der strategische Effekt nicht zu einem Dilemma führen, sondern kann in höheren Gewinnen resultieren. $\Delta\Pi^{CSH-C}$ ist daher uneindeutig. Trotz des strategischen Effekts kann die Einführung eines Terminmarktes aus reiner Gewinnperspektive für die Branche vorteilhaft sein, wenn die Anbieter sehr risikoavers sind oder das Risiko sehr hoch. Andernfalls resultiert auch hier ein strategisches Dilemma. Ob dies auch aus Sicht des Erwartungsnutzens gilt, ist noch offen. Er ergibt sich mit

$$E[u(\pi_i^{CSH})] = \frac{(a-c)^2(1+\rho_i\sigma_\varepsilon^2)^2(1+\rho_j\sigma_\varepsilon^2)^3\left[2(1+\rho_i\sigma_\varepsilon^2)^2(2+\rho_j\sigma_\varepsilon^2)+\rho_i\sigma_\varepsilon^2(1+\rho_j\sigma_\varepsilon^2)\right]}{2\left[3(1+\rho_i\sigma_\varepsilon^2)^2(1+\rho_j\sigma_\varepsilon^2)^2+(1+\rho_i\sigma_\varepsilon^2)^2(1+2\rho_j\sigma_\varepsilon^2)+(1+\rho_j\sigma_\varepsilon^2)^2(1+2\rho_i\sigma_\varepsilon^2)\right]^2}$$

(4.170)

Auch der Erwartungsnutzen kann größer oder kleiner als ohne Terminhandel (CR) sein. Nur für einen risikoneutralen Anbieter kann sicher gefolgert werden, dass er einen geringeren Erwartungsnutzen hat, da dieser seinem Gewinn entspricht. Sein risikoaverser Konkurrent kann, muss aber nicht von dem Termin-

200   4. Theoretische Analyse von Preis- und Wechselkursrisiken und Hedging

handel profitieren. Verglichen mit dem Erwartungsnutzen unter Sicherheit oder simultanem Terminhandel gilt $u_i^{CSH} < u_i^C$ solange $\rho_i < 1{,}36 \cdot \rho_j$, d.h. solange ein Anbieter nicht risikoaverser als sein Konkurrent ist (also auch bei gleich risikoversen Anbietern), sinkt sein Erwartungsnutzen aufgrund des strategischen Dilemmas. Ansonsten steigt er, da er aufgrund seiner höheren Risikoaversion von dem strategischen Effekt des Terminhandels profitiert. Der aggregierte Erwartungsnutzen ist aber immer kleiner.

Auch wenn keine einfachen Bedingungen und damit keine generellen Empfehlung mehr angegeben werden können, folgt aus diesen Ergebnissen doch ein wichtiges und das für diesen Abschnitt zentrale Ergebnis:

Aufgrund des strategischen Effekts ist ein Terminhandel vor der Outputentscheidung im Duopol nicht immer vorteilhaft.

Ein Terminhandel muss demnach ganz anders als ohne Berücksichtigung der oligopolistischen Interaktion nicht immer vorteilhaft für einen Anbieter sein. Insbesondere profitieren unterschiedlich risikoaverse Anbieter unterschiedlich von ihm. Für den Aufbau eines DRAM Terminmarktes ist daher nicht unbedingt mit der Unterstützung aller Anbieter zu rechnen. Beispielsweise könnte die Risikoversion gerade des größten Anbieters, Samsung, so gering sein, dass für Samsung ein Terminhandel nicht von Vorteil wäre, weil es nur wenig unter dem Risiko leidet und weil die risikoaverseren Konkurrenten durch ihn den Nachteil ihrer höheren Risikoaversion gegenüber Samsung mehr als ausgleichen können.

Es zeigt sich aber bereits in diesem einfachen Modellrahmen mit einer als linear unterstellten Nachfrage und dem relativ einfachen LEN Modell als Nutzenfunktion, dass die Analyse der strategischen Effekte relativ kompliziert ist. In der Praxis ist eher eine Festlegung der Futuresposition durch ein Herantasten an die optimale Futuresposition mit strategischen Effekten durch Ausprobieren verschiedener Abweichungen vom dem 100%- oder Beta-Hedge als eine exakte quantitative Analyse zu erwarten.

5. Empirische Schätzung von Hedgeraten

In Kapitel 4 wurde die optimale Futuresposition theoretisch bestimmt. Unter der Annahme, dass perfekte und unverzerrte Futures zum direkten Hedging der Risiken verfügbar sind, und bei Unabhängigkeit der Risiken hat sich eine Hedgerate von eins als optimal erwiesen. Bei Existenz eines Basisrisikos, insbesondere bei einem Cross-Hedge, ist die optimale Hedgerate gemäß der Beta-Hedge Regel anhand einer Regression des Spot- und des Terminpreises des Hedgeinstruments zu bestimmen. Die empirische Schätzung dieser Hedgerate und Kriterien zur Auswahl geeigneter Cross-Hedgeinstrumente zur Absicherung des DRAM Preisrisikos stehen im Mittelpunkt dieses Kapitels. Ziel ist es, eine in der Praxis einfach anzuwendende Methode zu entwickeln und die zu ihrer Umsetzung benötigten Verfahren bereit zu stellen. Neben dazu getroffenen Einschränkungen gibt Abschnitt 5.1 einen Überblick über bisher in empirischen Arbeiten eingesetzte Verfahren und die Probleme mit ihnen, um eine Schätzmethoden abzuleiten, die auch für das DRAM Preisrisiko verwendet werden kann. Es wird sich zeigen, dass unter bestimmten Umständen eine einfache OLS Schätzung für die Praxis meist ausreichend und im Vergleich zu anderen Verfahren relativ leicht durchzuführen ist. Ihre Umsetzung und Selektionskriterien für Cross-Hedgeinstrumente sind dann Inhalt von Abschnitt 5.2. Bei der Auswahl eines Cross-Hedgeinstruments ist es nicht notwendig, sich nur auf einen Future zu konzentrieren. Vielmehr kann aus mehreren geeignet scheinenden Futures ein optimales Hedge-„Portfolio" zusammengestellt werden. Ein entsprechendes Verfahren wird in Abschnitt 5.3 vorgestellt. Die Beschreibung der Schätzverfahren und ökonometrischen Probleme wird so nicht-technisch als möglich gehalten. Methoden, die später nicht mehr aufgegriffen werden, werden daher nur benannt, ohne dass ihre Funktionsweise näher erläutert wird.

5.1 Methoden zur Schätzung von Hedgeraten

5.1.1 Analyserahmen

Zur Bestimmung der Hedgerate, wenn keine perfekten Futures zum direkten Hedging der Risiken bereitstehen, wird angenommen, die Futuresposition wird simultan zur Outputentscheidung festgelegt, so dass die in Kapitel 4.5 diskutierten strategischen Effekte, die in der Praxis kaum zu quantifizieren sind, außer Acht gelassen werden können. Die so bestimmte Hedgerate kann als Referenzlösung betrachtet werden, von der ein Entscheider gegebenenfalls aus strategischen Überlegungen abweichen kann. Daher gelten zur Festlegung der Futuresposition die Empfehlungen aus Kapitel 4.4. Die Hedgerate wird für das Hedging des DRAM Preisrisikos bei Existenz eines Basisrisikos bestimmt. Im Vordergrund steht das Cross-Hedging, auf das mangels eines DRAM Terminmarktes (noch) ausgewichen werden muss. Die Analyse ist auch auf das Hedging des Wechselkursrisikos übertragbar, sollte für die Absicherung des Dollarwechselkurses kein hinreichend „perfekter" Future zur Verfügung stehen. Die Risiken werden als unabhängig unterstellt (vgl. auch die Diskussion in 4.2),[144] so dass bei Unverzerrtheit der Beta-Hedge, bei Verzerrtheit relativ dazu eine Unter- oder Überabsicherung optimal ist (vgl. Abschnitt 4.4.4). Andernfalls wären die statistischen Interdependenzen der Risiken zu berücksichtigen.

Die meisten empirischen Studien greifen zur Bestimmung von Hedgeraten auf den (μ, σ)-Ansatz zurück, in dem die Futuresposition wie in Kapitel 4.1.2 dargestellt in die risikominimierende Hedgekomponente und die spekulative Position zerlegt werden kann. Auf einem unverzerrten Terminmarkt ist eine Spekulation nicht lohnend, so dass die optimale Hedgerate der risikominimierenden (4.8) von Ederington (1979) entspricht und die empirisch nur schwer bestimmbare Risikoaversion des Hedgers nicht geschätzt werden muss. Außerdem sind die Ergebnisse unabhängig vom jeweiligen Hedger und leichter mit anderen vergleichbar. Daher nehmen die meisten Studien Unverzerrtheit an oder betrachten von vornherein nur die risikominimierende Hedgerate. Es gibt aber auch Arbeiten, die von der risikominimierenden abweichende erwartungsnutzenmaximierende Hedgeraten bestimmen (z.B. Heifner (1972), Rolfo (1980), Stulz (1984), Cecchetti et al. (1988), Brys und Solnik (1992), De Jong et al. (1997) sowie Lypny und Powalla (1998)). In Kapitel 3.3.4 wurde bereits erörtert, war-

---

[144] Beispielsweise zeigen hier nicht weiter berichtete Berechnungen des Autors, dass die statistische Interdependenz zwischen dem DRAM Preis und dem Euro-Dollar-Wechselkurs gering genug ist, um in der praktischen Anwendung vernachlässigt zu werden.

5. Empirische Schätzung von Hedgeraten   203

um aus Sicht eines Anbieters die Annahme der Unverzerrtheit sinnvoll ist und eine Spekulation wenig empfehlenswert ist, so dass diese Annahme übernommen wird. Dann ist der nach Abschnitt 4.4.4 optimale Beta-Hedge identisch zur Lösung des (μ, σ)-Ansatzes. Auch dieses Ergebnis kann als eine Art Referenzlösung betrachtet werden, von der ein Anbieter abweichen kann, wenn er dennoch spekulieren möchte.

Zur Schätzung der Hedgerate wird wegen ihrer Einfachheit in der Literatur überwiegend eine lineare Regression des Spotpreises auf den Terminpreis des Hedgeinstruments (oder der Preisänderungen, wenn kein Produzent betrachtet wird, vgl. S.124) verwendet (vgl. (4.13)), wie sie auch zur Ableitung des Beta-Hedges in (4.80) für den DRAM Spotpreis angenommen wurde, und in der die Hedgerate unmittelbar durch den Regressionsparameter β gegeben ist. Der Spotpreis p –hier grundsätzlich der absolute ASP (pro Chip)– wird so gut als möglich durch eine lineare Beziehung mit dem Terminpreis f erklärt. Mit „Erklärung" ist kein bestimmter kausaler, sondern zunächst ein rein statistischer Zusammenhang gemeint, der nicht zwingend auf Basis theoretischer Überlegungen bestimmt wird. Natürlich können und werden hinter miteinander verbundenen Preisbewegungen gemeinsame Ursachen stehen, die aber nicht explizit analysiert werden müssen. Für Hedgingzwecke ist lediglich entscheidend, dass sich Spot- und Terminpreise gleich oder entgegengesetzt entwickeln. Ist die gemeinsame Verteilung der Preise über die Zeit konstant, kann die Hedgerate nach Kroner und Sultan (1993, S.537) unter der Annahme einer intertemporal separierbaren Nutzenfunktion zu einer mehrperiodischen Hedgingstrategie erweitert werden, in der die Hedgerate in jeder Periode gleich bleibt und anhand einer Regression der historischen Zeitreihen der Preise geschätzt werden.

5.1.2 OLS Schätzung und Hedgeeffektivität

Die einfachste Methode zur Schätzung der Hedgerate ist das Kleinstquadrateprinzip, „Ordinary Least Squares" OLS. Man spricht dann vom statischen OLS Hedge oder der konventionellen Hedgerate. Dazu werden die Störterme der Regression, die andere Einflüsse auf den Spotpreis als den Zusammenhang mit dem Terminpreis erfassen, zusätzlich zu den bereits getroffenen Annahmen der Unabhängigkeit mit dem Terminpreis und des Erwartungswertes von null als normalverteilt und untereinander unkorreliert unterstellt. Der durch den Terminpreis „erklärte" Anteil der Spotpreisvolatilität, das Bestimmtheitsmaß (R^2) der Regression, wird seit Ederington (1979, S.164) als gängiges Maß der in (4.9) definierten Effektivität e eines solchen Hedges herangezogen. Je höher die Korrelation zwischen Spot und Termpreis, umso effektiver ist das Hedgeinstrument in der Reduktion des Risikos. Für das Cross-Hedging bedeutet dies, mit dem DRAM Preis hoch korrelierte Instrumente zu finden. Eine so aus historischen Preisdaten geschätzte Hedgeeffektivität beschreibt jedoch nur die maximal mögliche Risikoreduktion, die bei Anwendung der ex post risikominimierend berechneten Hedgerate erreicht werden hätte können. Ob diese Reduktion auch in der Zukunft erreicht werden kann, hängt von der Stabilität der (Ko)Varianzen der Preise und damit der Hedgerate ab und wird später noch diskutiert. Die R^2-Statistik ist daher nur ein Indikator für das maximale Potential eines Hedges zur Reduktion des Risikos, das nicht zwangsläufig realisiert wird.

Wegen der Tendenz der Basis, im Zeitablauf abzunehmen, ist ein R^2 von eins jedoch nur für das kleinste denkbare Zeitintervall möglich. Ein R^2 kleiner eins kann Brown (1985, S.510) zufolge sowohl auf der Abnahme der Basis als auch auf zufälligen Schwankungen beruhen.

Lence (1995b, S.355) kritisiert, dass die Hedgeeffektivität die Vorteile des Hedgings nur indirekt misst, da sie nicht monetär bewertet werden. Zudem werden die Präferenzen des Hedgers nicht berücksichtigt. Ein weniger risikoaverser Hedger sollte eine Risikoreduktion geringer schätzen als ein risikoaverserer. Für die hier betrachtete risikominimierende, von der Risikoaversion unabhängige Hedgerate ist gerade ein solches präferenzloses Maß geeignet, aber natürlich nur dann, wenn der Hedge tatsächlich nur der Risikoreduktion und nicht (auch) der Spekulation dient.

Wird das Bestimmheitsmaß zum Vergleich verschiedener Hedges, z.B. verschiedener Hedgeinstrumente, herangezogen, ist auf die korrekte Interpretation zu achten. Die Hedgeeffektivität ist ein relatives Maß, das die maximal mögliche prozentuale Reduktion des Risikos einer bestimmten Spotposition durch die risikominimierende Hedgerate angibt. Lindahl (1989, S.470f) meint, Vergleiche der Effektivität von Hedges seien daher nur gültig, wenn die Spotposition dieselbe ist, da nur dann das Risiko der ungehedgten Position gleich bleibt und von Unterschieden im R^2 auf eine höhere oder niedrigere (absolute) Reduktion des Risikos geschlossen werden kann. Daher seien z.B. Vergleiche verschiedener Hedgeinstrumente zum Hedging derselben Spotposition zulässig, nicht aber Vergleiche des Hedgings verschiedener Spotpositionen mit demselben Hedgeinstrument. Lindahl unterliegt jedoch einer Fehlinterpretation der Hedgeeffektivität, wenn sie nur bei gleichen Spotpositionen ein höheres R^2 als effektiveren Hedge gelten lässt. Vergleiche von Hedges unterschiedlicher Spotpositionen sind in dem Sinne zulässig, wie effektiv ein Hedge für die Risikoreduktion der

5. Empirische Schätzung von Hedgeraten

jeweiligen Spotposition ist. Gerade die Relativität des Maßes erlaubt solche Vergleiche.[145]

In der Folge der erstmaligen empirischen Anwendung durch Ederington (1979) wurden risikominimierende Hedgeraten und Hedgingeffektivitäten bei direktem Hedging für eine Reihe von Terminmärkten (meist für Portfolios und daher unter Verwendung von Preisänderungen) geschätzt, zum Beispiel von Ederington (1979) und Hill et al. (1983) für Futures auf US-Hypothekenkredite (GNMA), von Hill und Schneeweis (1981, 1982), Naidu und Shin (1981) sowie Grammatikos und Saunders (1986) für Devisenfutures, von Overdahl und Starleaf (1986) für Futures auf Depositenzertifikate, von Ederington (1979), Franckle (1980) sowie Howard und D'Antonio (1984) für Futures auf US-Bundesschatzanweisungen (T-Bills) und von Figlewski (1984, 1985) und Junkus und Lee (1985) für Aktienindexfutures. Die meisten dieser Studien liefern aufgrund eines Basisrisikos Hedgeraten unter eins, aber größtenteils recht hohe Hedgeeffektivitäten.

Ederingtons (1979) Technik der Schätzung der risikominimierenden Hedgeraten mit einer OLS Regression liefert aber nur dann gültige (unverzerrte) Schätzungen, wenn die Preise (oder die ggf. verwendeten Preisänderungen) die Standardannahmen der OLS Schätzung erfüllen.[146] Die wichtigsten, die Bedingungen der Homoskedastizität und keiner Autokorrelation, d.h. einer konstanten

---

[145] So schreibt Lindahl (1989, S.471): „Comparing a wheat storage to a stock index futures hedge (…) is an obvious example of invalid comparison". Der Vergleich ist aber durchaus in dem Sinne zulässig, dass der eine Hedge bei der Reduktion des Risikos „seiner" Spotposition erfolgreicher ist als der andere bei der anderen Spotposition.

[146] Diese sog. Gauss-Markov-Annahmen lauten zusammengefasst $E[\tilde{v}|F] = E[\tilde{v}] = 0$ und $\text{var}(\tilde{v}|F) = \text{var}(\tilde{v}) = \sigma_v^2 I$: die bedingte Verteilung der Fehlerterme (Matrix $\tilde{v}$), die unabhängig von den Terminpreisen (Matrix F) ist, hat Erwartungswerte von null, konstante Varianzen (Homoskedastizität) und Kovarianzen von null (impliziert keine (Auto-)Korrelation der Fehlerterme), vgl. Verbeek (2005, S.16 und S.80). Diese sehr strengen Anforderungen können durch schwächere ersetzt werden, so dass der OLS Schätzer immer noch konsistent und zumindest asymptotisch effizient ist. So fehlt in der Auflistung bereits die Annahme der Normalverteilung der Fehlerterme, da für asymptotische Gültigkeit der OLS Schätzung Unabhängigkeit von den Terminpreisen ausreicht, vgl. Verbeek (2005, S.35f). Bei langen Datenreihen, wie sie Preisdaten typischerweise darstellen, sind mögliche Fehler der Schätzung durch fehlende Normalverteilung der Fehlerterme vernachlässigbar, weshalb die Normalverteilung und Tests für sie nicht weiter betrachtet werden; Autokorrelation und Heteroskedastizität bleiben aber (ohne Anpassung der Schätzung) weiterhin ausgeschlossen. Vgl. Verbeek (2005, S.123f).

Varianz sowie Unkorreliertheit der Fehlerterme, sind angesichts der empirischen Evidenz zu Spot- und Terminpreisen kritisch zu prüfen.

So ist Autokorrelation der Fehlerterme ein häufig auftretendes Phänomen bei Zeitreihendaten wie Preisen oder Preisänderungen. Ökonomische Zeitreihen besitzen laut Greene (2003, S.192) oft ein „Gedächtnis" derart, dass eine Abweichung von der Regressionsfunktion nicht unabhängig von einer Periode auf die nächste ist. Eine Ursache können nach Greene (2003, S.250) in der Regression unberücksichtigte Faktoren sein, deren Einfluss auf den DRAM Preis vom Fehlerterm aufgenommen werden und die über die Perioden korreliert sind, z.b. die zyklische Weltkonjunktur bzw. Konjunktur großer Abnehmerländer, wenn der Terminpreis des Hedgeinstruments nicht in gleichem Maße betroffen ist. Auf einen positiven Schock folgt dann eher ein positiver Schock, auf einen negativen eher ein negativer. Wie in Abbildung 2.8 sichtbar ist, lag der ASP pro Mb jeweils für längere Zeit über bzw. unter seinem Trend. Ähnliches gilt für den absoluten ASP, der trendmäßig schwach wächst (vgl. S.35). Daher ist zu erwarten, dass auch in der Regression die Fehlerterme autokorreliert sind.

Während Autokorrelation typisch für Zeitreihendaten ist, werden sie häufig unter der Annahme der Homoskedastizität untersucht. Heteroskedastizität wird eher mit Querschnittsdaten in Verbindung gebracht. Sie tritt allerdings laut Greene (2003, S.191) auch regelmäßig bei volatilen, hoch frequenten Zeitreihendaten wie Finanzmarktdaten auf. Finanzmärkte sind hier von Interesse, da Futures auf Finanzwerte potentielle Cross-Hedgeinstrumente darstellen. Neuere Untersuchungen haben eine Fülle an Evidenz geliefert, dass sich dort große und kleine Störungen (Schocks) jeweils ballen („Volatility Clustering", vgl. Verbeek (2005, S. 297f)).[147] Auf große Schocks folgen tendenziell wieder große Schocks, auf kleine Schocks eher kleine. Beispielsweise sind Aktienmärkte laut Verbeek (2005, S. 297f) typischerweise von Zeiten hoher und von Zeiten geringer Volatilität gekennzeichnet. Für Commodities wurde Baillie und Myers (1991, S.109) zufolge ebenfalls festgestellt, dass Preisänderungen nicht unabhängig voneinander sind, sondern sich ruhige und volatilere Perioden abwechseln. Beide Beobachtungen legen sowohl für den DRAM Preis als auch für die Preise potentieller Hedgeinstrumente auf Finanzmärkten eine Form der Heteroskedastizität nahe, in der die Varianz des jeweiligen Preises von der Größe der vorhergehenden Störungen abhängt. Dies gilt nach Baillie und Bollerslev (1990, S.310) auch für Wechselkurse.

---

[147] Pionierarbeiten hierzu stammen von Engle (1982, 1983) und Cragg (1982), vgl. auch Greene (2003, S.216).

Demnach ist sowohl mit Autokorrelation als auch Heteroskedastizität als potentiellen Verletzungen der OLS Annahmen zu rechnen, nicht nur bei der Schätzung einer Hedgerate für das DRAM Preisrisiko, sondern auch bei der Einschätzung von Studien, die dafür nicht kontrollieren. Als Folge einer Autokorrelation oder Heteroskedastizität ist eine OLS Schätzung zwar weiterhin unverzerrt (konsistent und asymptotisch normalverteilt), aber nicht mehr effizient, d.h. nicht mehr der präziseste Schätzer, und Rückschlüsse auf Basis der üblichen Testverfahren, z.b. Standard t- und F-Tests, sind nicht mehr gültig und irreführend.[148] Es gibt dann bessere Schätzmethoden. Daher wird auf beide Probleme bei der Schätzung der Hedgerate näher eingegangen. Daneben ist eine OLS Schätzung natürlich nur sinnvoll, wenn der Zusammenhang zwischen Spot- und Terminpreisen mehr oder weniger gut durch eine lineare Beziehung approximiert werden kann, was vorab noch diskutiert werden soll, weil als eine Lösung für Autokorrelation auch andere Regressionszusammenhänge vorschlagen werden.

5.1.3 Linearität der Beziehung zwischen Spot- und Terminpreis

Um für eine hohe Hedgeeffektivität ein hohes Bestimmtheitsmaß der Regression zu erzielen, wäre es prinzipiell denkbar, die Hedgerate nicht aus einer OLS Regression der absoluten Preise zu berechnen, sondern aus den absoluten oder prozentualen Preisänderungen wie in Studien, die keinen Produzenten als Hedger betrachten. Insbesondere die Verwendung prozentualer Änderungen, die eine log-lineare Beziehung der Preise unterstellt, könnte Witt et al. (1987, S.139) zufolge eine einfach zu schätzende Annäherung an nicht-lineare Beziehungen der Preise darstellen (allerdings sind dann viele funktionale Zusammenhänge denkbar). Tatsächlich betrachten einige Autoren die verschiedenen Regressionsansätze als austauschbar, etwa Giaccotto et al. (2001), für die die Minimierung des Risikos der absoluten Preise und der Preisänderungen äquivalent sind. Andere wie z.B. Hill und Schneeweis (1981) und Wilson (1987) argumentieren, Hedger wollen grundsätzlich das Risiko von Preisänderungen während des Hedgezeitraums reduzieren, nach Brown (1985) sogar das prozentualer Preisänderungen. Wieder andere treffen ihre Auswahl aus rein statistischen (spä-

---

[148] Siehe z.B. Greene (2003, S.216f und S.259f). Die Unverzerrtheit der Schätzung gilt aber nur, solange die Annahme der Unabhängigkeit der bedingten Verteilung der Fehlerterme von den Terminpreisen (der unabhängigen Variable) weiterhin gilt ($E[\tilde{v} \mid F] = 0$, siehe Fußnote 146), vgl. Verbeek (2005, S. 83 und S. 97).

ter genauer betrachteten) Gründen und nehmen damit implizit eine Austauschbarkeit an. So bevorzugen z.B. Benninga et al. (1984) auf Hill und Schneeweis (1981) aufbauend die Verwendung von Preisänderungen, Harris und Shen (2003) prozentuale Preisänderungen, während Ghosh (1993) alle drei Ansätze aus statistischen Gründen zurückweist, um eine verbesserte Regression der Preisänderungen vorzuschlagen. Für die Wahl des Regressionsmodells ist jedoch entscheidend, welches Risiko der Hedger minimieren möchte. Die aus einer Regression der Preisänderungen geschätzte Hedgerate minimiert das Risiko der Spotpreisänderungen für einen am Spotmarkt ein- und verkaufenden Hedger, nicht aber das absolute Preisrisiko eines Produzenten: Für eine am Spotmarkt zum Zeitpunkt t und zum Preis p_t eingekaufte Position x_i, die durch Futures im Umfang H zum Kurs f_t abgesichert werden soll, ist der Gewinn in $t+1$ unter Vernachlässigung etwaiger Kosten $\tilde{\pi}_{t+1} = (\tilde{p}_{t+1} - p_t)x_i + H(f_t - \tilde{f}_{t+1})$. Seine Varianz ist strukturell mit der für einen Produzenten (vgl. (4.4)) vergleichbar, basiert aber auf den (Ko)Varianzen der Preisänderungen (Δ): $\text{var}(\tilde{\pi}_{t+1}) = x_t^2 \cdot \sigma_{\Delta p}^2 + \sigma_{\Delta f}^2 H^2 - 2 \cdot x_t^2 H \text{ cov}(\Delta p, \Delta f)$. Daher führt das in 4.1.2 skizzierte Vorgehen der Minimierung dieser Varianz zwar auf eine zu (4.8) analoge, aber auf diesen (Ko)Varianzen beruhende Hedgerate: $\beta = \text{cov}(\Delta p, \Delta f) / \sigma_{\Delta f}^2$. Diese kann aus einer Regression der Preisänderungen geschätzt werden, entspricht aber nicht der Hedgerate (4.8), die das Gewinnrisiko eines Produzenten minimiert, bzw. die Analyse des Cross-Hedgings in Abschnitt 4.4.4 unter Verwendung eines Regressionszusammenhangs der Preisänderungen würde nicht zur Beta-Hedge-Regel gelangen. Gleiches gilt für die Hedgerate, die die Varianz des Gewinns aus prozentualen Preisänderungen minimiert (vgl. Witt et al. (1987, S.138f)):

$$\beta = \frac{p_{t-1}}{f_{t-1}} \frac{\text{cov}(\Delta p / p, \Delta f / f)}{\sigma_{\Delta f/f}^2} \Leftrightarrow \frac{H \cdot f_{t-1}}{x_i \cdot p_{t-1}} = \frac{\text{cov}(\Delta p / p, \Delta f / f)}{\sigma_{\Delta f/f}^2} \quad (5.1)$$

Wie die Umstellung zeigt, gibt der Schätzparameter einer Regression der Preisänderungen nicht mehr die Anzahl an Futures als Anteil der Spotposition an, sondern den Wert der Futuresposition zum Hedgezeitpunkt ($t-1$) relativ zum Wert der Spotposition, also z.B. pro Dollar Spotposition. Entsprechend misst die Hedgeeffektivität nicht die Reduktion der Varianz der prozentualen Preisänderungen, sondern des Wertes der Spotposition.

Bereits Witt el al. (1987, S.140) weisen daher darauf hin, dass von den drei genannten Ansätzen für den hier betrachteten Produzenten die Hedgerate aus einer Regression der absoluten Preise geschätzt werden sollte. Wenn die Spot- und Terminpreise keinen starken linearen Zusammenhang aufweisen, so dass das Bestimmtheitsmaß und damit die Hedgeeffektivität gering sind, könnte ein anderer regressiver Zusammenhang getestet werden. Da dann aber die Hedgera-

5. Empirische Schätzung von Hedgeraten 209

te nicht mehr anhand der einfachen Beta-Hedge-Regel bestimmt werden kann, wird in dieser Arbeit der Ansatz verfolgt, für das Cross-Hedging Instrumente zu suchen, für die ein hinreichend guter linearer Zusammenhang gefunden werden kann.

5.1.4 Autokorrelation, Stationarität und Kointegration

Die Verwendung von Preisänderungen kann allerdings bei Autokorrelation der absoluten Preisniveaus aus statistischer Sicht vorzuziehen sein.[149] Denn Autokorrelation erster Ordnung, bei der ein Fehlerterm nur von dem der Vorperiode (sowie einem Störterm) abhängt, kann durch die Verwendung erster Differenzen reduziert werden. Daher plädieren einige Autoren wie z.B. Hill und Schneeweis (1981) und Benninga et al. (1984) für die Verwendung von Preisänderungen zur Schätzung der Hedgerate. Für den Hedger ist jedoch nur die Preisänderung über die Länge des abzusichernden Zeitraums relevant. Wie Witt et al. (1987, S.140) und Chen et al. (2001) argumentieren, reduziert die Verwendung von Preisänderungen daher nur dann Autokorrelation erster Ordnung, wenn die Länge des Hedgezeitraums mit der Frequenz der Preisdaten übereinstimmt, z.B. einem Tag, einer Woche, oder einem Monat. Aus diesem Grund müssen bei einer Änderung der Länge des Hedgezeitraumes die Preisänderungen und die Hedgerate neu berechnet werden. Aus praktischer Sicht ziehen Witt et al. (1987, S.140) daher Regressionen der absoluten Preise vor, weil sie keine Annahmen über die Länge des Hedges machen. Zudem sind Preisdifferenzen allgemein nur dann absoluten Niveaus vorzuziehen, wenn die Ordnung der Differenzen genau der Ordnung der Autokorrelation entspricht. Die meist verwendeten einfachen Preisänderungen wären daher nur für Autokorrelation erster Ordnung angemessen. Da absolute Preisniveaus wie gerade diskutiert auch konzeptionell vorzu-

---

[149] Ein gängiges Testverfahren zum Nachweis von Autokorrelation ist der Durbin-Watson-Test. Dessen Test-Statistik wird von den meisten Statistikprogrammen bei Regressionen mit angegeben. Sie liegt zwischen null und vier, wobei Werte um zwei auf die Abwesenheit von Autokorrelation deuten und Werte deutlich kleiner (größer) zwei auf positive (negative) Autokorrelation. Die genauen kritischen Werte, ab denen von Autokorrelation auszugehen ist, wurden von Savin und White (1977) berechnet und finden sich bspw. in Verbeek (2005, S.103). Zu Nachteilen des Durbin-Watson-Testverfahrens vgl. Davidson und MacKinnon (2004, S.281). Andere übliche Testverfahren sind z.B. der Breusch-Godfrey-Test und der Box-Pierce-Test, vgl. z.B. Greene (2003, S.268-271).

ziehen sind, stellt die Verwendung von Preisänderungen keine befriedigende Lösung bei Autokorrelation der absoluten Preise dar.

Witt et al. (1987, S.140) schlagen für Autokorrelation korrigierende Schätzungen vor.[150] Autokorrelation weist jedoch häufig auf eine Fehlspezifikation des Regressionsmodells hin, das daher vor dem Einsatz derartiger Verfahren überdacht werden sollte.[151] Bei den Preisen erscheint es wie oben beschrieben nahe liegend, dass sie einem stochastischen Prozess folgen, in Folge dessen der Fehlterm einer Periode von denen der Vorperioden abhängt. Die Fehlterme entwickeln sich möglicherweise trotz ihrer Stochastik nach einem bestimmten, durch das Verhalten der Zeitreihen bedingten Muster, das in dem Regressionsmodell abgebildet werden kann und wieder zuverlässige Schätzungen möglich macht. Im nächsten Abschnitt zur Heteroskedastizität diskutierte Modelle verwenden stochastische Prozesse für die Zeitreihen und Fehlterme, mit denen auch das Problem der Autokorrelation vermindert, im Idealfall beseitigt wird. Starke Autokorrelation kann jedoch auch auf Eigenschaften derartiger stochastischer Prozesse und der Regression hindeuten, bei deren Vorliegen trotz Autokorrelation gültige OLS Schätzungen durchgeführt werden können und Korrekturverfahren sogar zu falschen Ergebnissen führen würden. Zur Erläuterung dieser Eigenschaften muss kurz auf die Eigenschaften solcher stochastischer Prozesse eingegangen werden.

Unterschieden werden stationäre und nichtstationäre Prozesse. Stationarität eines Prozesses impliziert nach Verbeek (2005, S.255), dass die Wahrscheinlichkeitsverteilung der Variable nicht von der Zeit abhängt. Für die sog. schwache Stationarität ist ausreichend, dass der Erwartungswert, die Varianz und die Kovarianzen verschiedener Punkte der Zeitreihe nicht vom Beobachtungszeitpunkt abhängen, also konstant sind (vgl. Verbeek (2005, S.258); eine exaktere Definition folgt in Abschnitt 5.2.1). Wären z.B. die DRAM Preise (schwach) stationär, wären der Erwartungswert und die Preisvolatilität immer gleich. Das ist ganz offensichtlich selbst bei dem –schwach wachsenden– absoluten ASP nicht der Fall (erst recht nicht bei dem ASP pro Mb mit dem fallenden Preis-

---

[150] Siehe z.B. Greene (2003, S.268ff) zu derartigen Verfahren. Ein bekanntes ist das Cochrane-Orcutt-Verfahren.

[151] Die Ansichten zum Umgang mit dem Problem der Autokorrelation reichen von pragmatischen Positionen, die darin nur ein weiteres, zu korrigierendes Problem in den Daten sehen, bis zu denjenigen, für die es vor allem ein Hinweis auf eine Fehlspezifikation ist und die daher wie Mizon (1995) in dem Titel seines Aufsatzes empfehlen: „A Simple Message to Autocorrelation Correctors: Don't", zitiert nach Greene (2003, S.253).

5. Empirische Schätzung von Hedgeraten

trend). Viele ökonomische Zeitreihen, gerade Preise, sind nichtstationär, weil sie einen Trend oder eine sich verändernde Volatilität aufweisen.

Die Standard-Schätz- und Testverfahren setzen laut Verbeek (2005, S.309) jedoch typischerweise die Stationarität der Variablen voraus. Denn eine Regression zweier nichtstationärer Preise aufeinander zur Schätzung der Hedgerate kann beispielsweise nach Granger und Newbold (1974) eine Scheinkorrelation („Spurious Regression") feststellen, in der die geschätzte Stärke des Zusammenhangs, d.h. die Hedgerate, und die Teststatistiken irreführend sind.[152] Die Regression weist signifikante Schätzungen der Regressionsparameter und ein hohes Bestimmtheitsmaß auf, obwohl die Variablen tatsächlich unabhängig von einander sind und kein sinnvoller direkter Zusammenhang zwischen ihnen existiert. Dies kann z.B. der Fall sein, wenn sie unabhängigen Zufallsbewegungen („Random Walks") folgen. Die Scheinkorrelation entsteht dann Verbeek (2005, S.313) zufolge, weil beide Variablen jeweils einen Trend aufweisen. Lediglich eine hohe Autokorrelation, wie sie z.B. die Durbin-Watson-Statistik (vgl. Fußnote 149) anzeigt, weist in solchen Fällen auf das Problem einer Scheinkorrelation hin. Starke Autokorrelation kann daher auf eine Scheinkorrelation hindeuten. Die OLS geschätzte Hedgerate wäre dann, selbst wenn sie signifikant ist, als Zufallsergebnis zu verwerfen.

Die Verwendung nichtstationärer Preise und das Auftreten von Autokorrelation müssen aber nicht zwangsläufig zu einer Scheinkorrelation mit ungültigen Schätzergebnissen führen. Eine wichtige Ausnahme tritt nach Engle und Granger (1987) auf, wenn die Preise dem gleichen stochastischen Trend folgen, d.h. sich weitgehend parallel bewegen, und in einer langfristigen Gleichgewichtsbeziehung stehen. Statistisch bedeutet dies laut Verbeek (2004, S.309 und 314f), dass eine Linearkombination $p_t = \alpha + \beta \cdot f_t$ zwischen ihnen existiert, die selbst stationär ist (bzw. die Residuen $v_t = p_t - \alpha - \beta \cdot f_t$ der Regression). Die Preise sind dann „kointegriert" und eine OLS Schätzung mit einer unverzerrten Parameterschätzung der Hedgerate β ist möglich. Eine genauere Definition der Kointegration und eine Beschreibung von Testverfahren folgen in Abschnitt 5.2.1.

Bei direktem Hedging können sich Spot- und Terminpreis zwar kurzfristig unterschiedlich entwickeln. Langfristig sollten sie sich aber parallel bewegen und in einer Gleichgewichtsbeziehung stehen, da sie beide Preise für das gleiche

---

[152] Die Scheinkorrelation kann nach Granger et al. (2001) zwar auch bei stationären Variablen auftreten, ist aber vor allem ein Problem bei der Regression nichstationärer Variablen aufeinander.

Gut zu unterschiedlichen Zeitpunkten sind und spätestens am Fälligkeitstag des Futures konvergieren sollten. Würde sich der Terminpreis ohne Bindung an den Spotpreis bewegen, ergäben sich Arbitragemöglichkeiten, die ihre Beziehung wieder ins Gleichgewicht brächten. Daher sollten sie bei Nichtstationarität nach Campbell und Shiller (1987), Chowdhury (1991) und Lai und Lai (1991) kointegriert sein. Für Hakkio und Rush (1989) sowie Shen und Wang (1990) ist ihre Kointegration eine notwendige Bedingung für Markteffizienz, wenn keine Risikoprämie existiert. Weist der Spotpreis einen stochastischen Trend auf, sollte auch der Terminpreis ihm langfristig folgen.

Differieren Spot- und Futurespreise vor Fälligkeit des Futures, sollte die Differenz nach Lien und Luo (1993) bei ausreichend Arbitrage gerade den in Kapitel 3.3.4 erläuterten Haltekosten des Gutes entsprechen (dort wurde auch die Risikoprämie als mögliche Ursache genannt, für die es aber keine überzeugende empirische Evidenz gibt). Nach Brenner und Kroner (1995) sowie Zapata und Fortenbery (1996) hängt die Kointegration von den Eigenschaften eben dieser Haltekosten über den Zeitraum ab, in dem ein Terminkontrakt gehalten wird. Weisen sie einen Trend auf, entwickeln sich Spot- und Terminpreise unterschiedlich.[153] Nur wenn sie stationär sind, wie etwa Lien und Luo (1993) für Futures mit kurzer Laufzeit und bei niedrigen Zinsen annehmen, sind die Preise kointegriert. Damit erklären Brenner und Kroner (1995, S.31f), warum in den von ihnen zitierten empirischen Studien Spot- und Terminpreise für Devisen, für die Haltekosten keine Rolle spielen,[154] kointegriert zu sein scheinen (vgl. auch Baillie und Bollerslev (1989), Ghosh (1993) sowie Lien und Luo (1993)), auf Märkten für andere Commodities jedoch meist nicht (vgl. auch Fortenbery und Zapata (1997)). Auf letzteren weist nämlich nach Brenner und Kroner (1995) die Verfügbarkeitsrente als Teil der Haltekosten einen Trend auf. In ähnlicher Weise interpretieren Lien und Luo (1993) die Kointegration, die Quan (1992) für kurzfristige (1 und 3 Monats-)Futures auf Rohöl findet (vgl. ähnlich Serletis und Banack (1990) sowie Schwartz und Szakmary (1994)), nicht aber für längerfristigere (6 und 9 Monate), bei denen die Haltekosten ein größeres Gewicht haben.

---

[153] Bereits Baillie und Myers (1991, S.112f) weisen auf die Möglichkeit hin, dass Preise für Commodities nicht kointegriert sein müssen, wenn Zinsraten (die zu den Haltekosten zu zählen sind) einen Trend aufweisen. Die empirische Evidenz zu ihrer Stationarität ist jedoch gemischt, siehe Brenner und Kroner (1995, S.30).

[154] Wie in 3.3.4 beschrieben werden Spot- und Terminpreise für Devisen von Zinsunterschieden zwischen Ländern beeinflusst. Brenner und Kroner (1995, S.32) gehen davon aus, dass die Zinsen in verschiedenen Länder entweder stationär sind oder dem gleichen Trend folgen.

5. Empirische Schätzung von Hedgeraten

Sind Spot- und Terminpreis jedoch kointegriert, sollte nach Geppert (1995) die Hedgeeffektivität mit zunehmender Länge des Hedges gegen eins streben, da kurzfristige Überlagerungen („Noise") der langfristigen Beziehung vernachlässigbar werden; auch die Hedgerate sollte durch die langfristig perfekte Korrelation bei einem direkten Hedge ungefähr eins betragen. Tatsächlich haben bereits Ederington (1979), Hill und Schneeweis (1981, 1982), Figlewski (1985), Malliaris und Urrutia (1991a,b) und Benet (1992) eine mit zunehmender Länge des Hedgezeitraums zunehmende (ex post) Hedgeeffektivität gefunden, allerdings ohne dies mit Kointegration zu begründen, sondern mit der weniger technischen Begründung, langfristig trete die Beziehung zwischen Spot- und Terminpreis stärker zu Tage. Geppert (1995) untersucht explizit den Zusammenhang zwischen der Länge des Hedgezeitraumes und der Hedgeeffektivität bei Kointegration für das Hedging von drei Währungen, des S&P 500 Index sowie des Index auf US-Kommunalobligationen. Langfristig konvergieren die Hedgerate und -effektivität ex post tatsächlich gegen eins (die unten erläuterte ex ante Hedgeeffektivität sinkt jedoch mit zunehmender Länge des Hedgezeitraumes).

Bei indirekten Hedginstrumenten muss keine Gleichgewichtsbeziehung zum Spotpreis vorliegen. Allerdings ist dies bei verbundenen oder verwandten Finanzmarktreihen zu erwarten und häufig auch anzutreffen (Brenner und Kroner (1995, S.24) nennen Beispiele).

Eine langfristige Gleichgewichtsbeziehung hat auch Auswirkungen auf das kurzfristige Verhalten der Variablen, da ein Mechanismus existiert, der sie bei Abweichungen wieder in ihr Gleichgewicht treibt. Dieser Mechanismus kann durch einen Fehlerkorrekturterm modelliert werden, der die Abweichung vom Gleichgewicht (den Fehler) $p_t - \alpha - \beta \cdot f_t$ erfasst und langfristig beseitigt (korrigiert). Er kann in ein Fehlerkorrekturmodell integriert werden, in dem eine Änderung des Spotpreises, Δp_t, (oder sogar Verzögerungen davon) sowohl durch eine Änderungen des Terminpreises, Δf_t, (oder Verzögerungen davon) als auch durch den Fehlerkorrekturterm, also wie weit die Preise in der letzten Periode von ihrem langfristigen Gleichgewicht abgewichen sind, erklärt wird.[155] Dadurch wird sowohl die kurzfristige Dynamik zwischen den Preisen als auch ihre langfristige Gleichgewichtsbeziehung berücksichtigt. Nach dem Granger-Repräsentationstheorem von Engle und Granger (1987) existiert bei Kointegra-

---

[155] Ein einfaches Fehlerkorrekturmodell ist z.B. $\Delta p_t = \delta + \phi_1 \Delta f_t - \gamma(p_t - \alpha - \beta \cdot f_t) + \varepsilon_t$ (vgl. Verbeek (2004, S.318)), in dem der Parameter γ als Anteil der Abweichung vom Gleichgewicht interpretiert werden kann, der sich in der Änderung des Spotpreises niederschlägt und diesen wieder zu dem Gleichgewicht drängt.

tion immer eine Fehlerkorrekturdarstellung. Für eine Beschreibung der Preisänderungen sollte ein Fehlerkorrekturterm in die Regression aufgenommen werden. Andernfalls werden sie nicht korrekt beschrieben, da eine relevante Variable als Regressor vernachlässigt wird, nämlich die Abweichung vom Gleichgewicht bzw. das langfristige Verhalten der Zeitreihen.

Schätzt man die Hedgerate bei Kointegration dennoch ohne Fehlerkorrekturterm aus einer Regression der Preisänderungen (Portfolioansätze), ist sie als Konsequenz nach unten verzerrt und die Hedgeeffektivität geringer, wie Lien (1996,) theoretisch herleitet: „a hedger who omits the cointegration relationship will adopt a smaller than optimal futures position, which results in a relatively poor hedging performance" (S.779. Vgl. S.774 und 778 für ein korrekt spezifiziertes Modell). Gosh (1993) liefert empirische Evidenz für das Hedging von Aktienportfolios mit S&P 500 Index Futures. Chou et al. (1996) stützen die Befunde in ihrer Schätzung von Hedgeraten für das Hedging von Aktienportfolios mit Nikkei Indexfutures, bei der sich das Fehlerkorrekturmodell dem einfachen Modell als überlegen erweist.

Das Problem unzuverlässiger Schätzungen bei Nichtstationarität der Daten wurde erst Mitte der 1980er Jahre erkannt, so dass zuvor Brenner und Kroner (1995, S.35) zufolge etliche empirische Studien Rückschlüsse auf Basis falscher Verteilungen zogen. Die Theorie der Kointegration, von Granger (1981) eingeführt und von Engle und Granger (1987) vollständig entwickelt, setzte sich erst Ende der 1980er Jahre durch. Die Ergebnisse früherer Arbeiten, die z.B. einfache Regressionen der Preisänderungen aufeinander verwenden, sind daher kritisch zu beurteilen. Es sind zwar korrekte Ergebnisse möglich, wenn die Preisänderungen stationär sind und die Preise nicht kointegriert. Wird jedoch wie in den meisten Studien eine Hedgerate für ein direktes Hedginstrument geschätzt und sind die Preise nichtstationär, ist eher von Kointegration auszugehen. Eine einfache Regression der Änderungen, wie sie häufig zur Beseitigung der Nicht-Stationarität verwendet wird, wäre dann fehlspezifiziert, da sie die langfristige Gleichgewichtsbeziehung verdeckt (Kroner und Sultan (1993, S.536) sowie Brenner und Kroner (1995, S.24)). Durch die Differenzierung geht die langfristige Information verloren. Ohne entsprechende Tests kann die Güte der Ergebnisse jedenfalls nicht beurteilt werden.

Um Preisänderungen korrekt abzubilden, ist bei Kointegration demnach ein Fehlerkorrekturmodell notwendig, wie es jüngere Portfolioansätze verwenden. Für die Erklärung der absoluten Preisniveaus spielt der Fehlerkorrekturterm jedoch nur eine Rolle, wenn die kurzfristige Dynamik –die Ausschläge von der langfristigen Gleichgewichtsbeziehung– mit abgebildet werden soll. Für die

5. Empirische Schätzung von Hedgeraten

Schätzung der langfristigen Gleichgewichtsbeziehung bzw. einer (mittel- bis langfristigen) Hedgerate als Regressionskoeffizienten ist die einfache Kointegrationsbeziehung ohne Fehlerkorrekturterm ausreichend. Kointegration bietet demnach eine Möglichkeit, trotz Nichtstationarität und (bei Preisdaten wohl unvermeidbarer) Autokorrelation für das Hedging eines Produzenten mit einer einfachen OLS Regression, bei einem Portfolio-Hedge inklusive einem Fehlerkorrekturmodell, eine Hedgerate für einen mittel- bis langfristigen Hedgezeitraum schätzen zu können. Ein Test auf Kointegration ist daher eine wichtige Prüfung bei der Beobachtung von Autokorrelation und wird in Kapitel 5 detaillierter vorgestellt. Korrekturverfahren für Autokorrelation, wie sie Witt et al. (1987, S.140) vorschlagen, führen dagegen bei Kointegration nach Engle und Granger (1987, S.264) ebenso zu irreführenden Ergebnissen wie die Verwendung von Preisdifferenzen in der einfachen OLS Regression, die eingangs als mögliche Lösung für das Autokorrelationsproblem erörtert wurden.

5.1.5 Heteroskedastizität und dynamische Hedgeraten

Die zweite kritische OLS-Annahme, die typischerweise verletzt ist, ist die der Homoskedastizität, d.h. einer konstanten Varianz der Fehlerterme. Der OLS Hedge ist eine statische Hedgingstrategie in dem Sinne, dass einmalig eine konstante Hedgerate nach (4.8) ermittelt wird, die während der Laufzeit des Hedges nicht aktualisiert wird.[156] Implizit wird angenommen, das Risiko der Spot- und Terminpreise sei über die Zeit konstant. In der Realität können sich ihre Volatilitäten und Korrelation, d.h. ihre gemeinsame Verteilung, ändern und Heteroskedastizität verursachen.[157] Eine konstante Hedgerate ist dann nicht mehr optimal, vielmehr ist sie über die Zeit an Veränderungen der (Ko)Varianzen anzu-

---

[156] Nach dem Sprachgebrauch in der Literatur beziehen sich die Begriffe statisch und dynamisch im Zusammenhang mit der Hedgerate nur auf deren Konstanz, nicht aber, ob es sich um ein ein- oder mehrperiodisches Modell handelt. Wie in Kapitel 4 diskutiert, werden hier grundsätzlich nur einperiodische Probleme behandelt.

[157] Für Tests auf Heteroskedastizität muss deren Form spezifiziert werden, weshalb sie nicht ganz einfach zu verwenden sind. Der gängigste Test von White macht zwar nur wenige Annahmen über die Form. Wie oben aber dargestellt, ist bei den meisten Finanzmarktreihen von Heteroskedastizität in Form des „Volatility Clustering" auszugehen. Die nachfolgend dargestellten Schätzverfahren greifen dies auf, indem die Volatilität zu einem Zeitpunkt von den vorhergehenden abhängt. Tests auf Heteroskedastizität erscheinen daher entbehrlich.

passen. Bereits Hill et al. (1983, S.406) stellen daher die OLS Schätzung der Hedgerate aus historischen Preisdaten in Frage.

Auch Grammatikos und Saunders (1986) sowie nachfolgende Arbeiten kritisieren die oben genannten, in Folge von Ederington (1979) entstandenen Studien für die implizit verwendete Annahme konstanter Hedgeraten. Grammatikos und Saunders (1986) selbst finden in ihrer Untersuchung zum Währungshedging für fünf der wichtigsten Devisenfutures keine stabilen Hedgeraten. Malliaris und Urrutia (1991a,b) berichten ebenfalls Instabilitäten der Hedgeraten für das Hedging mit Aktien- und Devisenfutures, die von Perfect und Wiles (1995) bestätigt werden, von Ferguson und Leistikow (1998) jedoch zurückgewiesen werden.

Ähnlich wurde darauf folgend beispielsweise von Myers und Thompson (1989), Myers (1991) und Baillie und Myers (1991) eingewandt, dass die Spot- und Terminpreise für Commodities durch zeitlich variable Varianzen und Kovarianzen gekennzeichnet seien (siehe Baillie und Bollerslev (1990) oder Kroner und Sultan (1993) für Evidenz bei Wechselkursen[158]; Ceccetti et al. (1988) für US-Bundesschatzbriefe; für Aktienkurse wurde gezeigt,[159] dass sie typischerweise eine im Zeitablauf variierende Varianz aufweisen und dass daher die Daten keine zeitlich konstante Varianz-Kovarianzmatrix der Renditen unterstützen).

Bei nicht konstanten Hedgeraten ist auch das Bestimmtheitsmaß der OLS Regression kein gutes Maß mehr für die Hedgingeffektivität. Es ist nur mehr Ausdruck über die Risikoreduktion, die bei Anwendung der als konstant unterstellten Hedgerate in dem betrachteten Zeitraum erreicht worden wäre, sagt aber unter Umständen wenig über die künftig erzielbare Risikoreduktion aus. Da die Hedgerate gerade so berechnet wird, dass die Varianz für den betrachteten Zeitraum minimiert wird, überschätzt die ex post Hedgeeffektivität wohl die in späteren Perioden realisierbare Risikoreduktion. Daher bildet eine ex ante Abschätzung der Hedgeeffektivität eine wichtige Ergänzung. Zu ihrer Bestimmung wird die für einen Zeitraum ex post errechnete Hedgerate auf eine spätere, für die Berechnung nicht genutzt Beobachtungsperiode angewandt und die damit erreichbare Risikoreduktion gemessen. In der Literatur wird häufig von „in samp-

---

[158] Zeitliche variable Varianzen nur von Wechselkursen, nicht Devisenterminpreisen berichten unter anderem Bollerslev (1987, 1990), Hsieh (1989), Kroner und Sultan (1991), sowie Baillie et al. (1996).

[159] Siehe z.B. Pindyck, (1984), Poterba und Summers (1986), Bollerslev (1987), French et al. (1987), Baillie und DeGennaro (1990), Pagan und Schwert (1990), Nelson (1991), Engle und Ng (1993), Kim und Kon (1994), Braun et al.(1995), Bollerslev und Mikkelsen (1999) sowie Bekaert und Wu (2000).

5. Empirische Schätzung von Hedgeraten

le" und „out of sample" Hedgeeffektivitäten gesprochen. Die ex-ante Hedgeeffektivität ist zwar nicht unmittelbar auf andere Zeiträume übertragbar, gibt aber zumindest Hinweise darauf, wie gut die Hedgerate bei variierenden Varianzen funktionieren kann, und entspricht der Situation des Hedgers in der Praxis. Dieser muss seine Hedgeposition ex ante festlegen und möchte wissen, welche Risikoreduktion er davon erwarten kann.

In einem ersten Versuch zum Umgang mit zeitlich variablen (Ko)Varianzen schätzen Hill et al. (1983) separate OLS Hedgeraten für verschiedene Perioden. Sie finden unterschiedliche Hedgeraten, was auf deren Instabilität hindeutet. Innerhalb einer Periode konstante Hedgeraten stellen aber noch keine zufrieden stellende Lösung für variable (Ko)Varianzen dar. Sie verkleinern gewissermaßen das Problem nur, lösen es aber nicht. Weitere Ansätze aus den frühen 1980er Jahren stammen z.B. von Breeden (1984), Ho (1984) und Stulz (1984).

Myers und Thompson (1989) kritisieren, dass eine einfache OLS Regression die Hedgerate nur als Verhältnis der unbedingten Kovarianz zur unbedingten Varianz schätzt, obwohl beide bedingte Momente sind, die von zum Zeitpunkt der Hedgingentscheidung verfügbaren Informationen abhängen können wie beispielsweise verzögerten Werten der Preise, Produktion, Lagerhaltung usw. In der Praxis werden meist nur historische Preisdaten verwendet. Eine so geschätzte Hedgerate (bzw. die bedingte Kovarianzmatrix) wird aber von Myers und Thompson (1989) weiterhin als konstant innerhalb der abzusichernden Periode unterstellt.

In der zweiten Hälfte der 1980 Jahre wurde immer klarer (vgl. z.B. Cecchetti et al. (1988)), dass es vor allem aufgrund der zeitlichen Abhängigkeit der (Ko)Varianzen, die auch innerhalb eines Hedgezeitraums abzubilden ist, dynamischer Hedgingstrategien mit variablen Hedgeraten bedarf. Wenn die Variation der Volatilität bzw. die Korrelation der Preise gewisse Regularitäten über die Zeit aufweisen, kann der Hedger dieses zeitliche Muster zur Aktualisierung seiner Futuresposition nutzen. Die bedingten Momente müssen nicht auf ein derart weites Informationsset wie bei Myers und Thompson (1989) konditioniert werden. Ausreichend sind verzögerte Werte der Preise. Allgemein lautet die variable, auf ein beliebiges Informationsset Ω_{t-1} bedingte Hedgerate (vgl. z.B. Myers (1991, S.42)):

$$\beta_{t-1} = \frac{\text{cov}_t(p_t, f_t \mid \Omega_{t-1})}{\sigma_t^2(f_t \mid \Omega_{t-1})} \quad (5.2)$$

Sie stellt eine Verallgemeinerung der konventionellen Hedgerate dar (und wird analog mit den zeitlich bedingten Momenten aus der Minimierung der Varianz abgeleitet), die als Spezialfall konstanter (Ko)Varianzen enthalten ist.

Wenn sich die gemeinsame Verteilung der Spot- und Termpreise im Zeitablauf jedoch ändert, ändern sich auch ihre bedingte Kovarianzmatrix und die optimale Hedgerate. Ist die bedingte Kovarianzmatrix bekannt, können die optimalen Hedgeraten über die Zeit berechnet werden.

Die einfache konventionelle oder bedingte Hedgerate wurde –explizit oder implizit– als gültig für absolute Preise bzw. Preisänderungen (Johnson (1960), Ederington (1979), Anderson und Danthine (1981)), prozentuale (Cecchetti et al. (1988), Lien et al. (2002)) und logarithmierte (die kontinuierliche Änderungsraten erfassen; Baillie und Myers (1991), Kroner und Sultan (1993), Gagnon und Lypny (1995), Geppert (1995), Park und Switzer (1995a,b), Brooks et al. (2002), Harris und Shen (2003), Poomimars et al. (2003)) übernommen. Terry (2005) weist jedoch in Erweiterung der oben dargestellten Ergebnisse von Witt et al. (1987) darauf hin, dass die Hedgerate als Verhältnis der (bedingten) Kovarianz des Spot- und Terminpreises zur Varianz des Terminpreises nur für absolute Preise oder Änderungen korrekt ist, nicht aber für prozentuale oder logarithmierte. Für erstere ist die optimale Hedgerate

$$\beta_{t-1} = \frac{p_{t-1}}{f_{t-1}} \frac{\text{cov}_{t-1}(\Delta p_t / p_{t-1}, \Delta f_t / f_{t-1})}{\sigma^2_{t-1}(\Delta f_t / f_{t-1})} \tag{5.3}$$

für letztere bei bivariater Normalverteilung der Preise

$$\beta_{t-1} = \frac{p_{t-1}}{f_{t-1}} \cdot \frac{\exp\{E_{t-1}[R^p_t]\}}{\exp\{E_{t-1}[R^f_t]\}} \cdot \frac{\exp\{\text{var}_{t-1}[R^p_t]/2\}}{\exp\{\text{var}_{t-1}[R^f_t]/2\}} \cdot \frac{\exp\{\text{cov}_{t-1}[R^p_t, \ln(f_t/f_{t-1})]\} - 1}{\exp\{\text{var}_{t-1}[R^f_t]\} - 1} \tag{5.4}$$

mit $R^p_t \equiv \ln(p_t/p_{t-1})$ und $R^f_t \equiv \ln(f_t/f_{t-1})$.

Wie bisher ist hier die auf absoluten Preisen basierende Hedgerate (5.2) die relevante. Viele der nachfolgend referierten Arbeiten verwenden die auf Preisänderungen basierende. Das OLS Modell, das das Verhältnis der unbedingten Kovarianz der Spot- und Terminpreise zur unbedingten Varianz der Terminpreise schätzt, kann bei schwankenden (Ko)Varianzen nicht zur Schätzung von (5.2) herangezogen werden. Zur Modellierung zeitlich abhängiger bedingter Heteroskedastizität haben sich das „Autoregressive Conditional Heteroscedasticity", ARCH, Modell von Engle (1982) und dessen Verallgemeinerung von Bollerslev (1986) zum „Generalized ARCH", GARCH, Modell etabliert, die häufig zur Prognose von Volatilitäten auf Finanz- und Devisenmärkten eingesetzt werden. Sie werden auch in der jüngeren Literatur zur Schätzung zeitlich variabler Hedgeraten aus bedingten (Ko)Varianzen vorgeschlagen.

Die grundlegende Idee der ARCH Modelle ist die Abhängigkeit des Fehlerterms von seiner Varianz, die wiederum von den verzögerten quadrierten Fehler-

5. Empirische Schätzung von Hedgeraten 219

termen abhängt. Durch die Abhängigkeit des Fehlerterms von früheren Perioden wird, wie der Name des Modells andeutet, auch das im vorigen Abschnitt aufgeworfene Problem der Autokorrelation angegangen. Erweist sich diese Modellierung des Fehlterms als zutreffend, tritt keine Autokorrelation mehr auf. Der ARCH Ansatz hat sich in der Praxis jedoch nicht als sehr zufrieden stellend herausgestellt. Bollerslev (1986) schlug daher als Erweiterung das GARCH Modell vor. Hier hängt die bedingte Varianz nicht nur von den quadrierten Fehlertermen, sondern auch von eigenen verzögerten Werten ab. So können die (Ko)Varianzen der Spot- und Terminpreise zeitlich variieren und Schocks der Volatilität fortdauern. Das GARCH Modell hat sich laut Engle (2001, S.158) als erstaunlich erfolgreich erwiesen, bedingte Varianzen zu prognostizieren.[160]

Die Verwendung von GARCH Modellen ist in der Praxis jedoch nicht ganz einfach, da Annahmen über die Verteilung der Fehlerterme getroffen werden müssen und Parameter des GARCH Prozesses geschätzt werden müssen. Es gibt verschiedene Verfahren zur Schätzung von GARCH Modellen, die laut Davidson und MacKinnon (2004, S.591ff) je nach Herangehensweise verschiedene Parameterschätzungen generieren können und für die sogar Softwareprogramme nicht immer zuverlässige Schätzungen liefern. Daher sind Schätzungen anhand von GARCH Modellen im Vergleich zu der einfach anzuwendenden OLS Schätzung komplexer und ohne genauere Kenntnis nicht ohne weiteres durchzuführen.

Gleichwohl werden ARCH und GARCH Modelle in der jüngeren Literatur verwendet, um zur Berechnung zeitlich variierender Hedgeraten bedingte Varianzen und Kovarianzen schätzen zu können. Die Literatur zur empirischen Schätzung von Hedgeraten ist insgesamt zu weitläufig, als dass sie hier vollständig wiedergegeben werden könnte. Dennoch soll ein Überblick über einige wichtige Arbeiten gegeben werden, um die Eignung von (G)ARCH Modellen im Vergleich zu den bisherigen Methoden einschätzen zu können.

5.1.6 Dynamische Hedgeraten in der empirischen Literatur

Cecchetti et al. (1988) schätzen mit einem ARCH Modell risiko- sowie erwartungsnutzenmaximierende Hedgeraten für Futures auf US-Bundesschatz-

---

[160] Es existieren etliche Erweiterungen der ARCH und GARCH Modelle, die Eigenschaften von Finanzmarktreihen erfassen, die Standard-GARCH-Modelle nicht abbilden. Für Literaturhinweise siehe Davidson und MacKinnon (2004, S.594f). Für Hinweise zu anderen Modellen mit bedingten Volatilitäten vgl. Verbeek (2005, S.300f).

briefe, die das Risiko gegenüber der Situation ohne Hedging sowohl ex post als auch ex ante senken. Ein Vergleich mit anderen Schätzmethoden findet aber nicht statt. Nachfolgende Studien haben dagegen versucht, durch einen solchen Vergleich die Eignung der verschiedenen Methoden festzustellen.

So berichten Baillie und Myers (1991) und Myers (1991) für verschiedene Commodity Futures Verbesserungen der Hedgeeffektivität durch dynamische Hedgingstrategien auf Basis einer GARCH Schätzung –bei Baillie und Myers (1991) in zwei verschiedenen GARCH Spezifikationen– gegenüber einer konstanten Hedgerate. Die Überlegenheit der Effektivität der GARCH Hedgeraten ist jedoch nicht immer gleich stark ausgeprägt. Für einige der von Baillie und Myers untersuchten Commodities schneiden GARCH Hedgeraten sehr viel besser ab als eine konstante Hedgerate, während letztere bei anderen sowohl ex post als auch ex ante beinahe genauso effektiv ist, so dass Baillie und Myers (1991) zu dem Schluss kommen, dass „the additional complexity of a GARCH model will be justified by superior hedging performance for some commodities but not others" (S. 122) bzw. "the usual assumption of a constant hedge ratio is quite costly (in terms of a higher return variance) for some commodities, but not for others" (S.123). In Myers (1991) Untersuchung schneiden die GARCH geschätzten Hedgeraten ex ante nur wenig besser ab als konstante Hedgeraten aus konventionellen Regressionen (ex post finden sich erwartungsgemäß keine großen Unterschiede). Angesichts der höheren Komplexität des GARCH Modells und der Transaktionskosten durch die ständigen Anpassungen der Futuresposition schließt Myers (1991, S.51), dass zumindest für seinen Anwendungsfall „a strong case can be made for using the constant optimal hedge ratio".

McNew und Fackler (1994) kritisieren an diesen Ergebnissen, dass die Überlegenheit GARCH geschätzter variabler Hedgeraten in Form einer höheren Hedgeeffektivität nicht auf ihre statistische Signifikanz geprüft wurden, was auch für etliche der nachfolgenden Arbeiten gilt. Zudem halten sie das GARCH Modell aus praktischer Sicht aufgrund seiner Komplexität für keine optimale Methode zur Schätzung zeitlich variabler Hedgeraten. Sie entwickeln ein Modell zum Test der Konstanz der Hedgeraten und finden für Mais und Lebendvieh konstante statt variierende Hedgeraten. Ihre (auf einer iterativen GLS Schätzung beruhende) Methode sei auch für dynamische Hedgeraten leichter anzuwenden als ein GARCH Modell, beruht jedoch auf der Annahme einer linearen Beziehung der (Ko)Varianzen zu einem Set beobachtbarer Informationen wie z.B. verzögerter Spot- und Terminpreise. Ähnlich finden Ferguson und Leistikow (1998) für das Hedging von Währungen, dass die Schwankungen der Hedgerate und die Verbesserung der ex ante Hedgeeffektivität durch deren Aktualisierung

5. Empirische Schätzung von Hedgeraten

zu gering sind, als dass sich angesichts der Kosten eine Anpassung der Hedgeposition lohnen würde.

Kroner und Sultan (1993) berücksichtigen nicht nur variierende Varianzen mit einer GARCH Schätzung, sondern tragen durch einen Fehlerkorrekturterm auch einer möglichen Kointegrationsbeziehung zwischen Spot- und Terminpreisen Rechnung. Da sie Preisänderungen, genauer logarithmierte Preise betrachten, würde ein normaler OLS Hedge wie oben diskutiert die Hedgerate und – effektivität unterschätzen. Die geschätzten Hedgeraten für US-Devisenfutures für fünf der wichtigsten Währungen sind sowohl ex post als auch ex ante effektiver als der naive, der konventionelle und ein Hedge nur mit Fehlerkorrekturterm, selbst unter Berücksichtigung der notwendigen Transaktionskosten für die Veränderungen der Hedgeposition bei einer Änderung der Hedgerate. Die dynamische Hedgingstrategie ist erst recht überlegen, wenn die Position nur aktualisiert wird, wenn die Erwartungsnutzengewinne die Transaktionskosten mindestens kompensieren. Allerdings sind die Verbesserungen gegenüber den anderen Modellen „not dramatic", wie Kroner und Sultan (1993, S. 545) selbst zugeben.

Diese ersten Arbeiten deuten darauf hin, dass die optimalen Hedgeraten zeitlich variieren und dynamische Hedgingstrategien das Risiko stärker reduzieren können als eine statische. Allerdings ist dies nicht durchgängig der Fall und die Verbesserungen scheinen nicht allzu „dramatisch" zu sein. Bei Baillie und Myers (1991) und insbesondere Myers (1991) klingt bereits die Kritik auch späterer Arbeiten an, dass die Vorteile einer dynamischen Hedgingstrategie von der zusätzlichen Komplexität des GARCH Verfahrens und den höheren Transaktionskosten möglicherweise überwogen werden. Die nachfolgenden Arbeiten haben diesbezüglich gemischte Ergebnisse erzielt.

Park und Switzer (1995a) vergleichen für das Hedging mit Aktienindexfutures (S&P 500 und Toronto 35) ein GARCH Modell ohne Fehlerkorrekturterm mit der naiven sowie der konstanten Hedgerate mit und ohne Fehlerkorrekturterm. Die GARCH Hedgeraten schneiden ex ante deutlich besser ab und können die Hedgeeffektivität selbst unter Berücksichtigung von Transaktionskosten verbessern. In Park und Switzer (1995b) integrieren sie in das GARCH Modell einen Fehlerkorrekturterm und kommen prinzipiell zu den gleichen Ergebnissen.

Gagnon und Lypny (1995) gelangen für das Hedging mit Futures auf den kurzfristigen kanadischen Zins („Canadian bankers' acceptances" BAX) zu ähnlichen Ergebnissen (wieder für die Veränderungen der logarithmierten Preise). Dynamische GARCH Hedgingstrategien (in zwei Spezifikationen) sind sowohl ex ante als auch ex post signifikant effektiver als der OLS und der naive Hedge. Auch hier erfolgt die Abwägung, ob sie unter Berücksichtigung von Transaktionskosten den Erwartungsnutzen weiterhin erhöhen, was sie tun, erst recht, wenn die Hedgeposition nur aktualisiert wird, wenn dies den Erwartungsnutzen erhöht.

Andere Arbeiten können dagegen keine Überlegenheit GARCH geschätzter Hedgeraten feststellen. Lien und Luo (1993) bestimmen dynamische Hedgeraten für wichtige Devisen und Aktienindizes bei Homoskedastizität zwar in einem Mehr- statt Einperiodenmodell. Allerdings steht mehr die Auswahl des statistischen Modells im Vordergrund als die Frage, ob ein- oder mehrperiodische Hedgeraten vorzuziehen sind. Ohne Kointegration der Preise entsprechen die Hedgeraten den statischen für die betrachteten Preisänderungen. Bei Kointegration ist ein Fehlerkorrekturmodell angemessen, so dass vergangene Preisänderungen Einfluss auf gegenwärtige nehmen. In Lien und Luo (1994) wird bedingte Heteroskedastizität in einem GARCH Modell zugelassen. Obwohl sie für fünf der wichtigsten Währungen starke GARCH Effekte finden, die zeitlich variable Hedgeraten aus statistischer Sicht angemessener erscheinen lassen, ist die Hedgeeffektivität nicht besser als die konventioneller Hedgeraten oder solcher mit Fehlerkorrekturterm: ex ante resultiert der GARCH Hedge „in little or no improvement in hedging performance over the alternative constant or error-correction hedging strategy" (S.949), ex post ist sogar der Fehlerkorrekturhedge besser. Die Ergebnisse stehen im Einklang mit denen von Myers (1991). Selbst wenn das Verhalten der Preise durch ein GARCH Modell erfasst werden kann, scheint die Berücksichtigung der Kointegration wichtiger zu sein.

In Holmes (1996) Untersuchung des Hedging mit FTSE 100 Futures ist die Hedgerate aus der einfachen OLS-Schätzung denjenigen aus Schätzungen mit aufwendigeren Techniken wie dem Fehlerkorrekturmodell oder dem GARCH Modell bezüglich der ex post Hedgeeffektivität leicht überlegen. Auch Tong (1996) untersucht die Eignung von GARCH Hedgeraten gegenüber der statischen, allerdings für erwartungsnutzenmaximierende statt risikominimierenden Hedgeraten. Die für das Hedging mit Futures auf den Tokio Aktienindex TOPIX (aus logarithmierten Werten) geschätzten Hedgeraten senken zwar auch bei ihm ex ante und ex post das Risiko stärker als eine statische. Weil letztere aber bereits den Großteil des Risikos erfasst, ist der Zugewinn nicht mehr sehr hoch. Lypny und Powalla (1998) knüpfen zwar an die Ergebnisse von Park und Switzer (1995) an, indem sie für DAX Futures eine statistisch signifikante Verbesserung der ex ante Hedgeeffektivität durch dynamische Hedgeraten aus einer GARCH Schätzung mit Fehlerkorrekturterm (wegen der verwendeten Änderungen der logarithmierten Preise) zur Berücksichtigung der Kointegration gegenüber einer konstanten Hedgerate mit oder ohne Fehlerkorrektur erzielen. Ex post

5. Empirische Schätzung von Hedgeraten

ist jedoch der einfache Fehlerkorrekturterm dem GARCH Modell mit Fehlerkorrekturterm überlegen.

Ähnlich wie Kroner und Sultan (1993) schätzen Chakraborty und Barkoulas (1999) mit einem GARCH Modell Hedgeraten für Futures auf fünf der wichtigsten Währungen. Obwohl die empirische Evidenz auf zeitlich variable Hedgeraten deutet, ist die ex ante Hedgeeffektivität des dynamischen Modells dem statischen nur in einem der fünf Fälle überlegen.

Auch scheint es keinen Konsens zu geben, welche GARCH Spezifikation verwendet werden sollte, obwohl unterschiedliche Spezifikationen zu unterschiedlichen Ergebnissen führen können. So erhalten beispielsweise Kroner und Ng (1998) in einem Vergleich von vier der populärsten GARCH Modelle (dem VECH Modell von Bollerslev et al (1988), dem CCORR Modell von Bollerslev (1990), dem FARCH Modell von Engle et al. (1990) sowie dem BEKK Modell von Engle und Kroner (1995)) nicht nur unterschiedliche Schätzungen für die Hedgerate. Diese Hedgeraten korrelieren darüber hinaus auch nur wenig miteinander. Die Wahl der Spezifikation ist daher von Bedeutung, aber nicht eindeutig geklärt. Lien et al. (2002) kommen in ihrer Untersuchung von zehn Spot- und Terminmärkten für Währungen, Commodities und Aktienindizes zu dem Schluss, dass bei bedingter Hetereoskedastizität keine abschließende Bewertung hinsichtlich der Überlegenheit der GARCH Modelle möglich ist. Ihre GARCH Spezifikation ist der OLS Hedgestrategie nicht überlegen. Angesichts des hohen Rechenaufwandes bei der Verwendung eines GARCH Modells empfehlen es die Autoren nicht für Hedgingzwecke, sondern lediglich zur Beschreibung der Daten.

Lence (1995b) versucht abzuschätzen, inwieweit sich Verbesserungen der Schätzungen der Hedgeraten durch ausgefeiltere ökonometrische Methoden, die den Problemen mit den Daten gerecht zu werden versuchen, lohnen. Seinen (Simulations-)Ergebnissen zufolge ist der potentielle Zugewinn (gemessen über die Opportunitätskosten des Hedgings) durch „bessere" Hedgeraten vernachlässigbar, so dass der Einsatz komplexerer Schätzmethoden anstelle der einfacheren Modelle nur wenig Wert hat. Von größerer Bedeutung sei die Aufweichung der vereinfachenden Standardannahmen, unter denen nach Benninga et al. (1983) die risikominimierende Hedgerate der erwartungsnutzenmaximierenden entspricht. Unter diesen Annahmen wie z.B. fehlender Transaktionskosten, Unverzerrtheit usw. würden die Modelle trotz der verbesserten Methoden weiterhin leiden. Sie sind nur unproblematisch, solange der ökonomische Wert ihrer Auflösung zugunsten realistischerer Annahmen vernachlässigbar ist, was bisher jedoch nicht empirisch analysiert worden ist. Die von Lence (1995b) geschätzten

Hedgeraten zeigen sich sehr sensibel gegenüber Änderungen der Annahmen. Andere als die in der Literatur fast immer übernommenen Standardannahmen führen zu ganz anderen Ergebnissen. Trotz möglicher Abweichungen der risikominimierenden von der optimalen Hedgerate soll aus den zu Beginn des Kapitels beschriebenen Gründen an ersterer festgehalten werden.

Dennoch haben nachfolgende Arbeiten durch verschiedene Erweiterungen der bisherigen Modelle versucht, die Schätzungen zu verbessern. Sim und Zurbruegg (2001) integrieren in ihre Untersuchung des Hedgings mit FTSE 100 Futures neben der zeitlichen Variabilität der (Ko)Varianzen eine mögliche Kointegration der (Änderungen der logarithmierten) Spot- und Terminpreise, die frühere Studien oft vernachlässigen würden, obwohl ihre Vernachlässigung in der mehrfach erwähnten Unterschätzung der Hedgerate und –effektivität resultiert. Diesen Effekt können sie durch einen Vergleich mit der einfachen Hedgerate ohne Berücksichtigung der Kointegration empirisch bestätigen. Weiterhin finden zwar auch sie variable Hedgeraten, die ex post signifikant höhere Hedgeeffektivitäten als konstante Hedgeraten liefern. Deren Überlegenheit schwindet jedoch anders als in Gepperts (1995) homoskedastischer Untersuchung mit zunehmender Länge des Hedgezeitraums. Zudem merken Sim und Zurbruegg (2001) an, dass die höheren Transaktionskosten den Hedger davon abhalten können, seine Hedgeposition ständig neu zu justieren. Einfachere Hedgingstrategien mit weniger Aktualisierungen können vorzuziehen sein. In jedem Fall erhöht aber die Einbeziehung einer Kointegrationsbeziehung die Hedgeeffektivität und sollte daher beachtet werden. Yang (2001) schätzt vier verschiedene Modelle für Futures auf den australischen Aktienindex AOI. Bei ihm schneidet das Fehlerkorrekturmodell besser als die OLS Regression und GARCH Modelle ab. Auch seine Ergebnisse bestätigen, dass die Vernachlässigung der Kointegration zwischen Spot- und Terminpreisen zu einer zu kleineren als der optimalen Hedgerate führt.

Low et al. (2002) berücksichtigen die Auswirkungen des Fälligkeitszeitpunktes auf die Basis des Futures, da sich Spot- und Terminpreise häufig nach vorhersehbaren Mustern bewegen. Beispielsweise schließt sich beim direkten Hedging die Basis, je näher der Fälligkeitszeitpunkt rückt. Modelle, die dies nicht berücksichtigen, seien nach Low et al. nur für Cross-Hedges geeignet, z.B. die von Cecchetti et al. (1988), Baillie und Myers (1991), Myers (1991) und McNew und Fackler (1994). Dagegen fordern die Ansätze von Kroner und Sultan (1993), Lien und Luo (1993, 1994), Gagnon und Lypny (1995), Geppert (1995) und Park und Switzer (1995) die Konvergenz der Basis durch die Kointegrationsbeziehung. Daher seien sie nach Low et al. (2002) nur in direkten Hedgesituationen gültig. Dem ist jedoch nicht zuzustimmen, da auch bei einem indirekten Hedgeinstrument die langfristige Gleichgewichtsbeziehung bei Koin-

5. Empirische Schätzung von Hedgeraten

tegration trotz kurzfristigen Basisrisikos zum Cross-Hedging verwendet werden kann. Low et al. selbst nehmen an, der Terminpreis sei über die Haltekosten mit dem Spotpreis verbunden. Sie beziehen den Fälligkeitszeitpunkt des Futures, der sich als signifikant für das Verhalten der Basis erweist, explizit mit ein. Denn nach dem Fälligkeitszeitpunkt springt die bedingte Varianz, die bis dahin gesunken ist, wieder nach oben, was ein zyklisches Muster erzeugt. Dessen Vernachlässigung kann nach Low et al. (2002) in falschen Schätzungen resultieren. Ihr Ansatz ist für das Hedging mit Nikkei 225 Indexfutures und mit Heizölfutures (verwendet werden jeweils logarithmierte Werte) ex ante dem Kointegrationsmodell, dem GARCH Modell und dem konventionellen Hedge überlegen. Der GARCH Hedge schneidet dabei noch schlechter ab als das Kointegrationsmodell.

Auch Miffre (2001) argumentiert, ein großer Teil der Variation von Preisen sei vorhersehbar und Hedgingstrategien, die dies ignorieren, würden zu suboptimalen Ergebnissen führen. Sie schlägt die sog. bedingte (variable) OLS Hedgerate vor. Wie im GARCH Modell wird die Hedgeposition nachjustiert, sobald neue Informationen verfügbar werden, ist jedoch einfacher zu berechnen. Die Einführung zusätzlicher Regressoren, die die Variation der Hedgerate aus Änderungen der Marktbedingungen erklären, kann als Erweiterung des noch statischen Ansatzes von Myers und Thompson (1989) angesehen werden. Für das Hedging mit S&P 500 und NYSE Futures erreicht die bedingte OLS Hedgerate sowohl ex post als auch ex ante eine höhere Risikoreduktion als der naive, der einfache OLS Hedge und als ein GARCH Modell, das am schlechtesten abschneidet. Als Informationsvariablen verwendet Miffre (2001, S.952) verzögerte Werte der Futureserträge, der Basis, der Dividendenrendite des US Aktienindex, die Zinsspanne zwischen BAA und AAA Unternehmensanleihen und US Zinssätze.

Moosa (2003) widmet sich explizit der Frage, inwieweit die Wahl eines bestimmen Modells die Hedgeeffektivität beeinflusst. Er vergleicht allerdings nur Hedgeeffektivitäten unter Verwendung von absoluten Preisniveaus gegenüber ersten Differenzen, jeweils mit und ohne Fehlerkorrekturmodell, für Futures auf den australischen Aktienindex ASX und den Wechselkurs des US Dollars gegen den kanadischen Dollar und das britische Pfund. Die Spezifikation scheint wenig Einfluss auf die Hedgeeffektivität zu haben. Ausschlaggebend für den Hedgingerfolg ist letztlich –erwartungsgemäß– die Korrelation zwischen Spot- und Terminpreisen.

Mit den Fortschritten in den ökonometrischen Verfahren wurden in den letzten Jahren komplexere Techniken und Verfeinerungen der bisherigen genannten

Methoden vorgeschlagen. Von diesen werden nachfolgend das partielle Kointegrationsmodell von Lien und Tse (1999), der exponentiell gewichtete gleitende Durchschnittsschätzer von Harris und Shen (2002) und das verallgemeinerte GARCH Modell von Moschini und Myers (2002) vorgestellt. Obwohl diese und andere Arbeiten wichtige Beiträge liefern, ist es noch zu früh, um entscheiden zu können, ob sie in der Praxis substantielle Verbesserungen leisten. Weiterhin bleibt offen, ob eine bestimmte Technik zur Schätzung von Hedgeraten den anderen überlegen ist.

Lien und Tse (1999) überprüfen, ob ein sog. partielles Kointegrationsmodell der Spot- und Terminpreise Verbesserungen der Hedgeeffektivität erreichen kann. Bei ihrer Schätzung für das Hedging von Preisänderungen mit NSA (Nikkei Stock Average) Futures schneidet es jedoch nicht besser als die bisherigen Modelle ab. Die höchste ex post Hedgeeffektivität erzielt ein GARCH Modell mit Fehlerkorrektur.

Harris und Shen (2003) entwickeln eine Hedgerate, die robuste Schätzungen auch bei leptokurtosischer Verteilung[161] der Preise, bei der die Standardverfahren ineffizient sind, liefert. Ihr Ansatz ist in der Lage, für das Hedging mit Futures auf den FTSE 100 eine bis zu 70% niedrigere Varianz im Vergleich zu den Hedgeraten aus den traditionellen Ansätzen zu erreichen. Der Ansatz ist aber vor allem zum Hedging über kurze Zeiträume relevant. Harris und Shen wenden ihn beispielsweise für das Hedging täglicher Preisänderungen an. Für das Hedging von DRAM Preisrisiken scheint der Ansatz daher weniger geeignet.

Moschini und Myers (2002) schlagen eine neue, allgemeinere GARCH Spezifikation vor, die besonders nützlich ist, um zeitlich variierende Hedgeraten darauf zu testen, ob sie sich signifikant von konstanten unterscheiden. Ihre Ergebnisse für das Hedging von Mais belegen einmal mehr die zeitliche Variabilität der Hedgeraten.

Aus dieser Übersicht wird deutlich, dass etliche Arbeiten die Verwendung zeitlich variabler Hedgeraten auf der Basis von GARCH Modellen oder deren Erweiterungen vorschlagen, die die Hedgeeffektivität erhöhen können. Doch obwohl die Evidenz dieser Arbeiten auf variable Hedgeraten hindeutet und die Spot- und Terminpreise besser durch GARCH Modelle beschrieben werden können, sind die Zugewinne in der Hedgeeffektivität gegenüber einer konstanten

---

[161] Die Preise konzentrieren sich mehr an den Rändern der Verteilung und weniger im Zentrum. Dies scheint charakteristisch für kurzfristige Preisänderungen von Finanztiteln zu sein, vgl. Harris und Shen (2003, S. 806).

5. Empirische Schätzung von Hedgeraten

Hedgerate oft nicht sehr hoch (Baillie und Myers (1991), Kroner und Sultan (1993), Lien und Luo (1993, 1994), Lence (1995), Tong (1996), Chakraborty und Barkoulas (1999)) oder nehmen mit zunehmender Länge des Hedgingzeitraums ab (Sim und Zurbruegg (2001)). Trotz der Aktualisierung schneiden GARCH Modelle vielfach, vor allem bezüglich der entscheidenden ex ante Hedgeeffektivität nicht sehr viel besser ab als die konstante OLS Hedgerate oder Fehlerkorrekturmodelle. Einige Autoren ziehen daraus den Schluss, dass angesichts der höheren Komplexität und Transaktionskosten statische Hedgingstrategien für den Einsatz in der Praxis besser geeignet sein könnten bzw. die Annahme einer konstante Hedgerate eine akzeptable Annäherung an die optimalen Hedgeraten darstellen (Myers (1991), Sim und Zurbruegg (2001), Lien et al. (2002)). Andere Arbeiten finden vereinzelt sogar Evidenz für konstante Hedgeraten oder deren höhere Hedgeeffektivität (McNew und Fackler (1994), Ferguson und Leistikow (1998), Holmes (1996)). Nach wieder anderen Arbeiten gilt es vor allem, eine Kointegrationsbeziehung zu berücksichtigen, und schneidet ein entsprechendes Fehlerkorrekturmodell besser als ein GARCH Modell ab (Lien und Luo (1993), Lypny und Powalla (1998), Lien und Tse (1999), Sim und Zurbruegg (2001), Yang (2001), Miffre (2001), Low et al. (2002)). Als empirisch bestätigt kann zumindest gelten, dass die Vernachlässigung einer Kointegration bei der Beschreibung von Preisänderungen zu Fehlern und allgemein zur Unterschätzung der Hedgerate führt, (Ghosh (1993), Lien (1993), Kroner und Sultan (1993), Lien und Luo (1993, 1994), Chou et al. (1996), Sim und Zurbruegg (2001)). Schließlich gibt es sogar Stimmen, die die Suche nach dem „richtigen" statistischen Modell letztlich für wenig ausschlaggebend für den Hedgingerfolg halten (Lence (1995), Moosa (2003)).

Zusammenfassend existiert trotz der umfangreichen Literatur noch keinen Konsens darüber, ob ein Verfahren systematisch bessere Ergebnisse erzielt. Insbesondere die Überlegenheit dynamischer Hedgeraten auf Basis von GARCH Modellen gegenüber konstanten Hedgeraten kann angezweifelt werden. Komplexere Verfahren, die in den letzten Jahren vorgeschlagen wurden (z.B. Lien und Tse (1999), Harris und Shen (2000), Moschini und Myers (2002)), mögen das Potential dafür besitzen. Doch für sie könnte erst recht gelten, was schon für einfachere GARCH Modelle gilt, dass sie in der Praxis schwierig zu implementieren sein können. Selbst einfache GARCH Modelle können relativ aufwendig zu schätzen sein und dynamische Hedgingstrategien teuer in der Umsetzung, da die Aktualisierung der Hedgeposition erhebliche Transaktionskosten verursachen kann. So kommt Myers (1991, S.40) zu dem Schluss, dass „the extra expense and complexity of the GARCH model do not appear to be warranted". Lence (1995, S.364) folgend können komplexere Modelle in der Praxis wohl vernachlässigt werden: „the economic value of substituting sophisticated econometric techniques for simpler and more intuitive hedging models is small". Demgegenüber verursacht eine statische Hedgerate nicht nur geringere Transaktionskosten, sondern ist nach Low et al. (2002) auch weniger anfällig gegenüber Schätz- und Modellfehlern als dynamische Hedgestrategien und „may frequently outperform dynamic hedges in practice" (S.1184). Zumindest scheint sie oft ähnliche Ergebnisse erzielen zu können bzw. der Fehler durch die Annahme einer konstanten Hedgerate in der Praxis nicht sehr groß zu sein. Trotz der empirischen Evidenz für eine optimale variable Hedgerate, die die Verwendung eines dynamischen Ansatzes nahe legt, dürfte eine konstante Hedgerate trotz etwaiger statistischer Unzulänglichkeiten in vielen Fällen ausreichend oder sogar vorzuziehen sein, da Schätzung und Implementierung zu geringeren Kosten und unter geringerer Komplexität möglich sind. Gerade wenn der Hedge über einen längeren Zeitraum gehalten wird, scheint die Vernachlässigung der möglichen Variabilität der Hedgerate nicht gravierend zu sein. Hedgepositionen eines DRAM Produzenten dürften über mehrere Wochen und nicht wie gewisse Hedges auf Finanzmärkten nur wenige Tage gehalten werden. Über mehrere Hedgeperioden hinweg kann eine konstante Hedgerate neu berechnet werden, um mögliche Fehler durch Veränderungen der Marktrisiken klein zu halten. Daher wird für die hier verfolgten Zwecke die Verwendung einer konstanten Hedgerate vorgeschlagen.

Letztlich ist es auch nicht allzu überraschend, dass variable Hedgeraten nicht konsequent besser abschneiden. Bei dem in den meisten empirischen Arbeiten untersuchten direkten Hedging bewegen sich Spot- und Terminpreise langfristig parallel, so dass eine konstante Hedgerate bereits viel von dem Preisrisiko beseitigen kann, selbst bei veränderten Volatilitäten. Eine variable Hedgerate kann solche Veränderungen zwar erfassen, aber die Hedgerate sollte unabhängig von der Ausprägung der Volatilitäten langfristig relativ hoch sein, so dass der Fehler einer konstanten Hedgerate nicht allzu groß sein dürfte. Zusammen mit den eigenen methodischen Problemen und den höheren Kosten der variablen Hedgeraten ist vorstellbar, dass deren mögliche Vorteile schnell zusammenschmelzen. Gelingt es zudem, ein Instrument mit einer hohen Korrelation zu dem abzusichernden Preis zu finden, dürften die Auswirkungen methodischer Einzelheiten auf den Hedgeerfolg ohnehin gering sein. Zumindest ist dies der Schluss, den Moosa (2003, S.19) zieht: „Although the theoretical arguments for why model specification does matter are elegant, the difference model specification makes for hedging performance seems to be negligible. What really matters for the success or failure of a hedge is the correlation between the prices of the unhedged position and the hedging instrument".

5. Empirische Schätzung von Hedgeraten

Allerdings hat sich gezeigt, dass die einfache OLS Schätzung nur in Ausnahmefällen eine zuverlässige Methode zur Schätzung der Hedgerate darstellt. Insbesondere bei Preisänderungen, wie sie die meisten empirischen Arbeiten betrachten, muss eine mögliche Kointegrationsbeziehung in einem Fehlerkorrekturmodell berücksichtigt werden, da sonst eine Unterschätzung der Hedgerate resultiert. Hier ist jedoch das Hedging des absoluten DRAM Preises auf mittelfristige Sicht von Interesse, so dass die kurzfristige Preisdynamik nicht abgebildet werden muss (was im Übrigen auch den Vorteil hat, dass die Länge des Hedgingzeitraums unerheblich ist). In diesem Fall liefert eine einfache OLS Schätzung selbst bei Autokorrelation und der Gefahr der Scheinkorrelation verlässliche Resultate, wenn Kointegration der absoluten Spot- und Terminpreise vorliegt, auch ohne Fehlerkorrekturmodell. Dies eröffnet eine relativ einfach zu implementierende Möglichkeit für das Hedging. Im Gegensatz zu den meisten der oben referierten Arbeiten, die direktes Hedging untersuchen und von einem gegebenen Hedgeinstrument ausgehen, existieren keine DRAM Futures, so dass auf ein Cross-Hedge-Instrument ausgewichen werden muss. Macht man bei dessen Auswahl die Kointegration zum DRAM Preis zum Selektionskriterium, kann die einfache OLS Regression zur Schätzung der Hedgerate herangezogen werden. Zwar wird die Suche nach geeigneten Instrumenten etwas mühsamer, dafür werden anschließend keine komplexen Verfahren wie GARCH benötigt.

5.2 Auswahl eines Cross-Hedgeinstruments

Dieser Abschnitt beschreibt, wie Cross-Hedge-Instrumente mit möglichst hoher Korrelation zum DRAM Preis unter Berücksichtigung einer Kointegration der absoluten Preisniveaus ausgewählt werden können und wie die Hedgerate anhand einer OLS Regression geschätzt werden kann. Zunächst werden die Kointegration und Testverfahren dafür genauer erklärt, um beurteilen zu können, ob die DRAM Preise überhaupt in einer Kointegrationsbeziehung zu möglichen Hedgeinstrumenten stehen können. Anschließend wird die Selektion solcher Hedgeinstrumente genauer erläutert. Erneut soll die Beschreibung der ökonometrischen Konzepte auf das Notwendigste beschränkt werden.[162] Ziel ist es, die

---

[162] Weiterführende Erläuterungen finden sich in gängigen modernen Ökonometrielehrbüchern wie z.B. Greene (2003) als führender Referenz, Davidson und MacKinnon (2004) oder Verbeek (2005) als eher anwendungsorientierter Text. Speziell zur Zeitreihenanalyse ist die Literatur jedoch so umfangreich geworden, dass allgemeine Lehrbücher nur mehr Einleitungen dazu liefern können und selbst auf spezielle Literatur verweisen wie z.B. auf Enders (2004) für die Grundlagen oder Hamilton (1994) als weit verbreiteter Referenz.

für die hier vorgeschlagene Schätzung einer Hedgerate notwendigen Methoden so zusammen zu tragen und zu erklären, dass sie einer Anwendung in der Praxis unmittelbar zugänglich sind und es dem Anwender weitest gehend erspart bleibt, selbst die relevanten Konzepte in der Literatur suchen zu müssen.[163]

Im letzten Abschnitt wurde darauf verwiesen, dass die Fehlerterme einer OLS Regression der Spot- auf die Terminpreise zur Schätzung der Hedgerate einem stochastischen Prozess folgen können, der die für die Schätzung problematische Autokorrelation verursachen kann. Die Preisreihen sind, wenn sie z.B. einen Trend aufweisen wie der DRAM Preis, selbst häufig durch sog. nichtstationäre stochastische Prozesse gekennzeichnet. Die Regression solcher Zeitreihen aufeinander kann zur Scheinkorrelation führen, es sei denn, die Variablen sind kointegriert. Dann ist eine zuverlässige OLS Schätzung möglich, was hier zur Schätzung der Hedgerate genutzt werden soll. Der erste Schritt besteht daher darin, die bisher nur oberflächlich erklärte Stationarität von Zeitreihen sowie Testverfahren dafür genauer zu beschreiben.

5.2.1 Stationarität

Die Beobachtungen einer Zeitreihe wie dem DRAM Preis können oft als Realisierung einer Zufallsvariable angesehen werden, die als stochastischer Prozess beschrieben werden kann. Das Verhalten der Variablen wird durch ihre eigene Vergangenheit sowie einen Störterm erklärt. Ein solcher stochastischer Prozess ist laut Greene (2003, S.612) strikt stationär, wenn sich seine Eigenschaften nicht über die Zeit ändern, d.h. wenn die gemeinsame Wahrscheinlichkeitsverteilung aller (Mengen von) Beobachtungen unabhängig davon ist, zu welchem Zeitpunkt die Beobachtungen gemacht werden. Da hier nur Erwartungswerte, Varianzen und Kovarianzen von Belang sind, reicht es aus, wenn diese Momente unabhängig von der Zeit sind. In diesem Fall spricht man von schwacher Stationarität. Formal muss für alle Zeitpunkte t gelten (vgl. Verbeek (2005, S.259)):

$$E[p_t] = \mu < \infty \quad (5.5)$$
$$\text{var}(p_t) = \gamma_0 < \infty \quad (5.6)$$
$$\text{cov}(p_t, p_{t-k}) = \gamma_k, \; k = 1,2,3... \quad (5.7)$$

Der Erwartungswert, die Varianz und die Kovarianz zweier Beobachtungen sind konstant, endlich und hängen nicht von dem Zeitpunkt ab. Preisreihen wie

---

[163] Der Autor dankt Dr. Jürgen Antony für wertvolle Hinweise.

5. Empirische Schätzung von Hedgeraten

der DRAM Preis mit einem Trend sind daher nichtstationär. Ist eine nichtstationäre Reihe nach der Bildung erster Differenzen stationär, wird sie als integriert vom Grade 1, abgekürzt I(1), bezeichnet. Allgemein ist eine Reihe nach Davidson und MacKinnon (2004, S.605) integriert vom Grade d oder I(d), wenn sie d-mal differenziert werden muss, bis sie stationär ist (für eine formalere Definition der Integration vgl. Engle und Granger (1987)). Eine stationäre Reihe schwankt mit endlicher Varianz um ihren Mittelwert, hat also eine Tendenz, langfristig zu ihrem Mittelwert zurückzukehren. Der Einfluss eines zufälligen Schocks ist nur vorübergehend und die Reihe hat ein begrenztes „Gedächtnis". Eine I(1) Reihe wandert hingegen wild umher oder wächst bzw. schrumpft beständig, ohne Tendenz, zu einem Durchschnitt zurückzukehren. Zufallseinflüsse beeinflussen den Prozess permanent und die Reihe hat ein unendlich langes „Gedächtnis" (vgl. Verbeek (2005, S.268) und Greene (2003, S.631f)).

Zur Illustration, wie stationäre und nichtstationäre Reihen unterschieden werden können, bietet es sich an, konkrete stochastische Prozesse zu betrachten. Einer der einfachsten und am häufigsten verwendeten stochastischen Prozesse, um mit dem Phänomen der Autokorrelation in Regressionen umzugehen, ist ein autoregressiver Prozess erster Ordnung, ein sog. AR(1) Prozess, des Fehlerterms der Regression. Der Fehler v in einer Periode beträgt ein δ-faches des Fehlers der Vorperiode plus einem neuen Fehlerterm u (vgl. z.B. Davidson und MacKinnon (2004, S.270)):

$$v_t = \delta \cdot v_{t-1} + u_t, \quad u_t \sim IID(0, \sigma_u^2) \tag{5.8}$$

Die neuen Fehlerterme u_t sind identisch und unabhängig verteilt (*IID*) mit $E[u_t] = 0$, $E[u_t^2] = \sigma_u^2$ und $\text{cov}(u_t, u_s) = 0$ für $t \neq s$. Die Störungen werden unabhängig von einer Periode auf die nächste generiert. Der Prozess des Fehlerterms u_t wird häufig als „weißes Rauschen" bezeichnet (vgl. z.B. Davidson und MacKinnon (2004, S.557)).

Mit einem solchen AR(1) Prozess kann auch der DRAM Preis selbst beschrieben werden,

$$p_t = \omega \cdot p_{t-1} + \varepsilon_t, \quad \varepsilon_t \sim IID(0, \sigma_\varepsilon^2) \tag{5.9}$$

bzw. unter Berücksichtigung eines konstanten Terms θ

$$p_t = \theta + \omega \cdot p_{t-1} + \varepsilon_t \tag{5.10}$$

Der DRAM Preis würde so durch den Wert der Vorperiode prognostiziert. Ein solcher AR(1) Prozess ist nur für $|\omega| < 1$ stationär. Durch Einsetzen vergangener Werte erhält man als rekursiven Erwartungswert und (Ko)Varianz, wenn diese nicht von der Zeit abhängen,

$$E[p_t] = \frac{\theta}{1-\omega}, \quad \text{var}(p_t) = \sigma_\varepsilon^2 + \omega^2\sigma_\varepsilon^2 + \omega^4\sigma_\varepsilon^2 \ldots = \frac{\sigma_\varepsilon^2}{1-\omega^2}, \quad \text{cov}(p_t, p_{t-s}) = \omega^s \cdot \frac{\sigma_\varepsilon^2}{1-\omega^2} \quad (5.11)$$

Nur für $|\omega|<1$ konvergiert die Varianz gegen einen festen Wert. Für $|\omega|\geq 1$ ist der AR(1) Prozess nichtstationär. Für $|\omega|>1$ wäre die Varianz negativ und keine Varianz mehr. Für $\omega=1$ besitzen die Momente für $\sigma_\varepsilon^2>0$ keine Lösung, die mit Stationarität vereinbar wäre (nur für $\sigma_\varepsilon^2=0$). Ein solcher AR(1) Prozess mit einer sog. Einheitswurzel ($\omega=1$) ist ohne Konstante eine sog. Zufallsbewegung („Random Walk", vgl. Verbeek (2005, S.266)). Je näher ω an eins ist, umso mehr verhält sich die Reihe wie eine Zufallsbewegung, je näher ω an null, umso eher wie weißes Rauschen. Unter Berücksichtigung eines konstanten Terms erhält man eine Zufallsbewegung mit Drift („Random Walk with Drift") mit der Konstante θ als Driftparameter, die ein konstantes Wachstum pro Periode anzeigt (Davidson und MacKinnon (2004, S.606f)). In rekursiver Darstellung erhält man den Wert einer Zufallsbewegung ohne bzw. mit Drift zum Zeitpunkt t als

$$p_t = p_0 + \sum_{i=1}^{t} \varepsilon_i \quad \text{bzw.} \quad p_t = \theta \cdot t + p_0 + \sum_{i=1}^{t} \varepsilon_i \quad (5.12)$$

Jede Realisation der Zufallsvariablen ε_t hat somit einen nachhaltigen Einfluss auf den Wert der Zeitreihe (daher das erwähnte „unendliche Gedächtnis"). Dieser Einfluss wird laut Frenkel et al. (2003, S.546) als stochastischer Trend bezeichnet.

Nicht-Stationarität kann aber nicht nur durch einen stochastischen Trend, sondern auch durch einen deterministischen Zeittrend verursacht werden. Erweitert man obige Gleichung beispielsweise zu

$$p_t = \theta + \omega \cdot p_{t-1} + \gamma \cdot t + \varepsilon_t \quad (5.13)$$

ist der Prozess auch bei $|\omega|<1$ für $\gamma \neq 0$ nichtstationär aufgrund des linearen Trends $\gamma \cdot t$: Erwartungswert und (Ko)Varianz hängen offensichtlich von der Zeit t ab. Der Prozess heißt in diesem Fall trendstationär (Verbeek (2005, S.270)).

Das AR(1) Modell für den Fehlerterm ist laut Greene (2003, S.257) der in der empirischen Literatur bei weitem dominierende Ansatz für Zeitreihen. Es ist zwar einfach gehalten, hat sich aber im Laufe der Zeit als brauchbare Modellierung zugrunde liegender Prozesse erwiesen, die in Wirklichkeit wohl ungleich komplexer sind. Modelle mit ausgefeilteren Störprozessen sind schwer zu analysieren, zumal die korrekte Modellierung des Fehlers in der Regel nicht bekannt sein dürfte, die Ergebnisse aber zugleich hoch sensibel bezüglich der gewählten

5. Empirische Schätzung von Hedgeraten

Spezifikation sind. Daher greifen die meisten Forscher als erste Annäherung auf den AR(1) Prozess zurück.

Der AR(1) Prozess kann durch die Berücksichtigung weiterer verzögerter Werte zu einem autoregressiven Prozess höherer Ordnung, einem AR(q) Prozess, erweitert werden. Der so beschriebene Fehler einer Periode hängt von den Werten der q zurückliegenden sowie einem neuen Fehlerterm ab (vgl. z.B. Davidson, MacKinnon (2004, S.272)):

$$v_t = \delta_1 \cdot v_{t-1} + \delta_2 \cdot v_{t-2} + \ldots + \delta_q \cdot v_{t-q} + u_t, \quad u_t \sim IID(0, \sigma_u^2) \tag{5.14}$$

Da Zeitreihen wie Preise keinen Mittelwert von null haben, wird für ihre Beschreibung typischerweise ein konstanter Term hinzugefügt:

$$p_t = \theta + \omega_1 \cdot p_{t-1} + \omega_2 \cdot p_{t-2} + \ldots + \omega_q \cdot p_{t-q} + \varepsilon_t, \quad \varepsilon_t \sim IID(0, \sigma_\varepsilon^2) \tag{5.15}$$

Der Preis entspricht den mit den Faktoren $\omega_1, \omega_2, \ldots \omega_q$ gewichteten Preisen der Vorperiode plus einer Störung ε_t.

Auch wenn die Autoregression einer Zeitreihe durch einen AR Prozess beschrieben werden kann, darf daraus nach Greene (2003, S.265ff) nicht der Schluss gezogen werden, durch die Berücksichtigung verzögerter Werte sei eine OLS Regression, die bei Autokorrelation unverzerrt, aber ineffizient ist, nun gültig. Denn beinhaltet die einfache OLS Regression verzögerte Werte der abhängigen Variablen, ist sie nicht mehr unverzerrt oder konsistent, es sei den, die nichtstationären Zeitreihen stehen in einer Kointegrationsbeziehung. Vor der Prüfung einer möglichen Kointegration muss daher zunächst die Stationarität der Zeitreihen getestet werden. Es ist zwar augenscheinlich, dass z.B. der DRAM Preis aufgrund seines Trends nichtstationär ist, von Interesse ist aber, von welchem Grade er integriert ist.

5.2.2 Test auf Stationarität

Es existieren verschiedene Verfahren für den Test auf den Grad der Integration, die darauf basieren, dass nichtstationäre Reihen mindestens eine Einheitswurzel besitzen. Eine Reihe, die genau eine Einheitswurzel besitzt, ist ein I(1) Prozess.[164] Die Existenz einer Einheitswurzel bildet die zu testende Nullhypothese. Die einfachsten und gebräuchlichsten Tests der Nullhypothese gegen die Alternative, dass der Prozess stationär (I(0)) ist, sind Varianten des Tests von Dickey und Fuller (1979) und werden daher Dickey-Fuller Tests genannt. Zur

---

[164] Für nähere Einzelheiten vgl. z.B. Davidson, MacKinnon (2004, S.607).

Illustration sei der einfache AR(1) Prozess aus (5.10) betrachtet, $p_t = \omega \cdot p_{t-1} + \varepsilon_t$, der für $\omega = 1$ eine Einheitswurzel besitzt.[165] Dies legt nahe, eine normale OLS Schätzung von ω, $\hat{\omega}$, und den dazugehörigen Standardfehler $SE(\hat{\omega})$ für einen t-Test der Nullhypothese $\omega = 1$ zu verwenden:

$$DF = (\hat{\omega} - 1) / SE(\hat{\omega}) \tag{5.16}$$

Dickey und Fuller (1979) haben jedoch gezeigt, dass die t-Statistik unter der Nullhypothese $\omega = 1$ keine t-Verteilung besitzt. Dennoch kann sie mit anderen speziellen kritischen Werten für den Test verwendet werden und wird daher als DF bezeichnet (vgl. Verbeek (2005, S.269) und Greene (2003, S.637f)). Der DF-Test ist ein linksseitiger Test, d.h. die Nullhypothese wird abgelehnt, wenn die Teststatistik kleiner ist als der (negative) kritische Wert.

Wird der AR(1) Prozess mit einer Konstante θ (Driftparameter) wie in (5.10) verwendet, impliziert die Existenz einer Einheitswurzel neben $\omega = 1$ auch $\theta = 0$. Gelegentlich wird in der Literatur gefordert, analog zu „normalen" Regressionen beide Restriktionen gemeinsam mittels eines F-Tests, für den Dickey und Fuller (1981) spezielle kritische Werte für den Einheitswurzeltest ermittelt haben, zu überprüfen. Elder und Kennedy (2001) zeigen, dass der obige DF-Test vorzuziehen ist. Da er einfacher und in der Literatur auch gebräuchlicher ist, wird im Weiteren dieses Vorgehen adaptiert.

Anhand der Spezifikation (5.13) wurde gezeigt, dass Ursache der Nicht-Stationarität auch ein deterministischer Zeittrend sein kann. Um zu testen, ob ein Prozess trendstationär ist oder einer Zufallsbewegung folgt, ist die Nullhypothese $H_0: \theta = \omega - 1 = \gamma = 0$ zu testen. Üblicherweise wird Verbeek (2005, S.270) zufolge aber auch hier nur die t-Statistik der Schätzung $\hat{\omega} - 1$, nun DF_τ genannt, unter der Annahme, dass die anderen beiden Bedingungen erfüllt sind ($\theta = \gamma = 0$), verwendet.[166] Für diesen Test sind wieder andere kritische Werte zu beachten. Legt eine graphische Begutachtung der Reihe wie z.B. bei dem DRAM Preis einen Trend nahe, sollte der Dickey-Fuller-Test zunächst mit Trend durchgeführt werden. Auch ein geeignetes Hedginstrument sollte dann, um in absoluten Preisen eine Beziehung zum DRAM Preis aufweisen zu können, einen Trend besitzen.

---

[165] Die Testprozeduren werden mit autoregressiven Modellen vorgeführt. Verbeek (2005, S.268) erklärt, warum dies nicht besonders restriktiv ist.

[166] Wird jedoch bei diesem Vorgehen die Nullhypothese $\omega = 1$ zurückgewiesen, kann daraus nicht auf Stationarität geschlossen werden, da unter der Gegenhypothese $\gamma \neq 0$ gelten könnte, so dass der Prozess nicht stationär ist (nämlich trendstationär). Vgl. Verbeek (2005, S.271).

5. Empirische Schätzung von Hedgeraten

Der Zeittrend kann sich jedoch in der Regressionsgleichung für den Einheitswurzeltest als insignifikant erweisen. Um über seine Aufnahme wie auch die der Konstanten zu entscheiden, ermitteln Dickey und Fuller (1981) für den Fall $\omega = 1$ Teststatistiken für die Signifikanz der Parameter θ und γ. Sie entsprechen dem t-Test mit speziellen kritischen Werten und werden hier mit DF_θ für θ in Spezifikation (5.10), $DF_{\theta\tau}$ für θ in Spezifikation (5.13) (unter der Hypothese $\gamma = 0$) und $DF_{\gamma\tau}$ in Spezifikation (5.13) (unter der Annahme $\theta = 0$) bezeichnet. Die Tests sind zweiseitig, so dass der jeweilige Parameter als signifikant gilt, wenn der Betrag der Teststatistik größer ist als der kritische Wert. Die kritischen Werte sind im Appendix zu diesem Kapitel für das 1%, 5% sowie 10% Konfidenzniveau wiedergegeben.

Oft wird eine Darstellung der AR Prozesse mit Differenzen bevorzugt,

$$\Delta p_t = (\omega - 1) \cdot p_{t-1} + \varepsilon_t \tag{5.17}$$

bzw. mit Konstante

$$\Delta p_t = \theta + (\omega - 1) \cdot p_{t-1} + \varepsilon_t \tag{5.18}$$

und mit Zeittrend

$$\Delta p_t = \theta + (\omega - 1) \cdot p_{t-1} + \gamma \cdot t + \varepsilon_t \tag{5.19}$$

da die (Nicht-)Stationarität unmittelbar aus der Signifikanz des Parameters für p_{t-1} abgelesen werden kann. Die beiden letzten Formen mit Konstante sowie mit Konstante und Trend sind die gebräuchlichsten.[167] Die speziellen kritischen Werte finden sich für alle drei Modelle (für die ersten beiden sind sie gleich) im Appendix zu diesem Kapitel, in vielen Statistikprogrammen werden sie auch in den Schätzergebnissen mit aufgeführt. Ist die t-Statistik kleiner als der jeweilige kritische Wert, wird die Nullhypothese verworfen und der Preis als stationär angenommen. Ist sie größer, kann die Nullhypothese nicht verworfen werden. Dies bedeutet noch nicht, dass eine Einheitswurzel existiert. Die Informationen in den Daten könnten schlichtweg unzureichend sein, um die Nullhypothese zurückzuweisen. Dies ist natürlich der allgemeine Unterschied zwischen der Annahme einer Nullhypothese und ihrer Nicht-Verwerfung. Im Folgenden wird dieses Problem vernachlässigt und bei Nicht-Zurückweisung der Nullhypothese von

---

[167] Für weitere Regressionen unter anderen Annahmen siehe z.B. Davidson und MacKinnon (2004, S.613ff).

einer nichtstationären Reihe ausgegangen.[168] Anschließend kann die Existenz einer zweiten Einheitswurzel überprüft werden, in dem die Zeitreihe differenziert und erneut auf Stationarität getestet wird. Dieses Verfahren ist beliebig wiederholbar. Ökonomische Zeitreihen sind Frenkel et al. (2003, S. 547) zufolge in der Regel maximal integriert vom Grade zwei. Sind bereits die ersten Differenzen stationär, ist die Reihe integriert vom Grade eins.

Bezüglich der Entscheidung, welche der oben aufgeführten Schätzgleichungen verwendet werden soll, bietet sich nach Frenkel et al. (2003, S. 548) als Teststrategie folgendes, auf der Methode von Box und Jenkins (1970) basierendes sequentielles Vorgehen an, bei dem mit der allgemeinsten Spezifikation begonnen wird und abhängig von den Ergebnissen eine sukzessive Einschränkung erfolgt:

1. Zunächst wird das unrestringierte Modell (5.19) mit Konstante und Zeittrend geschätzt. Zeigt der DF_τ-Test, dass $\omega-1$ signifikant von null verschieden ist, ist die Variable stationär. Andernfalls gilt sie für einen nach der $DF_{\gamma\tau}$ Teststatistik signifikanten Zeittrend als nichtstationär.

2. Ist der Zeittrend nicht ($DF_{\gamma\tau}$-)signifikant, wird wie in (5.18) nur eine Konstante berücksichtigt. Wieder gilt die Variable als stationär, wenn $\omega-1$ signifikant von null verschieden ist, und andernfalls als nichtstationär, wenn die Konstante nach dem DF_0-Test als signifikant gilt.

3. Ist auch die Konstante nicht (DF_0-)signifikant, wird sie wie in (5.17) ebenfalls weggelassen. Ist $\omega-1$ signifikant von null verschieden, ist die Variable stationär, andernfalls nicht.

Das Vorgehen ist nachstehend noch einmal visualisiert.

---

[168] Zur Lösung dieses Problems haben Kwiatkowski et al. (1992) den sog. KPSS Test vorgeschlagen, in dem Stationarität die Nullhypothese ist. Dieser Test ist jedoch nicht allzu mächtig, wie die Autoren selbst zugeben.

5. Empirische Schätzung von Hedgeraten

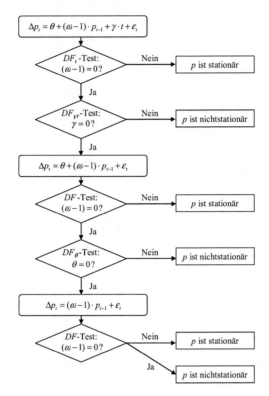

Abbildung 5.1: Vorgehen beim Integrationstest in Anlehnung an Frenkel et al. (2003, S. 548)

Der Dickey-Fuller Test basiert wie jede OLS Regression auf der Annahme, die Residuen ε_t seien nicht autokorreliert. Da außer der letzten Periode keine weiteren einbezogen werden, ist jedoch Autokorrelation höherer Ordnung als eins weiterhin möglich. Die populärste Form der Berücksichtigung solcher Autokorrelationen sind „augmented" Dickey-Fuller (ADF) Tests, die ursprünglich von Dickey und Fuller (1979) für den Fall vorgeschlagen wurde, dass man die Ordnung des AR Prozesses kennt. Nachfolgende Arbeiten von Said und Dickey (1984) sowie Phillips und Perron (1988) haben gezeigt, dass sie asymptotisch unter sehr viel weniger restriktiven Annahmen gültig sind. In ADF Tests werden der Regressionsgleichung solange verzögerte Werte der abhängigen Variable Δp_t hinzugefügt („augmented"), bis die Autokorrelation beseitigt ist. Für einen AR(q) Prozess lautet sie dann

$$p_t = \theta + \sum_{i=1}^{q} \omega_i \cdot p_{t-i} + \varepsilon_t \qquad (5.20)$$

Auch dies kann nach Verbeek (2005, S.271f) wieder in Differenzen formuliert werden,

$$\Delta p_t = \theta + (\omega - 1) \cdot p_{t-1} + \sum_{i=1}^{q-1} \lambda_i \cdot \Delta p_{t-i} + \varepsilon_t \qquad (5.21)$$

mit $\omega - 1 = \Sigma_{i=1}^{q} \omega_i$ und entsprechend gewählten Konstanten λ_i. Wie zuvor entspricht $\omega = 1$ einer Einheitswurzel, die so direkt aus der Signifikanz des für p_{t-1} geschätzten Parameters abgelesen werden kann. Asymptotisch gelten die gleichen kritischen Werte wie für den einfachen DF Test.[169] Wieder kann ein Trend hinzugefügt werden. Als Teststrategie ist das gleiche Vorgehen wie oben empfehlenswert. Die Teststatistiken für die Signifikanz der Konstante und des Zeittrends von Dickey und Fuller (1981) bleiben gleich.

Die optimale Anzahl q verzögerter Werte, die zusätzlich in die Regression aufgenommen werden, bis die Autokorrelation beseitigt ist, kann anhand verschiedener Verfahren bestimmt werden. Typischerweise werden laut Greene (2003, S.643f) das Akaike (AIC) oder das Schwartz-Bayes-Informationskriterium (SIC) verwendet,[170] die wie folgt definiert sind:

$$AIC = \ln \hat{\sigma}_\varepsilon^2 + 2 \cdot \frac{r+q+1}{T} \qquad (5.22)$$

$$SIC = \ln \hat{\sigma}_\varepsilon^2 + \frac{r+q+1}{T} \ln T \qquad (5.23)$$

mit $\hat{\sigma}_\varepsilon^2$ als Stichprobenvarianz der Residuen ε_t, T als Anzahl der Beobachtungen und r als Anzahl der verzögerten Werte einer –hier nicht weiter vertieften– gleitenden Durchschnittskomponente MA(r), die ebenfalls in die Regressionsgleichung aufgenommen werden kann (ohne Konstante θ ist im Zähler jeweils nur $q+r$ zu berücksichtigen). Sie versuchen auf unterschiedliche Weise eine Abwägung zwischen einer ausreichend hohen Anzahl an verzögerten Werten zur Beseitigung der Autokorrelation und einer sparsamen Modellierung mit möglichst wenigen Parametern („Parsimony") zu treffen. Das Modell mit dem niedrigsten AIC oder SIC sollte ausgewählt werden. Dabei kommen die beiden Kriterien nicht immer zu übereinstimmenden Urteilen. Das SIC ist Verbeek (2005, S.285) zufolge dem AIC leicht überlegen. Beide sind in den meisten Statistikprogrammen implementiert, so dass der ADF Test mit solchen Programmen relativ ein-

---

[169] Besondere kritische Werte für kleine Stichproben finden sich z.B. in MacKinnon (1991).

[170] Formale Prozeduren zur Bestimmung der Anzahl verzögerter Werte diskutieren Ng und Perron (1995, 2001).

5. Empirische Schätzung von Hedgeraten

fach umzusetzen ist. Da der ADF Test zudem einer der gebräuchlichsten und besten[171] Tests auf Stationarität ist, wird hier seine Verwendung vorgeschlagen.

Aus der Definition der Stationarität ist intuitiv ersichtlich, dass in der Praxis für das Vorliegen von Stationarität die Anzahl der verfügbaren Beobachtungen, d.h. die Länge der Zeitreihe, ein kritischer Faktor ist. Ist die Zeitreihe zu kurz, konvergieren Erwartungswert und (Ko)Varianz zwar irgendwann gegen ihren Grenzwert, können aber noch sehr weit davon entfernt sein. Umgekehrt kann über kurze Zeiträume hinweg selbst bei einer Reihe mit Trend wie dem DRAM Preis keine Einheitswurzel gefunden werden, z.b. weil der DRAM Preis relativ konstant war. Wie später diskutiert wird, macht Kointegration nur über einen längeren Zeitraum (bei der monatlichen Messung der DRAM Preise z.B. über mindestens fünf bis sechs Jahre) Sinn, so dass auch die (Nicht-)Stationarität über diesen entsprechend langen Zeitraum getestet werden muss. Dann sollte sich der DRAM Preis als nichtstationär erweisen.

Die Überprüfung des Integrationsgrades soll beispielhaft für den DRAM Preis illustriert werden. Die Analyse wurde mit dem Programm EViews durchgeführt. Herangezogen wird der monatliche ASP, wie er von WSTS (2007) berichtet wird, für den Zeitraum von Januar 1997 bis Dezember 2006. Zunächst wird das unrestringierte Modell mit Trend und Konstante geschätzt. Verwendet wird die Darstellung in Differenzen (5.19), d.h. der t-Test bezieht sich darauf, ob $\omega - 1 = 0$ ist. Nachfolgend finden sich die Ergebnisse der Schätzung.

---

[171] Zum ADF Test wurden etliche Alternativen und Variationen in der Literatur vorgeschlagenen. Zu den bekanntesten und in den meisten Softwareprogrammen ebenfalls implementierten zählen die Phillips-Perron Tests. Es gibt mittlerweile Evidenz (vgl. Schwert (1989) und Ng und Perron (1997)) dafür, dass sie bei endlichen Stichproben schlechter abschneiden als ADF Tests, siehe Davidson und MacKinnon (2004, S.623).

Null Hypothesis: ASP has a unit root			
Exogenous: Constant, Linear Trend			
Lag Length: 3 (Automatic based on SIC, MAXLAG=12)			
		t-Statistic	Prob.*
Augmented Dickey-Fuller test statistic		-2.444513	0.3551
Test critical values:	1% level	-4.036310	
	5% level	-3.447699	
	10% level	-3.148946	
*MacKinnon (1996) one-sided p-values.			

Augmented Dickey-Fuller Test Equation
Dependent Variable: D(ASP)
Method: Least Squares
Date: 12/20/07   Time: 19:44
Sample: 1997:01 2006:12
Included observations: 120

Variable	Coefficient	Std. Error	t-Statistic	Prob.
ASP(-1)	-0.071328	0.029179	-2.444513	0.0160
D(ASP(-1))	0.535066	0.085421	6.263871	0.0000
D(ASP(-2))	0.167670	0.097865	1.713276	0.0894
D(ASP(-3))	-0.273462	0.089107	-3.068913	0.0027
C	0.392440	0.186724	2.101708	0.0378
@TREND(1997:01)	-0.001100	0.001206	-0.911961	0.3637
R-squared	0.395538	Mean dependent var		-0.010750
Adjusted R-squared	0.369026	S.D. dependent var		0.495927
S.E. of regression	0.393934	Akaike info criterion		1.023438
Sum squared resid	17.69093	Schwarz criterion		1.162812
Log likelihood	-55.40626	F-statistic		14.91948
Durbin-Watson stat	2.003119	Prob(F-statistic)		0.000000

Tabelle 5.1: Schätzergebnisse des Einheitswurzeltests mit Zeittrend und Konstante für den ASP 1997-2006

Nach dem SIC wurden bis um drei Perioden verzögerte Werte der Preisdifferenzen zur Vermeidung von Autokorrelation in die Regressionsgleichung aufgenommen („Lag Length: 3"). Die Schätzung liefert eine DF_τ-Teststatistik von $-2{,}44$, die bei jedem der üblichen Signifikanzniveaus von 1/5/10% über dem jeweiligen kritischen Wert liegt. EViews gibt die von MacKinnon (1996) berechneten kritischen Werte an, die kaum von denen im Appendix von Fuller (1996) differieren. Die Nullhypothese eines nichtstationären DRAM Preises kann zunächst nicht zurückgewiesen werden, $\omega-1$ ist nicht signifikant von null verschieden. Die $DF_{\gamma\tau}$-Statistik zeigt allerdings einen nicht signifikanten Zeittrend an, da der Wert mit $-0{,}91$ unter den kritischen Werten von ca. 2,38/2,79/3,53 nach Dickey und Fuller (1981) (vgl. Appendix für T=100) bei einem Konfidenzniveau von 90/95/99% liegt. Eine Schätzung von (5.18) ohne Zeittrend und nur mit einer Konstante liefert die folgenden Ergebnisse:

5. Empirische Schätzung von Hedgeraten

```
Null Hypothesis: ASP has a unit root
Exogenous: Constant
Lag Length: 3 (Automatic based on SIC, MAXLAG=12)
```

		t-Statistic	Prob.*
Augmented Dickey-Fuller test statistic		-2.301531	0.1732
Test critical values:	1% level	-3.485586	
	5% level	-2.885654	
	10% level	-2.579708	

*MacKinnon (1996) one-sided p-values.

```
Augmented Dickey-Fuller Test Equation
Dependent Variable: D(ASP)
Method: Least Squares
Date: 12/20/07   Time: 19:54
Sample: 1997:01 2006:12
Included observations: 120
```

Variable	Coefficient	Std. Error	t-Statistic	Prob.
ASP(-1)	-0.057825	0.025124	-2.301531	0.0232
D(ASP(-1))	0.533182	0.085333	6.248218	0.0000
D(ASP(-2))	0.159254	0.097358	1.635757	0.1046
D(ASP(-3))	-0.287314	0.087739	-3.274659	0.0014
C	0.263996	0.122503	2.155019	0.0332
R-squared	0.391128	Mean dependent var		-0.010750
Adjusted R-squared	0.369950	S.D. dependent var		0.495927
S.E. of regression	0.393645	Akaike info criterion		1.014040
Sum squared resid	17.82000	Schwarz criterion		1.130185
Log likelihood	-55.84239	F-statistic		18.46847
Durbin-Watson stat	2.012699	Prob(F-statistic)		0.000000

Tabelle 5.2: Schätzergebnisse des Einheitswurzeltests nur mit Konstante für den ASP 1997-2006

Die DF_τ-Statistik liegt mit $-2{,}30$ erneut über den kritischen Werten und weist auf Nichtstationarität hin. Die DF_θ-Statistik für die Konstante (hier C) ist mit 2,16 gerade noch kleiner als die kritischen Werte 2,17/2,52/3,22 (vgl. Appendix für T=100) für ein Konfidenzniveau von 90/95/99% und muss daher als insignifikant gelten. Die Schätzung ist nochmals ohne Trend und auch ohne Konstante zu wiederholen. Nach den Ergebnissen in Tabelle 5.3 ist die DF_τ-Statistik mit $-0{,}81$ erneut größer als jeder der kritischen Werte. Der DRAM Preis kann nun endgültig über diesen Zeitraum als nichtstationär angenommen werden.

Null Hypothesis: ASP has a unit root			
Exogenous: None			
Lag Length: 3 (Automatic based on SIC, MAXLAG=12)			
		t-Statistic	Prob.*
Augmented Dickey-Fuller test statistic		-0.809954	0.3632
Test critical values:	1% level	-2.584375	
	5% level	-1.943516	
	10% level	-1.614956	
*MacKinnon (1996) one-sided p-values.			

Augmented Dickey-Fuller Test Equation
Dependent Variable: D(ASP)
Method: Least Squares
Date: 12/20/07   Time: 20:02
Sample: 1997:01 2006:12
Included observations: 120

Variable	Coefficient	Std. Error	t-Statistic	Prob.
ASP(-1)	-0.006065	0.007488	-0.809954	0.4196
D(ASP(-1))	0.533203	0.086663	6.152572	0.0000
D(ASP(-2))	0.133689	0.098138	1.362246	0.1758
D(ASP(-3))	-0.338418	0.085790	-3.944738	0.0001
R-squared	0.366540	Mean dependent var		-0.010750
Adjusted R-squared	0.350157	S.D. dependent var		0.495927
S.E. of regression	0.399780	Akaike info criterion		1.036963
Sum squared resid	18.53963	Schwarz criterion		1.129879
Log likelihood	-58.21776	Durbin-Watson stat		2.042336

Tabelle 5.3: Schätzergebnisse des Einheitswurzeltests ohne Trend und Konstante für den ASP 1997-2006

Um zu prüfen, von welchem Grade der DRAM Preis integriert ist, werden in einem zweiten Schritt die Differenzen einem Stationaritätstest unterzogen. Dazu wird eine Regression ohne Zeittrend, aber mit Konstante analog (5.18) durchgeführt, die folgende Resultate (in verkürzter Darstellung) liefert

Null Hypothesis: D(ASP) has a unit root			
Exogenous: Constant			
Lag Length: 2 (Automatic based on SIC, MAXLAG=12)			
		t-Statistic	Prob.*
Augmented Dickey-Fuller test statistic		-7.113729	0.0000
Test critical values:	1% level	-3.485586	
	5% level	-2.885654	
	10% level	-2.579708	
*MacKinnon (1996) one-sided p-values.			

Tabelle 5.4: Schätzergebnisse des Einheitswurzeltests der Preisdifferenzen des ASP 1997-2006

Die DF_τ-Statistik liegt weit unterhalb der kritischen Werte. Die Nullhypothese einer weiteren Einheitswurzel kann klar abgelehnt werden. Als Ergebnis der Stationaritätsanalyse gilt der ASP als I(1).

5. Empirische Schätzung von Hedgeraten 243

Auch der Preis eines Hedgeinstruments muss dann I(1) sein. Wäre er stationär, kann keine stabile, für das Hedging nutzbare Beziehung zum nichtstationären ASP bestehen. Ist er ebenfalls I(1) und wird der DRAM Preis auf ihn regressiert, kann die Differenz zwischen beiden und damit der Fehlerterm der Regression, der für die Anwendbarkeit der OLS Schätzung stationär sein sollte, integriert sein (die hier an zwei Zeitreihen erklärten Zusammenhänge gelten auch bei mehreren Regressoren). Die Regression kann dann zu falschen Ergebnissen führen. Insbesondere kann es nach Granger und Newbold (1974) zur Scheinkorrelation kommen. Ein Ausweg besteht typischerweise darin, die Reihen solange zu differenzieren oder anderweitig zu transformieren, bis sie stationär sind und eine OLS Regression wieder gültig ist. Zur Schätzung der Hedgerate aus absoluten Preisniveaus ist dies kein gangbarer Weg. Weisen die beiden I(1) Reihen jedoch den gleichen stochastischen Trend auf, kann eine lineare Beziehung zwischen ihnen (und damit der Fehlerterm der Regression) auch stationär sein. Sie sind dann nach Engle und Granger (1987) kointegriert und eine OLS Regression führt zu gültigen Ergebnissen. Die Linearkombination ist zugleich die für das Hedging relevante Beziehung zwischen Spot- und Terminpreisen. Weist z.B. nicht nur der ASP, sondern auch der Terminpreis des Hedgeinstruments einen wachsenden Trend auf, kann die Differenz zwischen beiden immer größer werden, also nichtstationär sein. Die Preisreihen driften auseinander und es existiert keine stabile (lineare) Gleichgewichtsbeziehung zwischen ihnen, auf der ein Hedging aufbauen könnte. Wenn die Reihen aber ungefähr mit dem gleichen Trend wachsen, schwankt die Differenz stabil um einen Durchschnittswert. Die beiden Reihen sind kointegriert. Die Kointegrationsbeziehung kann nach Verbeek (2005, S.315) als langfristige Gleichgewichtsbeziehung interpretiert werden. Sie kann für Hedgingzwecke genutzt werden. Differenzieren der Daten würde diese Beziehung nach Greene (2003, S.649f) nur verdecken. Wenn also ein Hedgeinstrument gefunden wird, das ebenso wie der DRAM Preis I(1) ist, ist als nächster Schritt die Kointegration zwischen beiden zu testen.

5.2.3 Test auf Kointegration

Nach den bisherigen Ausführungen sollte bereits deutlich sein, wie ein Testverfahren für Kointegration aussehen könnte. Nach dem auf der Arbeit von Engle und Granger (1987) basierenden Engle-Granger Test, dem einfachsten und populärsten Test auf Kointegration,[172] sind die Residuen v der Linearkombination, d.h. der möglichen Kointegrationsbeziehung,

$$p_t = \alpha + \beta \cdot f_t + v_t \tag{5.24}$$

auf Stationarität zu überprüfen. Dazu kann wieder der ADF Test herangezogen werden, jedoch sind Verbeek (2005, S.316f) zufolge andere kritische Werte heranzuziehen. Die wichtigsten sind im Appendix zu diesem Kapitel bereitgestellt. Sie gilt es besonders zu beachten, wenn in der Schätzung eines Statistikprogramms die speziellen kritischen Werte für den „normalen" Stationaritätstest von oben mit ausgegeben werden. Analog zu oben lautet die Regressionsgleichung für den ADF Test

$$\Delta v_t = \phi + \delta \cdot v_{t-1} + \sum_{i=1}^{q-1} \lambda_i \cdot \Delta v_{t-i} + u_t, \; u_t \sim IID(0, \sigma_u^2) \tag{5.25}$$

wobei q wieder so gewählt wird, dass eine serielle Korrelation der Residuen verschwindet. Die Nullhypothese einer Einheitswurzel ($\delta=0$) entspricht nichtstationären Fehlertermen bzw. einer nichstationären Beziehung der Variablen, also keiner Kointegration. Wird sie verworfen, kann dies als Kointegration der Variablen gewertet werden. Kann die Nullhypothese nicht zurückgewiesen werden, ist damit noch nicht bestätigt, dass die Variablen nicht kointegriert sind. Im Weiteren wird ein solches Ergebnis jedoch analog zum Vorgehen beim einfachen Stationaritätstest und Greene (2003, S.656) folgend wie eine Bestätigung behandelt.[173]

Ein zeitlicher Trend ist hier nicht in die Regressionsgleichung aufzunehmen. Die Kointegrationsbeziehung, die zum Hedging genutzt werden soll, soll gerade keinem Trend unterliegen, sondern möglichst stabil sein.

Sind die Reihen kointegriert, ist die OLS Regression nicht nur gültig, sondern resultiert sogar in „super-konsistenten"[174] Parameterschätzungen (Stock (1987)). Der Parameter β der Kointegrationsbeziehung entspricht der gesuchten

---

[172] Für alternative Testverfahren vgl. z.B. Davidson und MacKinnon (2004, S.638ff).

[173] Tests mit der Kointegration als Nullhypothese besprechen Maddala und Kim (1998, Section 4.5).

[174] Der Schätzer konvergiert sehr viel schneller gegen den wahren Wert als bei normaler Asymptotik, vgl. Verbeek (2005, S.314).

5. Empirische Schätzung von Hedgeraten

Hedgerate.[175] Die Hedgeeffektivität kann wie gewohnt an dem Bestimmtheitsmaß der Regression abgelesen werden.

Um eine langfristige Gleichgewichtsbeziehung für eine stark schwankende Größe wie den DRAM Preis zu einem potentiellen Hedgeinstrument zu finden, wenn eine solche überhaupt existiert, kann ein relativer langer Zeitraum nötig sein, insbesondere, wenn in ihm „Ausreißer"-Jahre wie 2001 enthalten sind, in denen die Volatilität außergewöhnlich hoch war und der Zusammenhang zu einem Hedgeinstrument daher möglicherweise schwach war. Gleichzeitig sollte der Zeitraum aber möglichst kurz gehalten werden, um die mittelfristige Preisentwicklung so gut als möglich abzubilden. Denn je länger der Zeitraum gewählt wird, umso leichter wird zwar eine Kointegrationsbeziehung gefunden, umso größer ist aber die Gefahr, dass nur mehr der langfristige Preistrend beschrieben wird und nicht die mittelfristige Preisentwicklung, die gehedgt werden soll. Dies ist ein Trade-off, mit dem man bei der Festlegung des Zeitraums konfrontiert ist. Wird eine Kointegrationsbeziehung vermutet, aber bei kürzeren Zeiträumen nicht gefunden, sollte der Zeitraum daher in einem plausiblen Intervall von z.B. 5 bis 10 Jahren bei Monatsdaten schrittweise verlängert werden, bevor eine Kointegrationsbeziehung ganz ausgeschlossen wird.

Zusammenfassend ergibt sich folgendes dreistufiges Verfahren zur Identifikation geeigneter Hedgeinstrumente und der Schätzung der Hedgerate sowie -effektivität:

1. Zunächst wird die Stationarität der Preisreihen mit dem ADF Test überprüft.

2. Sind sie I(1), werden die Residuen der Kointegrationsgleichung mit dem ADF Test auf Stationarität getestet.

3. Sind die Residuen stationär, sind die Spot- und Terminpreise kointegriert und die Hedgerate und -effektivität kann aus der OLS Schätzung der Kointegrationsgleichung übernommen werden.

---

[175] Der OLS Schätzer des Kointegrationsparameters ist zwar nicht normalverteilt, so dass Rückschlüsse auf Basis der t-Statistik irreführend sein können. Hier steht aber die Schätzung des Wertes der Hedgerate im Vordergrund. Ein weiteres Problem könnte eine verzerrte Schätzung der Kointegrationsbeziehung bei kleinen Stichproben sein. Von DRAM und Terminpreisen stehen aber im Normalfall ausreichend Daten zur Verfügung. Daher werden alternative Schätzer anstelle des Kointegrationsparameters vernachlässigt. Vgl. Verbeek (2005, S.317).

5.2.4 Diskussion des vorgestellten Verfahrens

Es ist bereits an dieser Stelle auf Schwächen und Besonderheiten dieses Verfahrens zur Selektion von Hedgeinstrumenten hinzuweisen. Eine für einen bestimmten Zeitraum gefundene Kointegrationsbeziehung zwischen einem potentiellen Hedgeinstrument und dem DRAM Preis oder die damit geschätzte Hedgerate und -effektivität müssen nicht auf Dauer robust sein. Beispielsweise könnte die Beziehung auf gemeinsamen preisbestimmenden Faktoren beruhen. Verändern sich diese Faktoren, kann sich der Zusammenhang zwischen den Preisen (und damit die Hedgerate und -effektivität) ändern oder zu schwach werden, um eine stabile Beziehung aufrecht zu erhalten. Verwendet man z.B. als Hedgeinstrument einen Branchenindex der Computerindustrie, die als wichtigstes Nachfragesegment für DRAM dessen Preis nachhaltig beeinflusst, so ist damit zu rechnen, dass mit zunehmender Diversifikation der DRAM Branche in andere Nachfragesegmente wie z.B. der Unterhaltungselektronik der Zusammenhang zum „Wohl und Wehe" der Computerindustrie schwächer wird. Die Hedgerate ändert sich und der Index ist möglicherweise nicht mehr als Hedgeinstrument brauchbar. Derartige, in der DRAM Branche nicht unübliche strukturelle Änderungen legen nicht nur nahe, eine einmal gefundene Kointegration und Hedgerate von Zeit zu Zeit zu überprüfen. Auch sollte die Stabilität einer Kointegrationsbeziehung und die Konstanz der Hedgerate für andere Zeiträume überprüft werden. Stellt sich beispielsweise heraus, dass nur über die letzten fünf Jahre eine Kointegrationsbeziehung vorherrschte, aber nicht in anderen, nahe gelegenen Zeiträumen, z.B. in einem um sechs Monate verschobenen Fünfjahreszeitraum, ist an der Eignung des Hedgeinstruments zu zweifeln, da es nicht robust ist und die in nur einem Zeitintervall gefundene Kointegration möglicherweise nur zufällig ist. Ebenfalls würden eine allzu stark schwankende Hedgerate oder -effektivität die hier empfohlene Verwendung einer konstanten Hedgerate zweifelhaft scheinen lassen. Andererseits sollte aus dem gleichen Argument vermutlicher struktureller Änderungen heraus bei einer derart dynamischen Branche nicht zu weit in die Vergangenheit zurück gegangen werden, da unwahrscheinlich ist, dass ein für die aktuellen Gegebenheiten der Branche passendes Hedgeinstrument auch in dem Umfeld der DRAM Branche z.B. in den 1980er Jahren geeignet war. Um dennoch ausreichend Schätzungen zur Überprüfung einer einmal gefundenen Beziehung durchführen zu können, bietet es sich an, die Kointegrationsbeziehung anhand von Fensterschätzungen für die jüngere Vergangenheit (z.B. die letzten fünf bis zehn Jahre) zu überprüfen. Dabei wird ein Zeitfenster fester Länge, z.B. von 60 Monaten, jeweils um eine Periode (einen Monat) verschoben und die Schätzung erneut durchgeführt. Beginnt man z.B. mit einer Schätzung des Zeitraumes 2000:01 bis 2004:12, wird die

5. Empirische Schätzung von Hedgeraten

Schätzung als nächstes für den Zeitraum 2001:02 bis 2005:01 wiederholt usw. Auf diese Weise kann ein Eindruck davon gewonnen werden, wie stabil Hedgerate und –effektivität im Zeitablauf sind. Fensterschätzungen lassen sich in den meisten Statistikprogrammen programmieren, so dass sie nicht manuell durchgeführt werden müssen. Die Entwicklung der Hedgerate und –effektivität lässt sich z.b. aus ihrer graphischen Darstellung im Zeitablauf einfach ablesen. Fensterschätzungen weisen zwar methodische Schwächen auf,[176] dienen an dieser Stelle aber nur als Hilfe zur Beurteilung der Stabilität der Hedgerate und –effektivität. Schwanken diese stark, scheint das Hedgeinstrument wenig geeignet.

In gewissem Umfang unvermeidbare Schwankungen weisen auf ein weiteres Problem hin. Selbst wenn eine Kointegrationsbeziehung einigermaßen stabil ist, beschreibt sie lediglich eine langfristige Gleichgewichtsbeziehung zwischen dem Preis des Hedgeinstruments und dem DRAM Preis. Kurzfristig können die beiden Preisreihen von diesem Gleichgewicht abweichen und sich unterschiedlich entwickeln. Eine (temporäre) Veränderung des DRAM Preises muss sich nicht in dem Preis des Hedgeinstruments widerspiegeln, so dass das Preisrisiko kurzfristig nicht wie beim Hedging ohne Basisrisiko beseitigt werden muss. Eine einzelne Hedgeposition wird in der Praxis wohl nur einige Wochen oder Monate gehalten. Unter Umständen gleicht sie Verluste (oder Gewinne) aus der Spotmarktposition nicht aus. Die Verwendung einer Kointegrationsbeziehung zum Hedging ist nur über einen hinreichend langen Zeitraum sinnvoll, d.h. wenn sie für mehrere Hedgeperioden verwendet wird, so dass die langfristige Gleichgewichtsbeziehung, der „Durchschnitt", auch zum Tragen kommen kann. Kurzfristig kann sie sich als unbrauchbar zur Reduktion des Risikos erweisen oder sogar das Risiko erhöhen. Ist der DRAM Preis beispielsweise über einen längeren Zeitraum außergewöhnlich stabil und das Preisrisiko daher außergewöhnlich gering, wie etwa zwischen April 2005 und Anfang 2006 (vgl. den eingekreisten Zeitraum in Abbildung 5.2), kann eine Hedgeposition, die in diesem Zeitraum eine „normale" Volatilität aufweist, das Risiko effektiv erhöhen statt es zu reduzieren. Die Hedgeeffektivität wäre in diesem Fall größer als eins.

---

[176] Ein Nachteil ist beispielsweise, dass jede Beobachtung des Zeitfensters das gleiche Gewicht erhält. Eine Beobachtung, die im vorigen Zeitfenster noch enthalten war und dort die gleiche Bedeutung wie jede andere erhielt, fällt im nächsten heraus. Dieses Vorgehen erscheint relativ willkürlich.

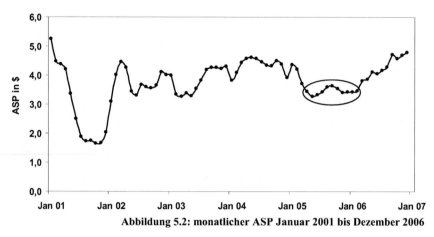
Abbildung 5.2: monatlicher ASP Januar 2001 bis Dezember 2006

Es ergibt sich insgesamt das Dilemma, dass eine Hedgerate nach diesem Verfahren auf einer langfristigen Beziehung zwischen dem DRAM Preis und dem Hedgeinstrument basiert, von der man nur im Durchschnitt profitieren kann, wenn die Hedgerate über einen längeren Zeitraum verwendet wird, während die hohe Dynamik der Branche zu Veränderungen dieser Beziehung führen kann, die einer langfristigen Anwendung der Hedgerate im Wege stehen kann. Ein solches Hedging ist daher selbst riskant in dem Sinne, dass eine Veränderung der Kointegrationsbeziehung die Hedgerate ändern kann, bevor man von ihr profitieren konnte. Dieser Umstand kann es in der Praxis erschweren, eine derartige Hedgingstrategie Entscheidungsträgern oder externen Begutachtern wie z.B. Analysten plausibel zu machen. Gerade wenn daraus Verluste erzielt werden, obwohl dies bei gleichzeitigen Gewinnen aus den DRAM Verkäufen die Funktionsweise des Hedgings demonstrieren würde, kann ihre Rechtfertigung schwierig sein, insbesondere wenn der Gewinn dadurch kleiner ausfällt als bei nicht hedgenden Konkurrenten.

5.3 Bildung eines Hedge-Portfolios

Bisher wurden nur statistische Eigenschaften (Nicht-Stationarität, Kointegration zum DRAM Preis) als Kriterien zur Selektion eines Hedgeinstruments genannt. Die Auswahl eines Cross-Hedgeinstruments bleibt damit noch reichlich unbestimmt. Selbst wenn nur die im Mittelpunkt dieser Analyse stehenden Futures als potentielle Instrumente berücksichtigt werden, kommt weiterhin eine Vielzahl möglicher Titel in Betracht. Tatsächlich muss man sich zum Hedging nicht auf einen einzigen Futurekontrakt beschränken. Vielmehr kann aus mehre-

5. Empirische Schätzung von Hedgeraten

ren geeignet scheinenden Futures ein „Portfolio" gebildet werden, das das DRAM Preisrisiko so gut als möglich beschreibt. Dies können Futures auf Aktienindizes sein, die z.b. die Entwicklung DRAM nachfragender Branchen nachzeichnen, oder direkt auf einzelne Aktien (sog. „Single Stock Futures") z.B. wichtiger Abnehmer. Da es nur auf einen statistischen Zusammenhang ankommt, könnten prinzipiell auch Futures auf Basiswerte ohne erkennbaren Zusammenhang zum DRAM Preis verwendet werden. Da dann aber keinerlei Anhaltspunkte für die Suche existieren, sollten Futures auf Basiswerte in Betracht gezogen werden, bei denen die gleichen preistreibenden Faktoren wie beim DRAM Preis vermutet werden. Denn letztlich kann Cross-Hedging als Versuch interpretiert werden, über diesen Umweg die den DRAM Preis beeinflussenden Faktoren indirekt einzufangen. In Abschnitt 4.4.4 wurde gezeigt, dass auch bei mehreren Hedginstrumenten die jeweilige Hedgerate aus dem Regressionsparameter abgelesen werden kann, wenn die Instrumente unabhängig voneinander sind.

Nachfolgend wird ein Verfahren zur Bildung eines Portfolios zum Hedging des DRAM Preisrisikos aus mehreren Futures beschrieben. Dazu wird ein Vorgehen von Schweimayer (2003) adaptiert, mit dem dieser Kreditrisiken durch makroökonomische Indikatoren zu erklären versucht.

In einer Vorauswahl sollten Schweimayer (2003, S.131) folgend nur Futures zugelassen werden, die eine ökonomisch plausible betragsmäßige Einzelkorrelation von mindestens 0,5 zum DRAM Preis aufweisen. Widerspricht die Korrelation der ökonomischen Interpretation, sollte ein Future keine Berücksichtigung finden, ebenso wie solche, deren geschätzter Parameter (d.h. die Hedgerate) im Verbund mit anderen ein anderes Vorzeichen aufweist als bei isolierter Betrachtung. Dadurch können im Regelfall die Anzahl in Frage kommender Futures bereits stark reduziert werden, so dass sich der nachfolgende Aufwand erheblich verringert.

Da die später zu überprüfende Kointegration nur möglich ist, wenn alle Instrumente wie der DRAM Preis integriert vom Grade eins sind, sind in einem nächsten Schritt alle Futures mit Hilfe des ADF Tests wie beschrieben auf ihre Stationarität hin zu überprüfen. Futures, deren Zeitreihe nicht I(1) ist, können verworfen werden, so dass sich die Zahl potentieller Hedginstrumente weiter reduziert.

Von den in die engere Wahl übernommenen Futures können im Normalfall nicht alle verwendet werden, sondern muss eine weitere Selektion vorgenommen werden. Denn wenn ähnliche bzw. durch ähnliche preisbildende Faktoren bestimmte Futures aufgenommen werden, dürften einige davon redundant in dem Sinne sein, dass sie gleiche oder sehr ähnliche Preisrisiken beschreiben.

Dies mag zunächst wenig bedenklich erscheinen und tatsächlich lassen sich durch die Aufnahme zusätzlicher Futures, d.h. Variablen, zur Schätzung der Hedgerate das Bestimmtheitsmaß der Regression und damit die Hedgeeffektivität stets erhöhen. Gleichzeitig wächst jedoch die Gefahr der Multikollinearität und statistisch unzuverlässiger Zusammenhänge (vgl. im Folgenden Schweimayer (2003, S.91ff)).

Exakte Multikollinearität liegt vor, wenn sich die Zeitreihe mindestens eines Futures durch die Zeitreihen der übrigen mittels Linearkombination erzeugen lässt. Eine OLS Regression ist dann nicht mehr möglich und mindestens ein Future überflüssig. Exakte Multikollinearität dürfte zwar die Ausnahme sein, aber auch annähernde Multikollinearität birgt statistische Probleme. Sie liegt vor, wenn sich die Zeitreihe eines Futures in einer Regression auf die übrigen zwar nicht perfekt, aber mit einem hohen Bestimmtheitsmaß, z.B. $R^2 > 0{,}8$, erklären lässt, und äußert sich wie folgt:

1. Geringe Parameterstabilität, d.h. kleine Änderungen in den Zeitreihen können zu großen Änderungen der geschätzten Hedgerate führen.

2. Trotz insignifikanter t-Statistiken der geschätzten Parameter ergibt sich ein hohes R^2, also ein scheinbar hoher Erklärungsgehalt und damit eine vermeintlich hohe Hedgeeffektivität.

3. Die geschätzten Hedgeraten weisen das falsche Vorzeichen oder einen unplausiblen Betrag auf.

Daher gilt es, Multikollinearität zu vermeiden. Um sie zu erkennen, wäre eine nahe liegende Möglichkeit, jeden Futurestitel auf die anderen zu regressieren. Glücklicherweise gibt es einen weniger aufwändigen Weg. Damit keine Multikollinearität auftritt, dürfen die Futurestitel keine hohen paarweisen Korrelationen aufweisen. Es kann gezeigt werden, dass die Diagonalelemente κ_i der invertierten Korrelationsmatrix (die sich in gängigen Statistikprogrammen bequem anzeigen lässt) die Beziehung

$$\kappa_i = \frac{1}{1 - R_i^2} \tag{5.26}$$

erfüllen, wobei R_i^2 gerade dem Bestimmtheitsmaß der Regression des i-ten Futures auf alle anderen entspricht. Mit obigem Richtwert $R_i^2 > 0{,}8$ gilt $\kappa_i > 5$ als Indiz für Multikollinearität durch den i-ten Future. Derjenige, der am besten durch die anderen erklärt werden kann, d.h. für den das Bestimmtheitsmaß (und damit κ_i) am höchsten ist, kann weggelassen und die Multikollinearität unter den verbleibenden anschließend erneut geprüft werden. Diese iterative Eliminierung wird fortgesetzt, bis keiner der verbleibenden Futures mit einem $R_i^2 > 0{,}8$ durch

5. Empirische Schätzung von Hedgeraten

die anderen erklärt werden kann. Die Multikollinearitätsanalyse kann somit durch Inversion der Korrelationsmatrix relativ rasch durchgeführt werden. Für die verbleibenden Futures kann dann zugleich für die Praxis die Annahme der Unabhängigkeit als hinreichend erfüllt gelten, so dass die jeweilige Hedgerate aus dem Regressionsparameter abgelesen werden kann.

Allgemein sollten so wenige Instrumente wie möglich, aber so viele als nötig für eine stabile, hinreichend gute Beziehung (im Sinne der Hedgeeffektivität) zum DRAM Preis aufgenommen werden, um das Problem der Multikollinearität von vornherein so weit als möglich zu vermeiden.

Von den verbleibenden Futures sollten nur solche in das Hedge-Portfolio aufgenommen werden, die einen wesentlichen Beitrag zum Bestimmtheitsmaß und damit der Hedgeeffektivität liefern. Ein normaler F-Test ist nicht in der Lage, über die Signifikanz des Beitrags einzelner Futures zu entscheiden. Zu deren Beurteilung kann die partielle F-Statistik herangezogen werden, die eng mit der t-Statistik des Schätzers $\hat{\beta}_k$ der Hedgerate für den k-ten der n Futures zusammen hängt:

$$t_k = \frac{\hat{\beta}_k}{SE(\hat{\beta}_k)} \overset{H_0:\beta_k=0}{\sim} t_{n-k} \quad (5.27)$$

$$F_k = \frac{R_k^2 - R_{k-1}^2}{1 - R_k^2} \cdot (n-k) = t_k^2 \overset{H_0:\beta_k=0}{\sim} F_{1,n-k} \quad (5.28)$$

$SE(\hat{\beta}_k)$ ist die geschätzte Standardabweichung des Parameter β_k. Die partielle F- bzw. t^2-Statistik testet, ob der Erklärungsbeitrag eines Instruments signifikant ist oder nicht. Durch den Rückgriff auf die quadrierte t-Statistik, die bei Regressionen standardmäßig mit ausgegeben wird, ist der Test einfach durchzuführen. Aus der Regression des DRAM Preises auf die nach der Multikollinearitätsanalyse verbleibenden Futures werden schrittweise diejenigen mit insignifikanten t^2-Statistiken eliminiert. Es wird jeweils derjenige mit dem niedrigsten t^2-Wert eliminiert, bis die Werte für alle verbleibenden Futures über dem kritischen Wert $F_{\alpha,1,n-k}$ zum Konfidenzniveau α liegen. Auf diese Weise können Futures aussortiert werden, die keinen wesentlichen Erklärungsbeitrag liefern.

Die übrigen Futures bilden ein potentielles Hedge-Portfolio, dessen Kointegration zum DRAM Preis abschließend mit Hilfe eines ADF Tests der Residuen der Regression des DRAM Preises auf die Futures zu prüfen ist, damit keine Scheinkorrelation vorliegt. Streng genommen müsste die Kointegration im Verlauf der Rückwärtseliminierung nach jeder Eliminierung erneut überprüft werden, da die t^2-Statistik nur bei Kointegration (bei Stationarität der Residuen) eine unverzerrte Statistik darstellt. Schweimayer (2003, S.129f) folgend kann darauf verzichtet werden und der Test auf Kointegration nur am Ende des Verfahrens durchgeführt werden. Der dadurch möglicherweise in Kauf genommenen Verzerrung der t-Statistiken steht ein erheblich einfacher durchzuführendes und automatisierbares Verfahren der Rückwärtseliminierung gegenüber. Um einer möglichen Verzerrung entgegen zu wirken, kann ein relatives hohes Konfidenzniveau von 99% gewählt werden.

Die Hedgeraten für jedes einzelne Instrument können wie bei einem einzelnen Instrument aus den geschätzten Parametern unmittelbar abgelesen werden, wie auch die Hedgeeffektivität aus dem Bestimmtheitsmaß der Regression.

Zusammenfassend erfolgt die Selektion geeigneter Futures anhand folgender Kriterien:

1. Vorauswahl:

    a. Jeder Future weist eine Einzelkorrelation zum DRAM Preis von mindestens 0,5 auf. Das Vorzeichen der Korrelation ist ökonomisch plausibel und ändert sich nicht im Verbund mit anderen Instrumenten.

    b. Mit einem ADF Test wird überprüft, ob der Preis eines Futures I(1) ist.

    c. Ein Future kann nicht hinreichend gut durch die anderen erklärt werden (keine Multikollinearität): die invertierte Korrelationsmatrix liefert einen Wert $\kappa_i < 5$. Andernfalls wird jeweils der Future, der am besten durch die anderen erklärt werden kann, ausgesondert, bis für alle verbleibenden $\kappa_i < 5$ gilt.

2. Optimales Portfolio: Futures mit einem insignifikanten Erklärungsbeitrag zum DRAM Preis werden schrittweise anhand der t^2-Statistik eliminiert.

3. Eine Scheinkorrelation der verbleibenden Futures wird durch einen Engle-Granger-Test (ADF Test der Residuen) auf Kointegration ausgeschlossen.

Stellt sich im letzten Schritt heraus, dass keine Kointegration herrscht, kann die Prozedur wiederholt werden, indem statt der am Ende übrig gebliebenen Instrumente die im Zuge der Multikollinearitätsanalyse eliminierten Futures einbezogen oder zumindest einige durch verwandte Titel ersetzt werden. Dazu bietet sich an, die einzelnen Futures zu Beginn in Gruppen einzuteilen, z.B. nach Indizes oder Aktien einer bestimmten Branche oder Region. Im Zuge der Multikollinearitätsanalyse dürften pro Gruppe nur einige wenige oder nur ein einziger Future übrig bleiben. Kann dieser keinen Beitrag zur Hedgeeffektivität leisten oder ist er mit anderen Futures nicht kointegriert zum DRAM Preis, kann die

5. Empirische Schätzung von Hedgeraten

Analyse mit einem anderen Future der jeweiligen Gruppe wiederholt werden. Letztlich bedarf es des Ausprobierens verschiedener Portfolios, um herauszufinden, welche Futures in einer Beziehung mit einer ausreichend hohen Hedgeeffektivität zum DRAM Preis stehen und ggf. durch andere ergänzt werden müssen, um die Kointegration herzustellen. Denn meist wird der Großteil der Hedgeeffektivität bereits durch einen Futures erreicht, der aber nicht immer kointegriert mit dem DRAM Preis ist und daher der Flankierung durch weitere Futures bedarf, auch wenn diese nur einen geringen Beitrag zur Hedgeeffektivität leisten. Selbst wenn ein Future alleine kointegriert mit dem DRAM Preis ist, könnte die Fensterschätzung Instabilitäten aufgezeigt haben, die durch den Einsatz des Portfolios eliminiert werden können. Daher sollten bei der Zusammensetzung des Portfolios auch Titel berücksichtigt werden, die bei einer Einzelprüfung ungeeignet scheinen. Die dort angestellte Stabilitätsprüfung der Hedgerate und – effektivität sollte auch für das Portfolio durchgeführt werden.

Eine derartige Suche nach einem optimalen Hedgeportfolio ist zwar etwas mühsam, dafür sind die Hedgerate und –effektivität einfach und schnell an den Regressionsergebnissen ablesbar. Am einfachsten ist es, von vornherein nur Futures zuzulassen, die kointegriert mit dem DRAM Preis sind, auch wenn dies keine Voraussetzung oder Gewähr für die Kointegration des Portfolios ist. Bei Prüfung letzterer existiert der gleiche Trade-off bei der Festlegung der Länge des Beobachtungszeitraums, der für einzelne Titel oben dargestellt wurde. Allerdings kann sich ein Portfolio von Titeln auch über Zeiträume als kointegriert mit dem DRAM Preis erweisen, in denen die einzelnen Titel nicht kointegriert mit ihm sind. Daher kann die Kointegration auch über kürzere Zeiträume geprüft werden.

Appendix zu Kapitel 5: Teststatistiken

Dickey-Fuller-Tests

Kritische Werte für *DF* in Dickey-Fuller Tests bei 1%, 5% und 10% Signifikanzniveau:

Anzahl Beobachtungen	Ohne Trend			Mit Trend		
	1%	5%	10%	1%	5%	10%
T = 25	-3,75	-2,99	-2,64	-4,38	-3,60	-3,24
T = 50	-3,59	-2,93	-2,60	-4,16	-3,50	-3,18
T = 100	-3,50	-2,90	-2,59	-4,05	-3,45	-3,15
T = 250	-3,45	-2,88	-2,58	-3,98	-3,42	-3,13
T = 500	-3,44	-2,87	-2,57	-3,97	-3,42	-3,13
T = ∞	-3,42	-2,86	-2,57	-3,96	-3,41	-3,13

Tabelle A.1: Kritische Werte für *DF* in Dickey-Fuller Tests von Fuller (1996, S.642)

Die Werte differieren kaum von den bereits in Fuller (1976, S.373) angegebenen und zumeist zitierten Werten oder von den von MacKinnon (1996) geschätzten Werten.

Empirische Verteilung von $DF_{\gamma\tau}$ für $\theta = \omega - 1 = \gamma = 0$ in $p_t = \theta + \omega \cdot p_{t-1} + \gamma \cdot t + \varepsilon_t$

Anzahl Beobachtungen	Konfidenzniveau		
	90%	95%	99%
T = 25	2,39	2,85	3,74
T = 50	2,38	2,81	3,60
T = 100	2,38	2,79	3,53
T = 250	2,38	2,79	3,49

Appendix zu Kapitel 5: Teststatistiken

T = 500	2,38	2,78	3,48
T = ∞	2,38	2,78	3,46

Tabelle A.2: Kritische Werte für den Trend in Dickey-Fuller-Tests von Dickey und Fuller (1981, S.1062)

Kritische Werte für DF_θ für $\theta = \omega - 1 = 0$ in $p_t = \theta + \omega \cdot p_{t-1} + \varepsilon_t$:

Anzahl	Konfidenzniveau		
Beobachtungen	90%	95%	99%
T = 25	2,20	2,61	3,41
T = 50	2,18	2,56	3,28
T = 100	2,17	2,52	3,22
T = 250	2,16	2,53	3,19
T = 500	2,16	2,52	3,18
T = ∞	2,16	2,52	3,18

Tabelle A.3: Kritische Werte für die Konstante in Dickey-Fuller-Tests von Dickey und Fuller (1981, S.1062)

Einheitswurzeltest

Asymptotische kritische Werte für den Einheitswurzeltest der Residuen auf Kointegration (mit Konstante, aber ohne Trend):

Anzahl der Variablen	Signifikanzniveau		
(inkl. der abhängigen)	1%	5%	10%
2	-3,90	-3,34	-3,04
3	-4,29	-3,74	-3,45
4	-4,62	-4,10	-3,81
5	-4,96	-4,42	-4,13

Tabelle A.4: Kritische Werte für den Einheitswurzeltest von Davidson und MacKinnon (1993, S.722)

6. Zusammenfassung und kritische Würdigung

Im Mittelpunkt dieser Arbeit standen die Fragen, wie Unternehmen in volatilen Märkten Preis- und Wechselkursrisiken absichern können und welche Rückwirkungen sich daraus auf den Wettbewerb der Unternehmen ergeben. Erklärtes Ziel der Arbeit war es, diese Fragen nicht nur theoretisch zu beantworten, sondern die Bedeutung der gewonnenen Erkenntnisse für die Praxis aufzuzeigen und mit Hilfe empirischer Methoden Handlungsempfehlungen für das Engagement eines Unternehmens auf Terminmärkten für das eigene oder andere Güter sowie für Währung zu generieren. Vor diesem Hintergrund wurden die Fragen anhand des konkreten Beispiels der DRAM Branche untersucht. Die DRAM Branche ist bekannt für ein hohes Preisrisiko. Zusätzlich sind die mehrheitlich außerhalb des Dollarraums angesiedelten Anbieter einem Wechselkursrisiko ausgesetzt, da der DRAM Preis weltweit in Dollar gebildet wird. Außerdem wird die Branche von vier bis fünf Anbietern dominiert, so dass auch die Bedeutung einer oligopolistischen Marktstruktur für die Risikopolitik eines Anbieters und deren Rückwirkung auf einen solchen Wettbewerb berücksichtigt werden kann.

Die in diesem Rahmen erzielten Ergebnisse sind auf andere Branchen übertragbar, die in einem ähnlichen Wettbewerbsumfeld agieren. Zur Beschreibung dieses Umfeldes wurden in Kapitel 2 zunächst stilisierte Fakten der DRAM Branche zusammengetragen.

DRAM Speicherchips werden mittlerweile nicht mehr nur von Computerherstellern, sondern auch von einer Reihe anderer Hersteller elektronischer Geräte eingesetzt. Obwohl mittlerweile verschiedene Arten von DRAM Speicherchips existieren, wird der Großteil des Umsatzes mit sog. Commodity DRAM erzielt, bei dem es sich um genormte Massenprodukte handelt, so dass Chips verschiedener Hersteller, aber der gleichen Konfiguration austauschbar und

Qualitätsunterschiede gering sind. Die Käufer entscheiden primär nach dem für alle Marktteilnehmer transparenten Preis, bei welchem Anbieter sie kaufen. Commodity DRAM kann daher als homogenes Gut charakterisiert werden. Allerdings gewinnt durch die steigende Nachfrage neuer Marktsegmente mit besonderen Bedürfnissen der sog. spezielle DRAM zunehmend an Bedeutung, der sich insbesondere durch eine geringere Preisvolatilität auszeichnet, in dieser Arbeit aber nicht weiter berücksichtigt wurde.

Die Kostenstruktur der DRAM Produktion ist mittelfristig durch hohe Fixkosten für die Fertigungsanlagen und F&E sowie durch niedrige variable Kosten, größtenteils Materialkosten, gekennzeichnet. Die Grenzkosten der Produktion sinken durch Lerneffekte und technologischen Fortschritt rasch und führen zu einem Rückgang des Preises pro Mb Speicherkapazität von 30% p.a. Zu einem gegebenen Zeitpunkt verlaufen die Grenzkosten bis zur Kapazitätsgrenze eines Anbieters jedoch konstant. Da die durchschnittlichen variablen Kosten, die Preisuntergrenze, sehr gering sind, werden die Produktionsanlagen praktisch immer vollständig ausgelastet. Die daraus entstehende Inflexibilität des Angebots eines Produzenten, für den kurz- bis mittelfristig seine Kapazität gegeben ist und nur langfristig verändert werden kann, führt aufgrund häufiger, nicht exakt prognostizierbarer Schwankungen der Nachfrage oder des Angebots zu einer hohen Volatilität des Preises, die das Preisrisiko begründen. Die Preisschwankungen sind wiederum Ursache dafür, dass das im Durchschnitt hohe Wachstum des Umsatzes der Branche sehr unbeständig ist. Wegen der dominierenden Fixkosten übersetzen sich die Umsatzschwankungen in Gewinnschwankungen. Dabei fällt der Preis gelegentlich sogar unter die Durchschnittskosten und führt zu Verlusten der Anbieter.

Die hohen Fixkosten erklären auch die oligopolistische Struktur der Branche sowie die Zunahme der Konzentration, da sie schneller gestiegen sind als die Umsätze. Wie eine Branchenstrukturanalyse gezeigt hat, ist der Wettbewerb dennoch relativ intensiv. Die Branche ist zwar nicht durch Substitute bedroht, jedoch durch neue Anbieter, die die DRAM Branche oft als Einstieg in die Halbleiterfertigung nutzen. Sie können eintreten, da die etablierten Anbieter ihnen die Technologie lizenzieren oder gegen Anteile an ihrem Output bereitstellen und damit die Eintrittsbarriere effektiv auf die Kapitalkosten senken. Weiterhin fördern die Homogenität von DRAM, die Größenvorteile sowie Eingriffe externer Akteure wie subventionierender Regierungen oder Komplementäranbieter wie Intel die Intensität des Wettbewerbs. Zwar verfügen die Zulieferer über keine Verhandlungsmacht, dafür aber die großen Computerhersteller als Kunden, da ihnen die Flexibilität bei der Ausstattung eines PCs mit DRAM ein Druckmittel an die Hand gibt bzw. die Nachfrage relativ elastisch macht.

6. Zusammenfassung und kritische Würdigung

Der Wettbewerb wurde in einem industrieökonomischen Modell der Branche erfasst, das viele dieser stilisierten Fakten abbilden bzw. erklären kann. Nicht berücksichtigt wurden jedoch insbesondere die Nachfragemacht und der technische Fortschritt, der die Verwendung eines dynamischen statt des betrachteten statischen Modells nahe legen könnte. Die Anbieter stehen bei dem Absatz ihrer DRAM Chips in einem Preiswettbewerb. Dabei hängt der Preis von den einige Wochen zuvor beschlossenen Produktionsmengen ab. Diese beiden Stufen können als (Cournot-)Mengenwettbewerb zusammengefasst werden. Die Mengen unterliegen jedoch der Kapazitätsrestriktion, über die die Anbieter langfristig entscheiden. Die Analyse hat gezeigt, dass sie bei simultanen Entscheidungen aufgrund der Kapitalkosten eine geringere Kapazität aufbauen, als mittelfristig optimal wäre. Daher lasten die Anbieter ihre Anlagen voll aus und produzieren so viel wie möglich. Tatsächlich bauen sie ihre Kapazitäten aber sequentiell auf. Je früher ein Anbieter eine neue Technologie entwickelt, umso aggressiver kann er mit dem Aufbau hoher Kapazitäten in den Markt für diese Generation eintreten und einen umso höheren Marktanteil kann er sich sichern. Der sequentielle Kapazitätsaufbau führt zu einem schärferen Wettbewerb. Dies mag eine Erklärung für den relativ intensiven Wettbewerb sein sowie für die Größenunterschiede der Anbieter.

Die Analyse ging von unabhängigen (nicht-kooperativen) Entscheidungen der Anbieter aus. Als Alternative wurde die Möglichkeit kollusiven Verhaltens diskutiert. Auch wenn kurzfristig temporär begrenzte Preisabsprachen denkbar sind, wurden Argumente genannt, warum keine langfristige Kollusion mit Kapazitätswirkung zu erwarten ist.

Für den weiteren Verlauf der Arbeit wurde die (bindende) Kapazitätsrestriktion vernachlässigt. Für alle von den Risiken und ihrer Absicherung ausgehenden Mengenwirkungen wäre daher zu überprüfen, inwieweit dadurch die langfristige Kapazitätsentscheidung beeinflusst wird und wie dies auf das Gleichgewicht des mittelfristigen Mengenwettbewerbs rückwirkt.

Zum Abschluss von Kapitel 2 wurden die Lerneffekte genauer betrachtet. Obwohl empirische Arbeiten (statistisch) signifikante Lernraten zwischen 20% und 30% finden, scheinen Lerneffekte einen begrenzten Effekt auf den Wettbewerb zu haben, da ein Anbieter sonst in der Lage wäre, einen anfänglichen Vorsprung immer weiter auszubauen. Da dies nicht der Fall ist, wurden die Lerneffekte im weiteren Verlauf der Arbeit vernachlässigt.

Zur Vorbereitung der Analyse der Risiken in dem aufgespannten Modellrahmen präzisierte Kapitel 3 den Risikobegriff, der über die Varianz operationalisiert werden kann. Als Entscheidungskriterium bei Risiko wurde wie in der

Literatur üblich der Erwartungsnutzen oder das speziellere LEN-Modell herangezogen. Dabei begründen Transaktionskosten und Größenvorteile des Hedgings, Risikoaversion des Managements, Kosten finanzieller Schwierigkeiten, Unterinvestitionsprobleme und konvexe Besteuerungsfunktionen eine Risikoaversion von Unternehmen, speziell auch der DRAM Anbieter, wenngleich in unterschiedlichem Ausmaß. Von den möglichen Formen der Absicherung von Risiken betrachtet diese Arbeit den Risikotransfer auf Terminmärkten, speziell mittels Futures. Für DRAM existiert noch kein Terminmarkt. Daher wurde diskutiert, ob ein solcher geschaffen werden könnte. Bisherige Versuche sind zwar gescheitert, weil auf ein konkretes DRAM Produkt geschriebene Futures aufgrund der schnellen Weiterentwicklung und der geringen Anzahl an Produzenten einen liquiden Terminhandel erschweren. Denkbar wäre jedoch, die Futures auf einen DRAM Preisindex zu schreiben. Mit ihnen könnte das Preisrisiko gehedgt werden. Hedging wird in dieser Arbeit verstanden als Eingehen einer zu einer existierenden Risikoposition entgegengesetzten, d.h. negativ korrelierten, Position zum Zwecke der Risikoreduktion, so dass der Verlust der einen Position (ganz oder teilweise) kompensiert wird durch einen Gewinn bei der anderen Position. Davon (gedanklich) zu trennen ist das Eingehen einer spekulativen Position, auch wenn eine Terminposition beide Motive widerspiegeln kann. Stehen keine Futures für ein direktes Hedging zur Verfügung, können Futures für andere Güter für einen „Cross-Hedge" genutzt werden. Dann ist zu erwarten, dass die Spot- und Terminpreise differieren. Schwankungen dieser Differenz, der sog. Basis, sind Ursache eines Basisrisikos, das einen perfekten Hedge, der das gesamte Risiko eliminiert, vereitelt. Auch bei einem direkten Hedge kann eine Basis existieren. Empirisch sind Terminpreise keine unverzerrten Schätzer des künftigen Spotpreises. Da jedoch keine Evidenz für eine systematische Abweichung nach oben oder unten existiert, ist für einen Anbieter im Normalfall der Terminpreis als beste Erwartung bezüglich des künftigen Spotpreises empfehlenswert.

Kapitel 4 hat nach einem Literaturüberblick untersucht, welche Auswirkungen das Preis- und Wechselkursrisiko sowie ihre Absicherung auf die Absatzentscheidung eines Anbieters haben und welche Futurespositionen optimal zu ihrer Absicherung sind. Unter Vernachlässigung des oligopolistischen Wettbewerbs produziert ein Anbieter ohne Absicherung eines Preis- oder Wechselkursrisikos weniger als unter Sicherheit. Die genaue Höhe der Produktionsmenge hängt von der (absoluten) Risikoaversion und den Erwartungen des Anbieters ab. Je risikoaverser er ist, umso stärker reagiert er mit einer Einschränkung seiner Menge. Über ihren Einfluss auf die Risikoaversion können die Fixkosten die Menge ebenfalls beeinflussen: ihre Erhöhung senkt (erhöht) bei abnehmender

6. Zusammenfassung und kritische Würdigung

(zunehmender) Risikoaversion die Menge. Zudem sinkt bei abnehmender oder konstanter Risikoaversion des Anbieters die optimale Menge bei einer Zunahme des Risikos (der Varianz) im Sinne einer erwartungswertneutralen Spreizung der Wahrscheinlichkeitsverteilung oder bei einer Abnahme der erwarteten Nachfrage bzw. des erwarteten Wechselkurses. Treten beide Risiken simultan auf, können sie sich je nach Korrelation gegenseitig verstärken oder abschwächen.

Die perfekte Handelbarkeit der Risiken auf einem hypothetischen, kompetitiven DRAM sowie einem kompetitiven Devisenterminmarkt ermöglicht es dem Anbieter hingegen, seine Absatzentscheidung unabhängig von seinen Erwartungen über den Spotpreis bzw. Wechselkurs und über das jeweilige Risiko sowie von seiner Risikoaversion zu treffen. Es gilt die sog. Separation. Statt an dem unsicheren Spotpreis, den der Anbieter über die Futures auf dem Terminmarkt abgeben kann, orientiert er sich an dem sicheren Terminpreis und produziert die entsprechende Menge. Die Menge ist umso größer, je höher der Terminpreis ist. Solange er nicht kleiner als der erwartete Spotpreis ist, ist die Menge höher als ohne Absicherung. Analoges gilt für das Wechselkursrisiko.

Bei separater Betrachtung der Risiken bestimmt sich die Risikopolitik nach der (Un)Verzerrtheit des jeweiligen Terminmarktes. Entspricht der Terminpreis dem erwarteten Spotpreis bzw. Wechselkurs, ist die optimale Futuresposition eine vollständige Absicherung (Full Hedging) des Absatzes bzw. Umsatzes. Ist er kleiner (größer), spekuliert der Anbieter, indem er eine Unterabsicherung (Überabsicherung) wählt. Dabei weicht der Anbieter umso weniger vom Full Hedge ab, je risikoaverser er ist und je größer das Risiko bei nicht zunehmender absoluter Risikoaversion ist. Speziell eine spekulative Unterabsicherung fällt umso geringer aus, je geringer die Differenz zwischen (niedrigerem) Terminpreis und erwartetem Spotpreis. Die Möglichkeit einer perfekten Handelbarkeit der Risiken ist unabhängig davon, ob ein Anbieter mehr oder weniger produziert, immer vorteilhaft für ihn im Sinne einer Erwartungsnutzensteigerung. Sollte er aufgrund eines sehr niedrigen Terminpreises bzw. -wechselkurses weniger produzieren als unter Sicherheit, wird der dadurch entstehende Verlust kompensiert durch die Risikoreduktion sowie durch den erwarteten spekulativen Gewinn.

Sind beide Risiken präsent, gelten vergleichbare Handlungsempfehlungen nur bei Unabhängigkeit der Risiken. Selbst dann muss zur Bestimmung der Dollarfuturesposition der DRAM Terminmarkt unverzerrt sein, da sonst aufgrund des nicht vollständig abgesicherten Preisrisikos die dem Wechselkursrisiko ausgesetzten Umsätze unsicher sind. Für die DRAM Futuresposition ist die Verzerrtheit des Devisenterminmarktes hingegen irrelevant. Weisen die Risiken eine Abhängigkeit auf, hängen die optimalen Futurespositionen von der (Un)Verzerrtheit des Devisenterminmarktes sowie des „gemeinsamen" Terminmarktes, des Produkts der Terminpreise, ab, da Gewinne oder Verluste aus der DRAM Futuresposition zum unsicheren Wechselkurs umgetauscht werden müssen und nur in dieser Kombination in den Gewinn eingehen. Der Full Hedge ist nur bei Unverzerrtheit des Devisen- und des gemeinsamen Terminmarktes optimal. Ist einer dieser Terminmärkte verzerrt, kann die optimale Futuresposition nicht mehr für beide Terminmärkte bestimmt werden. Auch hier gilt aber, dass der Anbieter immer von der Möglichkeit des Terminhandels profitiert. Kann nur das Wechselkursrisiko auf einem Terminmarkt gehandelt werden, kommt es aufgrund des nicht eliminierbaren Preisrisikos nicht mehr zur Separation. Die optimale Dollarfuturesposition hängt unter anderem von der „Besonnenheit" des Anbieters (dem Vorzeichen der dritten Ableitung der Nutzenfunktion) ab.

Tritt bei der Absicherung des Preisrisikos ein Basisrisiko auf, z.B. weil mangels DRAM Futures auf imperfekt korrelierte Futures für ein anderes Gut (Cross-Hedge) ausgewichen werden muss, kann nicht mehr das gesamte Risiko auf dem Terminmarkt abgegeben werden, so dass es zu keiner Separation mehr kommt. Für die optimale Risikopolitik ergibt sich aber bei einem linearen regressiven Zusammenhang des Spot- auf den Terminpreis die Beta-Hedge-Regel mit dem Koeffizienten β der Regression, der den Zusammenhang zwischen Spot- und Terminpreis wiedergibt: Ist der Terminpreis des Cross-Hedgeinstruments unverzerrt (nach unten / oben verzerrt) ist die optimale Futuresposition ein Beta-Hedge (Unterabsicherung / Überabsicherung).

Als kritische Annahmen hinter dieser Analyse wurde unterstellt, der Terminpreis werde kompetitiv in Erwartung der Absatzmengen gebildet ($p_f(X)$), reagiere aber ähnlich wie der Spotpreis auf eine Mengenänderung ($p'_f(X) = p'(X)$). Diese Annahmen und die damit abgeleiteten Ergebnisse decken sich mit denen in der Literatur. Vor dem Hintergrund der oligopolistischen DRAM Marktstruktur könnte für einen potentiellen DRAM Terminmarkt eine Marktmacht der Anbieter auf dem Terminmarkt berücksichtigt werden, ähnlich wie Adam-Müller (1995, S.60ff), der die Absicherung des Wechselkursrisikos bei nicht kompetitivem Devisenterminmarkt untersucht.

Berücksichtigt wurde hingegen der oligopolistische Wettbewerb auf dem Spotmarkt bei kompetitivem DRAM Terminmarkt, um zu prüfen, ob eine Futuresposition auch strategisch genutzt werden kann. Unter Risiko produzieren zwar auch risikoaverse Duopolisten häufig weniger als unter Sicherheit. Ein im Vergleich zum Konkurrenten wenig risikoaverser Anbieter kann aber auch mehr produzieren. Das Risiko senkt nicht immer den Erwartungsnutzen. Da bei simultaner Festlegung des Outputs und der Futuresposition letztere keinen strategi-

6. Zusammenfassung und kritische Würdigung

schen Effekt ausüben kann, dient sie nur dem Hedging, so dass im Erwartungswert das gleiche Gleichgewicht wie unter Sicherheit erreicht wird. Anders ist dies bei sequentiellen Entscheidungen über die Futuresposition und anschließend über den Output. Dann hat selbst ein risikoneutraler Anbieter einen Anreiz zum Terminhandel, weil er dadurch die Stackelberg-Führerschaft erreichen kann. Handeln jedoch beide risikoneutrale Duopolisten vor der Outputentscheidung Futures, produzieren anschließend beide mehr und gelangen in ein strategisches Dilemma mit niedrigeren Gewinnen. Bei einem risikoaversen Anbieter verstärkt das Hedgingmotiv diesen strategischen Effekt, so dass er, wenn nur er auf Termin handelt, eine höhere Menge ausbringt und einen höheren Erwartungsnutzen als bei einer Stackelberg-Führerschaft unter Risiko erreicht. Handeln beide, verkauft der risikoaversere Anbieter mehr Futures und bringt eine größere Menge aus als der Konkurrent. Sind die Risikoaversionen der beiden Anbieter nicht zu unterschiedlich, führt der sequentielle Terminhandel aufgrund des strategischen Effekts zu einem höheren Output. Als Folge muss ein Terminhandel unter Berücksichtigung der oligopolistischen Interaktion nicht immer vorteilhaft für einen Anbieter sein, vor allem, wenn er nur wenig risikoavers ist. Insbesondere profitieren unterschiedlich risikoaverse Anbieter unterschiedlich von ihm.

Da nur der strategische Effekt die grundlegende Änderung bei der Berücksichtigung des oligopolistischen Wettbewerbs darstellt, wurden zur Erleichterung der Analyse einige stark vereinfachende Annahmen gemacht. So wurde neben einer Beschränkung auf den Duopolfall nur das Preisrisiko bei einer einfachen linearen Nachfragefunktion betrachtet und dessen Handel auf einem perfekten DRAM Terminmarkt, der als unverzerrt unterstellt wurde, um das spekulative Motiv auszublenden. Dennoch erscheinen diese Annahme relativ unkritisch, da von ihrer Auflösung keine grundlegend neuen Einsichten zu erwarten sind. Lohnenswerter erscheint eine Verallgemeinerung anhand des Erwartungsnutzens, da unterstellt wurde, die Präferenzen eines Anbieters ließen sich durch das LEN Modell, das von einer konstanten Risikoaversion ausgeht, abbilden. Dann könnten auch die Effekte einer abnehmenden Risikoaversion sowie des Einflusses der Fixkosten untersucht werden.

Vor dem Hintergrund, dass mangels eines DRAM Terminmarktes zur Absicherung des DRAM Preisrisikos Cross-Hedge-Instrumente gefunden werden müssen, beschrieb Kapitel 5, wie ein solches ausgewählt werden kann und wie der Umfang, in dem eine Hedgeposition in diesem Instrument eingegangen werden soll (die Hedgerate), empirisch geschätzt werden kann. Der einfachste Ansatz einer OLS Regression einer konstanten Hedgerate ist mit einigen Problemen wie Autokorrelation und Heteroskedastizität behaftet. Zu ihrer Lösung werden in der Literatur verschiedene Methoden vorgeschlagen, unter anderem zeitlich variable Hedgeraten auf der Basis von GARCH Schätzungen. Wie ein Literaturüberblick gezeigt hat, sind variable Hedgeraten konstanten jedoch nicht systematisch überlegen. Vor dem Hintergrund einer möglichst einfachen Anwendung in der Praxis wurde eine Schätzung der (konstanten) Hedgerate vorgeschlagen, die auf der Selektion eines Hedgeinstruments beruht, das kointegriert mit dem DRAM Preis ist. Dann ist eine verlässliche Schätzung mittels einer einfachen OLS Regression möglich. Die zur Prüfung der Kointegration notwendigen statistischen Grundlagen wurden in Abschnitt 5.2 erläutert. Die weiteren Ausführungen diskutierten mögliche Probleme bei der Anwendung dieses Verfahrens. Da es nur auf einer langfristigen Gleichgewichtsbeziehung des Spot- und Terminpreises basiert, kann es kurzfristig mit einem erheblichen Basisrisiko verbunden sein. Bei der Auswahl eines Cross-Hedgeinstruments ist es nicht notwendig, sich nur auf einen Future zu konzentrieren. Vielmehr kann aus mehreren geeignet scheinenden Terminkontrakten ein optimales Hedge-„Portfolio" zusammengestellt werden. Ein entsprechendes Verfahren wurde in Abschnitt 5.3 vorgestellt.

Auch hier ist auf einige kritische Annahmen hinzuweisen. So wurde das Preisrisiko als unabhängig zum Wechselkursrisiko unterstellt. Außerdem basiert das Verfahren auf einer linearen Beziehung des Spotpreises zum Terminpreis. Dies ist hier deswegen unproblematisch, weil Cross-Hedgeinstrumente gesucht werden können, deren Preis eine hinreichend gute lineare Beziehung zum DRAM Preis aufweisen. Wird das Verfahren jedoch zur Schätzung der Hedgerate zu einem gegebenen Hedgeinstrument verwendet, z.B. bei direktem Hedging mit Basisrisiko, kann eine nicht-lineare Beziehung vorzuziehen sein. Die Ableitung und Schätzung der Hedgerate ist dann jedoch nicht mehr so einfach möglich.

Als grundlegende Einschränkungen dieser Arbeit sind abschließend die Beschränkung auf Futures als Hedgeinstrumente sowie auf das Preis- und Wechselkursrisiko zu nennen. Für einen DRAM Anbieter spielt beispielsweise auch das Outputrisiko eine große Rolle, das möglicherweise mit dem Preisrisiko korreliert ist. Gerade bei der Existenz mehrerer, multiplikativ in den Gewinn eingehender Risiken kann die Verwendung von z.B. Optionen sinnvoll sein.

Literaturverzeichnis

Adam-Müller, A.F.A. (1993), *Optimal Currency Hedging, Export, and Production in the Presence of Idiosyncratic Risk*, Swiss Journal of Economics and Statistics 129(2), 197-208.

Adam-Müller, A.F.A. (1995), *Internationale Unternehmensaktivität, Wechselkursrisiko und Hedging mit Finanzinstrumenten*, Physica-Verlag, Heidelberg.

Adam-Müller, A.F.A. (1997), *Export and hedging decisions under revenue and exchange rate risk: A note*, European Economic Review 41(7), 1421-1426.

Adam-Müller, A.F.A. (2000) *Exports and Hedging Exchange Rate Risks: The Multi-Country Case*, The Journal of Futures Markets 20(9), 843–864.

Adam-Müller, A.F.A. (2003), *An Alternative View on Cross Hedging*, Diskussionspapier Universität Konstanz, verfügbar unter www.fmpm.ch/docs/6th/Papers_6/Papers_Netz/SGF681.pdf, Abruf am 24.09.2007.

Aizcorbe, A., Oliner, S.D., Sichel, D.E. (2006), *Shifting Trends in Semiconductor Prices and the Pace of Technological Progress*, Diskussionspapier der Finance and Economics Discussion Series des Federal Reserve Board, Washington, D.C.

Alchian, A. (1963), *Realiability of Progress Curves in Airframe production*, Econometrica 31(4), 679-693.

Allais, M. (1953), *Le comportement de l'homme rationnel devant le risque: Critique des postulates et axiomes de l'école Américaine*, Econometrica 21(4), 503-546.

Allaz, B. (1992), *Oligopoly, uncertainty and strategic forward transactions*, International Journal of Industrial Organization 10(2), 297-308.

Allaz, B., Vila, J-L. (1993), *Cournot Competition, Forward Markets and Efficiency*, Journal of Economic Theory 59(1), 1-16.

Anderson, R.W., Danthine, J.-P. (1980), *Hedging and Joint Production: Theory and Illustrations*, Journal of Finance 35(2), 487-498.

Anderson, R.W., Danthine, J.-P. (1981), *Cross Hedging*, Journal of Political Economy 89(6), 1182-1196.

Anderson, R., Danthine, J.-P. (1983), *Hedger diversify in futures markets*, Economic Journal 93, 370-389.

Anderson, R.W., Sundaresan, M. (1984), *Futures Markets and Monopoly*, in: Anderson, R.W. (Hrsg.), *The Industrial Organization of Futures Markets*, Lexington Books, Lexington, 75-105.

Arrow, K.J. (1962), *The economic implications of learning by doing*, The Review of Economic Studies 29(3), 155-173.

Arrow, K.J. (1965), *Aspects of the Theory of Risk-Bearing*, Yrjö Hahnsson Foundation, Helsinki.

Asplund, M. (2002), *Risk-averse firms in oligopoly*, International Journal of Industrial Organization 20(7), 995–1012.

Asquith, P., Mullins, D. (1986), *Equity Issues and Offering Dilution*, Journal of Financial Economics 15(1-2), 61-89.

Athey, S., Schmutzler, A. (2001), *Investment and Market Dominance*, RAND Journal of Economics 32(1), 1-26.

Baillie R.T., Bollerslev T. (1990), *A multivariate generalized ARCH approach to modeling risk premia in forward foreign exchange rate markets*, Journal of International Money and Finance 9(3), 309-324.

Baillie R.T., Bollerslev T. (2000), *The Forward Premium Anomaly is not as Bad as You Think*, Journal of International Money and Finance 19(4), 471-488.

Baillie, R.T., Bollerslev, T., Mikkelsen, H.O. (1996), *Fractionally integrated generalized autoregressive conditional heteroskedasticity*, Journal of Econometrics 74(1), 3-30.

Baillie, R.T., DeGennaro, R.P. (1990), *Stock returns and volatility*, Journal of Financial and Quantitative Analysis 25(2), 203-214.

Baillie, R.T., Myers, R.J. (1991), *Bivariate GARCH Estimation of the Optimal Commodity Futures Hedge*, Journal of Applied Econometrics 6(2), 109-124.

Baldwin, R.E., Krugman, P.R. (1988), *Market access and international competition: A simulation study of 16K Random Access Memories*, in: Feenstra, R. C. (Hrsg.), *Empirical Methods for International Trade*, MIT Press, Cambridge, MA, 171–197.

Bamberg, G., Coenenberg, A.G. (2006), *Betriebswirtschaftliche Entscheidungslehre*, 13. Auflage, Vahlen, München.

Baron, D.P. (1970), *Price Uncertainty, Utility, and Industry Equilibrium in Pure Competition*, International Economic Review 11(3), 463-480.

Baron, D.P. (1971), *Demand Uncertainty in Imperfect Competition*, International Economic Review 12(2), 196-208.

Batlin, C.A. (1983), *Production under Price Uncertainty with Imperfect Time Hedging Opportunities in Futures Markets*, Southern Economic Journal 49(3), 681–692.

Batra, R.N., Ullah, A. (1974), *Competitive Firm and the Theory of Input Demand under Price Uncertainty*, Journal of Political Economy 82(3), 537–548.

Battermann, H.L., Braulke, M., Broll, U., Schimmelpfennig J. (2000), *The Preferred Hedge Instrument*, Economics Letters 66(1), 85-91.

Battermann, H.L., Broll, U., Wahl, J.E. (2003), *Risikosteuerung mit Devisenoptionen*, Wirtschaftsstudium wisu 32(4), 495-502.

Bekaert, G., Wu, G., (2000), *Asymmetric volatility and risk in equity markets*, Review of Financial Studies 13(1), 1–42.

Benet, B. A. (1992), *Hedge Period Length and Ex-Ante Futures Hedging Effectiveness: The Case of Foreign-Exchange Risk Cross Hedges*, Journal of Futures Markets 12(2), 163-175.

Benninga, S., Eldor, R., Zilcha, I. (1983), *Optimal Hedging in the Futures market under price uncertainty*, Economics Letters 13(2-3), 141-145.

Benninga, S., Eldor, R., Zilcha, I. (1984), *The optimal Hedge Ratio in Unbiased Futures Markets*, The Journal of Futures Markets 4(2), 155-159.

Benninga, S., Eldor, R., Zilcha, I. (1985), *Optimal international hedging in commodity and currency forward markets*, Journal of International Money and Finance 4(4), 537-552.

Bhattacharya, G. (1984), *Learning and the Behavior of Potential Entrants*, The RAND Journal of Economics 15(2), 281-289.

Bollerslev, T. (1986), *Generalized Autoregressive Conditional Heteroscedasticity*, Journal of Econometrics 31(3), 307-327.

Bollerslev, T. (1987), *A Conditionally Heteroskedastic Time Series Model for Speculative Prices and Rates of Return*, Review of Economics and Statistics 69(3), 542-547.

Bollerslev, T. (1990), *Modelling the Coherence in Short Run Nominal Exchange Rates: A Multivariate Generalized ARCH Model*, Review of Economics and Statistics 72(3), 498-505.

Bollerslev, T., Engle, R.F., Wooldridge, J.M. (1988), *A capital asset pricing model with time-varying covariances*, Journal of Political Economy 96(1), 116-131.

Bollerslev, T., Ole Mikkelsen, H. (1999), *Long-term equity anticipation securities and stock market volatility dynamics*, Journal of Econometrics 92(1), 75–99.

Bowley, A. L. (1924), *The Mathematical Groundwork of Economics*, Clarendon Press, Oxford.

Box, G.E.P; Jenkins, G.M. (1970), *Time Series Analysis - Forecasting and Control*, Holden Day, San Francisco.

Brander, J.A., Spencer, B.J. (1983), *Strategic Commitment with R&D: The Symmetric Case*, Bell Journal of Economics 14(1), 225-235.

Brander, J. A., Spencer, B.J. (1985), *Export Subsidies and International Market Share Rivalry*, Journal of International Economics 18(1-2), 83-100.

Braun, P.A., Nelson, D.B. and Sunier, A.M. (1995), *Good news, bad news, volatility and betas*, Journal of Finance 50(5), 1575–1603.

Brealey, R.A., Myers, S.C., Allen, F.A. (2006), *Principles of Corporate Finance*, 8. Auflage, McGraw-Hill Irwin, Boston.

Breeden, D.T. (1984), *Futures markets and commoditiy options: Hedging and optimality in incomplete markets*, Journal of Economic Theory 32(2), 275-300

Brennan, M. J. (1958), *The Supply of Storage*, American Economic Review 48(1), 50-72.

Brenner, R.J, Kroner, K.F. (1995), *Arbitrage, Cointegration, and Testing the Unbiasedness Hypothesis in Financial Markets*, Journal of Financial and Quantitative Analysis 30(1), 23-42.

Brist, L.E., Wilson, W.W. (1997), *Economies of Scale, Markups and Learning by Doing in DRAM Markets*. University of Oregon, Mimeo.

Briys, E., Crouhy, M., Schlesinger, H. (1993), *Optimal hedging in a futures market with background noise and basis risk*, European Economic Review 37(5), 949-960.

Broll, U. (1992), *The Effect of Forward Markets in Multinational Firms*, Bulletin of Economic Research 44(3), 233-240.

Broll, U. (1995), *Export, Risiken und Risikomärkte: Ökonomische Analyse institutioneller Absicherung*, Lit, Münster.

Broll, U. (1997), *Exchange Rate Risk, Export and Hedging*, International Journal of Economics and Finance 2(2), 145-150.

Broll, Udo, Chow, K.W., Wong, K.P. (2001), *Hedging and Nonlinear Risk Exposure*, Oxford Economic Papers 53(2), 281-296.

Broll, U., Eckwert, B. (2000), *Market Structure and Multiperiod Hedging*, International Review of Economics and Finance 9(4), 291-298.

Broll, U., Jaenicke, J. (2000) *Bankrisiko, Zinsmargen und flexibles Futures-Hedging*, Zeitschrift für Volkswirtschaft und Statistik 136(2), 147-160.

Broll, U., Pausch, T., Welzel, P. (2002), *Credit Risk and Credit Derivatives in Banking*, Volkswirtschaftliche Diskussionsreihe, Beitrag Nr.228, Institut für Volkswirtschaftslehre, Universität Augsburg.

Broll, U., Wahl, J.E. (1992a), *International Investments and Exchange Rate Risk*, European Journal of Political Economy 8(1), 31-40.

Broll, U., Wahl, J.E. (1992b), *Hedging with Synthetics, Foreign-Exchange Forwards, and the Export Decision*, The Journal of Futures Markets 12(5), 511–518.

Broll, U., Wahl, J.E. (1993), *Multinational Firm, Foreign Production, and Hedging Behaviour*, Scottish Journal of Political Economy 40(1), 116–123.

Broll, U., Wahl, J.E. (1995), *Der Einfluß nicht-hedgebarer Risiken auf Export- und Risikopolitik*, Schweizerische Zeitschrift für Volkswirtschaft und Statistik 131(1), 121-131.

Broll, U., Wahl, J.E. (1996), *Imperfect Hedging and Export Production*, Southern Economic Journal 62(3), 667–674.

Broll, U., Wahl, J.E. (1998), *Missing risk sharing markets and the benefits of cross-hedging in developing countries*, Journal of Development Economics 55(1), 43-56.

Broll, U., Wahl, J.E. (2001), *Options, Trade, and Risk Aversion*, in: Berninghaus, S. K., Braulke, M. (Hrsg.), *Beiträge zur Mikro- und Makroökonomik: Festschrift für Hans Jürgen Ramser*, Springer, Berlin, 111–116.

Broll, U., Wahl, J.E., Zilcha, I. (1995), *Indirect Hedging of exchange rate risk*, Journal of International Money and Finance 14(5), 667-678.

Broll, U., Welzel, P., Wong, K.P. (1999), *Strategic Hedging*, Diskussionspapier Nr. 99/04 (Reihe B), Diskussionsreihe der Wirtschaftswissenschaftlichen Fakultät der Friedrich-Schiller-Universität Jena.

Broll, U., Wong, K.P. (1999), *Hedging With Mismatched Currencies*, Journal of Futures Markets 19(8), 859-875.

Broll, U., Wong, K.P., Zilcha, I. (1999), *Multiple Currencies and Hedging*, Economica 66(264), 421-432.

Broll, U., Zilcha, I. (1992), *Exchange Rate Uncertainty, Futures Markets and the Multinational Firm*, European Economic Review 36(4), 815-826.

Brooks, C., Henry, O.T., Persand, G. (2002), *The Effects of Asymmetries on Optimal Hedge Ratios*, Journal of Business 75(2), 333-352.

Brown, S.L. (1985), *A Reformulation of the Portfolio Model of Hedging*, American Journal of Agricultural Economics 67(3), 508-512.

Briys, E., Solnik, B. (1992), *Optimal currency hedge ratios and interest rate risk*, Journal of International Money and Finance 11(5), 431-445.

Bulow, J.I., Geanakoplos, J.D., Klemperer, P.D. (1985a), *Multimarket Oligopoly: Strategic Substitutes and Complements*, Journal of Political Economy 93(3), 488-511.

Bulow, J.I., Geanakoplos, J.D., Klemperer, P.D. (1985b), *Holding Idle Capacity to Deter Entry*, The Economic Journal 95(377), 178-182.

Cabral, L.M.B., Riordan, M.H. (1994), *The learning curve, market dominance, and predatory pricing*, Econometrica 62(5), 1115-1140.

Campbell, J.Y., Shiller, R.J. (1987), *Cointegration and Tests of Present Value Model*, Journal of Political Economy 95(5), 1062-1088.

Carter, C.A. (1999), *Commodity futures markets: a survey*, The Australian Journal of Agricultural and Resource Economics 43(2), 209-247.

Cecchetti, S.G., Cumby, R.E., Figlewski, S. (1988), *Estimation of the Optimal Futures Hedge*, The Review of Economics and Statistics 70(4), 623-630.

Chakraborty, A., Barkoulas, J.T. (1999), *Dynamic Futures Hedging in Currency Markets*, The European Journal of Finance 5(4), 299-314.

Chan, L., Lien, D. (2003), *Using high, low, open and closing prices to estimate the effects of cash settlement on futures prices*, International Review of Financial Analysis 12(1), 35-47.

Chang, E.C., Wong, K.P. (2003), *Cross-Hedging with Currency Options and Futures*, Journal of Financial and Quantitative Analysis 38(3), 555–574.

Chang, J.S.K., Shanker, L. (1987), *A Risk-Return Measure of Hedging Effectiveness: A Comment*, Journal of Financial and Quantitative Analysis 22(3), 373-376.

Chavas, J.-P., Pope, R. (1982), *Hedging and Production Decision under a Linear Mean-Variance Preference Function*, Western Journal of Agricultural Economics 7(1), 99–110.

Chen, S.S., Lee, C.-F., Shrestha, K. (2001), *On A Mean-Generalized Semivariance Approach to Determining the Hedge Ratio*, Journal of Futures Markets, 21(6), 581-598.

Chen, S.-S., Lee, C.-F., Shrestha, K. (2003), *Futures hedge ratios: a review*, The Quarterly Review of Economics and Finance 43(3), 433–465.

Chiang, A.C., Wainwright, K. (2005), *Fundamental Methods of Mathematical Economics*, 4. Auflage, Mcgraw-Hill, New York.

Chou, W.L., Denis, K.K.F., Lee, C.F. (1996), *Hedging with the Nikkei index futures: The conventional model versus the error correction model*, Quarterly Review of Economics and Finance 36(4), 495-505.

Chowdhury, A.R. (1991), *Futures Market Efficiency: Evidence from Cointegration Tests*, Journal of Futures Markets 11(5), 577-589.

Church, J., Ware, R. (2000), *Industrial organization: a strategic approach*, McGraw-Hill, Boston.

Cox, J.C., Ingersoll, J., Ross, S.A. (1981), *The Relation between Forwards Prices und Futures Prices*, Journal of Financial Economics 9(4), 321-346.

Cragg, J. (1982), *Estimation and testing in time series regression models with heteroscedastic disturbances*, Journal of Econometrics 20(1), 135–157.

Danthine, J.-P. (1978), *Information, Futures Prices, and Stabilizing Speculation*, Journal of Economic Theory 17(1), 79–98.

Dasgupta, P., Stiglitz, J.E. (1988), *Learning-by-doing, market structure and industrial and trade policies*, Oxford Economic Papers 40(2), 246-268.

Davidson, C., Deneckere, R.J. (1990), *Excess Capacity and Collusion*, International Economic Review 31(3), 521-541.

Davidson, R., MacKinnon, J.G. (1993), *Estimation and Inference in Econometrics*, Oxford University Press, Oxford.

Davidson, R., MacKinnon, J.G. (2004), *Econometric Theory & Methods*, Oxford University Press, Oxford.

Davis, G.K. (1989), *Income and Substitution Effects for Mean-Preserving Spreads*, International Economic Review 30(1), 131–136.

De Jong, A., De Roon, F., Veld, C. (1997), *Out-of-sample Hedging Effectiveness of Currency Futures for Alternative Models and Hedging Strategies*, Journal of Futures Markets, 17(7), 817-837.

DeMarzo, P.M., Duffie, D. (1991), *Corporate Financial Hedging with Proprietary Information*, Journal of Economic Theory 53(2), 261-286.

Dick, A.R. (1991), *Learning by Doing and Dumping in the Semiconductor Industry*, Journal of Law and Economics 34(1), 133-159.

Dickey, D.A., Fuller, W.A. (1979), *Distributions of Estimators for Autoregressive Time Series with a Unit Root*, Journal of the American Statistical Association 74(366), 427-431.

Dickey, D.A., Fuller, W.A. (1981), *Likelihood Ratio Statistics for Autoregressive Time Series with a Unit Root*, Econometrica 49(4), 1057-1072.

Dixit, A.K. (1979), *A model of duopoly suggesting a theory of entry barriers*, Bell Journal of Economics 10(1), 20-32.

Dixit, A.K., Kyle, A.S. (1985), *The Use of Protection and Subsidies for Entry Promotion and Deterrence*, American Economic Review 75(1), 139-152.

Duffie, D. (1989), *Futures Markets*, Prentice Hall International, Englewood.

Dufey, G., Srinivasulu, S.L. (1983), *The Case for Corporate Management of Foreign Exchange Risk*, Financial Management 12(4), 54-62.

Eaton, J., Grossman, G.M. (1986), *Optimal Trade and Industrial Policy under Oligopoly*, The Quarterly Journal of Economics 101(2), 383-406.

Ederington, L.H. (1979), *The hedging performance of the new futures markets*, Journal of Finance 34(1), 157-170.

Eisenführ, F., Weber, M. (2003), *Rationales Entscheiden*, Springer, Berlin.

Elder, J., Kennedy, P.E. (2001), *F versus t tests for unit roots*, Economics Bulletin 3(3), 1-6.

Eldor, R., Zilcha, I. (1990), *Oligopoly, Uncertain Demand, and Forward Markets*, Journal of Economics and Business 42(1), 17-26

Enders, W. (2004), *Applied Econometric Time Series*, 2. Auflage, John Wiley and Sons, New York.

Engel C. (1996), *The Forward Discount Anomaly and the Risk Premium: A Survey of Recent Evidence*, Journal of Empirical Finance 3(2), 123-192.

Engle, R.F. (1982), *Autoregressive Conditional Heteroscedasticity with Estimates of the Variance of United Kingdom Inflation*, Econometrica 50(4), 987-1007.

Engle, R.F. (1983), *Estimates of the Variance of U.S. Inflation Based upon the ARCH Model*, Journal of Money, Credit and Banking 15(3), 286-301.

Engle, R.F. (2001), *GARCH 101: the use of ARCH/GARCH models in applied econometrics*, Journal of Economic Perspectives 15(4), 157–168

Engle, R.F., Granger, C.W.J. (1987), *Co-Integration and Error Correction: Representation, Estimation, and Testing*, Econometrica 55(2), 251-276.

Engle, R.F., Kroner, K.F. (1995), *Multivariate simultaneous generalized ARCH*, Econometric Theory 11(1), 122– 150.

Engle, R.F., Ng, V.K., Rothschild, M. (1990), *Asset pricing with a FACTOR-ARCH covariances structure: Empirical estimates for Treasury bills*, Journal of Econometrics 45, 213–237.

Engle, R.F., Ng, V.K. (1993) *Measuring and testing the impact of news on volatility*, Journal of Finance 48(5), 1749–1778.

Ethier, W. (1973), *International Trade and the Forward Exchange Market*, The American Economic Review 63(3), 494–503.

Fama, E.F. (1965), *The Behavior of Stock Market Prices*, Journal of Business 38(1), 34-105.

Feder, G., Just, R.E., Schmitz, A. (1980), *Futures Markets and the Theory of the Firm under Price Uncertainty*, The Quarterly Journal of Economics 94(2), 317-328.

Ferguson, R., Leistikow, D. (1998), *Are Regression Approach Futures Hedge Ratio Stationary?*, Journal of Futures Markets 18(7), 851-866.

Fershtman, C. (1985), *Managerial incentives as a strategic variable in duopolistic environment*, International Journal of Industrial Organization 3(2), 245-253.

Fershtman, C., Judd, K.L. (1987), *Equilibrium incentives in oligopoly*, American Economic Review 77(5), 927-940.

Figlewski, S. (1984), *Hedging Performance and Basis Risk in Stock Index Futures*, Journal of Finance 39(3), 657-669.

Figlewski, S. (1985), *Hedging with Stock Index Futures: Theory and Application in a New Market*, Journal of Futures Markets 5(2), 183-189.

Flamm, K. (1992), *Strategic Arguments for Semiconductor Trade Policy*, Review of Industrial Organization 7(3-4), 295-325.

Flamm, K. (1993), *Forward Pricing versus Fair Value: An Analytical Assessment of 'Dumping' in DRAMs*, in Ito, T., Krueger, A.O. (Hrsg.), *Trade and Protectionism*, University Chicago Press, Chicago, 47-94.

Flamm, K. (1996), *Mismanaged Trade?*, Brookings Institutions Press, Washington D.C.

Flamm, K. (2004), *Moore's Law and the Economics of Semiconductor Price Trends*, in Jorgenson, D. W., Wessner, C. W. (2004), *Productivity and Cyclicality in Semiconductors: Trends, Implications, and Questions*, The National Academies Press, Washington, D.C., 151-170.

Fortenbery, T.R., Zapata, H.O. (1997), *An evaluation of price linkages between futures and cash markets for cheddar cheese*, Journal of Futures Markets 17(3), 279–301.

Franckle, C.T. (1980), The *Hedging Performance of the New Futures Markets: Comments*, Journal of Finance 35(5), 1273-1279.

Franke, G. Hax, H. (2004), *Finanzwirtschaft des Unternehmens und Kapitalmarkt*, 5. Auflage, Berlin u.a., Springer.

French, K.R., Schwert, G.W., Stambaugh, R. (1987), *Expected stock returns and volatility*, Journal of Financial Economics 19(1), 3–29.

Frenkel, M., Funke, K., Koske, I. (2003), *Zeitreihenanalyse - Teil 1: Stationaritat und Integration*, Wirtschaftswissenschaftliches Studium (WiSt) 9, 545-550.

Froot, K.A., Scharfstein, D.S., Stein, J.C. (1993), *Risk Management: Coordinating Corporate Investment and Financing Policies*, The Journal of Finance 48(5), 1629-1658.

Froot, K.A., Scharfstein, D.S., Stein, J.C. (1994): *A Framework for Risk Management*, Harvard Business Review 72, 91-102.

Fudenberg, D., Tirole, J. (1983), *Learning by Doing and Market Performance*, Bell Journal of Economics 14(2), 522-530.

Fuller, W.A. (1976 und 1996), *Introduction to Statistical Time Series*, 1. und 2. Auflage, John Wiley & Sons, New York.

Gagnon, L., Lypny, G. (1995), *Hedging short-term interest risk under time-varying distributions*, The Journal of Futures Markets 15(10), 767–783.

Géczy, C., Minton, B.A., Schrand, C. (1997), *Why Firms Use Currency Derivatives*, Journal of Finance 52(4), 1323-1354.

Geppert, J. M. (1995), *A statistical model for the relationship between futures contract hedging effectiveness and investment horizon length*, The Journal of Futures Markets 15(5), 507–536.

van de Gevel, A.J.W. (2000), *From Confrontation to Coopetition in the Globalized Semiconductor Industry*, FEW Research Memorandum (Int. rep. 792), Department of Economics.

Ghemawat, P., Spence, A.M. (1985), *Learning Curve Spillovers and Market Performance*, The Quarterly Journal of Economics 100(5), 839-52.

Ghosh, A. (1993), *Hedging with Stock Index Futures: Estimation and Forecasting with Error Correction Model*, Journal of Futures Markets 13(7), 743-752.

Giaccotto, C., Hedge, S.P., McDermott, J.B. (2001), *Hedging Multiple Price and Quantity Exposures*, Journal of Futures Markets 21(2), 145-172.

Goldberg, S.R., Godwin, J.H., Kim, M.-S., Tritschler, C.A. (1998), *On the Determinants of Corporate Usage of Financial Derivatives*, Journal of International Financial Management and Accounting 9(2), 132-166.

Gordon, R.J. (2000), *Does the New Economy Measure Up to the Great Inventions of the Past*, Journal of Economic Perspectives 14(4), 49-74.

Graham, J.R., Smith, C.W. (1999), *Tax Incentives to Hedge*, Journal of Finance 54(6), 2241–2262.

Graham, J.R., Rogers, D.A. (2002), *Do firms hedge in response to tax incentives?*, Journal of Finance 57(2), 815–839.

Grammatikos, T., Saunders, A. (1986), *Futures price variability: a test of maturity and volume effects*, Journal of Business 59(2), 319-330.

Granger, C.W.J. (1981), *Some Properties of Time Series Data and Their Use in Econometric Model Specification*, Journal of Econometrics 16(1), 121-130.

Granger, C.W.J., Hyung, N., Jeon, Y. (2001), *Spurious regressions with stationary series*, Applied Economics 33(7), 899–904.

Granger, C.W.J., Newbold P. (1974), *Spurious Regressions in Econometrics*, Journal of Econometrics 2(2), 111-120.

Grant, D. (1985), *Theory of the Firm with Joint Price and Output Risk and a Forward Market*, The American Journal of Agricultural Economics 67(3), 630- 635.

Greene, W.H. (2003), *Econometric Analysis*, 5. Auflage, Prentice Hall, Upper Saddle River.

Gruber, H. (1992), *The learning curve in the production of semiconductor memory chips*, Applied Economics 24(8), 885-894.

Gruber, H. (1994a), *Learning and Strategic Product Innovation – Theory and Evidence for the Semiconductor Industry*, Studies in Mathematical and Managerial Economics 37, North-Holland, Amsterdam.

Gruber, H. (1994b), *The yield factor and the learning curve in semiconductor industry*, Applied Economics 26(8), 837-843.

Gruber, H. (1996), *Trade policy and learning by doing: the case of the semiconductors*, Research Policy 25(5), 723-739.

Gruber, H. (2000), *The evolution of market standards in semiconductors: the role of product standards*, Research Policy 29(6), 725-740.

Guay, W., Kothari, S.P. (2003), *How much do firms hedge with derivatives?*, Journal of Financial Economics 70(3), 423-461.

Hadar, J., Seo, T.K. (1990), *The Effects of Shifts in a Return Distribution on Optimal Portfolios*, International Economic Review 31, 721-736.

Hahn. F.H. (1962), *The stability of the Cournot oligopoly solution*, Review of Economic Studies 29(4), 329-331.

Hakkio, C.S., Rush, M. (1089), *Market Efficiency and Cointegration: An Application to the Sterling and Deutschemark Exchange Markets*, Journal of International Money and Finance 8(1), 75-88.

Hamilton, J. (1994), *Time Series Analysis*, Princeton University Press, Princeton.

Harris, R.D.F., Shen, J. (2003), *Robust estimation of the optimal hedge ratio*, Journal of Futures Markets 23(8), 799-816.

Hart, O. (2001), *Financial Contracting*, Journal of Economic Literature 39(4), 1079-1100.

Hart, O., Holström, B. (1987), *The Theory of Contracts*, in Bewley, T. F. (Hrsg.), *Advances in Economic Theory*, Cambridge University Press, Cambridge.

Hatch, N.C., Mowery, D.C. (1998), *Process Innovation and Learning by Doing in Semiconductor Manufacturing*, Management Science 44(11), 1461-1477.

Heifner, R.G. (1972), *Optimal Hedging Levels and Hedging Effectiveness in Cattle Feeding*, Agricultural Economics Research 24(2), 25-36.

Hellwig, M. (1986), *Risikoallokation in einem Marktsystem*, Schweizerische Zeitschrift für Volkswirtschaft und Statistik 122, 231-251.

Hicks, J. (1939), *Value and Capital*, Oxford University Press, Cambridge.

Hill, J., Schneeweis, T. (1981), *A Note on the Hedging effectiveness of Foreign Currency Futures*, Journal of Futures Markets 1(4), 659-664.

Hill, J. and Schneeweis, T. (1982), *The Hedging Effectiveness of Foreign Currency Futures*, The Journal of Financial Research 5(1), 95-104.

Hill, J., Liro, J., Schneeweis, T. (1983), *Hedging Performance of GNMA Futures Under Rising and Falling Interest Rates*, The Journal of Futures Markets 3(4), 403-413.

Hirshleifer, D. (1988), *Risk, Futures Pricing, and the Organization of Production in Commodity Markets*, Journal of Political Economy 96(9), 1206-1220.

Ho, T.S.Y. (1984), *Intertemporal Commodity Futures Hedging and the Production Decision*, The Journal of Finance 39(2), 351-376

Hobijn, B., Stiroh, K.J., Antoniades, A. (2003), *Taking the Pulse of the Tech Sector: A Coincident Index of High-Tech Activity*, Current Issues in Economics and Finance, Federal Reserve Bank of New York 9(10), 1-6.

Hodrick, R. (1987), *The Empirical Evidence on the Efficiency of Forward and Futures Exchange Markets*, Harwood, Chur.

Holbrook, D., Cohen, W.M., Hounshell, D.A., Klepper, S. (2000), *The nature, sources, and consequences of firm differences in the early history of the semiconductor industry*, Strategic Management Journal 21(10-11), 1017-1041.

Holler, M.J., Illing, G. (2005), *Einführung in die Spieltheorie*, 6. Auflage, Springer, Berlin.

Holmes, P. (1996), *Stock Index Futures Hedging: Hedge Ratio Estimation, Duration Effects, Expiration Effects and Hedge Ratio Stability*, Journal of Business Finance and Accounting 23(1), 63-77.

Holthausen, D.M. (1979), *Hedging and the Competitive Firm under Price Uncertainty*, The American Economic Review 69(5), 989–995.

Honda, Y. (1983), *Production uncertainty and the input decision of the competitive firm facing the futures market*, Economics Letters 11(1-2), 87–92.

Howard, C.T., D'Antonio, L.J. (1984), *A Risk-Return Measure of Hedging Effectiveness*, Journal of Financial and Quantitative Analysis 19(1), 101-112.

Howard, C., D'Antonio, L.J. (1987), *A risk-return measure of hedging effectiveness: A reply*, Journal of Financial and Quantitative Analysis 22(3), 377-376.

Howell, T. (2003), *Competing Programs: Government Support for Microelectronics*, in Wessner, C.W. (Hrsg.) (2003), *Securing the Future: Regional and National Programs to Support the Semiconductor Industry*, The National Academies Press, Washington, D.C., 189-253.

Hsieh, D.A. (1989), *Modeling Heteroscedasticity in Daily Foreign-Exchange Rates*, Journal of Business and Economic Statistics 7(3), 307-317.

Hughes, J.S., Kao, J.L. (1997), *Strategic Forward Contracting and Observability*, International Journal of Industrial Organization 16(1), 121-133.

Hull, J.C. (2006), *Optionen, Futures, and andere Derivative*, 6. Auflage Pearson, München.

Irwin, D.A. (1998), *The Semiconductor Industry*, in: Lawrence, R.Z. (Hrsg.), *Brookings Trade Forum 1998*, Brookings Institution Press, Washington D.C, 173 – 200.

Irwin, D.A., Klenow, P.J. (1994), *Learning-by-doing Spillovers in the semiconductor industry*, Journal of Political Economy 102(6), 1200 –1227.

Ishii Y. (1977), *On the theory of the competitive firm under price uncertainty: Note*, American Economic Review 67(4), 768-769.

Jensen, M.C., Meckling, W.H. (1976), *Theory of the Firm: Managerial Behavior, Agency Costs and Ownership Structure*, Journal of Financial Economics 3(4), 305-360.

Jin Y., Perote-Pena, J., Troege, M. (2004), *Learning by doing, spillovers and shakeouts*, Journal of Evolutionary Economics 14(1), 85–98.

Johnson, L.L. (1960), *The Theory of Hedging and Speculation in Commodity Futures*, Review of Economic Studies 27(3), 139-151.

Jorgenson, D.W. (2001), *Information Technology and the U.S. Economy*, American Economic Review 91(1), 1-32

Jorgenson, D.W., Ho, M.S., Stiroh, K.J. (2005), *Productivity, Volume 3 – Information Technology and the American Growth Resurgence*, MIT Press,

Jorion, P. (2001), *Value at Risk: The New Benchmark for controlling Market Risk*, 2. Auflage, Irwin Chicago.

Jovanovic, B., Lach, S. (1989), *Entry exit and diffusion with learning by doing*, American Economic Review 79(4), 690–699.

Jung, D. (2005), *A New Context for Technological Development*, Stanford Journal of East Asian Affairs 5(2), 49-58.

Junkus, C.J., Lee, C. (1985), *The use of Three Stock Index Futures in Hedging Decisions*, Journal of Futures Markets 5(2), 201-222.

Kahl, K.H. (1983), *Determination of Recommended Hedge Ratio*, American Journal of Agricultural Economics 65(3), 603-605.

Kahneman, D., Tversky, A. (1979), *Prospect Theory: An analysis of decisions under risk*, Econometrica 47(2), 263-292.

Kaldor, N. (1939), *Speculation and Economic Theory*, Review of Economic Studies 40(7), 1-27.

Kamara, A. (1982), *Issues in futures markets: a survey*, Journal of Futures Markets 2(3), 261-294.

Katz, E., Paroush, J. (1979), *The effect of forward markets on exporting firms*, Economics Letters 4(3), 271–274.

Kawai, M., Zilcha I. (1986), *International trade with forward-futures markets under exchange rate and price uncertainty*, Journal of International Economics 20(1-2), 83-98.

Keynes, J. M. (1930), *A Treatise on Money Vol. 2*, Macmillan, London.

Kim, D., Kon, S.J. (1994), *Alternative models for the conditional heteroskedasticity of stock returns*, Journal of Business 67(4), 563–598.

Kimball, M.S. (1990), *Precautionary saving in the small and in the large*, Econometrica 58(9), 53-73.

Kimura, Y. (1988), *The Japanese Semiconductor Industry: Structure, Competitive Strategies, and Performance*, Jai Press, Greenwich.

Knight, F. H. (1921), *Risk, Uncertainty, and Profit*, Harper, New York.

Kreps, D.M., Scheinkman, J.A. (1983), *Quantity Precommitment and Bertrand competition yield Cournot outcomes*, Bell Journal of Economics 14(2), 326-337.

Kroner, K.E., Ng, V.K. (1998), *Modeling asymmetric comovements of asset returns*, Review of Financial Studies 11(4), 817-844.

Kroner, K.F., Sultan, J. (1991), *Exchange Rate Volatility and Time Varying Hedge Ratios*, in: Rhee, S.G., Chang, R.P. (Hrsg.), *Pacific-Basin Capital Market Research*, North-Holland, Amsterdam, 397-412.

Kroner, K.F., Sultan, J. (1993), *Time-Varying Distributions and Dynamic Hedging with Foreign Currency Futures*, Journal of Financial and Quantitative Analysis 28(4), 535-551.

Krugman, P. (1990), *Rethinking International Trade*, MIT Press, Cambridge.

Krugman, P. (1994), *Peddling Prosperity*, W.W. Norton Press, New York.

Kwiatkowski, D., Phillips, P.C.B., Schmidt, P, Shin, Y. (1992), *Testing the Null Hypothesis of Stationarity, Against the Alternative of a Unit Root: How Sure Are We That Economic Time Series Have a Unit Root?*, Journal of Econometrics 54(1-3), 159-178.

Lai, K.S., Lai, M. (1991), *A Cointegration Test for Market Efficiency*, The Journal of Futures Markets 11(5), 567-575.

Lapan, H.E., Moschini, G., Hanson, S.D. (1991), *Production, Hedging, and Speculative Decisions with Options and Futures Markets*, American Journal of Agricultural Economics, 73(1), 66-74.

Lapan, H.E., Moschini, G. (1994), *Futures Hedging Under Price, Basis, and Production Risk*, American Journal of Agricultural Economics 76(3), 465-477.

Leahy, D., Neary, P.J. (2003), *Learning-by-Doing, Precommitment and Infant-Industry Promotion*, Review of Economic Studies 66(2), 447-474.

Leland, H.E. (1972), *Theory of the Firm Facing Uncertain Demand*, American Economic Review 62(3), 278-291.

Lence, S.H. (1995a), *On the optimal hedge under unbiased futures prices*, Economics Letters 47(3-4), 385-388.

Lence, S.H. (1995b), *The Economic Value of Minimum-Variance Hedges*, American Journal of Agricultural Economics 77(2), 353-364.

Lence, S.H., Sakong, Y., Hayes, D.J. (1994), *Multiperiod Production with Forward and Option Markets*, American Journal of Agricultural Economics 76(2), 286-295.

Levy, H., Markowitz, H.M. (1979), *Approximating expected utility by a function of mean and variance*, American Economic Review 69(3), 308–317.

Lieberman, M.B., (1984), *The learning curve pricing in the chemical industries*, Rand Journal of Economics 15(2), 213-28.

Lien, D-H.D. (1993), *Optimal Hedging and Spreading in Cointegrated Markets*, Economic Letters 40(1), 91-95.

Lien, D-H.D. (1996), *The Effect of the Cointegration Relationship on Futures Hedging*, Journal of Futures Markets 16(7), 773-780.

Lien, D-H.D., Luo, X. (1993), *Estimating Multiperiod Hedge Ratios in Cointegrated Markets*, Journal of Futures Markets 13(8), 909-920.

Lien, D-H.D., Luo, X. (1994), *Multiperiod Hedging in the Presence of Conditional Heteroskedasticity*, Journal of Futures Markets 14(8), 927-955.

Lien, D-H.D., Tse, Y.K. (1999), *Fractional Cointegration and Futures Hedging*, Journal of Futures Markets, 19(4), 457-474.

Lien, D-H.D., Tse, Y.K., Tsui, A.K.C. (2002), *Evaluating the Hedging performance of the Constant-Correlation GARCH model*, Applied Financial Economics 12(11), 791-798.

Lien, D-H.D., Wong, K.P. (2002), *Delivery Risk and the Hedging Role of Options*, The Journal of Futures Markets 22(4), 339–354.

Lindahl, M. (1989), *Measuring Hedging Effectiveness with R^2: A Note*, The Journal of Futures Markets 9(5), 469-475.

Losq, E. (1982), *Hedging with price and output uncertainty*, Economics Letters 10(1-2), 65-70.

Low, A., Muthuswamy, J., Sakar, S., Terry, E. (2002), *Multiperiod Hedging with Futures Contracts*, The Journal of Futures Markets 22(12), 1179–1203.

Lypny, G., Powalla, M. (1998), *The Hedging effectiveness of DAX Futures*, The European Journal of Finance 4(4), 345-355.

Machina, M.J. (1989), *Dynamic Consistency and Non-Expected utility Models of Choice under Uncertainty*, Journal of Economic Literature 27(4), 1622-1668.

MacKinnon, J.G. (1991), *Critical Values for Cointegration Tests*, in: Engle, R.F., Granger, C.W.J. (Hrsg.), *Long-Run Economic Relationships: Readings in Cointegration*, Oxford University Press, 267-276.

MacKinnon, J.G. (1996), *Numerical Distribution Function for Unit Root and Cointegration. Tests*, Journal of Applied Econometrics 11(6), 601-618.

MacMinn, R.D. (1987), *Forward Markets, Stock Markets, and the Theory of the Firm*, Journal of Finance 42(5), 1167-1185.

Maddala, G.S., Kim, I.-M. (1998), *Unit Roots, Cointegration and Structural Change*, Cambridge University Press, New York.

Mahul, O. (2002), *Hedging in Futures and Options Markets with Basis Risk*, The Journal of Futures Markets 22(1), 59–72.

Majd, S., Pindyck, R.S. (1989), *The Learning Curve and Optimum Production under Uncertainty*, RAND Journal of Economics 20(3), 331-343.

Malliaris, A.G., Urrutia, J.L. (1991a), *Tests of Random Walk of Hedge Ratios and Measures of Hedging Effectiveness for Stock Indexes and Foreign Currencies*, The Journal of Futures Markets 11(1), 55-68.

Malliaris, A.G., Urrutia, J.L. (1991b), *The Impact of the Lenghts of Estimation Periods and Hedging Horizons on the Effectiveness of a Hedge: Evidence from Foreign Currency*, Journal of Futures Markets 11(3), 271-289.

Markowitz, H.M. (1952), *Portfolio Selection*, Journal of Finance 7(1), 77-91.

Markowitz, H.M. (1959), *Portfolio Selection: Efficient Diversification of Investments*, John Wiley and Sons, New York.

Mathews, K.H., Holthausen, D.M. (1991), *A simple multiperiod minimum risk hedge model*, American Journal of Agricultural Economics 73(4), 1020-1026.

Mayers, D., Smith, C.W. (1987), *Corporate Insurance and Underinvestment Problem*, Journal of Risk und Insurance 54(1), 45-54.

McKinnon, R.I. (1967), *Futures Markets, Buffer Stocks, and Income Stability for Primary Producers*, Journal of Political Economy 75(6), 844-861.

McNew, P.K., Fackler, P.L. (1994), *Nonconstant Optimal Hedge Ratio Estimation and Nested Hypotheses Tests*, Journal of Futures Markets 14(5), 619-635.

Meyer, J. (1987), *Two-Moment Decision Models and Expected Utility Maximization*, American Economic Review 77(3), 421-30.

Mian, S.L. (1996), *Evidence on Corporate Hedging Policy*, Journal of Financial and Quantitative Analysis 31(3), 419-439.

Miffre, J. (2001), *Efficiency in the pricing of the FTSE100 futures contract*, European Financial Management 7(1), 9 – 22.

Miller, M.H., Modigliani, F. (1961), *Dividend Policy, Growth, and the Valuation of Shares*, Journal of Business 34(4), 411-433.

Miravete, E.J. (2003), *Time-Consistent Protection with Learning-by-Doing*, European Economic Review 47(5), 761-790.

Mizon, G.E. (1995) *A Simple Message for Autocorrelation Correctors: Don't*, Journal of Econometrics 69(1), 267-288.

Modigliani, F., Miller, M.H. (1958), *The Cost of Capital, Corporation Finance, and the Theory of Investment*, American Economic Review 48(3), 261-297.

Moore, G.E. (1965), *Cramming More Components onto Integrated Circuits*, Electronics 38(8), 114-117, verfügbar unter ftp://download.intel.com/research/silicon/moorespaper.pdf, Abruf am 02.02.2008.

Moore, G.E. (1975), *Process In Digital Integrated Electronics*, International Electron Devices Meeting IEEE, IEDM Technical Digest, 11-13, verfügbar unter http://download.intel.com/museum/Moores_Law/Articles-Press_Releases/Gordon_Moore_1975_Speech.pdf

Moosa, I.A. (2003), *The Sensitivity of the Optimal Hedge Ratio to Model Specification*, Finance Letters 1, 15-20.

Moschini, G., Myers, R.J. (2002), *Testing for Constant Hedge Ratios in Commodity Markets: A Multivariate GARCH Approach*, Journal of Empirical Finance 9(5), 589-603.

Moschini, G., Lapan H. (1995), *The Hedging Role of Options and Futures under Joint Price, Basis, and Production Risk*, International Economic Review 36(4), 1025-1049.

Myers, R.J. (1991), *Estimating Time-Varying Hedge Ratios on Futures Markets*, Journal of Futures Markets 11(1), 39-53.

Myers, R.J., Thompson, S.R. (1989), *Generalized Optimal Hedge Ratio Estimation*, American Journal of Agricultural Economics 71(4), 858-867.

Myers, S. (1977), *Determinants of Corporate Hedging*, Journal of Financial Economics 5(2), 147-175.

Myers, S.C., Majluf, N.S. (1984), *Corporate Financing and Investment Decisions When Firms Have Information That Investors Do Not Have*, Journal of Financial Economics 13(2), 187-221.

Naidu, G.N., Shin, T.S. (1981), *Effectiveness of currency futures market in hedging foreign exchange risk*, Management International Review 21, 5-16.

Nance, D.R., Smith, C.W. Jr., Smithson, C.W. (1993), *On Determinants of Corporate Hedging*, Journal of Finance 48(1), 267-284.

Nelson, D.B. (1991), *Conditional Heteroskedasticity, Asset Returns: A New Approach* 59(2), 347-370.

Von Neumann, J., Morgenstern, O. (1944), *Theory of games and economic behavior*, Princeton University Press, Princeton.

Newbery, D.M., Stiglitz, J.E. (1981), *The theory of commodity price stabilization*, Clarendon Press, Oxford.

Newbery, D.M. (1984) *The Manipulation of Futures Markets by a Dominant Producer*, in: Anderson, R.W. (Hrsg.), *The Industrial Organization of Futures Markets*, Lexington Books, Lexington, 35-62.

Newbery, D.M. (1988), *On the accuracy of the mean-variance approximation for futures markets*, Economics Letters 28(1), 63-68.

Ng, S., Perron, P. (1997), *Estimation and inference in nearly unbalanced nearly cointegrated systems*, Journal of Econometrics 79(1), 53-81.

Ng, S., Perron, P. (2001), *LAG Length Selection and the Construction of Unit Root Tests with Good Size and Power*, Econometrica 69(6), 1519-1554.

Nye, W.W. (1996), *Firm-Specific Learning-by-Doing in Semiconductor Production: Some Evidence from the 1986 Trade Agreement*, Review of Industrial Organization 11(3), 383-394.

Overdahl, J.A., Starleaf, D.R. (1986), *The Hedging Performance of the CD Futures Market*, The Journal of Futures Markets 6(1), 71–81.

Packan, P. A. (1999), *Pushing the Limits*, Science 24, 2079-2081.

Pagan, A.R., Schwert, G.W. (1990), *Alternative models for conditional stock volatility*, Journal of Econometrics 45(1-2), 267–290.

Papadakis, I.S. (2006). *Financial performance of supply chains after disruptions: an event study*, Supply Chain Management: An International Journal 11(1), 25-33.

Park, T.H., Switzer, L.N. (1995a), *Bivariate GARCH Estimation of the Optimal Hedge Ratios for Stock Index Futures: A Note*, Journal of Futures Markets 15(1), 61-67.

Park, T.H., Switzer, L.N. (1995b), *Time-Varying Distributions and the Optimal Hedge Ratios for Stock Index Futures*, Applied Financial Economics 5(3), 131-137.

Paroush, J., Wolf, A. (1989), *Production and hedging decisions in the presence of basis risk*, The Journal of Futures Markets 9, 547–563.

Patterson, D. Hennessy, J. (2005), *Rechnerorganisation und -entwurf – Die Hardware/Software-Schnittstelle*, deutsche Ausgabe von Bode, A., Karl, W., Ungerer, T. (Hrsg.), Elsevier Spektrum Akademischer Verlag, München.

Peck, A.E. (1975), *Hedging and Income Stability: Concepts, Implications, and an Example*, American Journal of Agricultural Economics 57(3), 410-419.

Penner, R. (1967), *Uncertainty and the Short-Run Shifting of the Corporation Tax*, Oxford Economic Papers 19, 99–110.

Pennings, J.M.E., Meulenberg, M.T.G. (1997), *Hedging Efficiency: A Futures Exchange Management Approach*, Journal of Futures Markets 17(5), 599-615.

Perfect, S.B., Wiles K.W. (1995), *New Tests of Randomness in Futures Hedge Ratios*, in the Proceedings of the 18th Chicago Board of Trade Spring Research Seminar, 207-231.

Petrakis, E., Rasmusen, E. Roy, S. (1997), *The Learning Curve in a Competitive Industry*, RAND Journal of Economics 28(2), 248-268.

Phillips, P.C.B., Perron, P. (1988), *Testing for a Unit Root in Time Series Regression*, Biometrika 75(2), 335–346.

Poomimars, P., Cadle, J., Theobald, M. (2003). *Futures hedging using dynamic models of the variance-covariance structure*, Journal of Futures Markets 23(3), 241–260.

Porter M.E. (1988), Wettbewerbsstrategie *–Methoden zur Analyse von Branchen und Konkurrenten*, Campus Verlag, Frankfurt.

Poterba, J.M., Summers, L.H. (1986), *Mean Reversion in Stock Prices: Evidence and Implications*, Journal of Financial Economics 22(1), 27-59.

Pratt, J.W. (1964), *Risk Aversion in the Small and in the Large*, Econometrica 32 (1-2), 122-136.

Pritsch, G., Hommel, U. (1997), *Hedging im Sinne des Aktionärs*, Die Betriebswirtschaft 57(5), 672-693.

Pyndick, R.S. (1984), *Risk, Inflation and the Stock Market*, American Economic Review 74(3), 335-351.

Quan, J. (1992), *Two-Step Testing Procedure for Price Discovery Role of Futures Prices*, The Journal of Futures Markets 12(2), 139-149.

Quiggin, J.C. (1982), *A Theory of Anticipated Utility*, Journal of Economic Behavior and Organization 3(4), 323-343.

Randon, E., Naimzada, A. (2006), *Dynamics of the non linear learning curve with spillovers in a differentiated oligopoly: effects on industry structure*, Journal of Evolutionary Economics 17(1), 95-106.

Rawl, S.W., Smithson, C.W. (1990), *Strategic Risk Management*, Journal of Applied Corporate Finance 2(2), 6-18.

Rolfo, J. (1980), *Optimal hedging under price and quantity uncertainty: The case of a cocoa producer*, Journal of Political Economy 88(1), 100-116.

Ross, S.A. (1981), *Some Stronger Meaures of Risk Aversion in the Small and in the Large With Applications*, Econometrica 49(3), 621-638.

Ross, D.R. (1986*), Learning to Dominate,* The Journal of Industrial Economics, 34(4), 337-353.

Rothschild, M., Stiglitz J.E. (1970), *Increasing Risk: I. A Definition*, Journal of Economic Theory 2(3), 225-243.

Said, S.E., Dickey, D.A. (1984), *Testing for Unit Roots in Autoregressive-Moving Average Models of Unknown Order*, Biometrica 71(3), 599-607.

Sakong, Y., Hayes, D.J., Hallam, A. (1993), *Hedging Production Risk with Options*, American Journal of Agricultural Economics 75(2), 408-415.

Sandmo, A., 1971, *On the theory of the competitive firm under price uncertainty*, American Economic Review 61(1), 65-73.

Satyanarayan, S. (1998), *A note on a risk-return measure of hedging effectiveness*, Journal of Futures Markets 18(7), 867-870

Savin, N.E., White, K.J. (1977), *The Durbin-Watson Test for Serial Correlation with Extreme Sample Sizes or Many Regressors*, Econometrica 45(8), 1989-1996.

Schelling, T.C. (1960), *The Strategy of Conflict*, Harvard University Press, Cambridge, MA.

Schneeweiß, H. (1963), *Nutzenaxiomatik und Theorie des Messens*, Statistische Hefte 4,178-220.

Schneeweiß, H. (1967), *Entscheidungskriterien bei Risiko*, Springer, Berlin.

Schrand, C.M., Unal, H. (1998), *Hedging and Coordinated Risk Management: Evidence from Thrift Conversions*, Journal of Finance 53(3), 979-1013.

Schwartz, T.V., Szakmary, A.C. (1994). *Price discovery in petroleum markets. Arbitrage, cointegration, and the time interval of analysis*, Journal of Futures Markets 14(2), 147–167.

Schweimayer, G. (2003), *Risikomanagement mit Makroderivaten auf Basis zeitdiskreter stochastischer Prozesse*, Shaker, Aachen.

Schwert, G.W. (1989), *Tests for Unit Roots: A Mote Carlo Investigation*, Journal of Business and Economic Statistics 20(1), 147-159.

Selten, R. (1975), *Reexamination of the perfectness concept for equilibrium points in extensive games*, International Journal of Game Theory 4(1), 25-55.

Serletis, A., Banack, D. (1990), *Market Efficiency and Cointegration: An Application to Petroleum Markets*, Review of Futures Markets 9(2), 372-380.

Shapiro, C., Titman, S. (1986), *An integrated approach to corporate risk management*, Midland Corporate Finance Journal 3(2), 41-56.

Shapiro, C. (1989), *Theories of Oligopoly Behavior*, Chapter 6 in Schmalensee, R, Willig, R.D. (Hrsg.), *Handbook of Industrial Organization, Vol. I*, Amersterdam, North-Holland 329-414.

Shen, C., Wang, L. (1990), *Examining the Validity of a Test of Futures Market Efficiency:. A Comment*, The Journal of Futures Markets 10(2), 195-196.

Shin, J.-S., Jang, S.-W. (2005), *Creating First-Mover Advantages: The Case of Samsung Electronics*, SCAPE Working Paper Series Paper No. 2005/13, National University of Singapore.

Siebert, R. (2002), *Learning by Doing and Multiproduction Effects over the Life Cycle: Evidence from the Semiconductor Industry*, Discussion Paper FS IV 02-23, Wissenschaftszentrum Berlin.

Sim, A.-B., Zurbruegg, R. (2001), *Optimal Hedge Ratios and Alternative Hedging Strategies in the Presence of Cointegrated Time-Varying Risks*, The European Journal of Finance 7(3), 269-283.

Sinn, H.-W. (1989), *Economic decisions under uncertainty*, Physica, Heidelberg.

Sklivas, S. (1987), *The Strategic Choice of Managerial Incentives*, Rand Journal of Economics 18(3), 452-458.

Smith, C.W. Jr. (1995), *Corporate Risk Management: Theory and Practice*, The Journal of Derivatives 2(4), 21-31.

Smith, C.W. Jr., Stulz, R.M. (1985), *The Determinants of Firms' Hedging Policies*, The Journal of Financial and Quantitative Analysis 20(4), 391-405.

Spence, A.M. (1977), *Entry, capacity, investment and oligopolistic pricing*, Bell Journal of Economics 8(2), 534-544.

Spence, A.M. (1981), *The learning curve and competition*, Bell Journal of Economics 12(1), 49-70.

Spencer, B.J., Brander, J.A. (1983), *International R&D Rivalry and Industrial Strategy*, Review of Economic Studies 50(4), 707-722.

Spremann, K. (1996), *Wirtschaft, Investition und Finanzierung*, 5. Auflage Oldenbourg, München.

Stein, J.L. (1961), *The simultaneous Determinations of Spot and Futures Prices*, American Economic Review 54(5), 762-763.

Steiner, M., Bruns, C. (2002), *Wertpapiermanamgent*, 7. Auflage Schäffer Poeschel, Stuttgart.

Stiglitz, J.E., Weiss, A. (1981), *Credit Rationing in Markets with Imperfect Information*, American Economic Review 71(3), 393-410.

Stock, J. H. (1987), *Asymptotic properties of least-squares estimators of cointegrating vectors*, Econometrica 55(5), 1035–1056.

Stulz, R.M. (1984), *Optimal hedging policies*, Journal of Financial and Quantitative Analysis 19(2), 127–140.

Stulz, R.M. (1996), *Rethinking Risk Management*, Journal of Applied Corporate Finance 9(3), 8-24.

Telser, L.G. (1958), *Futures Trading and the Storage of Cotton and Wheat*, Journal of Political Economy 66(3), 233-255.

Terry, E. (2005), *Minimum-variance futures hedging under alternative return specifications*, Journal of Futures Markets 25(6), 537-552.

Tirole, J. (1989), *The Theory of Industrial Organization*, MIT Press, Cambridge.

Tong, W.H.S., (1996), *An examination of dynamic hedging*, Journal of International Money and Finance 15(1), 19-35.

Tufano, P. (1996), *Who Manages Risk? An Empirical Examination of Risk Management Practices in the Gold Mining Industry*, Journal of Finance 51(4), 1097-1137.

Turley, J. (2002), *The Essential Guide to Semiconductors*, Prentice Hall, Upper Saddle River.

Tyson, L. (1992), *Who's Bashing Whom? Trade Conflict in High Technology Industries*, Institute for International Economics, Washington D.C

Verbeek, M. (2005), *A Guide to Modern Econometrics*, 2. Auflage John Wiley & Sons, Chichester.

Viaene, J.-M, de Vries, C.G. (1992), *International trade and exchange rate volatility*, European Economic Review 36(6). 1311-1321.

Viaene, J.-M., Zilcha, I. (1998), *The behavior of competitive exporting firms under multiple uncertainty*, International Economic Review 39(3), 591-609.

Victor, N.M., Ausubel, J.H. (2002), *DRAMs as Model Organisms for Study of Technological Evolution*, Technological Forecasting and Social Change 69(3), 243-262. Die von ihnen aus ICE (2000) und Irwin und Klenow (1994) zusammen gestellten Daten sind verfügbar unter http://phe.rockefeller.edu/LogletLab/DRAM/, Abruf am 23.07.2007.

Vives, X. (1999), *Oligopoly Pricing, Old Ideas and New Tools*, MIT Press, Cambridge.

Wardrep, B.N., Buck, J.F. (1982), *The Efficacy of Hedging with Financial Futures: A Historical Perspective*, Journal of Futures Markets 2(3), 243-254.

Ware, R. (1984), *Sunk costs and strategic commitment: A proposed three-stage equilibrium*, Economic Journal 94(374), 370-378.

Wilson, W.W. (1987), *Price Discovery and Hedging in the Sunflower Market*, Journal of Futures Markets 9(5), 377-392.

Witt, H.J., Schroeder, T.C., Hayenga, M.L. (1987), *Comparison of Analytical Approaches for Estimating Hedge Ratios for Agricultural Commodities*, Journal of Futures Markets 7(2), 135-146.

Wong, K. P. (2003a), *Currency Hedging with Options and Futures*, European Economic Review 47(5), 833–839.

Wong, K.P. (2003b), *Forward Markets and the Behaviour of the Competitive Firm with Production Flexibility*, Bulletin of Economic Research 55(3), 303-310.

Working, H. (1949), *The Theory of Price of Storage*, American Economic Review 39(6), 1254-1262.

Working, H. (1953), *Futures Trading and Hedging*, American Economic Review 43(3), 314-343.

Working, H. (1962), *New Concepts Concerning Futures Markets and Prices*, American Economic Review 52(3), 431-459.

Wright, T.P. (1936), *Factors affecting the Cost of Airplanes*, Journal of Aeronautical Sciences 3(4), 122-128.

Yang, W. (2001), *M-GARCH Hedge Ratios and Hedging Effectiveness in Australian Futures Markets*, School of Finance and Business Economics, Edith Cowan University.

Yunogami, T. (2006), *Mistake of Japanese Semiconductor Industry*, Advances in Technology of Materials and Materials Processing Journal 8(1), 87-100.

Zapata, H.O., Fortenbery, T.R. (1996), *Stochastic interest rates and prices discovery in selected commodity markets*, Review of Agricultural Economics 18(4), 643–654.

Zilcha, I., Eldor, R. (1991), *Exporting firm and forward markets: the multiperiod case*, Journal of International Money and Finance 10(1), 108-117.

Zilcha, I., Broll, U. (1992), *Optimal Hedging by Firms with Multiple Sources of Risky Revenues*, Economics Letters 39(4), 474-477.

Zulehner, C. (2003), *Testing dynamic oligopolistic interaction: Evidence from the semiconductor industry*, International Journal of Industrial Organization 21, 1527–1556.

Presseartikel und –meldungen, Webquellen und Sonstiges

BusinessWeek (2006), *Samsung: A Rosy Future for Memory Chips*, 25.10.2006, verfügbar unter http://www.businessweek.com/globalbiz/content/sep2006/gb20060925_001749.htm, Abruf am 08.05.2007.

CIO (2007), *DRAM Revenue Growth to Slow in '07*, CIO 05.01.2007, verfügbar unter http://www.cio.com/article/27996/DRAM_Revenue_Growth_to_Slow_in_, Abruf am 31.07.2007.

Computing (2007), *DRAM memory to dominate*, 05.02.2007, verfügbar unter http://www.computing.co.uk/crn/news/2174184/dram-memory-dominate, Abruf am 11.07.2007.

DRAMeXchange (2005), *DRAM applications in PC & non PC sectors*, DRAMeXchange Special Report vom 05.01.2005.

EBN (2003a), *Intel digs deep again to prop up ailing DRAM suppliers*, EBN 29.09.2003, verfügbar unter http://www.ebnonline.com/business/opinion/showArticle.jhtml?articleID=15200643, Abruf am 16.11.2003.

EBN (2003b), *DRAM futures trading stages a comeback*, EBN 28.07.2003, verfügbar unter http://www.eetimes.com/news/semi/showArticle.jhtml;jsessionid=5DGLOFJJTDFFYQSNDLRCKH0CJUNN2JVN?articleID=12803344, Abruf am 12.09.2007.

EBN (2003), *It's getting more complex*, Electronic Buyers' News 28.07.2003, verfügbar unter http://www.ebnonline.com/showArticle.jhtml?articleID=12802978, Abruf am 02.01.2008.

Economist (2003), *The plain vanilla wafer lives on*, The Economist 367(8327) 07.06.2003, 73.

EETimes (2003), *DRAM Bulletin: Samsung, Nanya, Infineon were 2002 winners, says Gartner*, EE Times 28.02.2003, verfügbar unter http://www.eetimes.com/news/semi/showArticle.jhtml?articleID=10800698, Abruf am 03.01.2008.

EETimes (2007), *Samsung close to losing DRAM top spot, says Gartner*, EE Times Europe 27.04.2007, verfügbar unter http://eetimes.eu/uk/199202069, Abruf am 08.05.2007.

Electronics Weekly (2003a), *The man for memory*, Electronics Weekly vom 10.08.2003, verfügbar unter http://www.electronicsweekly.co.uk/issue/articleview.asp?vpath=/articles/2003/10/08/tech08.htm&mode=archive, Abruf am 10.10.2003.

Electronics Weekly (2003b), *Three into DRAM won't go*, Electronics Weekly vom 10.09.2002, verfügbar unter http://www.electronicsweekly.co.uk/issue/articleview.asp?vpath=/articles/2002/10/09/view01.htm&mode=archive, Abruf am 10.10.2003.

Europäische Kommission (2007), *Glossar der Generaldirektion Wettbewerb, Stichwort Herfindahl-Hirschmann-Index (HHI)*, http://ec.europa.eu/comm/ competition/general_info/h_en.html, Abruf am 15.07.2007.

Gartner (2000), *Gartner's Dataquest Says Worldwide Semiconductor Market to Grow 31 Percent in 2000*, Pressemeldung vom 24.05.2000, verfügbar unter http://www.gartner.com/5_about/press_room/pr20000524b.html, Abruf am 10.11.2007.

Gartner (2001), *Gartner Dataquest Says DRAM Industry Must Brace for Consolidation in 2002*, Pressemeldung vom 18.10.2001, verfügbar unter http://www.gartner.com/5_about/press_releases/2001/pr20011018a.html, Abruf am 25.07.2007.

Gartner (2002), *Gartner Dataquest Preliminary Statistics Show Memory Segment Leads Semiconductor Market to Slight Increase in 2002*, Pressemeldung vom 17.12.2002, verfügbar unter http://www.gartner.com/5_about/ press_releases/2002_12/pr20021217a.jsp, Abruf am 25.07.2007.

Gartner (2006a), *Gartner Says Semiconductor Industry Grew 11% with Worldwide Revenue Reaching $261 Billion in 2006*, Pressemeldung vom 07.12.2006, verfügbar unter http://www.gartner.com/it/page.jsp?id=499044, Abruf am 15.04.2007.

Gartner (2006b), *Gartner Says Worldwide Semiconductor Memory Revenue Grows 22 Percent in 2006; Market to Experience 10 Percent Growth in 2007*, Pressemeldung vom 14.12.2006, verfügbar unter http://www.gartner.com/it/page.jsp?id=499334, Abruf am 15.04.2007.

Gartner (2007a), *DRAM Absatz- und Umsatzzahlen pro DRAM Generation 1999-2006*, Gartner UK Limited, Egham, nicht öffentlich zugängliche Marktforschungsdaten, die dem Autor dankenswerterweise zur Verfügung gestellt wurden.

Gartner (2007b), *Marktanteile in der DRAM Branche 1989-2006*, Gartner UK Limited, Egham, nicht öffentlich zugängliche Marktforschungsdaten, die dem Autor dankenswerterweise zur Verfügung gestellt wurden.

Hardware Book (2007), *Stichwort Memory*, verfügbar unter http://www.hardwarebook.info/Memory, Abruf am 10.07.2007.

Horizontal Merger Guidelines (1992, überarbeitete Fassung 1997) des U.S. Department of Justice and der Federal Trade Commission, verfügbar unter http://ww.ftc.org/bc/docs/horizmer.htm, Abruf am 15.07.2007.

ICE (2000), *STATUS 2000, Integrated Circuit Industry Report*, Integrated Circuit Engineering Corporation, verfügbar unter http://www.semiconductoronline.com/Content/news/article.asp?Bucket=Article&DocID=%7b14014F19-77AF-11D4-8C59-009027DE0829%7d&VNETCOOKIE=NO.

IC Knowledge (2001), *Can the semiconductor industry afford the cost of new Fabs?*, erfügbar unter http://www.icknowledge.com/economics/fab_costs. html, Abruf am 30.04.2007.

JAGNotes (2003), Merrill Lynch & Co., Inc., 25.10.2003, verfügbar unter http://www.jagnotes.com/archive_jagnotes_body.cfm?jagdate=25-SEP-03&startrow=11, Abruf am 10.10.2003.

Infineon (2003a), *DRAM Spectrum –Product Information 2003*, Infineon Technologies AG, München.

Infineon (2003b), *Infineon Starts to Use 0.11-Micron Process for Volume Production - Worldwide Smallest 256-Megabit DRAM Leads Towards 30 Percent Cost Advantage*, verfügbar im Infineon News Archive unter www.infineon.com, Abruf am 25.04.2007.

iSuppli (2007a), *Hynix Upsets the DRAM Market with Remarkable Q4 Performance*, Pressemeldung vom 01.02.2007, verfügbar unter http://www.isuppli.com/NEWS/default.asp?id=7408&m=2&y=2007, Abruf am 25.06.2007.

iSuppli (2007b), *Price Plunge to Slow DRAM Revenue Growth in 2007*, veröffentlicht in eChannelLine, http://www.echannelline.com/usa/brief.cfm?item=13906, Abruf am 25.06.2007.

iSuppli (2007c), *iSuppli Trims 2007 Semiconductor Forecast*, Pressemeldung vom 24.04.2007, verfügbar unter http://www.isuppli.com/news/default.asp?id=7848&m=4&y=2007, Abruf am 25.06.2007.

iSuppli (2007d), *South Korea in Danger of Losing DRAM Domination*, iSuppli CEO Warns, Pressemeldung vom 29.05.2007, verfügbar unter http://www.isuppli.com/news/default.asp?id=7957&m=5&y=2007, Abruf am 11.07.2007.

iSuppli (2007e), *DRAM Umsätze nach Marktsegmenten 2006*, iSuppli Corporation, El Segundo, nicht öffentlich zugängliche Marktforschungsdaten, die dem Autor dankenswerterweise zur Verfügung gestellt wurden.

iSuppli (2007f), *DRAM Einkäufe der zehn größten DRAM Käufer 2003*, iSuppli Corporation, El Segundo, nicht öffentlich zugängliche Marktforschungsdaten, die dem Autor dankenswerterweise zur Verfügung gestellt wurden.

Qimonda (2006), *Qimonda AG Annual Report 2006 on Form 20-F*, verfügbar unter http://www.qimonda.com/static/download/investor/Annual_Report 2006.zip, Abruf am, 17.07.2007.

Semico (2007), *Absatzzahlen verschiedener DRAM Typen 1995-2000*, Semico Research Corp, Phoenix, nicht öffentlich zugängliche Marktforschungsdaten, die dem Autor dankenswerterweise zur Verfügung gestellt wurden.

SIA (2005), *SIA annual Report 2005*, Semiconductor Industry Association SIA, verfügbar unter http://www.sia-online.org/downloads/SIA_AR_2005.pdf, Abruf am 18.04.2007.

Singapore Exchange (2007), *SGX DRAM Futures*, verfügbar unter http://info.sgx.com/SGXWeb_DT.nsf/DOCNAME/DRAM_Futures/, Abruf am 12.09.2007.

Solid State Technology (2006a), *Powerchip, Elpida eye new 300mm DRAM fab*, Solid State Technology Online Article, http://sst.pennnet.com/Articles/Article_Display.cfm?Section=ONART&PUBLICATION_ID=5&ARTICLE_ID=271991&C=BIZNW, Abruf am 21.04.2007.

Solid State Technology (2006b), *Gartner: Chartered reclaims No.3 foundry spot in 2006*, Solid State Technology Online Article, http://sst.pennnet.com/Articles/Article_Display.cfm?Section=ONART&PUBLICATION_ID=5&ARTICLE_ID=288287&C=BIZNW, Abruf am 15.07.2007.

Solid State Technology (2007), *Qimonda spending $2.73B for new 300mm Singapore fab*, Solid State Technology Online Article, http://sst.pennnet.com/articles/article_display.cfm?Section=ONART&C=BIZNW&ARTICLE_ID=290991, Abruf am 09.05.2007.

Solow, R.M. (1987), *We'd better watch out*, The New York Times Book Review 12.07.1987, 36.

Wall Street Journal (2005), *Variety Is Paramount for Chip Makers*, The Wall Street Journal Eastern Edition 226(40) vom 04.08.2005, B4.

WSTS (2007), *Monatliche Umsatz- und Absatzzahlen sowie der ASP von 1991 bis 2006 und jährliche Umsatz- und Absatzzahlen je DRAM Generation von 1995 bis 2006*, nicht öffentlich zugängliche Marktforschungsdaten, die dem Autor dankenswerterweise zur Verfügung gestellt wurden.

Aus unserem Verlagsprogramm:

Ralf Müller
Wachstum und Entwicklung
Eine theoretische Analyse in Modellen der „Yang'schen Neuklassik"
Hamburg 2008 / 354 Seiten / ISBN 978-3-8300-3738-5

Nicolai Krautter
**PEP – Public Electronic Procurement:
Innovation im öffentlichen Beschaffungswesen**
Hamburg 2008 / 224 Seiten / ISBN 978-3-8300-3723-1

Oliver Greßmann
Währungskrisen
*Eine empirische Untersuchung von Ansteckungseffekten
und Kausalitäten während der Asien-Krise*
Hamburg 2008 / 336 Seiten / ISBN 978-3-8300-3677-7

Timo Fischer
Koordinierung der Systeme der sozialen Sicherheit in Europa
*Eine ökonomische Analyse der Koordinierungsbestimmungen
aus Sicht wandernder Individuen*
Hamburg 2008 / 230 Seiten / ISBN 978-3-8300-3538-1

Christian Habermann
Rentenpolitik bei Lohnunsicherheit und myopischen Präferenzen
Eine dynamische Gleichgewichtsanalyse
Hamburg 2008 / 228 Seiten / ISBN 978-3-8300-3513-8

Magnus Hoffmann
Self-Enforcing Property Rights
Three Essays on the Microeconomic Foundations of Institutions
Hamburg 2008 / 160 Seiten / ISBN 978-3-8300-3477-3

Sven Tagge
Institutionelle Bestimmungsfaktoren der Fertilität
Hamburg 2008 / 290 Seiten / ISBN 978-3-8300-3255-7

Daniel Hartmann
Stock Markets and Real-Time Macroeconomic Data
Hamburg 2007 / 300 Seiten / ISBN 978-3-8300-3239-7

Einfach Wohlfahrtsmarken helfen!